考古学
实践和能动性理论

曹　斌 编译
林永昌 审校

上海古籍出版社

"考古学方法和理论"教材编译组：

顾　问：傅罗文（Rowan K. Flad）
主　编：曹　斌
　　　　林永昌
副主编：胡欢欢

编　委（以姓氏笔画排序）：
　　　　王笑寒　王艺霖　江庚朴　李伟豪　张　钊　李泽浩
　　　　李馥瑀　邹钰淇　吴宜宣　杜鹏飞　肖毓琦　周怡昕
　　　　周睿麟　董　耘　谢雅妍　廖盈棋

本成果受到中国人民大学 2020 年度
"中央高校建设世界一流大学(学科)和特色发展引导专项资金"支持

Contents 目录

序言 1

Preface 1

考古学与能动性：过去、当下与未来 1

能动性 39

考古学中的历史与实践：一种新兴的范式 71

默识的局限性：从考古学视角看能动性和主观性 111

人类纪：立足能动性，想象未来 133

能动性、实践政治与文化接触考古学研究 143

能动性、实践和时间情境：家户年表的贝叶斯方法 167

人格、能动性与墓葬仪式：古代玛雅个案研究 199

从隐喻到实践：考古地层学中网络概念的运用 263

后记 306

序　言

傅罗文　哈佛大学

2015年秋，我负责哈佛大学人类学系考古学博士生的一门必修课。该课程侧重于人类考古学研究中的理论视角。这是我第二次主持这门考古专题研讨课，它每隔一年就会在我们的考古学博士培养课程中开办一次。这里的博士生，除了要上与自身研究兴趣相关的课程外，无论其研究领域、方法或时段如何，都必须一起参加四次专题讨论课。其中一门必修课侧重于研究项目的构思与学科专业训练，而另外三门则是探讨对所有考古学家来说都至关重要的基本议题。这三门课程讨论的基本题目，一是与小型社会有关，二是理解社会复杂性，三是考察自20世纪中期以来考古学研究所涉及的理论问题。

考古学博士生的研究涉及世界各地不同的主题，然而，这门专题研讨课主要关注英美考古界明确讨论过的理论。我们假设这些理论依旧能适用于世界各地的考古学界。虽然事实是，在其他地方这些理论没有像欧美学界那样被明确讨论过。在中国、美国、日本、巴西、印度、伊朗、肯尼亚、德国、墨西哥和南非（仅列举几个具有深厚考古学传统的国家）的学术界，主要关注的问题可能差异很大，但我认为，即使它们未被热烈讨论，对有关考古学何以重要这一核心问题，这些讨论也能适用。

至于这门考古理论研讨课，我所定的阅读书单用意如下："这个研究生级别的课程，探讨考古学家如何从考古记录中推断各种人类行为方式。阅读的论文将回顾那些影响英美考古学实践的主要阐释框架。我们首先从回顾过去半个世纪以来这门学科的重大争议开始，继而讨论影响当今考古学领域的各种话题，包括类比、中程理论、象征和意义、社会和文化演变、认知考古学、女性主义批判、实践理论和后殖民主义。目的是为研究生提供坚实的考古理论基础，从而有能力理解、批判性分析并促进关于当代考古话语构建的讨论。"[1]

我们从克莱德·克拉克洪1939年发表的一篇"人类学研究理论"的经典文章开始[2]。在阅读克拉克洪的作品时，我们会发现所有的研究都是理论性的。考古学家不能假装对理论避而不谈。例如，每当我们选择调查某一个特定的问题时，这个决定都是基于理论的。这一基本观点鼓励着所有的考古学家花时间去反思基本的理论问题。

除了要让授课学生一开始就意识到理论是必不可少的，讨论课也会讨论第二个主题。但在课程大纲中，第二个问题，即考古学是否能称为一门"科学"，却没有明确写出。这个问题是哲学性的，需要在课程开始时就建立一个框架，来考察科学哲学的重要著作。因此，除了克拉克洪之外，我们还从托马斯·库恩[3]、保罗·费耶阿本德[4]和卡尔·波普尔[5]三位学者各自对科学学科性质的观点开始讨论。这三篇科学哲学的著作，对到底什么把一门学科变成科学的原因，提供了截然不同的观点。库恩指出，"范式"和"范式转移"是一门科学的学科特征，因此集中考察学科中那些表明其科学程度的话语。波普尔指出，可证伪性是使研究科学化的必要条件，而这一条件为研究人员提供了从事科学研究的方法。与上述相反，费耶阿本德反对单一的方法，他认为理论的无政府状态才是获得知识的最佳途径。对科学本质

---

[1] 来自哈佛大学2070a人类学教学大纲，2015年秋季。
[2] Kluckhohn, Clyde 1939, "The place of theory in anthropological studies", Philosophy of Science 6(3): 328–344.
[3] Kuhn, Thomas S. 1962, *The Structure of Scientific Revolutions*, Chicago: University of Chicago Press (particularly pp. 1–110).
[4] Feyerabend, Paul 1975, *Against Method*, London: Verso（主要阅读了17-33、295-309页，但也浏览了其余部分）.
[5] Popper, Karl 1981, "The Rationality of Scientific Revolutions", *Scientific Revolutions*, edited by I. Hacking, Oxford: Oxford University Press, pp. 80–106.

持有不同观点的学者绝不止这三位[1]，但他们为理解主导英美考古学理论的各种主题，提供了很好的背景知识。

在考古学文献中，对科学哲学最著名的讨论可能就是关于"过程主义"和"后过程主义"的争议。我们在这门课上，花很多时间阅读与这些思想流派有关的论文[2]，这也并不意外。实际上，该讨论课并非从北美学界中让科学考古学崛起的"过程主义"开始谈起，而是先关注考古理论的伦理问题[3]。我们思考了考古学和考古学理论如何能成为帝国主义、殖民主义和民族主义[4]。我们讨论考古学理论是否包括原住民[5]或相对弱势群体的声音[6]，是否能性别化[7]，是否具有合

---

[1] 参考 Michael Strevens 2020, *The Knowledge Machine: How Irrationality Created Modern Science*, New York: Liveright Publishing Corp. 有关科学哲学的讨论中，认为"科学"是由经验测试和知识领域的划分所定义的，这些都发生在启蒙运动时期。

[2] 比如：Binford, Lewis R. 1962, "Archaeology as Anthropology", American Antiquity 28: 217-225; Binford, Lewis R. 1965, "Archaeological Systematics and the Study of Culture Process", *American Antiquity* 31: 203-210; Flannery, Kent 1973, "Archaeology with a Capital 'S'", In *Research and Theory in Current Archaeology*, edited by C. Redman, John Wiley and Sons, New York, pp. 47-53; Hodder, Ian 1982, "Theoretical Archaeology: A Reactionary View", In *Symbolic and Structural Archaeology*, edited by I. Hodder, Cambridge University Press, Cambridge, pp. 1-16; Hodder, Ian 1991, "Interpretive Archaeology and its Role", American Antiquity 56(1): 7-18; Preucel, Robert 1995, "The Postprocessual Condition", *Journal of Archaeological Research* 3: 147-175. 有关英美考古学理论趋势的概述，请参 Johnson, Matthew 2020, *Archaeological Theory: An Introduction. 3rd Edition*, Oxford, Blackwell; Trigger, Bruce G. 2006, *A History of Archaeological Thought, 2nd ed*, Cambridge, Cambridge University Press.

[3] 在前过程主义的考古理论中，最有影响力的也许是 Walter Taylor 的 *A Study of Archaeology*, SIU-Carbondale, Center for Archaeological Investigations, Carbondale, II. 关于这篇文章与作者的影响参考：Hudson, Cory 2008, "Walter Taylor and the History of American Archaeology", *Journal of Anthropological Archaeology* 27: 192-200.

[4] Trigger, Bruce 1984, "Alternative Archaeologies: Nationalist, Colonialist, Imperialist", *Man* 19: 355-370.

[5] Atalay, Sonya 2006, "Indigenous Archaeology as Decolonizing Practice", *American Indian Quarterly* 30(3&4): 280-310.

[6] Battle-Baptiste, Whitney 2011, *Black Feminist Archaeology*, Walnut Creek, CA: Left Coast Press.

[7] Wylie, Alison 2007, "Good Science, Bad Science, or Science as Usual? Feminist Critiques of Science", In *Women in Human Evolution*, edited by L. D. Hager, London: Routledge, pp. 29-55; Conkey, Margaret W. 2007, "Questioning Theory: Is there a gender of theory in archaeology?" *Journal of Archaeological Method and Theory* 14: 285-310; Heath-Stout, Laura E. 2020, "Who Writes about Archaeology? An Intersectional Study of Authorship in Archaeological Journals", *American Antiquity* 85(3): 407-426.

作性[1]，是否必须有一个公众性的或实用性的焦点[2]。所有这些问题都关乎考古学是否，或应否是一门"科学"。简言之，这个问题仍然是一个相当有争议性的话题[3]。

对于那些对理论感兴趣的考古学家而言，这一更广义的哲学问题也绝不是他们唯一关心的议题。但其他的理论问题，则似乎与世界各地从事考古工作的学者们更直接相关。至少在表面上，考古学家更关注的是如何更好地理解过去，而不是学科的现状。我们在课程中涉及的许多主题，也都集中在如何更好地透物见人。

在中国，考古学的理论性讨论往往集中于整理，并从社会组织的角度阐释考古材料。受到广泛关注的题目，包括类型学[4]和复杂社会的起源[5]等议题。这些

---

[1] Liebmann, Matthew 2018, "Losing Control in the American Southwest: Collaborative Archaeology in the Service of Descendant Communities", *Engaging Archaeological Research: Case Studies in Method, Theory, and Practice*, edited by S. Silliman. London: Wiley-Blackwell, pp. 23–30; Cipolla, C. N., J. Quinn, et al. 2019, "Theory in collaborative indigenous archaeology: Insights from Mohegan", *American Antiquity* 84(1): 127–142.

[2] Sabloff, Jeremy A. 2010, "Where have you gone, Margaret Mead? Anthropology and Public Intellectuals", *American Anthropologist* 113(3): 406–416; Kintigh, Keith, Jeffrey Altschul, Mary Beaudry, Robert Drennan, Ann Kinzig, Timothy Kohler, W. Frederick Limp, Herbert Maschner, William Michener, Timothy Pauketat, Peter Peregrine, Jeremy Sabloff, Tony Wilkinson, Henry Wright and Melinda Zeder 2014, "Grand Challenges for Archaeology", *American Antiquity* 79(1): 5–24.

[3] Wylie, Alison 1992, "On 'heavily decomposing red herrings': Scientific method in archaeology and the ladening of evidence with theory", *Metaarchaeology: Reflections by Archaeologists and Philosophers*, edited by L. Embree. Boston: Kluwer Academic Publishing, pp. 269–288; Pollard, A. M. and P. Bray 2007, "A Bicycle Made for Two? The Integration of Scientific Techniques into Archaeological Interpretation", *Annual Review of Anthropology* 36: 245–259; Peregrine, Peter, Yolanda T. Moses, Alan Goodman, Louise Lamphere and James Lowe Peacock 2012, "What Is Science in Anthropology?" *American Anthropologist* 114(4): 593–597; Hillerdal, Charlotta and Johannes Siapkas, Eds. 2015, "*Debating Archaeological Empiricism: The Ambiguity of Material Evidence*", New York: Routledge Taylor & Francis Group; Sørensen, Tim Flohr 2017, "The Two Cultures and a World Apart: Archaeology and Science at a New Crossroads", *Norwegian Archaeological Review* 50(2): 101–115.

[4] 例如：苏秉琦、殷玮璋：《关于考古学文化的区系类型问题》，《文物》1981年第5期，第10–17页；苏秉琦：《关于重建中国史前史的思考》，《考古》1991年第12期，第1109–1118页；安志敏：《论环渤海的史前文化——兼评"区系"观点》，《考古》1993年第7期，第609–615页。

[5] 例如：严文明：《中国史前文化的统一性与多样性》，《文物》1987年第3期；白云翔、顾智界：《中国文明起源座谈纪要》，《考古》1989年第12期；严文明：《略论中国文明的起源》，（转下页）

主题既是我们通过考古学来了解过去的核心问题，同时也能溯源自英美语境中的理论[1]。在哈佛的专题讨论课上，我们阅读了各种关于这些与其他相关主题的论文，以讨论学者们在考古背景下对这些概念竭尽心思所提出的不同观点。近几十年来，考古界讨论的一个重要主题就是"能动性"。这就是本书所译文章的核心议题。

要在这篇导论中定义"能动性"似乎不太合适，因为这正是本书翻译文章所要讨论的问题。事实上，我们之所以一起阅读和讨论这些不同的论文，部分原因就在于不同的学者往往对这个概念的重要性有不同的侧重点。而本书收录的其他论文，则是在具体背景中提供尝试思索能动性这一概念的例子。

本书是以两篇讨论社会学家皮埃尔·布迪厄[2]和安东尼·吉登斯[3]所提到的能动性理论及其基础的论文开始的。而这两位学者的著述，基本就为"实践

（接上页）《文物》1992年第1期；张忠培：《中国古代文明形成的考古学研究》，《故宫博物院院刊》2000年第2期；王巍：《公元前2000年前后我国大范围文化变化原因探讨》，《考古》2004年第1期；李伯谦：《中国古代文明演进的两种模式——红山、良渚、仰韶大墓随葬玉器观察随想》，《文物》2009年第3期；赵辉：《中国的史前基础——再论以中原为中心的历史趋势》，《文物》2006年第8期；张忠培：《良渚文化墓地与其表述的文明社会》，《考古学报》2012年第4期；张弛：《社会权力的起源》，北京：文物出版社，2015年；张弛和陈星灿等人主编：《区域、社会与中国文明起源：国家科技支撑计划课题"中华文明起源过程中区域聚落与居民研究"成果集》，北京：科学出版社，2019年。

[1] 早期对类型学的讨论包括：Kreiger, Alex D. 1944, "The Typological Concept", *American Antiquity* 3: 271-288; Spaulding, Albert C. 1953, "Statistical Techniques for the Discovery of Artifact Types", *American Antiquity* 18(4): 305-313; Ford, James A., and Julian H. Steward 1954, "On the Concept of Types", *American Anthropologist* 56: 42-54；也见 Adams, William and Ernest Adams 1991, *Archaeological Typology and Practical Reality: A Dialectical Approach to Artifact Classification and Sorting*, Cambridge and New York: Cambridge University Press.

关于复杂社会，研究繁多而各异，最近的讨论包括：Chapman, Robert 2003, *Archaeologies of Complexity*, London: Routledge; Fargher, Lane F. and Verenice Y. Heredia Espinoza, Eds. 2016, *Alternative Pathways to Complexity: A Collection of Essays on Architecture, Economics, Power, and Cross-Cultural Analysis*, Boulder, CO: University Press of Colorado; Andersson, Claes and Dwight Read 2016, "The Evolution of Cultural Complexity: Not by the Treadmill Alone", *Current Anthropology* 57(3): 261-286.

[2] Bourdieu, Pierre 1977（1972）, *Outline of a Theory of Practice*, Cambridge: Cambridge University Press; Bourdieu, Pierre 1990, *The Logic of Practice*, Stanford: Stanford University Press.

[3] Giddens, Anthony 1979, *Central Problems in Social Theory: Action, Structure and Contradiction in Social Analysis*, Berkeley: University of California Press.; Giddens, Anthony 1984, *The Constitution of Society*, Berkeley and Los Angeles: University of California Press.

理论"[1]奠定了基石。

詹妮弗·朵南[2]在她的文章中，总结了布迪厄和吉登斯的理论，并概述了2002年之前，能动性概念应用到考古研究的五种方式，包括集体能动性、个人意图、理性行为者模型、非预期后果，以及对社会竞争和实践理性的关注。通过提供能动性在考古学应用中的分类体系，她试图将意图、后果、意义和动机加以区分，以在考古学思路下厘清能动性概念，以求更充分理解历史行为者所处特定背景的主体性。

安德鲁·加德纳[3]在另一篇综述中对能动性补充了更多讨论，并强调在能动性研究中努力探求的几个关键主题：权力、行动、时间、关系和人性。正如朵南文中所提及的，加德纳认为从能动性和结构之间的关系来考虑这些主题，是特别有用的。而能动性与结构正是实践理论的支柱。在加德纳的总结中，他提出能动性是"主动的参与"，是"可以被视为人类的能力或特性"，也是"社会和物质世界互动之间的过程或关系"[4]。

接下来的两篇文章将更多地思考实践理论在考古问题中的应用。蒂姆·波凯特主张，要使考古研究重新回归到历史叙事中，即"人们做了什么以及他们如何与其他人的观点和自身过去协调"[5]。他的论点与中国常见的考古学方法非常吻合。即使

---

[1] Ortner, Sherry B. 1984, "Theory in anthropology since the sixties", *Society for Comparative Study of Society and History* 26(1): 126–166; Ortner, Sherry B. 1996, *Making Gender: The Politics and Erotics of Culture*, Boston: Beacon Press; Swartz, David 1997, *Culture and Power: The Sociology of Pierre Bourdieu*, Chicago: University of Chicago Press.

[2] Dornan, Jennifer 2002, "Agency and Archaeology: Past, Present, and Future Directions", *Journal of Archaeological Method and Theory* 9(4): 303–329；关于这个主题，请参 Johnson, Matthew H. 1989, "Concepts of Agency in Archaeological Interpretation", *Journal of Anthropological Archaeology* 8: 189–211; Dobres, Marcia-anne and John E. Robb 2000, *Agency in Archaeology*, New York: Routledge.

[3] Gardner, Andrew 2008, "Agency", In *Handbook of Archaeological Theories*, edited by R. Bentley, H. Maschner, and C. Chippendale, Lanham, MD: Altamira Press, pp. 95–108.

[4] Gardner, Andrew 2008, "Agency", In *Handbook of Archaeological Theories*, edited by R. Bentley, H. Maschner, and C. Chippendale, Lanham, MD: Altamira Press, p. 103.

[5] Pauketat, Timothy 2001, "Practice and History in Archaeology: An Emerging Paradigm", *Anthropological Theory* 1(1): 73–97.

当英美考古学强调跨文化比较和模型构建时，在中国，历史主义仍然是研究目标的重中之重[1]。而波凯特所说的"历史过程主义"，是一种主张"实践"能产生文化和社会变迁的方法。文中对行为主义和系统论的研究方法进行了猛烈的抨击，继而讨论了不同的"能动性"概念在新达尔文主义和认知过程主义的考古研究中，是如何被否定或囊括进来的。因此，波凯特认为，要理解和解释文化与社会变化，必须基于以实践理论为基础的能动性具体方法论。为了说明这点，他研究了一个与密西西比文化（公元800-1050年）有关的案例——卡霍基亚遗址。他认为以实践为导向的能动性方法，可以让我们理解变化是如何发生的。他认为"如何"的问题比"为什么"的问题更有可能得到答案，这些问题便是为了解、写出更完善的历史而必须解决的。

在另一篇关于实践理论的实用性讨论中，亚当·T·史密斯认为"默识"这个概念，是布迪厄的核心理论[2]。对于布迪厄来说，默识似乎只是对自然或社会秩序不证自明的体验。因此，我们会自然地认为它是种常态，且不存在目的性。史密斯指出，对布迪厄而言，默识是古代世界的一个特征。如果接受这个观点，那么以实践理论为基础的能动性概念便不适用于古代世界。史密斯对此提出了异议，认为必须重新考虑古人的个体意愿。他以一件亚美尼亚青铜时代中期（公元前2000年）的高脚杯为例，说明了如何做到这一点。

第五篇是佐伊·克罗斯兰一篇有关能动性的理论概念的短文。这篇文章发表在2014年《当代考古学报》的第一期，讨论有关"人类世"的概念[3]。这一概念要求人们关注近几个世纪以来，人类活动对自然世界日益严重的影响[4]。对于这个术语

---

[1] 参考 Falkenhausen, Lothar von 1993, "On the Historiographical Orientation of Chinese Archaeology", *Antiquity* 67: 839-849.
[2] Smith, Adam T. 2001, "The Limitations of Doxa", *Journal of Social Archaeology* 1(2): 155-171.
[3] Crossland, Zoe 2014, "The Anthropocene: locating agency", *Journal of Contemporary Archaeology* 1(1): 73-132.
[4] 参考 Smith, Bruce D. and Melinda Zeder 2013, "The Onset of the Anthropocene", *Anthropocene* 4: 8-13; Bauer, Andrew M. and Mona Bhan 2018, *Climate without Nature: A Critical Anthropology of the Anthropocene*, Cambridge: Cambridge University Press; Bauer, Andrew M. and Erle C. Ellis 2018, "The Anthropocene Divide: Obscuring Understanding of Social-Environmental Change", *Current Anthropology* 59(2): 209-227.

应该以什么样的时间尺度来使用，存在着相当大的争议。地质界关注于地层学上可见的特定标记[1]，更在近年将该地层写入了国际地层序列中[2]。另一些人则主张用一个更具比喻性的概念，将地质发展与人类长期的活动联系起来[3]。但克罗斯兰所关心的是，这个概念如何将人类的活动定位在过去。她指出，在某些人类世概念中，工业化过程的特征主要是向西方人展示"男性化的创新技术"。然而，出于对更深层次时间的关注，考古学家们倾向认为人类世与更长的时间尺度相关。但克罗斯兰指出，这样做反而降低了这一概念在当前关于人类对气候变化责任的辩论中的政治意义。她要求我们反思，到底考古学如何能让我们思考：人类作为群体在多大程度上有着决定我们未来的能动性。

最后四篇文章进一步举例说明，在考古研究中该如何思考能动性和实践理论。斯蒂芬·西利曼的案例研究考察了19世纪美国北加利福尼亚殖民背景下美洲原住民的石器生产[4]。如史密斯一样，西利曼也考虑了默识和能动性概念，但他更多指出默识的实用性，而非对这一概念加以批判。默识为行为提供了约束，也为能动性提供了可行性。对于西利曼来说，能动性并不是指"理性的行为者"和"策略性个人主义"，而是指在正统（即现有的规范中，由那些既得利益者所重新创造的默识）和异端（默识的变异，指出默识本身的任意性）的背景下所采取的行动。他所考察的殖民地背景显示了殖民者和被殖民者的默识性实践，这反映出他所提出的"实践政治"这一概念。在实践政治中，日常活动，包括创造和使用案例研究中提到的石器，为制定和改变默识的有意义行动提供了契机。因此，我们不应假定在殖民地背景中使用石器工具的印第安人反

---

[1] Crutzen, Paul J. 2002, "Geology of Mankind", *Nature* 415(6867): 23; Crutzen, Paul J. and Eugene Stormer 2000, "The Anthropocene", *Global Change Newsletter* 41: 17-18.

[2] Cohen, K. M., S. C. Finney, et al. 2018, "International Chronostratigraphic Chart", International Commission on Stratigraphy.

[3] 如 Fuller, Dorian Q., Jacob van Etten, et al. 2011, "The Contribution of Rice-agriculture and Livestock Pastoralism to Prehistoric Methane Levels: An Archaeological Assessment", *The Holocene* 21: 743-759.

[4] Silliman, Stephen 2001, "Agency, Practical Politics and the Archaeology of Culture Contact", *Journal of Social Archaeology* 1(2): 190-209.

映了"连续性",而是认为这种物质文化领域要在正统和异端之间的紧张关系中来重新理解。

最近,丽莎·奥尔特泽提出了一项假定能动性和实践有关的研究[1]。在这一假设下,奥尔特泽指出,为了考察家户能动者的偶发性行为,有必要制定精细的年表。最近贝叶斯统计方法的进步使精确的年表成为可能,她用这种方法研究了哈尔托坎遗址——墨西哥盆地的一个后古典和殖民时期(公元13-15世纪)的遗址。研究中,根据地层发掘和一系列放射性碳测定法来确定时间精度,这使她能够厘清行为者打破与身份标记有关的传统常规的确切时间点。这个案例表明在家户层面上的能动性,并不能都归因于阿兹特克的精英决策者。

本书最后以两个案例作为结尾,分析了与古代玛雅人有关的能动性和实践。苏珊·吉莱斯皮探讨了几种能动性概念:个体、人格和集体。她概述了关于"方法论的个体主义"的学术观点——"所有社会现象的解释都应基于个体及其行为"[2]。这种观点,便是西利曼所反对的,认为能动性是理性与策略性研究方法的基石。同样地,吉莱斯皮也采用了关系论的方法。她的案例研究涉及对古典的玛雅丧葬环境的分析,采用了"人格"的概念,即在讨论个体行为者时,将对集体现象的关注融入其中,一并思考。人格是在日常行为的关系语境中所构建的。而埋葬环境、人类意象和关于身份的文本信息,能够观察人格。在她探索的玛雅世界里,人格在一定程度上来源于长期存在且拥有财产性质的群体,即所谓的"家屋"。而"自我"、"人"和"家屋"的概念在玛雅案例中,是以语境化方式被解读的。这些概念也阐述了个体和集体的身份是如何相互构成的,而且,当我们在思考玛雅世界中的能动性时,必须对整体进行探究。

---

[1] Overholtzer, Lisa 2015, "Agency, practice, and chronological context: A Bayesian approach to household chronologies", *Journal of Anthropological Archaeology* 37: 37-47.

[2] Gillespie, Susan D. 2001, "Personhood, Agency, and Mortuary Ritual: A Case Study from the Ancient Maya", *Journal of Anthropological Archaeology* 20(1): 73-112.

最后，杰西卡·曼森也研究了玛雅地区，其重点放在建筑实践上[1]。正如奥尔特泽的文章所述，曼森旨在提供一套原则性方法来解决所观察的考古现象，使之能够调查人类的能动性。她认为，"网络"是一种隐喻，它有效地描述了有关实践理论的文章所讨论的结构和能动性之间的尺度关系。基于"社会地层学"的研究模式[2]，曼森着眼于通过社会活动进行地层学研究，考察了从公元前850年到公元850年，长达1600年之久的卡波尔遗址。她采用形式化的网络方法，通过分析遗物存在的模式及其所在堆积地层的组成，建立堆积形成和关系网之间的有力联系，并将不同建筑环境有关的各种证据相互对应，试着解读出该时间段内所发生的事件。另外，她还把对应分析和聚类分析这两种多变量统计技术结合起来，建立了不同结构的共时性。其结果不仅为该遗址的物质文化提供了更精确的年表，而且还能作为一种判别网络的方法，反映出个体产生的社会现象的实践。

事实上，这种网络隐喻概念已经成为近年来能动性理论的另一个焦点。继社会学家布鲁诺·拉图尔（Bruno Latour）引入"行为者网络理论（ANT）"[3]的概念后，当前最新的学术研究成果已从关注人的能动性转向事物的能动性[4]。

---

[1] Munson, Jessica 2015, "From Metaphors to Practice", *Journal of Archaeological Method and Theory* 22(2): 428-460.
[2] McAnany, Patricia and Ian Hodder 2009, "Thinking about stratigraphic sequence in social terms", *Archaeological Dialogues* 16(1): 1-22.
[3] Latour, Bruno 2005, *Reassembling the Social: An Introduction to Actor Network Theory*, Oxford: Oxford University Press; Knappet, Carl 2011, *An Archaeology of Interaction: Network Perspectives on Material Culture and Society*, Oxford: Oxford University Press; Knappett, Carl 2013, *Network Analysis in Archaeology: New Approaches to Regional Interaction*, Oxford: Oxford University Press; Van Oyen, Astrid 2015, "Actor-Network Theory's Take on Archaeological Types: Becoming, Material Agency and Historical Explanation", *Cambridge Archaeological Journal* 25(1): 63-78；也参 Preucel, Robert W. 2016, "Pragmatic Archaeology and the Semiotic Mediation of Culture", *Semiotic Review* 4: 1-8.
[4] Latour, Bruno 2005, "Third Source of Uncertainty: Objects too have agency", *Reassembling the Social: An Introduction to Actor Network Theory*, edited by B. Latour, Oxford: Oxford University Press, pp. 63-86.

"本体论转向"[1]、"物质转向"[2]、"物论"[3]、"以器物为中心的人物传记"[4]、"新唯物主义"[5]、"对称考古学"[6]、"后人本主义"[7]、"集合理论"[8]、"透视学"[9]、"纠缠"[10]等,这一系列新名词是把物质文化自身作为焦点,而非以此来观察人类活动。这种新的学术研究,以不同方式思考了非人类实体可以在多大程度上成为影响人类关系中的行为者,以及网络本身存在能动的可能性。在这些理论讨论中,我们看到了与能动性相关的一系列其他的关注点。由于考古学家在研究物质领域处于优势地位[11],因此,近十年来,器物能动性的考古学方法已成为英美和欧洲大陆考古理论的一个热门话题。尽

---

[1] Alberti, Benjamin, Severin M. Fowles, et al. 2011, "Worlds Otherwise: Archaeology, Anthropology, and Ontological Difference", *Current Anthropology* 52(6): 896-912; Paleček, M. and M. Risjord 2013, "Relativism and the Ontological Turn within Anthropology", *Philosophy of the Social Science* 43(1): 3-23.

[2] Hicks, Dan 2010, "The Material-Cultural Turn: Event and Effect", *The Oxford Handbook of Material Culture Studies*, edited by D. Hicks and M. C. Beaudry, Oxford: Oxford University Press; Mukerji, Chandra 2015, "The Material Turn", *Emerging Trends in the Social and Behavioral Sciences*, edited by R. A. Scott and S. M. Kosslyn, New York: John Wiley & Sons, Inc., pp. 1-15.

[3] Brown, Bill 2001, "Thing Theory", *Critical Inquiry* 28(1): 1-22.

[4] Appadurai, Arjun 1986, *The Social Life of Things: Commodities in Cultural Perspectives*, Cambridge and New York: Cambridge University Press; Bauer, Alexander A. 2019, "Itinerant Objects", *Annual Review of Anthropology* 48(1): null.

[5] Coole, D. and S. Frost, Eds. 2010, *New Materialisms: Ontology, Agency and Politics*, Durham: Duke University Press.

[6] Whitmore, Christopher 2007, "Symmetrical Archaeology: Excerpts of Manifesto", *World Archaeology* 39(4): 546-562.; Olsen, Bjørnar and Christopher Whitmore 2015, "Archaeology, symmetry, and the ontology of things: A response to critics", *Archaeological Dialogues* 22(2): 187-197.

[7] Cerulo, Karen A. 2009, "Nonhumans in social interaction", *Annual Review of Sociology* 35: 531-552.

[8] DeLanda, Michael 2006, *A New Philosophy of Society: Assemblage Theory and Social Complexity*, New York: Continuum; DeLanda, Michael 2016, *Assemblage Theory*, Edinburgh: Edinburgh University Press; Kosiba, Steve 2019, "New Digs: Networks, Assemblages, and the Dissolution of Binary Categories in Anthropological Archaeology", *American Anthropologist* 121(2): 447-463.

[9] de Castro, Eduardo Viveiros 1998, "Cosmological Deixis and Amerindian Perspectivism", *The Journal of the Royal Anthropological Institute* 4(3): 469-488; Costa, Luiz and Carlos Fausto 2010, "The Return of the Animists", *Religion and Society* 1(1): 89-109; Alberti, Benjamin and Tamara L. Bray 2009, "Animating Archaeology: Local Theories and Conceptually Open-Ended Methodologies", *Cambridge Archaeological Journal* 19(3): 344-356.

[10] Hodder, Ian 2012, *Entangled: an archaeology of the relationships between human and things*, Wiley-Blackwell.

[11] Olsen, Bjørnar, Michael Shanks, et al. 2012, *Archaeology: The Discipline of Things*, Berkeley, CA: University of California Press.

管以去除人类中心为主要侧重点，但这类文献中的大部分仍然在努力思索本书论文所阐述的能动性研究中较突出的问题。当中国考古学家考虑如何理论化人类过去时，能动性是一个至关重要的问题，而本书的这些文章能提供值得关注的概念和想法。

篇目：

1. 詹妮弗·朵南：《考古学与能动性：过去、当下与未来》，《考古学方法与理论期刊》2002年第9卷4期，第303-329页。
2. 安德鲁·加德纳：《能动性》，R.班特例、H.莫斯纳和C.齐本德尔合编：《考古学理论手册》，马里兰州兰哈姆市：阿尔塔米拉出版社，2008年，第95-108页。
3. 蒂姆·波凯特：《考古学中的历史与实践——一种新兴的范式》，《人类学理论》2001年第1卷1期，第73-98页。
4. 亚当·T·史密斯：《默识的局限性：从考古学视角看能动性和主观性》，《社会考古学报》2001年第1卷2期，第155-171页。
5. 佐伊·克罗斯兰：《人类纪：立足能动性，想象未来》，《当代考古学报》2014年第1卷1期，第73-132页。
6. 斯蒂芬·西利曼：《能动性、实践政治与文化接触考古学研究》，《社会考古学报》2001年第1卷2期，第190-209页。
7. 丽莎·奥尔特泽：《能动性、实践和时间情境：家户年表的贝叶斯方法》，《人类学考古学杂志》2015年第37期，第37-47页。
8. 苏珊·D·吉莱斯皮：《人格、能动性与墓葬仪式：古代玛雅个案研究》，《人类学考古学杂志》2001年第20卷1期，第73-112页。
9. 杰西卡·曼森：《从隐喻到实践：考古地层学中网络概念的运用》，《考古方法与理论》2015年第22卷2期，第428-460页。

延伸阅读：

皮埃尔·布迪厄：《柏柏尔人的住宅或颠倒的世界》，《社会科学信息》1970年9期，第151-170页。

詹姆斯·A·贝尔：《史前理论中的能动性研究》，克里斯托弗·S·皮布尔斯和J.C.加丁合编：《考古学研究》，布卢明顿：印第安纳大学出版社，1992年，第30-55页。

沃尔特·约翰逊：《关于能动性》，《社会历史杂志》2003年第37卷1期，第113-124页。

马克·威廉姆斯、札拉希维茨、PK哈夫、克里斯蒂安·施瓦格尔、安东尼·D·巴诺斯基、埃尔勒·C·埃利斯：《人类世生物圈》，《人类世评论》2015年第2卷3期，第1-24页。

Preface

Rowan K. Flad   Harvard University

In the fall of 2015, I coordinated a required course for PhD archaeology students in the Department of Anthropology at Harvard University. The course focused on theoretical perspectives in the study of anthropological archaeology. This was the second time I coordinated this seminar, which occurs every-other-year in our PhD archaeology curriculum. In addition to individualized courses of studies related to their own interests, students in this PhD program of study are required to take four shared seminars, regardless of their specific focus of research area, methodology or chronological period. One required course focuses on research design and professionalization in the field, while the other three focus on broad themes that are essential background for all archaeologists. Of these three thematic classes, one focuses on topics related to small-scale societies and another focuses on issues related to understanding social complexity. The final required course examines the theoretical issues that have underscored archaeological research since the mid-twentieth century.

Students in this program conduct archaeological research on many topics all around the world, but the seminar primarily concerns explicit theoretical discussions that have occurred in the Anglo-American archaeological community. Although this is true, the presumption is that the concerns that have emerged in this community of scholarship nevertheless apply to archaeology in every part of the world — even if they are not explicitly discussed in the same fashion everywhere. Principal issues of concern may vary widely between scholarly communities in China, the United States, Japan, Brazil, India, Iran, Kenya, Germany, Mexico and South Africa (to name but a few countries with rich archaeological traditions), yet the deep questions that are at the root of why archaeology matters, I believe, apply even when they are not topics of active theoretical discussion.

In the case of this specific version of a seminar on archaeological theory, I described the purpose of the reading list as follows:"This graduate-level seminar considers the varied ways in which archaeologists make inferences about human behavior from the archaeological record. The readings review the principal interpretive frameworks that influence archaeological practice in the Anglo-American world. Beginning with an overview of major debates in the discipline during the past half-century, we go on to consider diverse topics that shape the field of archaeology today, including the use of analogy, Middle Range Theory, symbolism and meaning, social and cultural evolution, cognitive archaeology, feminist critiques, practice theory, and postcolonialism. The intent is to provide graduate students with a solid foundation in archaeological theory, resulting in an ability to understand, critically assess, and contribute to debates concerning the construction of contemporary archaeological discourse."[1]

We started with a classic piece on "theory in anthropological studies" published by Clyde Kluckhohn in 1939[2]. Reading Kluckhohn, one realizes that all research is theoretical. Archaeologists cannot pretend that we can escape theoretical concerns. Whenever we choose to investigate a particular question, for example, that decision is one underlain by theory. This basic point encourages all archaeologists to take time to reflect on basic theoretical questions.

---

[1] From the syllabus for Anthropology 2070a at Harvard University, Fall 2015.
[2] Kluckhohn, Clyde 1939, "The place of theory in anthropological studies", *Philosophy of Science* 6(3): 328–344.

In addition to starting with this basic call for all participants to think about theory as necessary, a second theme is used to start our conversation in the seminar. This second theme was left out of the course description, however: the question of whether archaeological research is or should be considered a "science". That question is philosophical and requires a framework at the beginning of the class that examined seminal works in the philosophy of science. Accordingly, in addition to Kluckhohn, we also started by reading three different perspectives on the nature of scientific disciplines by Thomas Kuhn [1], Paul Feyerabend [2], and Karl Popper [3]. These three works on the philosophy of science provide contrasting perspectives on what makes a discipline scientific. Kuhn points to "paradigms" and "paradigms shifts" as characteristic of a scientific discipline, thus focusing attention on the way that discourse in a discipline indicates the degree to which it is scientific. Popper indicates falsifiability is necessary to make research scientific and thus offers a method through which researchers can aspire to conduct science. Feyerabend, as a counterpoint, argues against a single method, and suggests that theoretical anarchy is the best path to knowledge. These are by no means the only scholars who have different points of view on the nature of science [4], but they provide a good background for understanding the various themes that have dominated discussion of theory in Anglo-American archaeology.

Perhaps the most well-known way in which the discussion of the philosophy

---

[1] Kuhn, Thomas S. 1962, *The Structure of Scientific Revolutions*, Chicago: University of Chicago Press (particularly pp. 1–110).
[2] Feyerabend, Paul 1975, *Against Method*, London: Verso (We focused on pages 17–33 and 295–309, while scanning the remaining parts of the book).
[3] Popper, Karl 1981, "The Rationality of Scientific Revolutions", *Scientific Revolutions*, edited by I. Hacking, Oxford: Oxford University Press, pp. 80–106
[4] See Michael Strevens 2020, *The Knowledge Machine: How Irrationality Created Modern Science*, New York: Liveright Publishing Corp. For a recent discussion of the philosophy of science that argues "Science" is defined by empirical testing and a compartmentalization of domains of knowledge, which occurred during the Enlightenment.

of science is manifest in archaeological literature relates to the discussions of "processualism" and "post-processualism". Not surprisingly, we spend a lot of time in the course reading papers that relate to these schools of thought [1]. However, instead of starting with the scholarship that leads up to the emergence of the explicitly scientific archaeology that became framed as "processualism" in North America [2], the seminar first focuses on ethical concerns in archaeological theory. We consider how archaeology and archaeological theory can be imperialist, colonialist and nationalist [3]. We discuss whether archaeological theory includes indigenous [4] or underrepresented voices [5], is gendered [6],

---

[1] Examples include: Binford, Lewis R. 1962, "Archaeology as Anthropology", *American Antiquity* 28: 217 −225; Binford, Lewis R. 1965, "Archaeological Systematics and the Study of Culture Process", *American Antiquity* 31: 203−210; Flannery, Kent 1973, "Archaeology with a Capital 'S'", In *Research and Theory in Current Archaeology*, edited by C. Redman, John Wiley and Sons, New York, pp. 47−53; Hodder, Ian 1982, "Theoretical Archaeology: A Reactionary View", In *Symbolic and Structural Archaeology*, edited by I. Hodder, Cambridge: Cambridge University Press, pp.1−16; Hodder, Ian 1991, "Interpretive Archaeology and its Role", *American Antiquity* 56(1): 7−18; Preucel, Robert 1995, "The Postprocessual Condition", *Journal of Archaeological Research* 3: 147−175. For an overview of the theoretical trends in Anglo-American archaeologies, 参 Johnson, Matthew 2020, *Archaeological Theory: An Introduction. 3rd Edition*, Oxford: Blackwell; Trigger, Bruce G. 2006, *A History of Archaeological Thought, 2nd ed.* Cambridge: Cambridge University Press.

[2] Perhaps the most influential of this pre-Processualist archaeological theory was the book by Walter Taylor, *A Study of Archaeology*, SIU-Carbondale, Center for Archaeological Investigations, Carbondale, Il. For a good discussion of the impact of this book and the author, see Hudson, Cory 2008, "Walter Taylor and the History of American Archaeology", *Journal of Anthropological Archaeology* 27: 192−200.

[3] Trigger, Bruce 1984, "Alternative Archaeologies: Nationalist, Colonialist, Imperialist", *Man* 19: 355−370.

[4] Atalay, Sonya 2006, "Indigenous Archaeology as Decolonizing Practice", *American Indian Quarterly* 30(3&4): 280−310.

[5] Battle-Baptiste, Whitney 2011, *Black Feminist Archaeology*. Walnut Creek, CA: Left Coast Press.

[6] Wylie, Alison 2007, "Good Science, Bad Science, or Science as Usual? Feminist Critiques of Science", In *Women in Human Evolution*, edited by L. D. Hager, London: Routledge, pp. 29−55; Conkey, Margaret W. 2007, "Questioning Theory: Is there a gender of theory in archaeology?" *Journal of Archaeological Method and Theory* 14: 285−310; Heath-Stout, Laura E. 2020, "Who Writes about Archaeology? An Intersectional Study of Authorship in Archaeological Journals", *American Antiquity* 85(3): 407−426.

should be collaborative [1] and must have a public and/or practical focus [2]. All of these issues relate to whether archaeology is, can be, or should be "Science". It is fair to say that that question still is a topic of considerable debate [3].

This broader, philosophical question is by no means the only concern for archaeologists who are interested in theory. On the contrary, other theoretical issues may seem of more direct relevance to practicing archaeologists around the world who are, at least on the surface, less concerned about the status of the discipline than how to better understand the past. A number of the themes we cover in the course focus attention on how to better understand the past people who left behind the archaeological finds we investigate.

In China, theoretical discussions in archaeology have tended to focus on organizing the material from the past and interpreting that material in terms of social organization. Topics

---

[1] Liebmann, Matthew 2018, "Losing Control in the American Southwest: Collaborative Archaeology in the Service of Descendant Communities", *Engaging Archaeological Research: Case Studies in Method, Theory, and Practice*, edited by S. Silliman, London: Wiley-Blackwell, pp. 23–30; Cipolla, C. N., J. Quinn, et al. 2019, "Theory in collaborative indigenous archaeology: Insights from Mohegan", *American Antiquity* 84(1): 127–142.

[2] Sabloff, Jeremy A. 2010, "Where have you gone, Margaret Mead? Anthropology and Public Intellectuals", *American Anthropologist* 113(3): 406–416; Kintigh, Keith, Jeffrey Altschul, Mary Beaudry, Robert Drennan, Ann Kinzig, Timothy Kohler, W. Frederick Limp, Herbert Maschner, William Michener, Timothy Pauketat, Peter Peregrine, Jeremy Sabloff, Tony Wilkinson, Henry Wright and Melinda Zeder 2014, "Grand Challenges for Archaeology", *American Antiquity* 79(1): 5–24.

[3] Wylie, Alison 1992, "On 'heavily decomposing red herrings': Scientific method in archaeology and the ladening of evidence with theory", *Metaarchaeology: Reflections by Archaeologists and Philosophers*, edited by L. Embree, Boston: Kluwer Academic Publishing, pp. 269–288; Pollard, A. M. and P. Bray 2007, "A Bicycle Made for Two? The Integration of Scientific Techniques into Archaeological Interpretation", *Annual Review of Anthropology* 36: 245–259; Peregrine, Peter, Yolanda T. Moses, Alan Goodman, Louise Lamphere and James Lowe Peacock 2012, "What Is Science in Anthropology?" *American Anthropologist* 114(4): 593–597; Hillerdal, Charlotta and Johannes Siapkas, Eds. 2015, *Debating Archaeological Empiricism: The Ambiguity of Material Evidence*, New York: Routledge Taylor & Francis Group; Sørensen, Tim Flohr 2017, "The Two Cultures and a World Apart: Archaeology and Science at a New Crossroads", *Norwegian Archaeological Review* 50(2): 101–115.

that have received considerable attention include questions of typology[1] and the origins of complexity[2], among others. These topics are both central to our ability to understand

---

[1] Eg., Su Bingqi 苏秉琦 and Yin Weizhang 殷玮璋 1981, "Guanyu kaoguxue wenhua de quxi leixing wenti 关于考古学文化的区系类型问题 (Concerning the problem of regional systems and local cultural series in archaeology)", *Wenwu 文物 (Cultural Relics)* 1981(5): 10−17; Su Bingqi 苏秉琦 1991, "Guanyu chongjian Zhong guo shiqianshi de sikao 关于重建中国史前史的思考 (Concerning the construction of our understanding of prehistoric China)", *Kaogu 考古 (Archaeology)* 1991(12): 1109−1118; An Zhimin 安志敏 1993, "Lun huan Bohai de shiqian wenhua — jianping "quxi" guandian 论环渤海的史前文化——兼评"区系"观点 (Discussing prehistoric culture around the Bohai bay — A critique of the "regional systems" concept)", *Kaogu 考古 (Archaeology)* 1993(7): 609−615.

[2] Eg., Yan Wenming 严文明 1987, "Zhongguo shiqian wenhua de tongyixing yu duoyangxing 中国史前文化的统一性与多样性 (The unity and variety of prehistoric cultures in China)", *Wenwu 文物 (Cultural Relics)* 1987(3); Bai Yunxiang 白云翔, Gu Zhijie 顾智界 1989, "Zhongguo wenming qiyuan zuotan jiyao 中国文明起源座谈纪要 (A summary of discussions on the origins of Chinese culture)", *Kaogu 考古 (Archaeology)* 1989(12); Yan Wenming 严文明 1992, "Lüelun Zhongguo wenming de qiyuan 略论中国文明的起源 (Discussing the origins of Chinese civilization)", *Wenwu 文物 (Cultural Relics)* 1992(1); Zhang Zhongpei 张忠培 2000, "Zhongguo gudai wenming xingcheng de kaoguxue yanjiu 中国古代文明形成的考古学研究 (Archaeological research on the formation of Chinese civilization)", *Gugong Bowuyuan yuankan 故宫博物院院刊 (Palace Museum Journal)* 2000(2); Wang Wei 王巍 2004, "Gongyuan qian 2000 nian qian hou woguo dafanwei wenhua bianhua yuanyin tantao 公元前 2000 年前后我国大范围文化变化原因探讨 (Investigation of the causes behind large cale cultural change in China around 2000 BCE)", *Kaogu 考古 (Archaeology)* 2004(1); Li Boqian 李伯谦 2009, "Zhongguo gudai wenming yanjing de liangzhong moshi — Hongshan, Liangzhu, Yangshao damusuizang yuqi guancha suixiang 中国古代文明演进的两种模式——红山、良渚、仰韶大墓随葬玉器观察随想 (Two models of the evolution of ancient civilization in China: Thoughts on the jades in large tombs from the Hongshan, Liangzhu and Yangshao)", *Wenwu 文物 (Cultural Relics)* 2009(3); Zhao Hui 赵辉 2006, "Zhongguo de shiqian jichu — Zailun yi zhongyuan wei zhongxin de lishi qushi 中国的史前基础——再论以中原为中心的历史趋势 (The basis of Chinese prehistory — Another discussion of the historical trends that center the Central Plains)", *Wenwu 文物 (Cultural Relics)* 2006(8); Zhang Zhongpei 张忠培 2012, "Liangzhu wenhua mudi yu qi biaoshu de wenming shehui 良渚文化墓地与其表述的文明社会 (Liangzhu culture burials and their explanation of civilized society)", *Kaogu xuebao 考古学报 (Acta archaeologica sinica)* 2012(4); Zhang Chi 张弛 2015, *Shehui Quanli de Qiyuan 社会权力的起源 (The Origin of Social Power)*, Beijing: Wenwu chubanshe（文物出版社）; Zhang Chi 张弛, Chen Xingcan 陈星灿 et al., Eds. 2019, *Quyu, shehui yu Zhongguo wenming qiyuan: Guojia keji zhicheng jihua keti: "Zhonghua wenming qiyuan guocheng zhong quyu juluo yu jumin yanjiu Chengguoji"* 区域、社会与中国文明起源：国家科技支撑计划课题"中华文明起源过程中区域聚落与居民研究"成果集 *(Regions, Society and the Origins of Chinese Civilization: Results of the National Scientific Project — "Research on regional settlements and residents in the process of the origins of civilization in China")*, Beijing: Shehui kexue wenxian chubanshe（社会科学文献出版社）.

the past through archaeology and are topics that also have a long legacy of theory in Anglo-American contexts [1]. In the seminars at Harvard we read different contrasting articles on these topics and others to debate the different opinions that have been put forward by scholars wrestling with concepts in archaeological contexts. One important theme that has become a focus of archaeological discussions in recent decades is the topic of "agency." This is the theme focused on in the articles included in this volume.

It doesn't seem appropriate to provide a definition of "agency" in this introductory essay since the articles in this volume contend with this question. In fact, part of the reason why we read and discuss these various articles together is because different scholars have somewhat different takes on the significance this concept. Other articles in this collection are included because they provide examples of attempts to wrestle with the concept of agency in specific contexts.

The volume starts with two articles that provide extended discussions of the concept of agency and its foundation in the work of the sociologists Pierre Bourdieu [2] and Anthony Giddens [3], whose scholarship provides the foundation for a perspective called

---

[1] For typology, early discussions include: Kreiger, Alex D. 1944, "The Typological Concept", *American Antiquity* 3: 271–288; Spaulding, Albert C. 1953, "Statistical Techniques for the Discovery of Artifact Types", *American Antiquity* 18(4): 305–313; Ford, James A., and Julian H. Steward 1954, "On the Concept of Types", *American Anthropologist* 56: 42–54; See also Adams, William and Ernest Adams 1991, *Archaeological Typology and Practical Reality: A Dialectical Approach to Artifact Classification and Sorting*, Cambridge and New York: Cambridge University Press.

For complexity, there is a huge and varied scholarship. Some recent discussions include: Chapman, Robert 2003, *Archaeologies of Complexity*, London: Routledge; Fargher, Lane F. and Verenice Y. Heredia Espinoza, Eds. 2016, *Alternative Pathways to Complexity: A Collection of Essays on Architecture, Economics, Power, and Cross-Cultural Analysis*, Boulder, CO: University Press of Colorado; Andersson, Claes and Dwight Read 2016, "The Evolution of Cultural Complexity: Not by the Treadmill Alone", *Current Anthropology* 57(3): 261–286.

[2] Bourdieu, Pierre 1977(1972), *Outline of a Theory of Practice*, Cambridge: Cambridge University Press; Bourdieu, Pierre 1990, *The Logic of Practice*, Stanford: Stanford University Press.

[3] Giddens, Anthony 1979, *Central Problems in Social Theory: Action, Structure and Contradiction in Social Analysis*, Berkeley: University of California Press; Giddens, Anthony (1984), *The Constitution of Society*, Berkeley and Los Angeles: University of California Press.

"practice theory"[1].

In her article, Jennifer Dornan[2] summarizes the work of both Bourdieu and Giddens and outlines five ways in which the concept of agency had become incorporated in archaeological work prior to 2002. These include studies of collective agency, individual intentionality, rational actor models, work that focuses on unintended consequences, and concern with practical rationality and social struggle. By offering a taxonomy of different archaeological approaches to agency, Dornan seeks to establish conceptual clarity in archaeological thinking about agency through a discussion of the importance of distinguishing between intentions, consequences, meanings, and motives when seeking to understand the situated subjectivities of historical actors.

Andrew Gardner[3], in the other overview, offers a complementary discussion that highlights several key themes that are pursued in research on agency: power, action, time, relationships and humanity. As is the case in the summary by Dornan, Gardner finds it particularly useful to consider these themes in terms of the relationship between agency and structure — a dyad that is central to the tenets of a practice theory approach. In his concluding discussion, Gardner proposes that agency is "active involvement" and is both "a *capacity* and *quality* of being human" and "a *process* or *relationship* of engagement with a social and material world".[4]

---

[1] Ortner, Sherry B. 1984, "Theory in anthropology since the sixties", *Society for Comparative Study of Society and History* 26(1): 126–166; Ortner, Sherry B. 1996, *Making Gender: The Politics and Erotics of Culture*, Boston: Beacon Press; Swartz, David 1997, *Culture and Power: The Sociology of Pierre Bourdieu*, Chicago: University of Chicago Press.

[2] Dornan, Jennifer 2002, "Agency and Archaeology: Past, Present, and Future Directions", *Journal of Archaeological Method and Theory* 9(4): 303–329; On this topic, also see Johnson, Matthew H. 1989, "Concepts of Agency in Archaeological Interpretation", *Journal of Anthropological Archaeology* 8: 189–211; Dobres, Marcia-anne and John E. Robb 2000, *Agency in Archaeology*, New York: Routledge.

[3] Gardner, Andrew 2008, "Agency", In *Handbook of Archaeological Theories*, edited by R. Bentley, H. Maschner, and C. Chippendale, Lanham, MD: Altamira Press, pp. 95–108.

[4] Gardner, Andrew 2008, "Agency", In *Handbook of Archaeological Theories*, edited by R. Bentley, H. Maschner, and C. Chippendale, Lanham, MD: Altamira Press, p. 103.

The next two articles consider more aspects of the theoretical concerns raised by practice theory as applied to archaeological questions. Tim Pauketat[1] argues for a recentering of historical narratives in archaeological studies of "what people did and how they negotiated their views of others and their own pasts". His argument fits well with approaches to archaeology that are common in China, where historiographical concerns have remained at the forefront of the motivation for research even when Anglo-American archaeology emphasized cross-cultural comparison and model building[2]. What Pauketat terms "historical processualism" is an approach that argues that "practices" generate cultural and social change. This article strongly criticizes behavioralist and systems approaches and then discusses the way in which different notions of "agency" are rejected or included in various neo-Darwinian and Cognitive-processual archaeologies. Pauketat argues, therefore, that specific approaches to agency that are grounded in practice theory are necessary to understand and interpret cultural and social change. To illustrate his claims he discusses a case study associated with the Mississippian culture (ca. 800–1050 CE) site of Cahokia. He argues that a practice-oriented approach to agency allows us to understand *how* change occurred. *How* questions, he believes, are both more possible to answer than *why* questions, and they are the questions we must address in order to produce good history.

In another reflection on the usefulness of practice theory, Adam T. Smith considers the notion of "doxa", a concept central to the theories of Bourdieu[3]. For Bourdieu, doxa are seemingly self-evident experiences of a natural or social order. Taken for granted, doxa are regularized and without intention. Smith points out that, for Bourdieu, doxa are

---

[1] Pauketat, Timothy 2001, "Practice and History in Archaeology: An Emerging Paradigm", *Anthropological Theory* 1(1): 73–97. The quote is from the abstract on page 73.
[2] See Falkenhausen, Lothar von 1993, "On the Historiographical Orientation of Chinese Archaeology", *Antiquity* 67: 839–849.
[3] Smith, Adam T. 2001, "The Limitations of Doxa", *Journal of Social Archaeology* 1(2): 155–171.

a characteristic of the ancient world. If this is accepted, a practice theory based notion of agency is not applicable to the ancient world. Smith disputes this, and argues that the intentions of individuals in the past must be considered. He illustrates how this can be done by focusing on a Middle Bronze Age (2nd Millennium BCE) goblet from Armenia.

A third article that wrestles with theoretical concepts in relation to agency is a short essay by Zoe Crossland. The essay appeared in the inaugural issue of the *Journal of Contemporary Archaeology* in 2014 [1] and considers the concept of "Anthropocene". This concept calls attention to the increasing impact of human action on the natural world in recent centuries [2]. There is considerable debate about the appropriate chronological scale at which this term should be applied. The geological community focuses on specific markers that are stratigraphically visible [3], recently writing the epoch into the international stratigraphic sequence [4]. Others argue for a more metaphorical use of the concept to link geological processes to human action over a longer term [5]. Crossland's concern is how this concept is situating human agency in the past. She points out that the privileging of industrial processes in some versions of the Anthropocene concept presents agency over nature primarily to Western, "masculinized technological innovation". Archaeologists, however, with a concern for deeper time, have pushed toward thinking of

---

[1] Crossland, Zoe 2014, "The Anthropocene: locating agency", *Journal of Contemporary Archaeology* 1(1): 73–132.
[2] See Smith, Bruce D. and Melinda Zeder 2013, "The Onset of the Anthropocene", *Anthropocene* 4: 8–13; Bauer, Andrew M. and Mona Bhan 2018, *Climate without Nature: A Critical Anthropology of the Anthropocene*, Cambridge: Cambridge University Press; Bauer, Andrew M. and Erle C. Ellis 2018, "The Anthropocene Divide: Obscuring Understanding of Social-Environmental Change", *Current Anthropology* 59(2): 209–227.
[3] Crutzen, Paul J. 2002, "Geology of Mankind", *Nature* 415(6867): 23; Crutzen, Paul J. and Eugene Stormer 2000, "The Anthropocene", *Global Change Newsletter* 41: 17–18.
[4] Cohen, K. M., S. C. Finney, et al. 2018, "International Chronostratigraphic Chart", International Commission on Stratigraphy.
[5] Eg. Fuller, Dorian Q., Jacob van Etten, et al. 2011, "The Contribution of Rice-agriculture and Livestock Pastoralism to Prehistoric Methane Levels: An Archaeological Assessment", *The Holocene* 21: 743–759.

the Anthropocene as relevant to a much longer time scale. However, Crossland points out, doing so reduces the political significance of the concept in current debates about human responsibility for climate change. She is asking us to consider how archaeology can allow us to think about the degree to which humanity collectively has agency over determining our future.

The final four chapters provide further examples that illustrate how the theories of agency and practice can be taken into account in archaeological scholarship. The case study by Stephen Silliman examines Native American lithic production in a settler colonial context within Northern California in the 19th Century CE [1]. Like Smith, Silliman considers the concepts of doxa and agency, but instead of problematizing the notion of doxa, he points to the usefulness of the concept. Doxa provide constraints on actions but also opportunities for agency. For Silliman, agency does not refer to "rational actors" and "strategic individualism", but rather agency implies actions taken in the context of orthodoxy (recreation of doxa by those with a vested interest in the existing order) and heterodoxy (variations on doxa intended to accentuate how they are arbitrary). The colonial context he examines shows doxic practices of both colonizers and colonized, all of which reflect a concept he calls "practical politics". In practical politics, daily activities, including the creation and use of lithic objects such as those examined in the case study, provide the opportunities for meaningful actions through which doxa are enacted and altered. We should not, therefore, assume that Native Americans using lithic tools in a colonial context reflect "continuity", but rather that this realm of material culture has been reframed in relation to the tensions between orthodoxy and heterodoxy.

More recently, Lisa Overholtzer presents research that presumes a concern with

---

[1] Silliman, Stephen 2001, "Agency, Practical Politics and the Archaeology of Culture Contact", *Journal of Social Archaeology* 1(2): 190–209.

agency and practice [1]. Given this presumption, Overholtzer points out that fine-scale chronologies are necessary to examine contingent household practices of agents. Recent methodological advances using Bayesian statistical approaches enable precise chronology, and she employs this approach to the case of Xaltocan — a Postclassic and Colonial (13th–15th Century CE) site in the Basin of Mexico. The chronological precision she is able to produce based on stratigraphic excavations and a series of radiocarbon dates enables her to clarify the timing of decisions that were made by individual actors to break with existing traditions related to marking identity. This example demonstrates agency at the household level that cannot be attributed to elite Aztec decision makers.

The volume ends with two examples that consider agency and practice in relation to the Ancient Maya. Susan Gillespie discusses several concepts related to the discussions of agency that are outlined in this volume: the individual, personhood and the collective. She provides an overview of scholarship on "methodological individualism" — "in which explanations of social phenomena are based on individuals and their actions" [2]. This perspective on agency is the basis for the rational and strategic approaches to agency that Silliman rejects, and likewise Gillespie adopts a relational approach. Her case study, involving an analysis of Classic Maya mortuary contexts, employs the concept of "personhood", which incorporates a concern with collective representations in the discussion of individual actors. Personhood is constructed in the context of everyday actions within relational contexts, and burial contexts, human imagery and textual information about identity provide visible domains within which personhood can be

---

[1] Overholtzer, Lisa 2015, "Agency, practice, and chronological context: A Bayesian approach to household chronologies", *Journal of Anthropological Archaeology* 37: 37–47.
[2] Gillespie, Susan D. 2001, "Personhood, Agency, and Mortuary Ritual: A Case Study from the Ancient Maya", *Journal of Anthropological Archaeology* 20(1): 73–112.

accessed. In the Maya world she explores, personhood was derived in part from long-lived, property-owning groups called "houses". The concepts of "self", "person", and "house" as contextually understood in the Maya case illustrate how individual and collective aspects of identity are mutually constitutive and must collectively be considered when we think about agency in the Maya world.

Finally, Jessica Munson also considers the Maya region, with a focus on architectural practice [1]. As in the essay by Overholtzer, Munson aims to provide a means to resolve observed archaeological phenomena at a scale that allows for an investigation of human agency. She argues that "network" is a metaphor that usefully describes the scalar relationship between structure and agency that is discussed within the literature on practice theory. Building on a model of "social stratigraphy" [2] that focuses on the processes by which stratigraphy is made through social action, Munson examines the site of Caobal, occupied for 1600 years from ca. 850 BCE to CE 850. She employs a formal network approach to relate stratified assemblages at the site. By examining the correspondence among various lines of evidence associated with different architectural contexts, she attempts to identify within-phase episodes. A combination of Correspondence Analysis and Cluster Analysis, two multivariate statistical techniques, establish the synchronicity of various structures. The result is not just presented as a finer chronology for the material culture evident at the site, but additionally as a method for identifying networks that reflect the practices through which individuals produce society.

It is, in fact, this network metaphor that has become an additional focus on recent theorizing

---

[1] Munson, Jessica (2015), "From Metaphors to Practice", *Journal of Archaeological Method and Theory* 22(2): 428–460.
[2] McAnany, Patricia and Ian Hodder 2009, "Thinking about stratigraphic sequence in social terms", *Archaeological Dialogues* 16(1): 1–22.

about agency. Following the influential work of sociologist Bruno Latour, who introduced the concept of "Actor Network Theory (ANT)"[1], recent scholarship has turned from the focus on human agency to the agency of things[2]. Variously termed as the "ontological turn"[3], "material turn"[4], "thing theory"[5], "object centered biographies"[6], "new materialism"[7], "symmetrical archaeology"[8], "post-humanism"[9], "assemblage theory"[10],

---

[1] Latour, Bruno 2005, *Reassembling the Social: An Introduction to Actor Network Theory*, Oxford: Oxford University Press; Knappet, Carl 2011, *An Archaeology of Interaction: Network Perspectives on Material Culture and Society*, Oxford: Oxford University Press; Knappett, Carl 2013, *Network Analysis in Archaeology: New Approaches to Regional Interaction*, Oxford: Oxford University Press; Van Oyen, Astrid 2015, "Actor-Network Theory's Take on Archaeological Types: Becoming, Material Agency and Historical Explanation", *Cambridge Archaeological Journal* 25(1): 63 –78; But also see: Preucel, Robert W. 2016, "Pragmatic Archaeology and the Semiotic Mediation of Culture", *Semiotic Review* 4: 1–8.

[2] Latour, Bruno 2005, "Third Source of Uncertainty: Objects too have agency", in *Reassembling the Social: An Introduction to Actor Network Theory*, edited by B. Latour, Oxford: Oxford University Press, pp. 63–86.

[3] Alberti, Benjamin, Severin M. Fowles, et al. 2011, "Worlds Otherwise: Archaeology, Anthropology, and Ontological Difference", *Current Anthropology* 52(6): 896–912; Paleček, M. and M. Risjord 2013, "Relativism and the Ontological Turn within Anthropology", *Philosophy of the Social Science* 43(1): 3–23.

[4] Hicks, Dan 2010, "The Material-Cultural Turn: Event and Effect", in *The Oxford Handbook of Material Culture Studies*, edited by D. Hicks and M. C. Beaudry, Oxford: Oxford University Press; Mukerji, Chandra 2015, "The Material Turn", *Emerging Trends in the Social and Behavioral Sciences*, edited by R. A. Scott and S. M. Kosslyn, New York: John Wiley & Sons, Inc., pp. 1–15.

[5] Brown, Bill 2001, "Thing Theory", *Critical Inquiry* 28(1): 1–22.

[6] Appadurai, Arjun 1986, *The Social Life of Things: Commodities in Cultural Perspectives*, Cambridge and New York: Cambridge University Press; Bauer, Alexander A. 2019, "Itinerant Objects", *Annual Review of Anthropology* 48(1): null.

[7] Coole, D. and S. Frost, Eds. 2010, *New Materialisms: Ontology, Agency and Politics*, Durham: Duke University Press.

[8] Whitmore, Christopher 2007, "Symmetrical Archaeology: Excerpts of Manifesto", *World Archaeology* 39(4): 546–562; Olsen, Bjørnar and Christopher Whitmore 2015, "Archaeology, symmetry, and the ontology of things: A response to critics", *Archaeological Dialogues* 22(2): 187–197.

[9] Cerulo, Karen A. 2009, "Nonhumans in social interaction", *Annual Review of Sociology* 35: 531–552.

[10] DeLanda, Michael 2006, *A New Philosophy of Society: Assemblage Theory and Social Complexity*, New York: Continuum; DeLanda, Michael 2016, *Assemblage Theory*, Edinburgh: Edinburgh University Press; Kosiba, Steve 2019, "New Digs: Networks, Assemblages, and the Dissolution of Binary Categories in Anthropological Archaeology", *American Anthropologist* 121(2): 447–463.

"perspectivism"[1], "entanglement"[2], and other terms, a series of new approaches center material culture as a focus in and of itself, rather than a lens into human activity. In various ways this scholarship considers the degree to which non-human entities can be actors in relationships that act on humans and the ways that networks themselves might have agency. In these theoretical discussions we see an additional set of concerns that relate to agency. Since archaeologists are particularly well positioned to center the material world[3], archaeological approaches to the agency of things has become a hot topic in Anglo-American and Continental European archaeological theory in the past decade. Although distinguished by a focus that decenters humans, much of this literature nevertheless still wrestles with the issues that are prominent in the work on agency illustrated in the essays compiled in this volume. As Chinese archaeologists consider how to theorize the human past, agency is an issue of fundamental importance and these articles provide concepts and ideas that should be of considerable interest.

Table of Contents:

1. Dornan, Jennifer 2002, "Agency and Archaeology: Past, Present, and Future Directions", *Journal of Archaeological Method and Theory* 9(4): 303–329.
2. Gardner, Andrew 2008, "Agency", in *Handbook of Archaeological Theories*, edited by R. Bentley, H. Maschner, and C. Chippendale, Altamira Press, Lanham, MD, pp. 95–108.
3. Pauketat, Timothy 2001, "Practice and History in Archaeology: An Emerging Paradigm", *Anthropological Theory* 1(1): 73–98.
4. Smith, Adam T. 2001, "The Limitations of Doxa: Agency and subjectivity from an

---

[1] de Castro, Eduardo Viveiros 1998, "Cosmological Deixis and Amerindian Perspectivism", *The Journal of the Royal Anthropological Institute* 4(3): 469–488; Costa, Luiz and Carlos Fausto 2010, "The Return of the Animists", *Religion and Society* 1(1): 89–109; Alberti, Benjamin and Tamara L. Bray 2009, "Animating Archaeology: Local Theories and Conceptually Open-Ended Methodologies", *Cambridge Archaeological Journal* 19(3): 344–356.

[2] Hodder, Ian 2012, *Entangled: an archaeology of the relationships between human and things*, Malden, NA: Wiley-Blackwell.

[3] Olsen, Bjørnar, Michael Shanks, et al. 2012, *Archaeology: The Discipline of Things*, Berkeley, CA: University of California Press.

archaeological point of view", *Journal of Social Archaeology* 1(2): 155–171.
5. Crossland, Zoe 2014, "Anthropocene: locating agency, Imagining the future", *Journal of Contemporary Archaeology* 1(1): 73–132.
6. Silliman, Stephen 2001, "Agency, Practical Politics and the Archaeology of Culture Contact", *Journal of Social Archaeology* 1(2): 190–209.
7. Overholtzer, Lisa 2015, "Agency, practice, and chronological context: A Bayesian approach to household chronologies", *Journal of Anthropological Archaeology* 37: 37–47.
8. Gillespie, Susan D. 2001, "Personhood, Agency, and Mortuary Ritual: A Case Study from the Ancient Maya", *Journal of Anthropological Archaeology* 20(1): 73–112.
9. Munson, Jessica 2015, "From Metaphors to Practice: Operationalizing Network Concepts for Archaeological Stratigraphy", *Journal of Archaeological Method and Theory* 22(2): 428–460.

Recommended reading:

Bourdieu, Pierre 1970, "The Berber House, or the World Reversed", *Social Science Information* 9: 151–170.

Bell, James A. 1992, "On Capturing Agency in Theories about Prehistory", *Representations in Archaeology*, edited by Christopher S. Peebles and J. C. Gardin, Bloomington: Indiana University Press, pp. 30–55.

Johnson, Walter 2003, "On Agency", *Journal of Social History* 37(1): 113–124.

Williams, Mark, Jan Zalasiewicz, PK Haff, Christian Schwagerl, Anthony D. Barnosky and Erle C. Ellis 2015, "The Anthopocene Biosphere", *The Anthropocene Review* 2(3): 1–24.

考古学与能动性：过去、当下与未来*

---

* Dornan, Jennifer 2002, "Agency and Archaeology: Past, Present, and Future Directions", *Journal of Archaeological Method and Theory* 9(4): 303–329.

引　言

围绕能动性、自决性（self-determination）和自由意志（will）所产生的争论已是旧闻——从亚里士多德到亚当·斯密，从卢梭到加缪，历代思想家就个体在社会中所扮演之角色及所受的限制，在哲学的前沿阵地上争鸣已久。然而，尽管已是老生常谈，能动性这一主题却在近三十年来再次成为社会科学研究的焦点。的确，这一争论有着相当的必要性：对今天绝大多数社会科学研究而言，结构（structure）与能动者（agent）、社会（society）与个体（individual）的关系，仍是核心命题。

在三十年之前，社会科学研究被结构主义、功能主义的教条所主宰。为了走出结构主义、功能主义的教条，研究者诉诸能动性理论，将其视为摆脱社会理论困境的良药（见 Dobres and Robb 2000）。一般而言，强调人类有意地通过行动改造外部世界的能动性理论，其诞生就反映出社会科学研究者反击决定论的愿望。基于这一愿景，社会科学家开始系统地建构和整合各种关于人的行动如何被更大的社会系统所约束、许可、建构并展现的理论。因此，能动性理论的核心，就是这一基本看法，即人并不是完全整齐划一地机械行事，而是仅仅对外部世界的变化做出反应；与此相反，人们"在建构他们有份参与的社会实体的过程中扮演着重要角色"（Barfield 1997: 4）。同样，能动性理论"同时强调系统对实践的影响和实践对系统的影响"（Ortner 1984: 148）。不过，除了以上基本共识以外，就能动性理论及与之相关的实践理论而言，则有着许多相互抵牾的定义和使用方式。

雪莉·奥特纳（Sherry Ortner）在其收集了六十年代以来人类学理论的论文集中，将能动实践（agentive practice）的概念视为"本身既不是一种理论，也不是一种方法，而更像是……一个符号，以此为名，研究者发展出了大量的理论和方法"（Ortner 1984: 127）。尽管能动性作为一种新兴理论取向的标签确实有其用处，但多贝尔（Dobres）和罗柏（Robb）在所编的考古学能动性理论的论文集中提到，考古学就如何使用能动性相关的方法论和认识论问题，研精覃思的地方仍然太少，以致能动性被视为"一种万金油式的通用语（lingua franca），即一种模棱两可的陈词滥调，什么都可塞到这个筐但又等于什么都没说"（Dobres and Robb 2000: 3）。的确，若将能动性换个说法，这个概念曾与个体、个体独有的认知结构、对社会秩序的抵抗、对权力不平等的反抗、熟练地进行社会实践的能力、在结构限制下的自由以及自由意志画上等号（见下文）。此外，能动性还被视为根植于如下几个地方：有目的或有意识的行动（purposeful or intentional action）、合乎理性的行动、有意识的实践、无意识的思行准则（unconscious dispositions）和主观经验（见下文）。

从这些对能动性迥然不同的定义之中，我们能够发现一些中心议题。例如，如上的每一种定义都对以下方面有其理论预设，包括社会结构之中的个体所具有的创造力、任何特定的个体都可以对特定社会结构的"实体"（realities）拥有认识、人类意识的重要性和局限性，以及个体内在感情和动机与可能影响这些内心状态的外部社会或文化结构的关系。就本文而言，在回顾人类学与考古学对能动性的使用之前，我将首先讨论皮埃尔·布迪厄和安东尼·吉登斯对能动性理论的奠基工作。实际上，由于这两位思想家的巨大影响力，如果我们想更好地理解近来能动性概念中各元素是如何置换的，我们必须掌握这两位思想家所奠定的理论基础。

一、能动性理论的创建者

社会与个体的关系问题一直为社会学家所关注，从马克思（Marx 1964, 1992,

1998）开始，到韦伯（Weber 1978, 1992）和涂尔干（Durkheim 1984, 1995），都对此问题有所涉及。这一话题也延续到近年来皮埃尔·布迪厄和安东尼·吉登斯的著作中，而他们的观点，可以说是当代社会科学中最具影响力的。实际上，我们今日对能动者、结构关系的理解，在很大程度上都源于对两位理论家著作的认识，这是因为布迪厄的实践理论和吉登斯的结构化理论（structuration）共同勾画出"能动者"和"结构"的辩证关系，前者是指一个既受约束又非完全被支配，能够通过实践（praxis）改变结构的个体，后者是指经由个体之间不断互动而形成的更宏观、更具持久性的环境和条件。

（一）皮埃尔·布迪厄（Pierre Bourdieu）

实践（Practice）理论的风行要归功于皮埃尔·布迪厄举足轻重的著作《实践理论大纲》（*Outline of a Theory of Practice*）（Bourdieu 1977）。布迪厄根据人类的主导能力和面对不平等社会规则的抵抗能力，构建了实践理论的基本框架。和马克思一样，他倾向于将阶级和社会不对称（social asymmetry）视为结构与能动者辩证关系中的关键要素。在布迪厄的实践理论之中，它试图通过摧毁既有的社会理论二元对立的本质，来理解人们行动的复杂性。例如，布迪厄希望击碎马克思和韦伯有关行动概念所秉承的物质、象征，主观、客观的二元论幻象。布迪厄的核心概念是"惯习"（habitus），这是一种独特的、属于个体的无意识、内化的思行准则（Bourdieu 1977: 72）。布迪厄认为，这些思行准则"决定"（determine）着我们如何在世界之中认知和行动。更重要的是，它既被外部社会系统所塑造（structured），也塑造着（structuring）外部社会系统。在布迪厄对当时法国主流的结构主义范式的回应中，他实际想重新树立个体在原来被决定论主宰的人类实践中的位置。此外，布迪厄将惯习视为既塑造社会结构又为社会结构所塑造的东西，所以许多学者认为，他为个体能够通过有意识的行为影响宏观社会结构的观点埋下了伏笔。

遗憾的是，布迪厄认为个体的惯习完全由外部世界的经验所决定，而且正因为每个个体在其一生之中经历完全由阶级属性所决定的不同的社会环境，所以这些经验也是独一无二的（Bourdieu 1990: 60）。布迪厄认为，因为每一个个体所处的群体、社会环境和阶级都是独特的，从而形成了个体的惯习，而实践则"由惯习所决定"（Bourdieu 1977: 72）。基于惯习由特定的社会结构所决定，布迪厄将惯习视为人们实践的"无指挥家的演奏"（condutorless orchestration）（Bourdieu 1977: 70）。与此相似，"惯习"被定义为"一种因社会系统而形成的认知和动机结构……在惯习之中，能动者所感兴趣（interests）的是在'无意识'（Bourdieu 1990: 56）之中被给定（are defined）"（Bourdieu 1977: 76）。布迪厄认为，由于人们的行为大体上是无意识的，个体的动机仅仅是外部"客观条件"的结果，因此，只有惯习与现时的社会环境意外地不相符合的前提下，社会变化才有可能发生（Bourdieu 1977: 164；同见 Garnham 1993: 182）。与马克思所谓虚假的意识相附和，布迪厄认为，现存的结构不平等"在意识可把握的范畴之外，因此不能被自发地触及、有意地改变，甚至不能被有意地阐明"（Bourdieu 1977: 94）。换言之，尽管社会变化要在个体的层面显现出来，行动者"似乎注定要在对这个世界的矛盾一无所知的情况下，盲目地对这个世界进行重建"（Comaroff 1985: 5）。正如杰弗里·亚历山大（Jeffrey Alexander）所指，"布迪厄的行动、秩序和场域（field）理论系统性地否定了个体在有能力有意识情况下可以把握社会结构以作出独立选择"（Alexander 1995: 184；同见 Bohman 1999: 132）。

布迪厄对默识（doxa）（即对既有社会结构的那些自然而然的感知）的强调，以及他完全否定人类行为的意图性（intentionality），是基于一种假设：人们行为的惯习性（habituated nature）大多数并不是源于有意识的思考。因此，并不能从主观动机的角度来理解人们的行为（参见 Smith 2001；文中对布迪厄认为古代社会的个体理所应当地受社会结构约束的看法进行了批判性分析）。但是，即使人们的行为存在一定程度的惯习性（habituation）特征，也不意味着行动者不能有意识地反思或者意识到他们自身对下意识的反应（见 Throop and

Murphy 2002)。例如，布迪厄的身体举止（body hexis）（Bourdieu 1977: 87）概念说明，意图性和惯习化行为是互相排斥的，因此进一步提出，具身化的反应是意识控制之外的。布迪厄在理解人们的行为方面试图排斥意图性，是因为他以为这种观点明显过度唯智主义（over-intellectualism）[1]，加之他认为个体的"行动和劳动"是"根据一套做法（modus operandi）的产物。个体既不是生产者，又不能够有意识地掌控这套做法"（Bourdieu 1977: 79）。布迪厄忽视了现象学家们所公认的看法——在自觉意识（conscious awareness）、主观动机（motivation）和诸如惯习等身体性的行动准则或倾向（somatic dispositions）之间并没有明确的分野（见 Dilthey 1989; Schutz 1967）。不过，这并不意味着我们应当忽视对这个等式中的身体性（somaticized aspect）和非话语性（nondiscursive aspect）。正如我将在下文所详细阐明的，最近有关人们的实践所具有的默识（doxa）和具身性（embodied）的研究，已经超越了将惯习和无意识、非意向性结合起来的概念（参见 Hochschild 1983; Mahmood 2001; Thomas 1996）。实际上，人们越来越倾向于认为，尽管"我们的行动都在某种程度上具有自发性（automaticity）……但那种认为在惯习性反应和有意识的生活之间存在严格的分界，或我们的意向、动机和目标并不主导惯习性反应的信念"，在探究人们的行为时，"乃是一种站不住脚的理论立场"（Throop and Murphy 2002: 198; 同见 LiPuma 1993: 24）。

（二）安东尼·吉登斯（Anthony Giddens）

安东尼·吉登斯试图以其结构化理论克服上述能动性观念的缺陷，这一理论同时强调社会结构的制约（constraining）和赋能（enabling）作用（Giddens 1979, 1993）。与布迪厄不同，吉登斯并不认为个体的行动首先被无意识的内在结构所决定。与此相反，吉登斯认为社会实践远比布迪厄想象得不稳定，并且认为每一次

---

[1] 译者注：所谓唯智主义，是指认为事情间的理论逻辑，就是事实上的实际逻辑。

实践都包含着创造性和创新性。吉登斯的结构化理论根植于"在遵循规则的行动中被巧妙地应用,但行动者却无法使用话语对其进行清晰阐明的默会知识(tacit knowledge)"(Giddens 1979: 57)。通过强调人们的实践是以目的为导向地巧妙施行默会知识,吉登斯强调"人既不能被视作被动的客体,又不能被视作完全自由的主体"(Giddens 1979: 150)。

和韦伯这一观点相似,个体的动机根植于"一个主观意义的杂合体,这些主观意义为行动者和观察者提供了解释特定行为的基础"(Weber 1978: 11),吉登斯也认为,与其把人们的行动视为无指挥家的演奏,不如认为,每一个个体都知道应当如何按照"实践意识"(practical consciousness)而行动。吉登斯将实践意识定义为"某种有关社会机制的知识,它是非话语性的(non-discursive),但也不是无意识的",这种实践意识使得个体能够反思性地监控(reflexively monitor)自身的行为(Giddens 1979: 24)。吉登斯进一步指出,尽管"大多数形式的实践意识不能在社会活动的话语中被能动者'了如指掌'……但话语意识(discursive consciousness)和实践意识之间并没有认知上的楚河汉界(cognitive barriers)"(Giddens 1991: 36),因此,"即使是最顽强不屈的惯习……也包括着持续和细致的反思性注视(reflexive attention)"(Giddens 1993: 6)。在此意义上,尽管吉登斯认为就大多数日常行动来说,的确存在惯习的制约,但他同样认为,个体能够有意识地认识和反思这些惯习性行动的内容和意义。由此,吉登斯通过高举个体在形塑(或构建)外部世界中的(潜在)作用,以此打破"惯习等于无意识"的等式。吉登斯认为,能动的主体确实在社会结构之中发挥着特定的功能,然而这种社会结构却完全并非一般所说的"实践复制",即那种完全是规规矩矩,以致被视为自然且永恒的实践(Giddens 1993)。换言之,"结构只存在于有明确意向和兴趣行动者的再生产行为中"(Giddens 1993: 134)。吉登斯将结构视为不断发生的社会关系和社会交往的产物,这就为随着时间的推移,因个体实践改变而导致结构出现的变化预留了理论的位置。然而,尽管吉登斯成功避免了布迪厄惯习理论的缺陷,但在面对意图性问题时，他的理论却仍显得美中不足。虽然吉登斯的结构化理论试图综合大量旨在探究"行为的目的、理由和动机"的既有哲学成果（Giddens 1979: 2），但他却在结构化理论的实践应用方面，没有给个体的复杂动机和意愿（desires）留下足够的空间（参见 Giddens 1991）。事实上，吉登斯曾明确表明，结构化理论"并非关于人们在做事情时的意图，而是指他们做出这些事情的能力"（Giddens 1984: 9）。因此，在帕森斯（Parson）的人类实践社会模型的基础上（Parson 1937），吉登斯所提出的能动性理论，就完全是建基于行动者以维持"本体性安全"（security-of being）的知识和技巧性表演（Giddens 1993: 124）。实际上，吉登斯因十分关注"共有知识"（mutual knowledge）而批判某些理论家"往往习惯夸大处于支配地位的象征系统，或意识形态对下属阶级的影响"，尽管他并没有宣称行动者能够完美地认识他所处的社会（Giddens 1979: 72）。因此，吉登斯轻视了意识形态的压迫本质，总是关注稳定性和共有的知识，而并非结构之中冲突与变化。

与布迪厄一样，吉登斯同样在某种程度上对前现代社会具有一种过分简单和普遍化的看法，他认为，与现代社会相比，在前现代社会，"个体（以及人类整体）更加缺乏权力"（Giddens 1991: 192）。这意味着，吉登斯对实践和反思监控的关注实际是轻看了如下两点：（1）韦伯认为并非所有行动都基于理性化知识所做（Weber 1978）；（2）马克思也认为社会中生活在同一结构的成员，并非都分享着共同知识（Marx 1964）。正如斯捷潘·梅什特罗维奇（Stjepan Mestrovic）所指出的，尽管吉登斯的结构性理论认为能动者是"具有特定技能与认识能力的个体"，但是这个理论仍然忽视了"在心理上推动行动的非理性因素及能动者所拥有的知识的局限性，尤其是个体究竟在何时何地能排除万难地做出能动行为"（Mestrovic 1998: 23；也见 Johnson 2000a）。尽管吉登斯的理论有这样或那样的缺陷，但人们通过拓展吉登斯的理论，进一步包括那些凌乱不堪又容易唤起激动情感的意图性和象征系统的意识形态等内容，使得结构化理论逐渐成为目前大行其道的能动性理论的基础。

二、考古学之中的能动性

尽管我明显对结构化理论和实践理论中的一些部分内容有所批评，但毫无疑问，这些视角在社会理论上指明了一系列新的方向，并激发了社会科学中关于反决定论研究的新浪潮。在考古学之中，对能动性的引进明显拓展了考古学分析的范畴，使得以往被忽视的诸多方面逐渐得以重见天日。正如奥特纳所指出的，"对于要发展某种实践-理论的考古学，是好是坏并不重要，重要的是什么分析方法或诠释策略能够使这种考古学研究更加可行"（Ortner 2001: 272）。

尽管结构-能动者之间的辩证性基本原则也许能作为能动性的理论基础，但是，不同考古学家对能动性理论的具体使用迥然不同，且总是相互抵牾。例如，能动性被视为能动者通过"特定环境下的理性觉知"（situationally rational perceptions）展开行动的结果（Cowgill 2000）；被视为完全由行动的无意识后果（consequence）所规约的（Barrett 2000）；被视为随历史而权变（historically contingent）和主体间性（intersubjective）的、有关选择的可能性和局限性的现象（Clark 2000）；以及被视为一种在社会结构的制约下，个体有意识的创造性活动（Saitta 1994）。在这些理论变体之中，不同观点对有意的行为和无意的后果、有见识的（knowledgeable）行动者和意识形态的奴隶、创造性的个体和文化决定的个体之间各有侧重，又各执一端。

下文我将批判性地回顾一些最近在考古学之中对能动性理论的运用，并对考古学理论中能动性所引发的问题进行详细阐述。尽管本文无法事无巨细地将所有考古学中对能动性理论的使用囊括殆尽，但我认为，以下所回顾的作者，在能动性考古学中都具有理论上的代表性。我认为，在考古学之中共有五种最具代表性的能动性方法，即对集体能动性（collective agency）的强调（Shanks and Tilley 1987），对个体意图性（individual intentionality）的强调（Hodder 2000），对理性行动者（the rational actor）的强调（Bell 1992），对社会竞争中的意外后果（unintended consequences）的强调（Pauketat 2001），以及对社会竞争中的实践理性的强调（Joyce 2000a）。

（一）群体能动性：迈克尔·桑克斯（Michael Shanks）与克里斯托弗·蒂利（Cristopher Tilley）

桑克斯和蒂利是第一批明确在考古学之中使用能动性理论的考古学家之一（另参见 Hodder 1986）。跟随吉登斯的脚步，桑克斯和蒂利认为，"个体是有能力且有见识的行动者，但同时他们的行动又是处于未被充分认识的境况中，往往造成了意料之外的后果"（Shanks and Tilley 1987: 116）。继而，他们二人宣称，"说主体处于特定社会结构之中，并不意味着他或她只是这一特定社会结构的零件或者支持构件"（Shanks and Tilley 1987: 123）。

桑克斯和蒂利基于英国和瑞典赋予啤酒消费方面的社会意义，试图通过分析近来英国和瑞典的啤酒罐设计和啤酒广告探讨能动性理论（Shanks and Tilley 1987: 173）。他们认为，啤酒罐设计和啤酒广告"与啤酒公司所致力打造的辨识度以及消费市场的意义息息相关"（Shanks and Tilley 1987: 236）。桑克斯和蒂利认为，无论是在英国还是在瑞典，啤酒罐的设计和啤酒广告都试图为工人阶级的啤酒消费"创造出"与啤酒消费相关的工人阶级另类的社会意义。

然而，尽管桑克斯和蒂利批判了那些"唯功能论的解释方法"（Shanks and Tilley 1987: 118），但他们却最终将瑞典和英国在啤酒罐设计内容和啤酒广告功能上的不同和复杂性，看作商家对消费者有意迎合的不同功能。约翰逊（Johnson）认为，尽管桑克斯和蒂利论述的一部分是对"意义"的阐释，但他们对啤酒罐和啤酒广告（意识形态上的）功能论，仍将工人阶级视为意识形态的奴隶，无论在哪一方面都看不出来是"能动的群体"（Johnson 2000a: 214）。的确，桑克斯和蒂利认为，"所有的社会行动都是被决定的行动"（Shanks and Tilley 1987: 124）。如此，正如约翰逊所说的，桑克斯和蒂利跟随布迪厄的脚步，坚持认为"所有的社会行动都是由社会结构所决定的"（Johnson 2000a: 214）。需要进一步指出的是：

桑克斯和蒂利对能动性的讨论是以当代人为基础的，而这些能从活生生的当代人身上观察到的信息，却并不是总能被研究过去的考古学家所发现。因此，我不得不怀疑，要是缺乏详细资料，无法详细了解与饮啤酒相关的物质遗存或日常实践，以及与之相对的啤酒公司所推广饮啤酒意义的意识形态阐释，桑克斯和蒂利的这种分析究竟能走多远。

尽管有着这样或那样的问题，但桑克斯和蒂利还是展现了能动性在考古学之中的一个发展方向，即将集体行动纳入能动性考虑的范畴中。以社会内部差异为变量，许多考古学家使用这一方法去理解阶级和性别如何影响群体决策，如何影响不同社会团体身份认同的构建，特别是如何对社会不平等的抵抗（参见McGuire 1992; Saitta 1994; Sassaman 2000; Shackel 2000）。

（二）个体意图性：伊恩·霍德（Ian Hodder）

霍德认为，我们应当通过个体"鲜活的生命"（lived lives）来看待能动性。实际上，霍德（Hodder 1986）曾经讲过，应该通过集体共享意义和实践（shared meaning and practice）的角度来看待能动性理论。但他最近则承认，这种旧看法将一个脱离历史语境的普遍化个体"视为对意图性加以强调的理论支点"，实际就是将焦点错对到不确定性上（Hodder 2000: 22）。为了修正这一问题，霍德认为，我们应当试图解构"个体经验过的生活"，以将能动性"视为个体具有前瞻性的意图和创造"（Hodder 2000: 23）。换言之，霍德认为，我们应当从具有历史意义的"经验维度"出发，来审视个体的生命，以通达并有效地理解过去人们的能动行为（Hodder 2000: 25）。

为了完成这一目标，霍德审视了"冰人"（The Ice Man）的生命与恰塔霍裕克（Catalhoyuk）的一座单人葬，以"把握实践宏观过程（macroprocesses）如何被理解，以及如何在实践和个体经验中打交道（也包括处理矛盾之处）"（Hodder 2000: 31）。以霍德对冰人深入而全面的讨论为例，他通过描述冰人如何运用自己的创造力及参与商品贸易和社会网络，以在大规模的社会流动背景中谋求生存，来向我们展示冰人是如何生活与挣扎，同时又刻画出冰人生命中的平凡与不凡。霍德认为，他对冰人的研究，同样给我们提供了一个调和视角，显示在个体层面长时段社会结构运作方式。

需要强调的是，霍德的方法所依赖的"微观过程"（microprocesses），实际上是与其所处的社会宏观过程分不开的。如果"对能动性的研究与对结构的研究不能相互分离"（Johnson 2000a: 225），那么将研究视野仅限于个体层面，便仅仅关注了结构、行动者之中的一个方面（可参见 Johnson 2000b: 213）。从方法论的角度讲，将视野聚焦于特定个体的能动性这种方法存在潜在的问题，那就令能动性只能够讨论相当有限的考古材料。此外，霍德对个体的寻求，还容易使考古学家要么专注于考古学上可观察到的领导者，否定那种超越"上层-下层"权力图式的尝试，从而导致社会变化的大人物（big-man）中心论；要么这种研究方式过分依赖诸如文献档案等非考古材料，或使得考古学家只能专注于讨论那些幸运地保存下来的吉光片羽，从而忽视大量其他可供利用的考古材料。

在考古学之中，霍德对个体意图性的关注在某种程度上是独特的，因为大多数学者都倾向于关注更加集体性的、共同性的实践活动，或者更具"一般意义上的"个体。约翰逊（Johnson 2000b）对霍德的观点有所拓展，他将霍德以个体意图性为焦点的研究，进一步推向这些意图性所属的情境。正如约翰逊的研究所表明的，当这种研究可以利用民族志或文献材料时，这种方法才有着更广阔的潜力。如此，尽管霍德的能动性具有方法论上的限制，但当我们将其与更宏观的结构分析相结合时，这种方法却颇具前景（参见 Meskell 2002）。

（三）理性行动者：詹姆斯·贝尔（James Bell）

贝尔（Bell 1992）直截了当地将能动性理论与方法论上的个人主义等量齐观。根据贝尔的看法，群体行动和集体制度应当被视为个体的行动和决策的产物，"个体的决策和观念，是能够解释社会变化的"（Bell 1992: 39）。从根本上，贝尔认为，在预料之外的社会变化大多是无意识的产物，也即大多不是由个体的意愿所导致的。贝尔还认为，由于"个体通常怀着各种各样的想法和动机"（Bell 1992: 39），要全部认识这些动机，在考古学上几乎不可能。就贝尔的观点来看，"即使人的能动性在人们制度的构建和转化方面具有重要意义，但我们对个体观念和动机的知识仍付诸阙如，要以个体的视角来审视人们所构建的制度，充其量只是乏善可陈"（Bell 1992: 40）。

在贝尔看来，由于我们缺乏阐释个体动机的有效方法，能动性理论最好只在观念和动机被广泛共享的人类行为领域使用（Bell 1992: 41）。与霍德截然相反，贝尔认为，能动性只有"去分析人们的基本经济行为时才是有效的，因为所有人都需要考虑如何获取食物和寻找栖息地"（Bell 1992: 41）。换言之，贝尔认为，能动性理论只能聚焦于在特定条件下对大多数个体而言都是相似的史前行为活动（Bell 1992: 48）。因此，尽管贝尔试图避免理性假设的普遍性，但他的看法最终却仍然依赖于标准的理性原则（参见 Callinicos 1988: 13）。

在考古学中过分强调理性行动者的研究取向，同样也见于社会复杂化那种"吹牛王"和"社会声望"的模式中，即将个体想象成不断按照理性和计算来改变社会地位（参见 Clark and Blake 1994; Earle and Preucel 1987; Flannery 1999; Spencer 1993）。值得一提的是，这种理性行动者模式不仅包括经济和物质动因，还进一步包含着社会威望和象征权力。此外，这种观点同样承认，不同的个体在积累和夺取社会权力时，所具有的能力是不同的。

（四）社会竞争的意外结果：蒂姆西·鲍塔凯特（Timothy Pauketat）

蒂姆西·鲍塔凯特认为，随着考古学之中实践取向的兴起，考古学逐渐转向"以社会变化为中心，并且开始考虑一个合格的考古学解释究竟包含什么"（Pauketat 2001: 74; Pauketat 2000）。鲍塔凯特认为，能动性视角就是基于这个信念，即"人们的行动及行动的显现——'实践'是生成性的（generative）"，"实践是一个历史的过程"（Pauketat 2001: 74）。与贝尔相反，鲍塔凯特认为，能动性不能被简单地等同于方法论上的个人主义，因为这种看法忽视了"与能动者相对的结构化过程所具有的中心地位,以及不断更新的、规约实践的社会条件"(Pauketat 2001: 79)。

为了更清晰地阐明能动性取向中的可能性,鲍塔凯特以密西西比流域中部的陶器技术变化为例,提出两种不同的解释方式,一种是行为性的,另一种则是实践性的,以揭示"陶器技术的变化是如何发生的——也即,意义和传统是如何被陶器技术所建构和传递的"(Pauketat 2001: 87)。在鲍塔凯特所谓实践性的解释方式中,它关注所谓"建构社会空间的'首要事件'(卡霍基亚政治都城的建立)",及其与陶器技术变化(夹蚌陶的区域性扩张)的关系,以强调微观变化不能脱离宏观过程,反之亦然(Pauketat 2001: 83)。鲍塔凯特所谓行为性的解释方式是指,在卡霍基亚兴起后,夹蚌陶的广泛出现是行为适应的结果。这种解释根植于一个本质主义的信念,即随着技术的不断发明,人们会不断适应高级的技术。相反,鲍塔凯特认为,这种行为性的解释,将社会变化错误地归结于行为,实际上,应当将陶器变化归结于实践,将其"置于不断重新定义和重估传统的情境之中"(Pauketat 2001: 86)。在此意义上,鲍塔凯特将陶器技术上出现的宏观变化,解释成"在社会行动中挪用传统,以生产或抵抗核心文化秩序"的结果(Pauketat 2001: 87)。受马歇尔·萨林斯(Marshal Sahlins)的影响(Sahlins 1981),鲍塔凯特关注作为社会变化媒介的传统,并集中注意那些个体无意识地对传统循规蹈矩所常常产生的意想不到的后果,而这些也往往是变迁背后的驱动力。

为了使这种解释具备有效性,鲍塔凯特认为,在考古学之中使用能动性需要对大量考古材料进行阐释,并且在一般意义上应当寻找社会变化的诸多近因,而非直接的最终根本原因。鲍塔凯特认为,历史的过程,"都必须通过五何法式(who did what when how),详细和大规模研究才能了解"(Pauketat 2001: 86)。鲍塔凯特认为,在大范围的考古材料中寻找社会变化的诸多近因的做法"把解释的重心,从'永远不会被知道'的不可见原因转移到实际建构中的事件中,而在这些事件中,所有人的行动和表现都受结构影响"(Pauketat 2001: 86)。最后,鲍塔凯特认为,"最终'为什么'问题的答案,只能通过对近因关系累积性的、费尽心思的、资料足够的、多尺度的研究来找到"（Pauketat 2001: 87）。

尽管我认为鲍塔凯特的观点很有说服力，但我发现他所谓"'实践'按字面意思，实际上是人们的'惯习'或思行准则的体现"（Pauketat 2001: 80），这是颇有问题的。受到布迪厄的影响，鲍塔凯特认为，"根据个人经验，以及在涉及从私人日常生活到庞大的政治仪式和媒体的行动和表征领域中，参考默识性的指示，思行准则最终被灌输起来"（Pauketat 2001: 80）。鲍塔凯特认为，这些默识性的指示都是"非话语性的、非反思性的知识，但它们却是人们思行准则的基础，也构成了行为指南"（Pauketat 2000: 115）。不幸的是，鲍塔凯特在这里又倒退到行为无意识基础的焦点上，因此漠视了分析自觉行动者的方法。以这种非话语性的知识为基础，鲍塔凯特认为，意义并不是能动性考古学所寻求的本质，因为意义仅仅存在于"行为交互的一刻"，"人们总是在不怎样意识到自身行动意义的情况下行动"（Pauketat 2000: 116）。由于鲍塔凯特宣称我们甚至不需要在考古学阐释中考虑意义问题（Pauketat 2000: 87），如此一来，他就与能动性考古学最具潜力的一面失之交臂。

（五）实践理性与社会竞争：亚瑟·乔伊斯（Arthur Joyce）

亚瑟·乔伊斯更多地受到吉登斯的影响，他将能动性视为"身处于更宽广社会文化和生态背景中的个体行动者的行动"（Joyce 2000a: 73）。与布迪厄不同，乔伊斯认为，我们不仅仅要考虑社会的内在结构，还应当考虑"人们的心理因素，以及人们的性格特质（personality）是如何在与外部结构性环境的互动中发展起来"（Joyce 2000a: 72）。与鲍塔凯特相似，乔伊斯将能动性视为分析工具，这意味着乔伊斯认为，能动性能够使我们从一个崭新、更有效和更准确的视角出发，来重新对考古材料进行阐释。在此思想的指导下，乔伊斯对阿尔班山（Monte Alban）的考古材料再阐释。从前既有的观点往往采用内部政体竞争模式来解释，但乔伊斯的观点则与此不同，并聚焦于"社会内部变化的动力"（intrasocietal dynamics of change）（Joyce 2000a: 71）。值得一提的是，乔伊斯在讨论阿尔班山社会变化的动因时，非常重要地包含了权力不平等和权力抵抗的内容。

乔伊斯提出了一个具说服力且有意思的模式，以为阿尔班山社会的兴起，根植于精英和平民就接近和控制"神权"所展开的持续协商（negotiation）。在勾画出阿尔班山兴起之前的瓦哈卡（Oaxaca）社会中有关人神关系的结构性因素之后，乔伊斯清晰地阐明了这些社会结构，是如何随着精英制定不同策略以回应和抵消平民对精英垄断神权的反抗，从而发生相应变化的。乔伊斯对普通平民文化抵抗的分析表明，在阿尔班山社会之中存在着精英和平民之间的互相协商，因此这一研究超越了以往由上而下、以精英为中心的社会变化模式。

尽管乔伊斯关注具有见识的社会行动者，他的主要兴趣却在于解释社会变化是如何因社会权力的积累和抵抗而产生的意外后果所驱动的。虽然乔伊斯所强调的是意想不到的行为结果，他却同样承认对当局者的意义与当局者决策制定的重要性。乔伊斯对协商和实践理性的强调，又将我们带回了吉登斯那里，他们都预设了一个具有足够能力和见识的行动者，以使得这一行动者能够以目标为导向来行动（参见Cowgill 2000）。由于乔伊斯的研究强调的是更为情境化的理性，这一方法不仅克服了许多纯粹理性行动者模型的缺陷，还使得我们能够从过去的行动者，看出他们的以目标为导向且有意义积极的行动（参见Barrett 2001）。

三、中心议题和未来发展

正如我们在上文所看到的，能动性理论在考古学之中的运用，存在多元的理论和方法论取向。以这些不同的理论分支和方法论取向为基础，我们可以从中归纳一些可供讨论的基本议题。我认为，在这些不同的能动性取向之中，一共有着三个互相联系的核心问题，包括合适的分析单位、对抵抗和合理性的关注以及对意向性和后果间的张力。我认为，特别是与考古学相关，这些议题都为能动性理论的方法指出了若干问题和可能性。

（一）什么是合适的分析单位？结构与个体

由于能动性理论试图理解能动者在更大社会结构中构建和维护的角色，当研究者使用能动性理论时，一般会理所当然地将个体作为分析单位。然而，由于能动性理论中包含结构性因素，仅分析个体是不够充分的。换言之，如果我们仅将个体视为导致社会变化的原因，并且宣称我们只能研究普遍性的个体的话（Bell 1992: 42），将会使我们面临方法论上的困难，特别是当能动性理论试图阐明对宏观共享结构的对抗时（参见 Johnson 2000b）。对普遍性个体的关注，使得研究者将自身视野局限于探究那些多数个体所共享的实践活动中（Bell 1992: 48），如此便否定了行动者在结构以外运用自身的创造力和独一无二的实践，或对其进行抵抗的可能性（参见 Chapman 2000）。与此相似，如果研究者仅仅关注特定个体的鲜活生命，则无法有效地阐明结构与能动者不断发展的关系。从方法论上来说，如果我们要在个体层面寻找变化，但同时我们只能由那些广泛共享的行动入手，我们应该如何选择合适的分析单位呢？换言之，如果我们从广泛又重复的实践出发去寻找能动性的话，这与我们从结构出发有什么区别？我们又如何能在这些群体重复的实践之中发现能动性呢？

从理论的角度看，将"个体"作为分析对象从根本上就是有问题缺陷的，因为跨文化民族志材料表明，西方的个体观不能被简单地套用到其他文化背景之中（Geertz 1974; Shweder and Bourne 1982；对比见 Spiro 1993）。正如约翰逊所指出的，"个人或个体这个分类范畴并不是理所应当的。究竟是什么构成了个体性（individuality），也即'个人'这一范畴（category of person），在不同的情境之中有着不同的答案……在这里，并没有一个放之四海而皆准的概念亟待应用"（Johnson 2000b: 213）。因此，在个体性话语的背景中，结构与能动者这一对"对子"的建构就不一定能维持得住，因为我们最终是要寻求理解行动者的行动和意图。例如，当我们讨论能动性时，个体往往被等同于内心的感情（feelings）、情感（emotions）和愿望（desires）。不过，如果我们承认，即使是在西方文化之中，内心情感世界和外部社会结构之间的边界也要比我们想象更有延展性、流动性和灵活的话，以上有关个体性的"常识"性观念便容易引起问题。

例如，阿莉·霍赫希尔德（Arlie Hochschild）有关情感运作方式的文章表明，我们必须小心翼翼地处理个体与他们生活在其中的结构之间的关系（Hochschild 1983）。一方面，霍赫希尔德研究了空姐们在处理乘客的服务请求时，为表达愉快和关怀所必需的情感运作（1983）。正如霍赫希尔德所表明的，内心情感一定是与更广范围中的文化期待密切相关。在这个例子中，个体的内在感情受到社会结构的制约，这也打破了我们原来的看法，即误以为个体的内心世界与外在社会结构之间有着明确界限（参见 Hollan 1992）。

在另一方面，霍赫希尔德（Hochschild 1983）还指出，空姐们可以通过"内心情感的运作"来有意识地改变自己的情感世界。这意味着，即使是在情感的内部王国之中，也可能有意或选择性地与特定外部社会结构合流或有所抵抗。与此相似，在沙巴·麦哈默德（Saba Mahmood）对穆斯林妇女内心情感运作的研究之中，我们可以看到，一些埃及妇女是如何在想要感受到文化正确的耻辱感的情况下，也无法产生耻辱感。这意味着，这些埃及妇女能够通过有意识地运作内心情感，将经过文化和谐了的和真实的情感内在化（Mahmood 2001）。

霍赫希尔德和麦哈默德的研究表明，那种认为个体与社会之间存在明确分野的看法，明显太过简单粗暴。显然，人们的确拥有将内心深处情感有意识地打下更深烙印或改变的能力，这些情感包括身体边界感、道德感和幸福感等。这意味着，我们不能简单地将能动性视作个体层面的东西，而必须要探索"内在"的与生命有关的思想、感情与"外在"的社会、文化结构之间的关系。实际上，上述行动者能够有意识地选择到底是要对他们内化的结构着重强调或轻描淡写，这表明布迪厄的惯习概念有内在缺陷。如此，我们与其像布迪厄一般认为个体的惯习是不同的社会分类或阶级，通过对展示给他们的各种外在结构的无意识内在化而建构起来（Bourdieu 1990: 60），倒不如试着分析一下，那些有意识的感受到的情感和愿望，究竟是如何在对个体具身性的、惯习性的实践产生影响。

这种探究整合"个体"到我们坚实研究时遇到的困难，并不意味着考古学家应该像兰德尔·麦奎尔（Randall Mcguire）所宣称的那样，应当把"抽象的个人思想"悬置一旁，把全部精力放在研究社会群体的行动和意图上（McGuire 1992: 134）。与此相反，这种困难意味着，我们要发展出某种能在当地情境下，通过探究主体性个体内在世界，充分认识到社会关系的复杂和历史性的考古学理论（Meskell 2001: 188）。正如社会现象学家阿尔弗雷德·舒茨（Alfred Schutz）和托马斯·卢克曼（Thomas Luckmann）所指明的，"历史研究的确很少直接关注历史主体的意识世界。但是我们不该忘记，历史资料之所以能倒推历史的来源……是因为这些资料能传达那些路标性主体（sign-posting subject）社会现实的经验，或者是以这为大前提"（Schutz and Luckmann 1995: 89-90）。若想要通达"路标性的主体"具有历史性的复杂世界，我们必须进一步探究权力和身份认同的建构、维持和流动性的不可或缺的关系，以及物质文化是如何被用以表达权力和身份认同的。

由于个体的主体性与这些个体通过自身行动所创造的社会结构之间的互动颇为复杂，我们就必须拓展认识，以更好地理解一种复杂的、具有历史特殊性的影响，这种影响发生在意识形态话语（ideological discourses）与那些置于特定背景并在话语中间或之外产生反应和互动间的关系（见 Funari et al. 1999）。此外，我们同样应当意识到麦奎尔的建议，即我们应当把精力放在研究社会群体的社会意识和行动上（McGuire 1992）这一看法是有问题的，因为我们知道，诸如阶级和族群等社会分类，彼此之间往往是相互交叉而非独立建构的（参见 Wilkie and Bartoy 2000: 751；同见 Meskell 2002）。

目前若干方法有望指引新的方向，这些方向使得我们能理解过去人类经验的意识和结构，让我们能最终发展出某种理论模型，从而可以更好地考虑考古学不同社会结构中个体主体性的复杂性。最近，考古学家对族群和身份建构（见 Jones 1997, 2000; Meskell 2001）、现象学（见 Bradley 1998; Gosden 1994; Thomas 1996）、认知神经科学（见 Mithen 1996; Renfrew and Zubrow 1994）、个体主体性的具身性（见 Joyce 2000b; Kus 1992; Meskell 2002; Rautman 2000; Tarlow 1999）的兴趣，正预示着我们开始逐渐在考古学之中通向历史主体的意识世界。在考古学之外，最近有关仪式和宗教活动的神经现象学（neurophenomenology）研究（Laughlin et al. 1990）、有关个体与文化关系的心理文化人类学（psychocultural anthropology）研究（Hollan 2000; Obeyesekere 1981; Strauss and Quinn 1997）也可以为考古学提供阐释人们如何理解他们自己过去的生活世界的基础，尽管这并非是解决霍赫希尔德和麦哈默德前述研究所提出挑战的万灵药，这些分析手段却可以成为立足点，让考古学将用来理解人类如何解释、经验，并因此在世而行的模型变得更加复杂。透过这些分析工具，我们也许可以超越将能动者、行动者或个体视作能动性中心的观念，从而能想象出一个"浑然一体的（indissoluble formation），既体现着在结构中的能动性，又充满着意向的结构"（Ortner 1996: 12）。

（二）抵抗和理性

受到吉登斯的强烈影响，一些考古学家以理性行动者或方法论上的个人主义来看待能动性（Bell 1992）。这一模型把人们的行动看作以目的为导向的理性计算（Ortner 1984: 150）。即使是那些并不赞同理性行为模型的人，在讨论特定环境下的合理性时，仍依赖这样一个预设，即所有的人都有普遍化的理性能力（Cowgill 2000）。我认为，由于理解行动者实践背后的动机和意义往往需要诉诸某种同理心和普遍性（参 Obeyesekere 1992），这并不一定完全是一种缺陷。

尽管这种视角是为了反对所谓"虚假意识"，吉登斯式的能动性取向却忽略了这样一个事实，即并不是所有的个体都拥有足够的知识，以理解现存社会结构的各种含义。实际上，尽管对社会科学而言，假设某种放之四海而皆准的人性自有其道理，但最优觅食理论和微观经济方法所体现的理性行动者模型（见 Earle and Preucel 1987; Hawkes 1991; Hayden 2001; Mithen 1988），却在近来遭受到了严重的批评，因为它往往忽略对诸如需要、恐惧和欲望等情感的考量，"而这些毫无疑问是动机的一部分"（Ortner 1984: 151；同见 Cowgill 1993; Foley 1985; Webster 1996）。理性行动者模型预设了所有行动者的动机背后由普遍化的理性逻辑支撑，从而忽略了人们行动的独特性和创造性，往往是根植于非理性的或情景化的实践理性。换言之，理性行动者模型"试图构建一个仅仅依赖认知理性的理论模型，从而将人的历史、习惯、习俗和感情抛在一边，这显然不能充分理解人们的行为和社会进程"（Mestrovic 1998: 25）。

实际上，这种以为人类动机有若干普遍特点的流行见解，同样反映在将能动性等同于文化抵抗的看法中。这种文化抵抗的能动性预设了一种普遍的愿望，使能动者总是试图抵抗那些现在看来具有压迫性的社会关系。例如，无论是布迪厄还是吉登斯都明确表明，他们的理论是针对现代社会中系统性的阶级不平等，这种旨趣使能动性的考古研究也充斥着对不平等的关注。在考古学之中，许多考古学家都在某种程度上将能动性视为某种文化抵抗。在这些学者的眼中，那些不遵守正统社会规范和社会结构的行动体现了能动性，甚至某些十分平常的日常行为，都能够在某种程度上被解释为对那些希望维持不平等现状的人所发起的文化抵抗。这种在日常行动中寻找抵抗形式能动性的势头，反映了社会科学对那些被剥夺人权者和被压迫者日益增长的关注，这种关注在女性主义（feminist）、后殖民主义（postcolonial）和庶民研究的（subaltern）人类学领域尤甚（见 Goddard 2000; Pruyn 1990; Scott 1985）。最终，这一场理论运动希望"为'有意识'抵抗对立的日常性实践赋予意义"（Kliger 1996: 150）。

麦哈默德（Mahmood 2001）将埃及穆斯林语境中女性能动性的女性主义话语与对文化抵抗的依赖联系起来。麦哈默德认为，传统对女性能动性的描述，就是对男性支配统治的反抗。在此背景下，能动性被视作"一种能力，这种能力会使得人们认识到，自己的利益与习俗、传统、超验意志（transcendental will）和其他枷锁相抵牾"，因此提出，"女性的能动性与对支配统治的反抗就是同一回事"（Mahmood 2001: 206）。换言之，这一将能动性与抵抗相对应的做法暗含着一个预设情境，即能动者行动所发生的情境之中存在着错综复杂的结构性不平等，而受压迫的能动者只会在回应结构不平等的控制时才会作出能动性行为。当我们将能动性与对父权统治和殖民主义的反抗画上等号之时，我们便陷入了阿布·璐霍德

（Abu-Lughod 1986）所谓"对抵抗的浪漫想象"（romance of resistance），也便使得能动性变得空洞，因为人们的行动和愿望往往有着复杂而混乱，且有时甚至相互抵牾的动机（参见 Ahearn 2001，她对将能动性与抵抗等同的看法所作的精彩的语言学分析）。的确，仅仅将能动性视为文化抵抗的做法，将使能动性变成一种修辞（rhetorical）工具，使我们因事先假设而忽略了人类行为的诸多复杂动机（Brown 1996: 731）。这种以为任何对不平等社会结构的文化抵抗就是能动性产物的观点，实际上仅仅将个人真实的创造性和意愿局限在对特定社会结构的抵抗之中。我认为，这种能动性在理解人类欲望和动机的创造性、原创性和独特性上有很大的局限，而这实际上正是能动性理论应当克服的地方。

为了回应这种对能动性的偏狭见解，格罗（Gero 2000）认为，我们应当超越简单地将能动性等同于文化抵抗的看法，而致力于关注所有种类的实践，包括策略性地顺应（accommodation）和默然同意（acquirescence）。由于人们的行动目标至少在某种程度上既是在不同文化背景中是可预测的，同时又是根据"独特的，且历史性的逻辑和价值"（Gero 2000: 249），因此我们不仅不能单纯诉诸抽象的普遍性逻辑，而假定目标是完全独一无二的也同样有问题。在此背景下，与其将能动性等同于文化抵抗（Giddens 1979），任何充分考虑能动性复杂意义的理论，都一定要超越理性行动者模式，例如超越那种通过"理性意愿"（rational desire）来抵抗社会不平等的观点，并透过新的理解，既包括普遍建构出来的利益，同时又有对个体主体性有所贡献的文化和个体价值与逻辑，这样才能把人类行为中鲜活的、非理性部分，如情感和历史包袱考虑进来（参见 Mestrovic 1998: 25）。换言之，任何一个研究课题，我们都必须采取一种细致入微的方式，以此理解人之所以为人的共同本质（通过进化论、跨文化心理学、神经现象学和认知科学研究）以及个体在建构身份认同和目标的独特历史背景之间、不断生成中的诠释学关系。

（三）意图与结果

我同意多贝尔和罗柏的看法，"在能动性的鼓吹者中有一个非常明显的分野，其中一部分人认为能动性是能动者有意的行为,而另一部分人则强调能动性是非话语性的"(Dobres and Robb 2000: 10)。例如,吉登斯认为,"意图只形成于对行动的反思性监控中,并总是以某种方式与未被识别的外部环境和行动的结果共同运作",因此,吉登斯认为,意图只是实践结果中的部分(Giddens 1979: 41)。尽管吉登斯同样考虑到了决策过程,但他也同时表明,"意图性只不过是人们行动的常规特性,这并不意味着行动者行动之时,在脑海中有清晰明确的目标"(Giddens 1979: 56)。那些仅仅关注能动性实践意想不到结果的学者们似乎认为,唯有施行实践的意外结果(也即意外的、非刻意的行动),才能得出一个能克服社会结构限制的行动者的概念。与此同时,多贝尔和罗柏认为,"那些认为能动性与意图性相关的学者们倾向于认为,或多或少地拥有自由的个体,其所作的行动创造和操纵着物质世界"(Dobres and Robb 2000: 12)。实际上,要明晰意想不到的后果、行为意图、主观动机、实践活动、意识形态和惯习等概念对我们进一步剖析那些已然又未然建构起来的结构之间的相互关系是必要的(Merleau-Ponty 1962: 453;另参见Ahearn 2001)。

  为了阐明这一问题,鲍塔凯特认为,我们需要将策略(Strategy)和意图性的概念相区分,如此一来,我们才能弄清楚主观动机、实践活动和意想不到的后果之间的区别(Pauketat 2001: 79)。这样,倘若我们在能动者与结构的相互影响的层面上来看待能动性,行为意图及其与意外后果的关系就是中心议题。不过,到底能动者是否有意识地对结构产生了影响,以及他们的影响究竟是否是有意识行动的结果,这些问题真的很重要吗?换言之,我们究竟对行动的动机(即行动的"原因")还是行动的后果感兴趣?正如上文所提到的,从一般意义上的能动性理论来看,能动性理论将社会变迁的重心,由系统的宏观过程重新置于个体行动之中。然而,我们仍要追问,这究竟意味着能动者有能力刻意改变社会结构,还是意味着因为社会变化来源于个体层面,能动者仅仅是我们分析社会变化所依的基本单位?能动性究竟是给予了个体有意识改变社会实体的能力,还是仅仅意味着在社会建构(construction)、维持(maintenance)和变迁更广泛的理论中,为个体的存在找个位置?

谈到能动性这一方面,(马克思意义上的)意识形态幽灵出现了:如果行动者是有足够见识的,那么我们如何理解压迫性社会结构的无意识再生产(参见 McGuire 1992)?特别需要指出的是,社会不平等的再生产往往通过刻意成为抵抗行动的方式来实现,而对社会不平等的抵抗行为也往往通过刻意对社会系统再生产的行为来达成,这意味着我们在解释人类实践时,既不能完全依赖人们的主观意图,也不能完全依赖人们的行为结果。在刻意的行为与意外的结果之间存在的这样一种张力,使得我们需要在作为意识形态的世界与作为个体觉知的世界之间寻找一种理论上的中间地带。显然,这是一个内化(internalized)的问题——在何种程度上,那种社会性的与意识形态相关的观念会直接被内化,从而被个体所接受?换言之,某种意识形态(也就是对外在意义系统无法不被扭曲的认识),在何种程度上决定着个体对世界的觉知和理解,以及个体在世界中的行动?值得一提的是,福柯(Foucault)认为,意识形态这个概念本身错误地预设了一个"实体"与"意识形态"的二元论教条,而这个预设无法解释,"真理是如何通过本身并无真假之分的话语来起作用的"(Foucault 1980: 118)。显然,认为个体不是被错误的意识所笼罩,就是完全处于启蒙状态,这一观点忽视了人类意识多重的功能和本质,以及那种认为知识是特定环境中的、具身性的现象学知识观(Dilthey 1989)。在此背景下,我们不妨回顾涂尔干(Durkheim)有关个体与集体意识(collective consciousness)关系的看法,以帮助我们理解个体对"客观世界"(objective world)的觉知不仅仅是外部建构出来的,而同样包含人们积极的参与,以及有选择性的对诠释性框架进行内化(selective internalization of interpretive frameworks)(参见 Hochschild 1983; Mahmood 2001)。

规范性和结构性边界的内化,是结构能够制约并实现制约人类行为的原因。然而,尽管存在人类自由被完全限制的极端案例,就能动性理论而言,也存在一些灰色地带,在这些灰色地带中,对某些能动性理论感兴趣的特定行动并没有明显的物理限制(参见 Giddens 1979)。正如韦伯所指明的,对那些共享集体观念的个体而言,这种集体观念不仅在外部结构中表现出来,还同样有"个体意识层面中的意义"(Weber 1978: 14)。尽管韦伯认为,个体的信念总是会将合法性授予权威,但他却很少提及不同的个体如何在具有独特观点的前提下分享集体信念和行动。在这方面,尽管涂尔干的做法是重社会而轻心理(即认为社会优先于个体),但是,我们在涂尔干晚期的作品之中能够清晰地看到,他已经认识到了在更大社会集体中个体心理的重要性(参见 Throop and Laughlin 2002)。

在涂尔干看来,社会建立在集体情感之上,这些情感"镌刻在每个人的意识中",来源于"我们内心根深蒂固的情感和思行准则"(Durkheim 1984: 37)。涂尔干认为,集体感情是集体意识的具体表现,因此也就是这样一种意识,即"那些我们在群体中所共享的,实际上并不是我们自觉的产物,而是社会生活所生产,按照社会的方式在我们当中行事的产物"(Durkheim 1984: 84)。然而,涂尔干还认为,我们有一种更具个体性的意识,它"体现出专属于我们自己的东西,使得我们成为个体"(Durkheim 1984: 84)。换言之,在涂尔干的想象中,个体由两种意识所造就,其中一种是社会灌输给个体的社会道德和社会价值,而另一种则是个体所独有的个体情感、个体感情与个体经验(参见 Shilling 1997; Shilling and Mellor 1998; Throop and Laughlin 2002)。

与马克思(Marx 1964)不同,涂尔干并不认为个体意识和社会意识是一方简单地映射到另一方的关系。涂尔干认为,对社会表象(social represents)、社会意识形态可以存在与别不同的理解,个体与社会之间有着复杂的互动关系。由于个体与社会之间的这种张力,在涂尔干看来,在个体意识的运行中一定存在某些机制(mechanisms),这些机制作用于个体意识,使它"深深根植于"(strongly root)那些情感"被镌刻在每个人意识之中"的个体。对涂尔干而言,集体意识的基础是共同情感和共同价值,而这些共同情感和价值必须被个体有意义的内化(meaningfully internalized),才能拥有社会效力。

马克思的意识形态(以及布迪厄的惯习)并没有考虑一个中心问题,即个体对社会观念的内化。甚至,马克思简单地认为,社会意识是个体进行物质生产的结果

（Marx 1964: 76），也即，意识"只是由于需要，由于和他人交往的迫切需要才产生的"，因此，社会意识实际上是一种意识形态性的、虚假性的意识（Marx 1964: 71）。在马克思看来，这种意识形态性的意识，通过改变个体认识"真实"世界的方式，使社会不平等变得自然而然。因此，马克思认为，社会存在决定社会意识，而这种被社会存在决定的社会意识就是人们认识真实世界的方式。

另一方面，在涂尔干看来，个体意识和社会意识之间存在矛盾和冲突，而社会行动（实践）和社会过程（如宗教仪式）将会使不同的个体共同察觉到一种集体欢腾（collective effervescence），这种集体欢腾会在每个个体之中产生支撑和维持社会意识的个体情感和个体经验，最终在个体之间创造出集体一致性（Shilling 1997）。涂尔干认为，通过诸如宗教仪式等集体性社会行动所生产出的社会欢腾，某个个体的主观现实会随着特定情境下个体之间所共享的情感和经验成为社会意识（Durkheim 1995: 273）。正如凯伦·菲尔德（Karen Field）在其为《宗教生活的基本形式》所作的导读中指明的（Durkheim 1995），涂尔干相信，"在集体欢腾的时刻，人们会感觉到自身的转化……通过实施仪式活动……这一转化中介……集体意识被一种拼凑的、即时的集体生活创造出来"（Durkheim 1995, p. xi）。

在涂尔干的意义上，每当个体的主观经验在实际中被群体所共享时，个体的内在世界和所处的外部社会系统便会彼此共鸣。因此，社会观念对个体具有社会效力，且这种社会效力并不是因为某种外部因素所塑造的，也不是因为某种价值系统所赋予的，而是通过个体自身对社会实践的参与而形成。尽管涂尔干掩盖了权力和控制的问题，我们可以适当拓展他对内化过程的实践性理解，也即，在个体经验的现实与给予这些经验以意义的符号系统之间，一定存在某种程度的和谐关系。与霍赫希尔德和麦哈默德的研究相对应，这种积极的、有选择的内化过程，意味着在我们对人类行为进行考虑时，经验和动机应当处于中心地位。

正因如此，那种仅仅致力于分析行为后果的能动性，忽视了经验和主体性之间复杂的互动关系，最终所产生的只是一种对人类实践肤浅而无趣的理解。此外，在对能动性的理解中，如果把意图性贬到边缘位置，我们便否定了对动机和制约并赋予动机的（具有潜在意识形态性的）社会结构之间不断演变的关系的任何考虑。

有趣的是，在萨林斯（Sahlins 1981）对殖民地社会不平等的研究中，这种意图性的问题得到了阐明。从人类学史上看，萨林斯是最早借助布迪厄和吉登斯的思想，且明确地在历史人类学框架中研究的学者之一。在萨林斯看来，在特定社会互动中人类行动可以被视为对传统范畴的再演，因此，他认为，在人类学研究中，最大的问题"不是仅仅要知道事件是怎么被文化建构的，而是要知道，在事件被文化建构的过程中，文化是怎么被再建构。也即，结构的再生产是如何改变其自身"（Sahlins 1981: 8）。

萨林斯（Sahlins）在对夏威夷殖民社会的研究中发现，任何特定社会交往潜在面独特的性质，尽管都以各自构想出来的传统范畴为基础，却能够使得这些传统范畴适用于不同的领域，使对共同社会结构的改变成为可能。换言之，"实践行动所引发的关系，尽管是由行动者的自我观念（self-conception）所驱动，却有可能在功能上重估行动者的自我观念"（Sahlins 1981: 35）。与涂尔干一样，萨林斯也经常在他所谓的"并接结构"（structures of conjuncture）中对权力的不平等轻描淡写，但他也承认，"在惯例价值与意向价值、主体间意义与纯主观利益、象征意义与符号所指之间的各种不一致，使得历史进程在结构的实践和实践的结构之间，呈现出一种连续性的、互惠性的发展"（Sahlins 1981: 72）。因此，在萨林斯看来，务实性的并接结构与个体所接受的文化规则之间的互动，总是由历史行动者的意图和利益来调节（Sahlins 1981: 33）。因此，我们不能仅仅将意图理解成由个体对世界意识形态性的理解所直接产生，而是应该将其直接与"符号在行动中的独特作用，即在结构中与符号相对应的位置"联系（Shalins 1981: 68）。

萨林斯认为，"行动"，"符号从属于偶然性的安排与再安排，这种工具性的关系也潜在地影响了它们的语义价值。所有这些对意义的反思，都依赖于行动者将符号视为一种利益的经验：它在一个手段与目的的特定系统中的位置"。在行动中，"是意向性的：它受到行动中的主体的目的、受到他或她在世界中的社会生活流程的导引"（Sahlins 1981: 68）。简·科玛洛夫（Jean Comaroff）拓展了萨林斯的意向性概念,她认为,如果我们想要充分理解意向性和结构之间的复杂关系,就必须致力于剖析情境(context)、意识与独立于意识形态的意向性之间的相互关系(Comaroff 1985: 5;另见 Comaroff and Comaroff 1992)。以认可权力、符号和主体性之间的动态互动为基础,萨林斯和科玛洛夫都认为,符号会因为历史主体的运用而获取意向的内涵(Sahlins 1981: 68),这在完全依赖意识形态或完全依赖主体之间,开辟了一条可能的中间道路。

四、结　　论

对动机与意义、结构与后果的考察,意味着当我们在思考能动、结构的关系时,应当对具体的历史情境有所把握。然而,当下很多有关能动性理论的研究都引入了西方和现代对人的行动这一概念的解释,这使得我们在分析历史上的个体与社会关系时面临着一定的不确定性(Johnson 2000b)。将能动性与抵抗、个体或意外后果等同,意味着"预设了能动性的本质和永恒特性,这一特性形塑着世界,但却不受世界的影响",这使得我们"将历史解释为能动者行动的结果(而不是能动性在历史中被创造的结果)"(Barrett 2000: 62)。通过将历史情境、近因以及对意图性的本地化理解加入到考量能动性的因素,我们可以加入时间维度,以抵消那种变居不动、规范式的能动性概念。正如巴雷特所指出的,任何历史、社会分析"不能反客为主来支配我们研究对象的能动性表征;相反,我们应当将特定的时空背景作为分析对象,通过这种特殊的时空背景,能动性在具体的行动中构成了自身"(Barrett 2000: 63)。我认为,只能在包含个体意图抵抗或整合特定社会结构的十字路口中,才能找到能动性,而这十字路口的任何元素都不能被抛弃——时间的背景,包括历史想象、习惯及信念;个体的意图,它明显与宏观社会结构相互交叉,又置身其中;个体行动有意或无意的结果;以及社会结构,其中数量众多且可能相互抵牾的系统在不同的尺度中同时发挥作用。

在实践方面，要探讨过去的意图性，明显异常艰辛。如果正如鲍塔凯特（Pauketat 2001）所说的，要理解当下所发生的复杂事件，都需要对极其广泛的信息进行整合，包括社会实践的机制、共同价值和那些构建历史行动者，考古学必须根据多手资料尽可能提供有关事实的可能背景。最近，诸如梅斯凯尔（Meskell 2002）和托马斯（Thomas 1996）等考古学家指出，考古学家应当"尽可能地审视各方面因素——经济、法律、社会、家庭、宗教、丧葬，以及其他"，并且"从对这些具争议性的研究领域之中找出合适的诠释"（Meskell 2002: 109, 133）。例如，梅斯凯尔通过审视埃及新王国时期有关个人自由、婚姻离异、通奸行为、家庭暴力、人格性状（personhood）、妊娠生育、死亡、记忆、爱情和性欲的考古材料，来理解埃及人对自我（self）和社会的看法（Meskell 2002: 59）。梅斯凯尔的研究表明，由于（文化和生理上的）结构与（个体）能动者之间存在明显的辩证关系，两者之间绝不是一者影响另一者的关系——与此相反，它们在很大程度上是浑然一体的，以至于我们不能把它们看作相互分离的东西。如果我们认同萨林斯（Sahlins 1981）的观点，一种以能动性为导向的考古学，便能更好地帮助我们理解特定历史背景中历史行动者的利益，让我们更能充分理解普遍接受的文化准则和变动不定的人类实践之间的关系。正如梅斯凯尔所表明的，"古代生活中最有意思的部分，总是处于这些身份认同的网络与经验的交叉点上"（Meskell 2002: 125）。

　　换言之，在阐释过去的社会结构与行为意图时，我们需要一种更加宽广、包含新近的权力与意识形态概念的研究方法，以尽可能地通达影响个体的复杂历史网络（外部社会结构）和这些不同历史系统之中多元而独特的经验（那种独特的、具有前摄性的内化结构）。尽管我们也许并不能够事无巨细地重建过去，但能动性考古学必须尽可能地包含足够多的信息，试图最大程度上理解历史行动者的旨趣和动机。最后，我认为，只有当研究者在对结构因素和实践形式的探索之中、对微观历史事件和宏观历史过程的把握之中、对可见的行为结果和不可见的意图性的追索之中，细腻且反思性的来回游移，能动性考古学才是有效的。这种在两极之间的来回游移将揭示这样一种更包容且更复杂的图景，在这种图景中，历史上的个体实践及其所作用的结构，以及被这一结构所影响的个体实践，能够最终被考古学家所揭示出来。

参考文献

Abu-Lughod, L.
    1986   *Veiled Sentiments. Honor and Poetry in a Bedouin Society*, University of California Press, Berkeley.

Ahearn, L.
    2001   "Language and agency", *Annual Reviews: Anthropology* 30: 109–137.

Alexander, J.
    1995   *Fin de Siecle Social Theory: Relativism, Reduction, and the Problem of Reason*, Verso, London.

Barfield, T. (ed.)
    1997   *The Dictionary of Anthropology*, Blackwell, Oxford.

Barnes, B.
    2000   *Understanding Agency: Social Theory and Responsible Action*, Sage, London.

Barrett, J.
    2000   "A thesis on agency", in Dobres, M., and Robb, J. (eds.) *Agency in Archaeology*, Routledge, London, pp. 61–68.
    2001   "Agency, the duality of structure, and the problem of the archaeological record", in Hodder, I. (ed.) *Archaeological Theory Today*, Polity Press, Cambridge, pp. 141–164.

Bell, J.
    1992   "On capturing agency in theories about prehistory", in Gardin, J. C., and Peebles, C. (eds.) *Representations in Archaeology*, Indiana University Press, Bloomington, pp. 30–55.

Bohman, J.
    1999   "Practical reason and cultural constraint: Agency in Bourdieu's theory of practice", in Shusterman, R. (ed.) *Bourdieu: A Critical Reader*, Blackwell, Oxford, pp. 129–152.

Bourdieu, P.
    1977   *Outline of a theory of practice*, Cambridge University Press, New York.
    1990   *The Logic of Practice*, Stanford University Press, Stanford.

Bradley, R.
    1998   *The Significance of Monuments: On the Shaping of Human Experience in Neolithic and Bronze Age Europe*, Routledge, London.

Brown, M.
- 1996 "On resisting resistance", *American Anthropologist* 98(4): 729–734.

Brumfiel, E.
- 2000 "On the archaeology of choice: Agency studies as a research strategem", in Dobres, M., and Robb, J. (eds.) *Agency in Archaeology*, Routledge, London, pp. 249–256.

Callinicos, A.
- 1988 *Making History: Agency, Structure, and Change in Social Theory*, Cornell University Press, Ithaca.

Chapman, J.
- 2000 "Tension at funerals: Social practices and the subversion of community structure in later Hungarian prehistory", in Dobres, M., and Robb, J. (eds.) *Agency in Archaeology*, Routledge, London, pp. 169–195.

Clark, J.
- 2000 "Towards a better understanding of hereditary inequality: A critical assessment of natural and historic human agents", in Dobres, M., and Robb, J. (eds.) *Agency in Archaeology*, Routledge, London, pp. 92–112.

Clark, J., and Blake, M.
- 1994 "The power of prestige: Competitive generosity and the emergence of rank societies in lowland Mesoamerica", in Brumfiel, E., and Fox, J. (eds.) *Factional Competition and Political Development in the New World*, Cambridge University Press, Cambridge, pp. 17–30.

Comaroff, J.
- 1985 *Body of Power Spirit of Resistance: The Culture and History of a South African People*, The University of Chicago Press, Chicago.

Comaroff, J., and Comaroff, J.
- 1992 *Ethnography and the Historical Imagination*, Westview Press, Boulder.

Cowgill, G.
- 1993 "Distinguished lecture in archaeology: Beyond criticizing new archaeology", *American Anthropologist* 95(1): 551–573.
- 2000 "'Rationality' and contexts in agency", in Dobres, M., and Robb, J. (eds.) *Agency in Archaeology*, Routledge, London, pp. 51–60.

Dilthey, W.
- 1989(1883) *Introduction to the Human Sciences*, Princeton University Press, Princeton.

Dobres, M., and J. Robb, (eds.)
- 2000 *Agency in Archaeology*, Routledge, London.

Durkheim, E.

    1984(1933)   *The Division of Labor in Society*, The Free Press, New York.

    1995(1912)   *The Elementary Forms of Religious Life*, The Free Press, New York.

Earle, T., and Preucel, T.

    1987   "Processual archaeology and the radical critique", *Current Anthropology* 28(4): 501–538.

Flannery, K.

    1999   "Process and agency in early state formation", *Cambridge Archaeological Journal* 9(1): 3–21.

Foley, R.

    1985   "Optimality theory in anthropology", *Man* 20(2): 222–242.

Foucault, M.

    1980   *Power/Knowledge: Selected Interviews and Other Writings 1972–1977*, Pantheon Books, New York.

Funari, P., Hall, M., and Jones, S. (eds.)

    1999   *Historical Archaeology: Back from the Edge*, Routledge, London.

Garnham, N.

    1993   "Bourdieu, the cultural arbitrary, and television", in Calhoun, C., LiPuma, E., and Postone, M. (eds.) *Bourdieu: Critical Perspectives,* University of Chicago Press, Chicago, pp. 178–192.

Geertz, C.

    1974   "'From the natives point of view': On the nature of anthropological understanding", *Bulletin, American Academy of Arts and Sciences* 1: 26–43.

Gero, J.

    2000   "Troubled travels in agency and feminism", in Dobres, M., and Robb, J. (eds.) *Agency in Archaeology*, Routledge, London, pp. 34–39.

Giddens, A.

    1979   *Central Problems in Social Theory: Action, Structure, and Contradiction in Social Analysis*, University of California Press, Berkeley.

    1984   *The Constitution of Society*, Polity, Cambridge.

    1991   *Modernity and Self-Identity: Self and Society in the Late Modern Age*, Stanford University Press, Stanford.

    1993(1976)   *New Rules of Sociological Method*, Stanford University Press, Stanford.

Goddard, V. (ed.)

    2000   *Gender, Agency, and Change: Anthropological Perspectives*, Routledge, New York.

Gosden, P.
- 1994 *Social Being and Time*, Blackwell, Oxford.

Hawkes, K.
- 1991 "Showing off: Tests of an hypothesis about men's foraging goals", *Ethology and Sociobiology* 13: 29–54.

Hayden, B.
- 2001 "The dynamics of wealth and poverty in the transegalitarian societies of Southeast Asia", *Antiquity* 75(289): 571.

Hochschild, A.
- 1983 *The Managed Heart: The Commercialism of Human Feeling*, University of California Press, Berkeley.

Hodder, I.
- 1986 *Reading the Past*, Cambridge University Press, Cambridge.
- 2000 "Agency and individuals in long-term processes", in Dobres, M., and Robb, J. (eds.) *Agency in Archaeology*, Routledge, London, pp. 21–33.

Hollan, D.
- 1992 "Emotion work and the value of equanimity among the Toraja", *Ethnology* 31(1): 45–56.
- 2000 "Constructivist models of mind, contemporary psychoanalysis, and the development of culture theory", *American Anthropologist* 102(3): 538–550.

Johnsen, H., and Olsen, B.
- 1992 "Hermeneutics and archaeology: On the philosophy of contextual archaeology", *American Antiquity* 57(3): 419–436.

Johnson, M.
- 2000a "Conceptions of agency in archaeological interpretation", in Thomas, J. (ed.) *Interpretive Archaeology: A Reader*, Leicester University Press, London, pp. 211–227.
- 2000b "Self-made men and the staging of agency", in Dobres, M., and Robb, J. (eds.) *Agency in Archaeology*, Routledge, London, pp. 213–231.

Jones, S.
- 1997 *The Archaeology of Ethnicity: Constructing Identities in the Past and Present*, Routledge, London.
- 2000 "Discourses of identity in the interpretation of the past", in Thomas, J. (ed.) *Interpretive Archaeology: A Reader*, Leicester University Press, London, pp. 445–457.

Joyce, A.

    2000a "The founding of Monte Alban: Sacred propositions and social practices", in Dobres, M., and Robb, J. (eds.) *Agency in Archaeology*, Routledge, London, pp. 71–91.

Joyce, R.

    2000b *Gender and Power in Prehispanic Mesoamerica*, University of Texas Press, Austin.

Kliger, R.

    1996 "'Resisting resistance': Historicizing contemporary models of agency", *Kroeber Anthropological Society Papers* 80: 137–156.

Kus, S.

    1992 "Towards an archaeology of body and soul", in Gardin, J., and Peebles, C. (eds.) *Representations in Archaeology*, Indiana University Press, Bloomington, pp. 168–177.

Laughlin, C., McManus, J., and d'Aquili, E.

    1990 *Brain, Symbol, and Experience: Toward a Neu-rophenomenology of Human Consciousness*, Shambhala, Boston.

LiPuma, E.

    1993 "Culture and the concept of culture in a theory of practice", in Calhoun, C., LiPuma, E., and Postone, M. (eds.) *Bourdieu: Critical Perspectives*, University of Chicago Press, Chicago, pp. 14–34.

Mahmood, S.

    2001 "Feminist theory, embodiment, and the docile agent: Some reflections on the Egyptian Islamic revival", *Cultural Anthropology* 16(2): 202–236.

Marx, K.

    1964 "Existence and consciousness", in Bottomore, T. B., and Rubel, M. (eds.) *Karl Marx: Selected Writings in Sociology and Social Philosophy*, McGraw-Hill, New York.

    1992 *Capital: A Critique of Political Economy*, Penguin Classics, New York.

    1998 *The Communist Manifesto*, Signet Classic, New York.

McGuire, R.

    1992 *A Marxist Archaeology*, Academic Press, San Diego.

Merleau-Ponty, M.

    1962 *Phenomenology of Perception*, Routledge, London.

Meskell, L.

    2001 "Archaeologies of identity", in Hodder, I. (ed.) *Archaeological Theory Today*, Polity, Cambridge, pp. 187–213.

    2002   *Private Life in New Kingdom Egypt*, Princeton University Press, Princeton.

Mestrovic, S.
    1998   *Anthony Giddens: The Last Modernist*, Routledge, London.

Mithen, S.
    1988   "Modeling hunter-gatherer decision making: Complimenting optimal foraging theory", *Human Ecology: An Interdisciplinary Journal* 17(1): 59.
    1996   *The Prehistory of the Mind: The Cognitive Origins of Art and Science*, Thames and Hudson, London.

Obeyesekere, G.
    1981   *Medusa's Hair: An Essay on Personal Symbols and Religious Experience*, University of Chicago Press, Chicago.
    1992   *The Apotheosis of Captain Cook*, Princeton University Press, Princeton.

Ortner, S. B.
    1984   "Theory in anthropology since the sixties", *Society for Comparative Study of Society and History* 26(1): 126–166.
    1996   *Making Gender: The Politics and Erotics of Culture*, Beacon Press, Boston.
    2001   "Commentary: Practice, power, and the past", *Journal of Social Archaeology* 1(2): 271–278.

Parsons, T.
    1937   *The Structure of Social Action*, Free Press, New York.

Pauketat, T.
    2000   "The tragedy of the commoners", in Dobres, M., and Robb, J. (eds.) *Agency in Archaeology*, Routledge, London, pp. 113–129.
    2001   "Practice and history in archaeology", *Anthropological Theory* 1(1): 73–98.

Pruyn, M.
    1990   *Discourse Wars in Gotham-West: A Latino Immigrant Urban Tale of Resistance and Agency*, Westview, Boulder.

Rautman, A. (ed.)
    2000   *Reading the Body: Representations and Remains in the Archaeological Record*, University of Pennsylvania Press, Philadelphia.

Renfrew, C., and Zubrow, E. (eds.)
    1994   *The Ancient Mind: Elements of Cognitive Archaeology*, Cambridge University Press, Cambridge.

Sahlins, M. D.
    1981   *Historical Metaphors and Mythical Realities: Structure in the Early History of the*

Sandwich Islands Kingdom, University of Michigan Press, Ann Arbor.

Saitta, D. J.
- 1994 "Agency, class, and archaeological interpretation", *Journal of Anthropological Archaeology* 13(3): 201–227.

Sassaman, K.
- 2000 "Agents of change in hunter-gatherer technology", in Dobres, M., and Robb, J. (eds.) *Agency in Archaeology*, Routledge, London, pp. 148–168.

Schutz, A.
- 1967(1932) *The Phenomenology of the Social World*, Northwestern University Press, Evanston.

Schutz, A., and Luckmann, T.
- 1995 *The Structures of the Life-World*, Northwestern University Press, Evanston.

Scott, J.
- 1985 *Weapons of the Weak: Everyday Forms of Peasant Resistance*, Yale University Press, New Haven.

Shackel, P.
- 2000 "Craft to wage labor: Agency and resistance in America", in Dobres, M., and Robb, J. (eds.) *Agency in Archaeology*, Routledge, London, pp. 232–246.

Shanks, M., and Tilley, C.
- 1987 *Re-constructing Archaeology: Theory and Practice*, Routledge, London.

Shilling, C.
- 1997 "Emotion, embodiment, and the sensation of society", *The Sociological Review* 45(2): 195–219.

Shilling, C., and Mellor, P.
- 1998 "Durkheim, morality, and modernity: collective effervescence, Homo Duplex, and the sources of moral action", *British Journal of Sociology* 49(2): 193–209.

Shweder, R., and Bourne, E.
- 1982 "Does the concept of the person vary cross-culturally?" in Marsella, A. and White, G. (eds.) *Cultural Conceptions of Mental Health and Therapy*, Dordrecht, Boston.

Smith, A.
- 2001 "The limitations of Doxa: Agency and subjectivity from an archaeological point of view", *Journal of Social Archaeology* 1(2): 155–171.

Spencer, C.
- 1993 "Human agency, biased transmission, and the cultural evolution of chiefly authority", *Journal of Anthropological Archaeology* 12(1): 41–74.

Spiro, M.
    1993   "Is the Western concept of the self 'Peculiar' within the context of the world cultures?" *Ethos* 21: 107–153.

Strauss, C., and Quinn, N.
    1997   *A Cognitive Theory of Cultural Meaning*, Cambridge University Press, Cambridge.

Tarlow, S.
    1999   *Bereavement and Commemoration: An Archaeology of Mortality*, Blackwell, Oxford.

Thomas, J.
    1996   *Time, Culture, & Identity: An Interpretive Archaeology*, Routledge, London.

Throop, C., and Murphy, K.
    2002   "Bourdieu and phenomenology: A critical assessment", *Anthropo logical Theory* 2(2): 185–207.

Throop, C., and Laughlin, C.
    2002   "Ritual, collective effervescence and the categories: Towards a neo-Durkheimian model of the nature of human consciousness, feeling, and understanding", *Journal of Ritual Studies* 60(1): 40–63.

Weber, M.
    1978(1914)   *Economy and Society*, University of California Press, Berkeley.
    1992   *The Protestant Ethic and the Spirit of Capitalism*, Routledge, London.

Webster, G.
    1996   "Social archaeology and the irrational", *Current Anthropology* 37(4): 609–627.

Wilkie, L., and Bartoy, K.
    2000   "A critical archaeology revisited", *Current Anthropology* 41(5): 747–778.

能动性*

---

* Gardner, Andrew 2008, "Agency", in *Handbook of Archaeological Theories*, edited by R. Bentley, H. Maschner, and C. Chippendale, Altamira Press, Lanham, MD, pp. 95–108.

引　言

　　何为能动性（agency）理论？这背后的想法是考古学家一切所行之基础，但至今它的定义是出了名的困难。通常，能动性被视为所有人类个体（或能动者）都拥有的主动塑造、改变世界的能力，并且一定程度上人对这样的能力是有意识和自觉的，使得人类和其他物种有所区别。有时候，能动性被定义为人们所参与具有复杂过程的互动，并借着语言与物质文化的使用来实践这样的能力。如果我们将能动性视为某种人类所拥有的、特殊的"主动性参与"的话（Elliott 2001: 2），那么我们也可以将以上两个解释结合在一起。"主动性"在此指的是这种模式，即人类行为是有意识与自觉的，至少潜意识是如此，所以和植物的趋光性这种行为是不同的。"参与"指的是这种行为必须和其他事物——即物理性与社会性的世界——产生关联，因为它在根本上就是行动（Barnes 2000: 74; Macmurray 1957: 88-89）。这些澄清，帮助了我们在一开始就将能动性的概念和另一个与其说是对立倒不如是伴生的概念连结在一起：结构。的确，很多牵涉能动性的文献，并不只局限于这个特定概念的意义，同时也会讨论能动者与他们所在其中的广大社会之间问题不断的关系。这个由多种多样的制度、组织、不可见的准则或行为标准所构成的社会，通常就是"结构"的意思。

　　考古学中，后过程考古学已经出现了对能动性关注的苗头，以此回应以往对过去行为解释中与结构有关的，且也被意识到的偏见。有些学者曾对文化史或过程研究中，过于重视文化或环境因素甚至将之视为人类活动的决定性因子有所争论，认为没有考虑到人本身不单单诠释或回应，更是主动产生这些因素（Hodder 1982; Shanks and Tilley 1987）。"X文化中的人以特定的方式制作陶器只因为他们属于X文化"或许是一种解释，但我们仍可以问，为什么人们要这样制作陶器，以及这些陶器意味着什么。人们花了多少心思来设计陶器？有没有其他的设计方案？维持传统长期不变的意义是什么？又或者改变的意义是什么？这些将能动性和结构，认真又清晰地结合在一起的问题，将成为考古学解释之重点。虽然本文的基本看法如此，我们必须注意到思考能动性与结构以及它们之间关系的方法，在原来产生这些概念的学科领域中本身就是百家争鸣。关于能动性：结构问题的不同看法，不只是在社会学中才成为了辩论的中心问题，相关讨论更直卷整个人文科学，尽管社会学确实会最直接解决这一议题（Jenkins 2002: 63; Parker 2000: 6-10）。因为过去和现在的考古学理论，都或明或暗地涉及了这些争论，本文的第二部分就较详细地回溯能动性概念的历史。然而在开始之前，我们有必要对众讼纷纭的主要问题，做更多思考。

要发展能动性理论所提出的问题，其实是一个很本体论的问题——也就是关于人类本质的思考。从根本上来看，何谓人类？我们是具备自由与理性意志的生物？或者，我们是社会（或基因）计划下温顺的跟随者？与此同时，与认识论有关的问题也是相关的——即我们对能动性和结构的认识是由社会学家所建构的，但他们如何将此认识和人类的真实生活进行联系？所有人类（包括社会学家）对结构的认识又如何影响或限制他们的能动性？这些广泛的问题，有些甚至是老命题，在不同程度上可以被浓缩为一系列关键且具特色的主题，这些主题也在不同程度上刻画了不同的能动性理论及其在考古学中的发展（参考 Dobres and Robb 2000; Dornan 2002）：

1. 力量：能动性常与自由或抵抗联系在一起（Musolf 2003: 115-116）。以此意义来说，能动性理论主要关注的是人类在物质和社会约束面前，为自己创造有意义生活的能力，而这些约束也是重塑和转变社会结构的机会。

2. 行动：能动性理论的定义和行动有关，因此也强调了如何理解行动。人类行动可以是有目的的、有意义的，但也可以导致无心插柳结果。行动也有可能是惯习性、规律性的，许多人也认为这正是结构得以维持的关键原因（Giddens 1984: 60-64）。当然，物质文化是人类行动中不可或缺的要素，也是人类行动的具象表现，这样的行动正是人类透过身体所执行的。

3. 时间：清晰思考能动性和结构问题，所带来其中主要好处，在于强调了人类社会为何总是存在于历史中。任何社会中都会有某些事物被改变、某些被留存下来，而这些变革与传统的平衡需要能动性——也就是人们的选择，无论是有意或无意的，都在影响着事物是否保持原样或开始发生改变。不同的文化对时间的理解，也正是人们察觉自己如何改变社会的方法之核心（Emirbayer and Mische 1998）。

4. 关系：虽然能动性常被和个体联系在一起，对于这种原子论般的观点的可行性，仍然引起重要激辩（Todorov 2001）。的确，我们可以大力主张，使人类实现他们能动性能力的，正是他们与其他人和物的关系（参与），这样的关系帮助人类借由和他者之间的差异，发展出了自我意识。

5. 人类本性：前述的所有主题都奠基于一个重要问题之上，即鉴于能动性的概念是可以跨文化地转变，在何种程度上，能动性是为人所独有？这个观点也对考古学、人类学和其他社会科学的政治意义带来直接影响（Wilson 1997: 3）。如此引发更多如下问题：所有人类的共通点是什么？差异对于不同文化之间的自我认识有多重要？其他的生物也和人类一样具有能动性的特点吗？以及，这对人权和动物的权利来说有什么意义？

这五个主题仅仅是组织能动性理论中主要议题的方式之一，但希望可以借此使人们理解这个观点涉及面之广同时又激动人心。在下一个段落中，我们将细思这多股思潮是如何在历史中出现，以及在现今的跨学科激荡下将如何被审视，再来看看考古学中如何对此加以理解。

一、能动性的历史

说明能动性概念历史之任务使我们和上述的第五点有所矛盾：能动性是否适用于全人类？或者只是描述人类特性的一个和文化有关的特定面向？即使在考

古学中也曾出现过这种批评，即把能动性视为现代或西方的（Gero 2000: 37-38; MacGregor 1994: 80-85; Sillar 2004; Thomas 2004: 119-148）。稍后我们将会更详细的对此进行讨论，但我相信这两种立场都是有根据：人类的确具有某种可以适切地称为能动性的普通特质，但是这种特质在不同的文化中又有着不同的表现形式（参照 Mauss 1985: 3）。其中一种以个体的抽象概念为特征的形式，在西方至少是在文艺复兴时代就开始发展。然而能动性理论本身所具的现代传统起源，随着时间推进，也发展出更具包容性的手段来理解人类的生活与行为。这有一部分要感谢民族志和人类学对非西方文化研究之影响，另一部分则是归功于生活于西方文化中的人们，实际上并不完全符合主流哲学观点（Gosden 2004: 35）。因此在接下来段落中，我将试图总结抽象的西方能动性的由来，其后再讨论那些让不同方法产生的视角。

（一）古典起源

就像其他的学科一样，自由意志与决定论之哲学讨论的起始点，发生在古典时代。对希腊哲人来说，责任是能动性的决定性要素。问题是，人们是否能够为其行为负责？是否有做选择的自由？或者责任是否取决于其他因素，例如过去发生的事件、神明或是物理力量？这类问题在当时每日的能动性讨论中不断出现，不同的希腊哲学学派答案各异。例如，亚里士多德的观点甚至可能得到今人之赞同：至少有少部分的人类行为可以被定义为自愿而非被支配的，因而应承受行为所带来的赞美或责难（Irwin 1999: 225-249）。因此，亚里士多德的观点认同人类行动具备上面所概述的意义——有意识的、潜在的、选择性的——并且这样的观点从古典时代到希腊化时代（古风时期此观点较弱），越来越将一个具体的能动者看作是有一定意义上的个人身份（Hirst and Woolley 1982: 123-125; Lindenlauf 2004; Momiglano 1985）。这观念与后来的能动性概念仍有歧异，但在罗马与中世纪时代的基督教思想中，这些概念被化约为个人道德，并在当时的思想中不断被潜移默化。这又反过来形成了人内在（心灵）与外在（肉体）之间的抽象差异，也成了现代早期个体观念的核心（Dumont 1985: 93-113; Mauss 1985: 14-20; Morris 1991: 11; Thomas

2004: 126-128）。固然，古典思想和基督教思想的混合形成了西方能动者或自我的理论基础。

（二）人本主义与二元论

然而，正是上述概念在欧洲文艺复兴与启蒙时代翻天覆地的创新与发展，使得现代意义上的个体能动者及其与社会的关联得以出现。文艺复兴部分源于人文主义的兴起——即高举人类的独一无二和特殊性的旗帜，且也成为学术研究之核心议题。在天地万物中，人类部分的特性，被看作是追求理性和个体自治（Thomas 2004: 128-130）。这在启蒙运动中得到了详尽的阐述，尤其是透过哲学家笛卡儿的分析，西方思想开始被定义成一系列的二元论思想。二元论指的是一种以两个对立概念来理解世界的学术主张，像是文化与自然、心灵与肉体、价值与科学，以及能动性与结构（Koerner 2004）。非物质的心灵和物质的肉体之间牢不可破的界线，常常是跟笛卡儿的思想联系在一起，而且个体心灵因为是能动性之根源而被作为重点看待。更广泛的来说，"人类独特的自我意识使得人有能力认知其他事物"这个想法确立了主体与客体之间的二元论：也就是知者与被认知者，或者是产生行为的能动性与人们行动所处的结构之间的对立（Giddens 1984: xx; Koerner 2004: 215-216; Morris 1991: 6-14; Rozemond 1998; Thomas 2004: 130-137）。西方思想自启蒙时代就是建立在二元论的两极之一上（即强调能动性或结构），或者——更贴近本文主旨来说——试图超越或联合两个极端，并寻找一个可以将人类与社会、物理世界整合在一起的方式。这样说可能有点以偏概全，但基本上确实是切中要点。

在二元论的传统中，有些思想流派关注于将自由、意志和理性视为个体的力量，但也有些流派强调个体的决定行为是取决于社会影响。但两者的共通点，都是能动性的概念很模糊——即认为个体不论在何处，基本上都是相同的（Thomas 2004: 129, 137）。虽然这种想法有可取之处，但仍需要加入对环境变化的考察，考虑所有社会，也包括西方社会的人类，是如何以不同的方式被建构为社会人。这正是某些试图将能动性与结构以一种较平衡的方式整合在一起方法所具的特色，但是在我们开始思考此类方法之前,我们应该先举出几个关于两个二元论传统的例子。很多出色的理论学者,包括尼采(Friedrich Nietzsche)和弗洛伊德(Sigmund Freud),都曾力主个体从根本上就是独立的,社会仅是第二现象,目的是为了把那些好斗的无政府主义困在笼里(Elliott 2001: 46-80; Todorov 2001: 1-45)。然而,其中一个比较好的个体思想的例子,就是理性选择理论,而这也曾被直接地运用在考古学中。这个影响深远的范式,主张个体是可以自行做选择,根据他们(个人)的目标、优先考虑事项而运用能动性,并努力去完成、完善他们所想要达成的事(Abell 2000; Barnes 2000: 17)。虽然这在较宏观的人类行为模式中是可行的,但当逐一定量去看,理性选择理论常常是具争议性的,因为它往往忽略了,现实处境中真实行动者的行动其实是牵涉当时处境(甚至高度社会性)的因素(Barnes 2000: 50-62;参考 Shennan 2004)。这种微观分析是社会学中解释流派的重点,但这里强调重点仍然是对行动意义的不同理解如何塑造行动(源于 Max Weber,参 Giddens 1993: 4, 2001: 13-16)。说到这里,虽然这一方法造就了能动者如何根据真实处境而行动的重要研究(尤其是 Harold Garfinkel 1967),但因为忽略了结构而只谈了故事的其中一面。

对于那些强调个体行动的社会决定论,上述以偏概全的批评同样适用,而且在西方思想传统中屡见不少。我们再来看看那些直接影响考古学和人类学的思潮。功能主义、结构主义和后结构主义都是能动性与结构二元论中社会中心论很好的例子。和系统理论有着紧密关系的功能主义,是发展自奥古斯特·孔德(Auguste Comte)在十九世纪早期所建立社会思想中的实证主义部分。这种科学的社会学强调社会学科及物理学科有着相似之处,其中一点就是认为社会是一个有机体或是有机系统,在其中不同的社会制度可以像器官一样有机地结合在一起,使得整体生命得以稳定地延续。个体处于这样的框架中,因而大大地受系统的法则所约束,如果个体发现得了这样的处境的话。另外几个关键的功能主义、系统传统的支持者,还包括赫伯特·斯宾塞(Herbert Spencer)、埃米尔·涂尔干(Emile Durkheim)和塔尔科特·帕森斯(Talcott Parsons)(Lechner 2000; Lidz 2000; Morris 1991: 232-239,

247-253; Turner 2000）。结构主义发源自语言学却影响了人类学，认为个体是从属性，常具有二元性（比如男性、女性，清洁、肮脏）隐藏的意义和思想规则。德里达（Jacques Derrida）和其他有关的后结构主义者，则认为意义的规则应更有弹性，但这样一来就进一步消解了个体，将社会生活视为一种流动性的话语也削弱了任何形式稳定的身份认同感（Boyne 2000; Elliott 2001: 129-151; Morris 1991: 402-409, 438-450）。采取这种研究方式，能动性在很大程度上都会被忽视，即使不是完全置若罔闻。

（三）关系论的研究取向

二元论传统上将能动性和结构视为不兼容的两极，却也因此偏颇地解释了社会世界。另一个较平衡或综合的方法，则是掌握能动者如何寓居于世，同时也解释了为何能动性有能力进行改变。有一系列的观点曾经尝试重塑能动性与结构的二元论，或是将两者放在一起看，这对我们是有所帮助的。在更哲学化（而非社会学）的学科中，以上观点包括的是实用主义、马克思主义和某种形式上的现象学。虽然实则不然，但表面来看这三个主要的理论流派似乎对具体的社会生活有着共同的理念（Moran 2000: 393），并且每个流派中的关键人物，都有着紧密的联系和影响（Goff 1980; Rosenthal and Bourgeois 1991）。三者都关注生活经验与实践，也因此顺理成章地更好理解了能动性和结构如何在真实行动层面协调地结合起来，虽然有时他们也因无法充分驾驭这种理论潜力而滑向了个体（实用主义与现象学）或结构（马克思主义）其中一端。而较近期的研究，则综合了这三个思潮的要素，纠正了此一问题（Cohen 2000: 98-105; Crossley 1996）。

为了简短地勾勒这三个思潮传统中较重要的要素，海德格尔（Martin Heidegger）和梅洛-庞蒂（Maurice Merleau-Ponty）所说的现象学虽然很不同（现象学广义来说，就是以经验的方式来理解世界），但两人都强调到人类往往是具身性的，并且总是在对自己所栖居世界进行诠释（Moran 2000: 4-7, 238-239, 391）。因此，他们的能动性就源于他们在周遭世界之间的根本性参与，而不是像个体论中说的源自从世界的剥离。这种参与是一种积极的关系，而非社会中心主义所说的被动决定论。美国实用主义中，尤其是发源自乔治·贺伯特·米德（George Herbert Mead 1934）人类符号互动论正是强调上述观点，但加入了社会联系如何对自我意识发展产生重要性的更清晰理解。简单来说，你不可能在不和他人互动的情况下产生自我意识，而能动性正是随着自我意识而出现的（Musolf 2003: 97-198；参考 Macmurray 1957: 141-144）。这种在人们一起行动中产生的参与，也正是马克思主义的核心概念，只是他对这样的接触如何反过来产生社会结构和权力分层分析得更细腻。的确，这个能解决能动性与结构问题的相互影响性、辩证性的方法，马克斯（Karl Marx）把握住了，他曾这样写道："人类创造了他们自己的历史，但是这一切并不是随心所欲而为之的；他们并不是在自我选择的环境下创造历史"（Marx 1983: 287）。这句话简洁地表达了能动性的概念，也就是能动者是有能力的，但却在限制中行动。

这三个成体系的传统以各自的方式提供了理解人类世界的观点，而在此世界中，能动性与结构和行动或者实践都有着紧密的联系，这也使得三者可以借由对能动性和结构的理解，对文化差异提出解释。更新近的社会理论也利用这些概念，企图更明确超越能动性与结构二元论。这种曾在考古学能动性讨论中产生重大影响的方法就是结构化理论，它尝试以二元性取代二元论，也就是能动性和结构是一组互相交织且具互补性的概念，而绝非对立的概念（Wenger 1998: 47-48, 66-71；参考 Gardner 2004a; Parker 2000）。其中来自社会学背景又最出色地运用这一方法理论学者，就是安东尼·吉登斯（Anthony Giddens）。虽然他使用了我们刚刚所讨论的这些概念，例如结构化理论中的要素，但他也对自己的结构化理论另辟新径，以一个更有力地相互影响的方式，将能动性和结构联系在一起（Giddens 1979, 1984, 1993）。他的结构二元性理论认为，能动者的行动或实践，尤其是那些日常例行的，会随时间推演对社会结构的再创造有所责任，但是否认同行动本身，则取决于结构的情况或法则。结构化理论指的就是时间推演中相互影响。

这种方法曾被多种立场的观点所批评，其中一个还被莫名其妙地称为分析二元性的观点（Archer 1995, 1996, 2000；对比 Mouzelis 1995; Parker 2000: 69-125）。玛嘉烈·艾查（Margaret Archer）主张结构的二元性反而混淆视听，认为即使在哲学上两者被视为同一整体的一部分，为了分析的缘故，能动性和结构应该被明确的分开，这样它们之间的关系才能够被研究（Archer 1995: 132-134, 165-170; 1996: xvi）。在此提出的区分也许有点微妙，并且看起来只是说的漂亮；明显地，吉登斯没有受到此类吹毛求疵的批评而困扰（Giddens 1993: 2-8; Giddens and Pierson 1998: 85-86；参考 Cohen 1989: 18），而分离论的分析，即艾查的能动性理论之核心部分，也只是词穷理屈地维持着（Archer 2000；参考 Benton 2001）。跳过这个批评，吉登斯所面对的主要挑战是，他过于偏重宏观性理论，使他忽视了能动性和结构在不同的文化背景下应该有不同的理解，因此需要对这些文化背景进行研究（Bryant and Jary 2001a: 34; Loyal 2003: 174-186）。这样的批评其实不是全然公允，尤其他的理论主要指涉的是现代西方。无论如何，结构化理论仍然是具高度影响力和有成效的（Joas 1993: 172-173），因为它为自身提供了发展与适应，正如我们在考古学中所看到的一样。

另一个也被称为结构化理论学者的是皮埃尔·布迪厄（Pierre Bourdieu）。虽然他并不使用这个词，而且他跟吉登斯比起来，来自一个更人类学的背景，但他仍试图将能动性和结构整合在一个他称之为"惯习"（Habitus）的框架中（Bourdieu 1977, 1990）。布迪厄所说的词，是指称特定社会群体之内共享的文化思行准则，同时对行动有所限制和赋能。他的理论研究奠基在对人类行动实践的经验研究上，像是他们日常空间的活动方式和社会结构的关联（Bourdieu 1970）。通过他对这些结构如何根据不同处境让人以不同方式赋能的洞察，这个民族志的理论面向使得布迪厄的研究甚具吸引力。这个理论方法确实有望能对文化变迁敏于理解，尽管也因为强调规则对能动性的限制，而非其转变的潜能，显得对结构主义所做的突破太少而遭受批评（Dornan 2002: 305-307; Jenkins 1992: 91-99）。即使如此，布迪厄的研究和吉登斯一样，在考古学和其他领域中都很有影响力，下一个段落中我们将会看到这些研究如何被实践。

在此部分中，我们已经选择性地探索了作为西方理论话语，能动性悠久又错综复杂的历史。我们看到了学者对于记录人类经验的主要部分，包括自我意识和有意识行为的种种尝试，但这些尝试常常跟作为社会对立面个体有所联系。西方哲学、社会学和人类学的主要学派中，常常偏好这些对立概念中的一个或另一个，但这样做也强化了西方文化中两个主要根深蒂固的思维定势，也就是自由的企业家精神与千人一面的官僚主义。如此则削弱了对西方文化中真实人群理解的合理性，更不用说民族志研究所显示出对个体提出其他定义，因为在这些社会中自我往往有一个更强的嵌入在其中的特点（Cohen 1994; La Fontaine 1985; Strathern 1988; Wenger 1998）。幸运的是，有别的现代思想传统试图透过结合能动性与结构来打破这样的二元关系，也提供了更弹性的方法来理解人类文化中的共性与多元。在这些方法中，能动性的确可以被视为人类生命中的积极特性，但只有当人类的个体属于社会关系、时间过程和物质世界的一部分时才是如此。这些互相联系的方法在每个文化中都不相同，所以能动性在考古学中作为一种范例的重要性，并不仅仅是为了了解个体，而是为了了解过去的人们如何和他们的世界发生关系，简单来说，就是人们如何经验世界。由于这就正是整个考古学的基础，我们将会在下面段落中审视考古学领域中能动性理论如何被运用来达到此目标。

二、考古学研究中的能动性

平心而论，考古学理论中的所有思想流派，无论是从文化史到过程主义和后过程主义，都在能动性问题上有一定自己的立场，即使该学派没有明说出来。以文化史为例，文化史较强调社会规范，将入侵和迁移视为社会变迁的机制，较不重视个体（除了伟大的领导之外）。作为过程主义考古学之特点，功能主义和系统论也同意上述想法，相反结构主义和后结构主义则对后过程考古学早期的学者产生了较重大的影响。因此，直到后过程考古学的其他分支，例如新马克斯主义和性别理论出现，才开始产生影响和被重新重视，以明确寻求能动性（Chapman 2003: 64-68; Dobres and Robb 2000: 6-8; Johnson 1999: 104-105; Shanks and Tilley 1987）。吉登斯和布迪厄的研究被许多向着这个标杆前行的考古学家所熟读，而现在当人们在考古学中讨论到能动性理论的时候，往往就以为是上述一位或是其他社会学理论学者的方法（参考 Dornan 2002; Gardner 2004a）。然而，由于考古学理论的多元性，以及上面提及研究能动性的跨学科视角，可想而知，对能动性的理解，以及能动性在考古学中的含义，都仍是聚讼众多。前述段落中理论的谱系在此则有莫大的帮助。我们可以先暂时忽略那些因具有明显的社会中心论而将能动性最小化的考古学研究，并把重点放在其他两个考虑到能动性的主要趋势上——即个体与关系。

（一）个体的考古学

在方法谱系的其中一端，即较宽泛地由个体的视角考察能动性，在考古学的例子就是我们曾提过的理论：理性选择。例如詹姆斯·贝尔（James Bell）就采用了个体主义方法的立场，以个体行动和决定的角度，或是意想不到的结果，解释了所有的社会现象。这其实是很有问题的。一般来说，这个立场正如之前所说，排除了个体行为的互动基础。而更具体地说，关于贝尔所关注的史前材料，这一方法不必要地限制了对这些材料其他方面的论述。正如詹妮弗·朵南（Jenifer Dornan）所指出（Dornan 2002: 312），由此看来，史前考古学纪录中的个体行动，只有那些频繁重复且共享的，以及那些被视为相当整齐划一的工具理性，才能被探索发现，但个体行动却非以过去的意义来理解。这种理性正是理性选择理论所要说的：在史前史中，目标的最优化实现，我们可能认为是生存和居住。但我们是否可以认定这样的理性就是人类所经常拥有？并且，如果我们有能力的话，这样的理论是否可以告诉我们关于过去新鲜或有趣的事情？这是能动性的理性选择模型相关争论的关键点，也体现于以能动性为基础的对过去人类行为的模拟计算（O'Sullivan and Haklay 2000；见 Bentley and Maschner，原书十五章；Costopoulos，原书第 16 章）。虽然关系论的方法会倾向以为这样假设是无法成立，其原因刚刚已经说过了（Thomas

2004: 174-201），但理性选择的视角也可以辩称，他们所做的是宏观尺度模式的解释，而并非古代人类如何诠释、理解促成这样模式的行动（Shennan 2004；对比 Clark 2000; Cowgill 2000; Jordan 2004; Lake 2004; Mithen 1989）。

这样的能动性方法，确实处理了一些关于过去生活的问题，但绝不代表是全部，这是二元论的问题特点，就是对人类经验解释经常是以偏概全。贝尔（Bell）在处理能动性中更有意义部分时所遇到的问题，也只有从方法论上的个人主义出发时才会遇到（Johnson 2004: 244；对比 Morris 2004: 62）。之所以在这样的定义中难以找出能动性的原因，在于除非只是在抽象的维度，否则这样定义出来的个体是不存在的。个体只存在于和物理与社会世界的"关系"中，并且只有在"关系"中能动性才会被展现出来（Dobres 2000: 142）。在另一个由肯特·弗兰纳里（Kent Flannery）所提出的理性行动方法中（Flannery 1999），关系的问题也被忽略。在肯特·弗兰纳里的著作中，他研究不同社会中的个体如何寻求提升声望和领导力。肯特·弗兰纳里也使用了这个有问题的方法来研究理性，解释某些个体的崛起，因此他重蹈了贝尔的覆辙，认为能动性等同于（考古学或历史可见的）个体。当然，还是有些考古学方法将关系纳入考虑，虽然它们仍过分强调个体。

这些方法中最明显的就属伊恩·霍德（Ian Hodder）所支持的观点（Hodder 2000）。霍德对我们在此所说的一系列关系论方法是很清楚的，但却选择关注微观尺度下真实个体的有意识行动，例如阿尔卑斯山的冰人和一位被埋在加泰土丘（Çatalhöyük）建筑中的人。因为他认为现象学和结构化理论这些方法是危险的，这些方法所描述的个体只会泛泛而谈或是过于受到结构的限制（Hodder 2000: 22-29; Hodder and Hutson 2003: 99-105）。这确有其可能性，但过于专注于个体叙事，一不小心便忽视连结的重要性，以及那些在任何特定情境下都发生作用的某种个体性（Thomas 2004: 144-146）。维持平衡是很困难的，并且某种程度上来说，我们用霍德作例子，便是因为他曾尝试复原个体能动性和意向性在平衡中的位置，而不是因为他心里更支持个体主义导向而对此有所扭曲。但是，他坚持以能动性作为个体的特点，却不认可个体的能动性只会出现在和他者的关系中，这是很有问题的（参考

Johnson 2000）。同样他根据那些细节能高度复原的个体墓葬材料，认为这就是窥见过去的难得的窗口也不见得靠得住（Hodder 2000: 30-31；参考 Dornan 2002: 311）。相比之下，正如我们所看到的，社会的能动性无所不在。

（二）关系中的能动性

如同以上所指出的，很多不同的方法传统会用整体的、关系性的方法，来解决能动性与结构问题，并且，考古学家也折衷地以很多不同的、有意思的方式来采用这些方法。其中一个尝试消弭能动性和结构的争论，甚至是这类术语的观点，这当中要属海德格尔派（Heideggerian）最为忠实的拥护者朱利安·托马斯（Julian Thomas 1996, 2000, 2004）。海德格尔认为人类是"具身性的、诠释关系的存在"（Thomas 2004: 187），并且存在于一个充满意义的世界中，而托马斯以此思想（Heidegger 1962）为基础，主张应对人性有所理解，而这样的洞察是对不同人存在的方法都相当有洞察力，也就是对人的角色和关系有不同认识。以此观点看来，能动性虽然在部分程度上仍被关系所定义，而这个指的是和独特的人类层次之意识的关系，却也变成了高度社会性的（Thomas 2004: 184, 192；参考 Ingold 2000: 46-47, 102-104）。这种现象学上的认知，其实是经过朱迪斯·巴特拿（Judith Butler）的后结构主义研究的洗礼，并且得到克里斯·福勒（Chris Fowler）的大力支持（Fowler 2002, 2004）。在他对爱尔兰海曼岛的新石器时代研究中，福勒正采用了这一观点（参考 Clough 2000; Thomas 2004: 214-218）。福勒在此研究中展示了周期性的将人类遗骸和其他遗物混合然后散落于遗址各处的埋藏行为，这些运作说明了与我们理解不同的、有别于我们以往认识的人格和能动性概念，而这样的认识也是更较少依赖于个人主义的。但是如此将能动性过度社会化并使之融入结构的方法还是有其危险（Tarlow 2000）。虽然如此，这仍然是一个好的例子，展示了关系论的方法如何使能动性诠释出古代人理解自身的不同方式。

上述两种观点，也见于一些马克思主义的考古研究中（见 McGuire，原书第六章）。马克思主义就是这样一个经典的思想学派，内部有着许多分支，并且有些马克思主义方法受到了批评（无论是来自考古学内部还是更广泛的批评），因为它们执着过于社会中心论的方法，反而使能动性迷失于历史中经济或意识形态的力量（Bell 1992: 33-36）。然而，马克思的早期著作中包含有实践的核心概念，并且对能动性和结构之间的关系有着一个更辩证性的解释。辩证性，有点像吉登斯所说的二元性，试图平衡、连结二元主义的两极，将两个概念视为一个整体本质中相互作用的两个部分。马克思和吉登斯的差异在于，虽然二元性被视为互补的，但在辩证中却有潜在的矛盾。主人和奴隶就是一个经典的例子：你不能在缺乏其中一方的情况下拥有（或是成为）另外一方，但由于他们的不平等的缘故，两者之间总是存在着某种张力（McGuire 2002: 248-249）。然而，在此框架中关系性的因素是很强的，并且由关系的力量所组成。兰德尔·麦奎尔（Randall Mcguire）对霍霍坎（Hohokam）遗址（位于亚利桑那州的 La Ciduad）的研究就提供了一个例证（McGuire 2002: 179-212）。对居址和墓葬材料的分析，将该遗址的年代定为公元九世纪到十一世纪，并揭露出不同个体和延伸家庭之间的竞争。有时候这样竞争会隐藏在对平等主义思想的屈服之下；有时则被特定人群的公开操控。能动性和结构之间的相互作用就这样发展了长久的时间。

考古学研究中另一个牵涉能动性关系概念的重要观点，则是利用了吉登斯的结构化理论。其中曾领军的学者是约翰·巴雷特（John Barrett 1994, 2000, 2001），他也是少数受到社会学理论学者推崇的考古学家之一（Bryant and Jary 2001b: 48），因观念的交流经常是（或说很遗憾的是）很单向的。巴雷特强调"对能动性的研究在本质上并非对个体的研究"（Barrett 2000: 61），而是应该注意能动性如何在特定的情境下被塑造。巴雷特从吉登斯理论中借用的是能动性如何既存在于结构中又创造结构——这个结构被定义为特定制度化的、技术性的，以及是象征性框架或是结构化情境，以特定的方式形塑能动性，正如具有博学知识的能动者对当下状况的积极维持或转变（因此产生了结构化的原则）（Barrett 2000: 65-66; 2001: 149-162）。这个结构化的过程取决于人们的积极性，或说实践性，这些都很符合考古学的解释，并且随着越来越多案例研究驱动，成果也逐渐显现出来。以吉登斯研究为出发点的例子包括亚瑟·乔伊斯（Arthur Joyce 2000）对公元前500年的墨西哥瓦哈卡山谷（Valley of Oaxaca）阿尔班山（Monte Albán）地基的解释。在此研究中，乔伊斯挑战了一个较抽象、系统论的观点，即以竞争的角度来解释城邦之间的政治事件。相反，乔伊斯则是由图像、建筑风格和墓葬的材料得出一个更细致的结论，而这个结论也敏锐地洞察了社会中所有阶层的人。透过改变，特别是仪式运作所表现出来的改变，乔伊斯从平民和精英之间的斗争和谈判解释了阿尔班山新型的社群。

结构化理论的一个关键宗旨，是微观尺度的行为具有意想不到的结果，这样的结果可以延续或是改变社会（Giddens 1984: 9-14），这个观点出自乔伊斯的研究，而我对罗马帝国晚期服役士兵的行为变迁如何影响帝国的崩塌也有所体现（Gardner 2002；参考 Joyce 2004）。因此，结构化理论的运用，在一定程度上就是实践为媒介，在我们对过去的解释中平衡微观和宏观过程。布迪厄对后一种概念的人类学描述，也经常被那些常使用吉登斯研究的考古学家所引用（Barrett 2001: 151-153），反之亦然——虽然吉登斯和布迪厄并不会引用彼此的研究（Parker 2000: 39）。那些较仰仗布迪厄来书写实践（或是惯习）的网络，以及它们在社会再生产中的角色的考古学研究，包括鲍塔凯特（Pauketat 2000）对密西西比河谷中前哥伦比亚时期墓葬的讨论。在此案例中，纪念碑创新性建构和传统仪式的运作彼此协调，使得在那些最终被压迫的人的积极参与下，社会不平等得以出现。这个研究强调了能动性并不只是抵抗现状，事实上，社会现状的维持更需要人们以特定的方式有所行为。考古学中其他使用了布迪厄研究的讨论，包括对北美的殖民地接触情况下的惯习实践（Loren 2001），而在对族属建构研究的应用则更广泛（Jones 1997）。吉登斯和布迪厄所提供的丰富的社会理论，毋庸置疑地将会在未来继续被考古学家们所使用。

其他的学者也曾尝试对能动性的概念进出一个更简明的、情境化的定义，而这样的定义常常和身份认同有关。这些方法通常奠基于吉登斯和布迪厄的思想之上，不论是对这些理论赞同还是批评，但同时也采用了社会学理论的其他分支，并且也充分关注特定背景中重要的社会张力。例如，在马修·约翰逊（Mathew Johnson 2000: 213）对十五到十六世纪的英国社会变迁的分析中，采用了较广义的吉登斯的观点，也就是"能动性……只存在于和结构的辩证关系中"，但接着又主张能动性理论不应该被普遍化。反之，能动性理论应该被"历史化"——其发展应和特定的时间和空间有所联系。在文艺复兴时期的英国，个体的身份认同开始越发受重视，对社会联系的强调则有所减少。约翰逊透过两位男性精英个体的生命历程，使用建筑学和历史档案的证据来描绘这一过程。他展示了这两位男性如何创造且回应对权力、地位和性别之间关系期望的改变，而在十七世纪时，这样的新期望会招致针对个人的赞赏和责难。另外一个来自不同情境的例子，是林恩·梅斯凯尔（Lynn Meskell）对埃及新王国时期的研究（Meskell 1999）。梅斯凯尔通过性别和具身化的认同，描述了埃及个体的生命，却又避免了个人主义的观点（参考 Thomas 2004: 122, 140–145）。通过批判地运用像吉登斯这样学者的论述，她的研究显示很多重要的社会学理论都提供了有用的观点，使得考古学家可据此出发而进一步完善。这些理论可以真正有效的帮助我们对过去提出崭新的解释。

为了总结考古学中研究能动性种种广义的关系论方法，我们可以考察一些以遗物为焦点的研究。自我意识是人类能动性的特点，而物质文化确实在定义自我意识中又扮演了很重要的角色（Gardner 2003），近年的一些研究则认为物品本身也有能动性（Gell 1998; Latour 2000; Urry 2000: 77–79, 168–172）。从日常的角度看来，物品似乎可以在抵抗我们意图的同时对我们有所影响，并且在很多文化中（包括我们自己的文化），这现象被解释为内在意志的表征（参考 Sillar 2004）。在理论层面，有些学者将这种概念推到了关系论的极端，将社会世界描述为一个行动者的网络，这个网络中有人类与非人类，能动性只在他们有所互动的时候才出现（Law and Hassard 1999）。人们的确和物品有错综复杂的关系，并且在没有物品的情况下（或者说，在没有"他人"的情况下）确实没有能动性的，然而，将能动性的概念从具身化人类的能力分离开来是很危险的，特别是关于我们如何决定权利和责任的问题时。的确，将能动性理解得过于字面化或随随便便地归因于社会群体，也要同样谨慎，例如我之前自己做的一些研究就是如此（Giddens 1984: 220–221; Handley and Schadla-Hall 2004; Jenkins 2004: 81; Macmurray 1957: 116–117; Dobres 2000: 133; Gardner 2004b: 43; Jones 2002: 176–177）。这并没有排除人类在不同文化情境下赋予能动性的属性，也并非是实用主义的看法，认为这种属性可以是真实存在于社会中的，对人的生活有真实的影响。另外一个以遗物为基础的有效方法，就是透过仔细分析人们制作物品的步骤，展示他们如何以不同的方法物化他们的能动性（Dobres 2000）。这种技术性选择的方法源自人类学的背景，但可以被应用到很多层面，从手斧到高速铁路都是如此（Lemmonnier 1993），并且这种方法也有望能揭露出工具制作者和传统之间种种不同的关联（Gravina 2004）。正如在这个段落中我们讨论的其他关系论的视角，对社会实践的强调，与考古学材料是兼容的，并且也允诺将这些材料的解释与研究引向一个激动人心的方向。在本章的最后一段中，我将会更具体地来说这些方向可能会是什么。

三、能动性将把考古学带向何方？

在一篇十五年前声称使用了能动性理论的考古学研究回顾中，约翰逊指出（Johnson 1989），研究者的陈述和这个视角在研究实际层面的影响之间，还是很有距离。之前的段落中我们已经讨论了一系列的研究，显示出这样的状况正在改变，在这样的情况之下，能动性理论在考古学的时代终将到来。这意味着，能动性理论不只是一句时髦的口号，而是一个重要的议题，它经常在考古学阐释中隐晦出现，一旦人们清楚地认识到了其重要性后，又无法绕开。这样的观点大家虽已意识到，但透过这个概念所进行的思考却一直在延续着。这样的研究有很多，却也促成了本章开头说到定义上的困惑。正如我们已经看到的，能动性和结构之间的联系有多种略为不同的方法（吉登斯、布迪厄和艾查），也有一些其他方向试图完全将这一问题的表达方法重新表述（海德格尔）。虽然部分的流派在考古学尚未开始（实用主义；对比 Richardson 1989），其他一些在考古学却已颇有影响力，这些观点之间的分歧，又促进了大量精彩的辩论（Dobres and Robb 2000; Gardner 2004c）。这些辩论激起了另外一些关键的思考，例如性别、具身性，以及物质的能动性等吉登斯没有太多着墨的问题（Meskell 1999: 25-26; Sørensen 2000: 63-70）。从这些辩论中，却浮现了出一个共识点：那就是能动性是社会性的、关系性的，因此也是因地制宜的。

无论人们以他们寓居于世的角度来讨论能动性（Thomas 2004: 147, 216），还是以结构的二元性的角度来看待（Barrett 2001: 162），理解古代人类生活最成功的方法就是谈及能动性如何作为人类的特点，但又不能纯粹被视为某个个体的特点。换句话说，我会认为定义为积极参与的能动性，可以被视为人类的"能力"或"特性"，同时这也是和社会、物质世界互动之间的"过程"或"关系"。这意味着，没有人类个体就没有能动性，因为人类具有独特积极性的、具身性的意识，但是同样的，能动者是不能独立存在的，这样积极的意识只能透过互动而有所发展（基本上，能动性是和结构绑定在一起的）。能动性的这个双重定义源自行动（或是实践）的本质，行动必须"被"能动者"在"情境中实践（Giddens 1979: 55; 1984: 9; Shalin 2000: 339）。对一个或其他多个能动性模型的关注都可以产生研究成果，正如我们所看到的理性选择模型就是如此，但是它们将只会为任何特定的社会现实提供片面解释。事实上，同时接受这样的两个观点，即能动性是存在也是实践中的行动，也是上述所讨论的关系论方法中最重要的一环，即使这样的观点摒弃了能动性作为全体人类所拥有的属性。例如，托马斯（Thomas 2004: 147-148）想从这种人文主义（Humanism）的想法中抽离，在差异的基础上欣然接受其他的人类。然而，他却没有定义他所保留的"人"到底是什么。人类的相似性和其他物种的差异是公认的，尽管考古学和古生物学有一定交集，但他们之间的差异是泾渭分明。可是，我们同时仍然能研究人类的差异，即使这些差异牵涉的是社会互动中能动性下的不同经验与理解，而这也正是人之所以为人的意义。

那些明确解释能动性问题的考古学阐释，说的其实是过去人类在特定情境中不同的行为方式。这必须包括考虑到他们行动的经验——以及他们对能动性的观念——还有这些行动如何运作，无论是隐晦的或是明确的，都对他们所生活的结构有所形塑。与此同时，也必须考虑结构情境如何透过行动者的能动经验反过来予以反馈。我们用这样的语言来努力理解以上这些事情，但这样的努力可能会与行动者本身对自己生活和经验的解释不相符——如果我们能和他们对话的话——但这问题就是不可避免的双重诠释（Giddens 1984: 284；或者对桑克斯和蒂利来说，就是四重诠释 [Shanks and Tilley 1992: 107-108]）：分析者与被分析者的世界观，社会学家要游走其中。我们只能通过在这些参考和诠释框架之间的来回转译，才有所收获。

前述的方法对诠释框架的转译是有所促进，这样的促进是靠接受以下事实，虽然我们为了某种原因对人类，而非地质学的过去，进行研究，但我们对人类关系形成的各方式都很感兴趣，并且也关注这些关系如何以不同的方式反过来塑造人。从我们在前面的段落中讨论的例子看来，这样的方法包含了以下这些问题：新石器的墓葬习俗如何在生活中构建人们之间的关联？这样的习俗是由小群体创造，还是得到更广泛人群的认可？文艺复兴的人在哪些方面是有能力且独立的？而这样的个体如何因服从社会规条而被驯服？西北欧洲对罗马文化的接受是因为本地贵族的领导，使之蔚为风尚，还是受到罗马当局的鼓励，且受到当地人民的抵抗？罗马士兵如何建构他们和家庭、部队、罗马帝国、神明的关系之间的自我意识，而他们在以上这些情境中实践行动时，又如何影响到其他人？更抽象的来说，能动性的关系论方法所提出的问题包括具体的——即谁制造了这个物品，以及它如何被使用——及一般性的——即这些人如何理解世界，以及他们如何意识到自己在世界中的存在？提出这些问题的目的，既是为了充分理解我们所感兴趣的古代的情境，也是（对比 Baert 1992: 144-145）要对现代人类的生活有所贡献。

的确，总结的关键是，我们需要更多关于能动性和结构之间关系的案例研究，以将考古学向社会科学的方向推进（参考 Johnson 2004）。没有任何普遍性的理论是完美的——包括我试图综合以上概述的努力——部分也是出于这个原因，使普遍性层次的主张都显得过于累赘。其中一个例子就是吉登斯因为使能动者显得太自主太独立而饱受批评（McGuire 2002: 134; Meskell 1999: 25）。这未免有点不公平，也是根源自二元论思想的桎梏。持这一思想的人，总在问能动性和结构到底哪个更为重要？关系论方法的答案是，两者都重要。关系论的方法已经被广泛地接受，至少它的一般性原则已是如此，而我们如今的任务，则是去探索关系在不同的情境下如何"作用"。通过从实践角度了解考古学材料，我们可以开始梳理出一系列特定的能动者和结构的组成模式——换句话说，就是梳理过去人们如何和他们的世界发生关系。由此就能打开了解人类相似与相异处之窗，我们也因此得以将这样的价值贡献给现代世界。

参考文献

Abell, Peter
    2000 "Sociological theory and rational choice theory", in Bryan S. Turner, ed., *The Blackwell companion to social theory*, Oxford: Blackwell, pp. 223–224.

Archer, Margaret S.
    1995 *Realist social theory: The morphogenetic approach*, Cambridge: Cambridge University Press.
    1996 *Culture and agency: The place of culture in social theory*, 2nd ed, Cambridge: Cambridge University Press.
    2000 *Being human: The problem of agency*, Cambridge: Cambridge University Press.

Baert, Patrick
    1992 *Time, self and social being*, Aldershot, UK: Avebury.

Barnes, Barry
    2000 *Understanding agency: Social theory and responsible action*, London: Sage.

Barrett, John C.
    1994 *Fragments from antiquity*, Oxford: Blackwell.
    2000 "A thesis on Agency", in Marcia-Anne Dobres and John Robb, eds., *Agency in archaeology*, London: Routledge, pp. 61–68.
    2001 "Agency, the duality of structure, and the problem of the archaeology record", in Ian Hodder, ed., *Archaeology theory today*, Cambridge: Polity, pp. 141–164.

Bell, James
    1992   "On capturing agency in theories about prehistory", in Jean-Claude Gardin and Christopher S. Peebles, eds., *Representations in archaeology*, Bloomington: Indiana University Press, pp. 30–55.

Benton, Ted
    2001   "A stratified ontology of selfhood: Review of Margaret S. Archer (2000) 'Being human: The problem of agency'", *Journal of Critical Realism* 4: 36–38.

Bourdieu, Pierre
    1970   "The Berber house or the world reversed", *Social Science Information* 9: 151–170.
    1977   *Outline of a theory of practice*, Cambridge: Cambridge University Press.
    1990   *The logic of practice*, Cambridge: Polity.

Boyne, Roy
    2000   "Structuralism", in Bryan S. Turner, ed., *The Blackwell companion to social theory*, Oxford: Blackwell, pp. 160–190.

Bryant, Christopher G. A., and David Jary
    2001a   "Anthony Giddens: A global social theorist", in Christopher G. A. Bryant and David Jary, eds., *The contemporary Giddens: Social theory in a globalizing age*, Houndmills, UK: Palgrave, pp. 3–39.
    2001b   "The uses of structuration theory: A typology", in *The contemporary Giddens: Social theory in a globalizing age*, Houndmills, UK: Palgrave, pp. 43–61.

Chapman, Robert
    2003   *Archaeologies of complexity*, London: Routledge.

Clark, John E.
    2000   "Towards a better explanation of hereditary inequality: A critical assessment of natural and historic human agents", in Marcia-Anne Dobres and John Robb, eds., *Agency in archaeology*, London: Routledge, pp. 92–112.

Clough, Patricia T.
    2000   "Judith Butler", in George Ritzer, ed., *The Blackwell companion to major social theorists*, Oxford: Blackwell, pp. 754–773.

Cohen, Anthony P.
    1994   *Self consciousness: An alternative anthropology of identity*, London: Routledge.

Cohen, Ira J.
    1989   *Structuration theory: Anthony Giddens and the constitution of social life*, Houndmills, UK: Macmillan.
    2000   "Theories of action and praxis", in Bryan S. Turner, ed., *The Blackwell companion*

to social theory, Oxford: Blackwell, pp. 73–111.

Cowgill, George L.
   2000   "'Rationality' and contexts in agency theory", in Marcia-Anne Dobres and John Robb, *Agency in archaeology*, London: Routledge, pp. 51–60.

Crossley, Nick
   1996   *Intersubjectivity: The fabric of social becoming*, London: Sage.

Dobres, Marcia-Anne
   2000   *Technology and social agency*, Oxford: Blackwell.

Dobres, Marcia-Anne, and John E. Robb
   2000   "Agency in archaeology: Paradigm or platitude?" in *Agency in archaeology*, London: Routledge, pp. 3–17.

Dobres, Marcia-Anne, and John E. Robb (eds.)
   2000   *Agency in archaeology*, London: Routledge.

Dornan, Jennifer L.
   2002   "Agency and archaeology: Past, present, and future directions", *Journal of Archaeological Method and Theory* 9: 303–329.

Dumont, Louis
   1985   "A modified view of our origins: The Christian beginnings of modern individualism", in Michael Carrithers, Steven Collins, and Steven Lukes, eds., *The category of the person: Anthropology, philosophy, history*, Cambridge: Cambridge University Press, pp. 93–122.

Elliott, Anthony
   2001   *Concepts of the self*, Cambridge: Polity.

Emirbayer, Mustafa and Ann Mische
   1998   "What is agency?" *American Journal of Sociology* 103(4): 962–1023.

Flannery, Kent
   1999   "Process and agency in early state formation", *Cambridge Archaeological Journal* 9: 3–21.

Fowler, Chris
   2002   "Body parts: Personhood and materiality in the earlier Manx Neolithic", in Yannis Hamilakis, Mark Pluciennik, and Sarah Tarlow, eds., *Thinking through the body: Archaeologies of corporeality*, New York: Kluwer Academic, pp. 47–69.

   2004   *The archaeology of personhood: An anthropological approach*, London: Routledge.

Gardner, Andrew

2002 "Social identity and the duality of structure in late Roman period Britain", *Journal of Social Archaeology* 2: 323–351.

2003 "Seeking a material turn: The artefactuality of the Roman empire", in Gillian Carr, Ellen Swift, and Jake Weekes, eds., *TRAC 2002: Proceedings of the twelfth annual Theoretical Roman Archaeology Conference, Canterbury 2002*, Oxford: Oxbow, pp. 1–13.

2004a "Introduction: Social agency, power, and being human", in *Agency uncovered: Archaeological perspectives*, London: UCL Press, pp. 1–15.

2004b "Agency and community in 4th century Britain: Developing the structurationist project", in *Agency uncovered: Archaeological perspectives*, London: UCL Press, pp. 33–49.

Gardner, Andrew (ed.)

2004c *Agency uncovered: Archaeological perspectives*, London: UCL Press.

Garfinkel, Harold

1967 *Studies in ethnomethodology*, New York: Prentice-Hall.

Gell, Alfred

1998 *Art and agency: An anthropological theory*, Oxford: Clarendon.

Gero, Joan M.

2000 "Troubled travels in agency and feminism", in Marcia-Anne Dobres and John E. Robb, eds., *Agency in archaeology*, London: Routledge, pp. 34–39.

Giddens, Anthony

1979 *Central problems in social theory: Action, structure, and contradiction in social analysis*, Houndmills, UK: Macmillan.

1984 *The constitution of society: Outline of the theory of structuration*, Cambridge: Polity.

1993 *New rules of sociological method.* 2nd ed, Cambridge: Polity.

2001 *Sociology.* 4th ed, Cambridge: Polity.

Giddens, Anthony and Christopher Pierson

1998 *Conversations with Anthony Giddens: Making sense of modernity*, Cambridge: Polity.

Goff, Tom W.

1980 *Marx and Mead: Contributions to a sociology of knowledge*, London: Routledge.

Gosden, Chris

2004 *Archaeology and colonialism: Cultural contact from 5000 BC to the present*,

Cambridge: Cambridge University Press.

Gravina, Brad
- 2004 "Agency, technology; and the 'muddle in the middle': The case of the Middle Palaeolithic", in Andrew Gardner, ed., *Agency uncovered: Archaeological perspectives*, London: UCL Press, pp. 65–78.

Handley, Fiona J. L., and Tim Schadla-Hall
- 2004 "Identifying and defining agency in a political context", in Andrew Gardner, ed., *Agency uncovered: Archaeological perspectives*, London: UCL Press, pp. 135–150.

Heidegger, Martin
- 1962 *Being and time*, Oxford: Blackwell.

Hirst, Paul, and Penny Woolley
- 1982 *Social relations and human attributes*, London: Tavistock.

Hodder, Ian
- 1982 *Symbols in action*, Cambridge: Cambridge University Press.
- 2000 "Agency and individuals in long-term processes", in Marcia-Anne. Dobres and John E. Robb, eds., *Agency in archaeology*, London: Routledge, pp. 21–33.

Hodder, Ian, and Scott Hutson
- 2003 *Reading the past: Current approaches to interpretation in archaeology*. 3rd ed, London: Routledge.

Ingold, Tim
- 2000 *The perception of the environment: Essays in livelihood, dwelling, and skill*, London: Routledge.

Irwin, Terence (ed.)
- 1999 *Classical philosophy*, Oxford: Oxford University Press.

Jenkins, Richard
- 1992 *Pierre Bourdieu*, London: Routledge.
- 2002 *Foundations of sociology: Towards a better understanding of the human world*, Houndmills, UK: Palgrave Macmillan.
- 2004 *Social identity*. 2nd ed, London: Routledge.

Joas, Hans
- 1993 Pragmatism and social theory, Chicago: University of Chicago Press.

Johnson, Matthew H.
- 1989 "Conceptions of agency in archaeological interpretation", *Journal of anthropological archaeology* 8: 189–211.
- 1999 *Archaeological theory: An introduction*, Oxford: Blackwell.

2000 "Self-made men and the staging of agency", in Marcia-Anne Dobres and John E. Robb, eds., *Agency in archaeology*, London: Routledge, pp. 213–231.

2004 "Agency, structure, and archaeological practice", in Andrew Gardner, ed., *Agency uncovered: Archaeological perspectives*, London: UCL Press, pp. 241–247.

Jones, Andrew

2002 *Archaeological theory and scientific practice*, Cambridge: Cambridge University Press.

Jones, Siân

1997 *The archaeology of ethnicity: Constructing identities in the past and present*, London: Routledge.

Jordan, Peter

2004 "Examining the role of agency in hunter-gatherer cultural transmission", in Andrew Gardner, ed., *Agency uncovered: Archaeological perspectives*, London: UCL Press, pp. 107–134.

Joyce, Arthur A.

2000 "The founding of Monte Alban: Sacred propositions and social practices", in Marcia-Anne Dobres and John E. Robb, eds., *Agency in archaeology*, London: Routledge, pp. 71–91.

Joyce, Rosemary A.

2004 "Unintended consequences? Monumentality as a novel experience in formative Mesoamerica", *Journal of Archaeological Method and Theory* 11: 5–29.

Koerner, Stephanie

2004 "Agency and views beyond meta-narratives that privatise ethics and globalise indifference", in Andrew Gardner, ed., *Agency uncovered: Archaeological perspectives*, London: UCL Press, pp. 211–238.

La Fontaine, J. S.

1985 "Person and individual: Some anthropological reflections", in Michael Carrithers, Steven Collins, and Steven Lukes, eds., *The category of the person: Anthropology philosophy, history*, Cambridge: Cambridge University Press, pp. 123–140.

Lake, Mark W.

2004 "Being-in-a-simulacrum: Electronic agency", in Andrew Gardner, ed., *Agency uncovered: Archaeological perspectives*, London: UCL Press, pp. 191–209.

Latour, Bruno

2000 "The Berlin key or how to do words with things", in P. M. Graves-Brown, ed., *Matter, materiality and modern culture*, London: Routledge, pp. 10–21.

Law, John, and John Hassard (eds.)
: 1999 *Actor network theory and after*, Oxford: Blackwell.

Lechner, Frank J.
: 2000 "Systems theory and functionalism", in Bryan S. Turner, ed., *The Blackwell companion to social theory*, Oxford: 1 Blackwell, pp. 112–132.

Lemonnier, Pierre (ed.)
: 1993 *Technological choices: Trans-formation in material cultures since the Neolithic*, London: Routledge.

Lidz, Victor
: 2000 "Talcott Parsons", in George Ritzer, ed., *The Blackwell companion to major social theorists*, Oxford: Blackwell, pp. 388–431.

Lindenlauf, Astrid
: 2004 "Dirt, cleanliness, and social structure in ancient Greece", in Andrew Gardner, ed., *Agency uncovered: Archaeological perspectives*, London: UCL Press, pp. 81–105.

Loren, Diana Dipaolo
: 2001 "Social skins: Orthodoxies and practices of dressing in the early colonial lower Mississippi valley", *Journal of Social Archaeology* 1: 172–189.

Loyal, Steven
: 2003 *The sociology of Anthony Giddens*, London: Pluto.

Macgregor, Gavin
: 1994 "Post-processual archaeology: The hidden agenda of the secret agent", in Iain M. Mackenzie, ed., *Archaeological theory: progress or posture?* Worldwide Archaeology Series 11, Aidershot, UK: Avebury, pp. 79–91.

Macmurray John
: 1957 *The self as agent. Vol. 1 of The form of the personal*, London: Faber & Faber.

Marx, Karl
: (1852)1983 "The eighteenth brumaire of Louis Bonaparte", in Eugene Kamenka, ed., *The portable Karl Marx*, Harmondsworth, UK: Penguin, pp. 287–323.

Mauss, Marcel
: (1938)1985 "A category of the human mind: The notion of person; the notion of self", in Michael Carrithers, Steven Collins, and Steven Lukes, eds., *The category of the person: Anthropology, philosophy, history*, Cambridge: Cambridge University Press, pp. 1–45.

McGuire, Randall H.
: 2002 *A Marxist archaeology*, Clinton Corners, NY: Percheron.

Mead, George Herbert

 1934 *Mind, self, and society from the standpoint of a social behaviorist*, Intro. by Charles W. Morris, Chicago: University of Chicago Press.

Meskell, Lynn

 1999 *Archaeologies of social life*, Oxford: Blackwell.

Mithen, Steven

 1989 "Evolutionary theory and post-processual archaeology", *Antiquity* 63: 483–494.

Momiglano, A.

 1985 "Marcel Mauss and the quest for the person in Greek biography and autobiography", in Michael Carrithers, Steven Collins, and Steven Lukes (eds.) *The category of the person: Anthropology, philosophy, history*, Cambridge: Cambridge University Press, pp. 83–92.

Moran, Dermot

 2000 *Introduction to phenomenology*, London: Routledge.

Morris, Brian

 1991 *Western conceptions of the individual*, Oxford: Berg.

Morris, Justin

 2004 "'Agency' theory applied: A study of later prehistoric lithic assemblages from northwest Pakistan", in Andrew Gardner, ed., Agency uncovered: Archaeological perspectives, London: UCL Press, pp. 51–63.

Mouzelis, Nicos

 1995 *Sociological theory: What went wrong? Diagnosis and remedies*, London: Routledge.

Musolf, Gil Richard

 2003 *Structure and agency in everyday life: An introduction to social psychology. 2nd ed*, Lanham, MD: Rowman & Littlefield.

O'Sullivan, David, and Mordechai Haklay

 2000 "Agent-based models and individualism: Is the world agent-based?", *Environment and Planning* 32: 1409–1425.

Parker, John

 2000 *Structuration*, Buckingham: Open University Press.

Pauketat, Timothy R.

 2000 "The tragedy of the commoners", in Marcia-Anne Dobres and John E. Robb, eds., *Agency in archaeology*, London: Routledge, pp. 113–129.

Richardson, Miles

 1989 "The artefact as abbreviated act: A social interpretation of material culture", in Ian Hodder, ed., *The meanings of things: Material culture and symbolic expression*,

One World Archaeology 6. London: HarperCollins, pp. 172–177.

Rosenthal, Sandra B., and Patrick L. Bourgeois

    1991   *Mead and Merleau-Ponty: Toward a common vision*, Albany: State University of New York Press.

Rozemond, Marleen

    1998   *Descartes's dualism*, Cambridge: Harvard University Press.

Shalin, Dmitri N.

    2000   "George Herbert Mead", in George Ritzer, ed., *The Blackwell companion to major social theorists*, Oxford: Blackwell, pp. 302–344.

Shanks, Michael, and Christopher Tilley

    1987   *Social theory in archaeology*, Cambridge: Polity.

    1992   *Re-constructing archaeology: Theory and practice*, 2nd ed, London: Routledge.

Shennan, Stephen

    2004   "An evolutionary perspective on agency in archaeology", in Andrew Gardner, ed., *Agency uncovered: Archaeological perspectives*, London: UCL Press, pp. 19–31.

Sillar, Bill

    2004   "Acts of god and active material culture: Agency and commitment in the Andes", in Andrew Gardner, ed., *Agency uncovered: Archaeological perspectives*, London: UCL Press, pp. 153–189.

Sørensen, Marie Louise Stig

    2000   *Gender archaeology*, Cambridge: Polity.

Strathern, Marilyn

    1988   *The gender of the gift*, Berkeley: University of California Press.

Tarlow, Sarah

    2000   "Comment on (Fowler 2000)", in Cornelius Holtorf and Hakan Karlsson, eds., *Philosophy and archaeological practice: Perspectives for the 21st century*, Göteborg: Bricoleur, pp. 123–126.

Thomas, Julian

    1996   *Time, culture, and identity: An interpretive archaeology*, London: Routledge.

    2000   "Reconfiguring the social, reconfiguring the material", in Michael Brian Schiffer, ed., *Social theory in archaeology*, Salt Lake City: University of Utah Press, pp. 143–155.

    2004   *Archaeology and modernity*, London: Routledge.

Todorov, Tzvetan

    2001   *Life in common: An essay in general anthropology*. Trans. Katherine Golsan and

        Lucy Golsan. Lincoln: University of Nebraska Press.

Turner, Jonathan H.

    2000   "Herbert Spencer", in George Ritzer, ed., *The Blackwell companion to major social theorists*, Oxford: Blackwell, pp. 81–104.

Urry, John

    2000   *Sociology beyond societies: Mobilities for the twenty-first century*, London: Routledge.

Wenger, Etienne

    1998   *Communities of practice: Learning, meaning, and identity*, Cambridge: Cambridge University Press.

Wilson, Richard A.

    1997   "Human rights, culture, and context: An introduction", in *Human rights, culture, and context: Anthropological perspectives*, London: Pluto, pp. 1–27.

考古学中的历史与实践：一种新兴的范式[*]

---

[*] Timothy R. Pauketat 2001, "Practice and history in archaeology: An emerging paradigm", *Anthropological Theory*, vol 1(1): 73-98.

引　言

今天的考古学界中，不单只有历史考古学家关心历史。这样的关注也许出于实际，因为考古学要处理的时间段太长了。然而考古学对历史过程的研究，仍要走相当一段时间的路。要整合历史、民族历史和考古学的号召并非没有，事实上部分的学者也做到了（如 Kohl 1984; Trigger 1982, 1984, 1989）。更确切的说，这是因为部分学者非常不情愿去放弃追求科学的主张，并执着于找到历史近因和哪怕是较不那么实证主义的诸解释间的因果关系。这是能理解的，因为今天过程考古学家原来就是在鄙视历史为科学的对立面的时代中被训练出来，历史只是对留下遗存的事后解释（如 Bamforth and Spaulding 1982; Binford 1983）。

然而在今天，曾经背弃了历史的美国考古学家们，可能已经准备好做出一个理论上的大转变。当然，历史考古学近年已经取得了一些进展。此外，也出现了许多以历史为导向的方法（Bintliff 1991; Hodder 1987; Knapp 1992; Leone and Potter 1988; Lightfoot 1995; Lightfoot and Martinez 1995; Little 1994; McGuire 1992; Rogers and Wilson 1993; Shackel and Little 1992）。甚至有学者还发牢骚，觉得这些研究在某种形式上回到"历史 - 文化史范式"之阵营（Barker and Pauketat 1992; Lyman et al. 1997; Shennan 1996）。这也是最近一位评论家所提到正在出现有望重新凝聚美国考古学的新范式，即对于历史过程的研究。今天，历史在考古学中变得很重要。

这一新兴的范式将过去和现在的理论立场联系在一起。现在，人们普遍愿意调和截然不同的立场，这也是一种全新的精神，这种范式是考古学版本的"通往 21 世纪的桥梁"（见 Maschner and Mithen 1996; Schiffer 1996）。当然，过去过程考古学之"科学"与后过程考古学之"阐释"常见的对立，现在已烟消云散（Cowgill

1993; Hodder 1995; Trigger 1991; VanPool and VanPool 1999）。这是正确的，因为任何人都可以观察到，大多数的考古学家——不管他们在过程考古学与后过程考古学大辩论中持何种立场——都在研究某种过程，他们也倾向于以一种系统的方式进行研究。

那么，如果过程考古学和后过程考古学并没有如此不同，是什么令历史过程的考古学足以成为了一个新范式？我提出，答案在于它将社会变迁的讨论中心重新定位，并因此得出了令人满意的解释。一个旧派的过程论者（和一些新达尔文主义者）会依赖于简单的线性因果关系：刺激而引起的反应。而功能主义者的逻辑通常会串连所有因果链。物质文化的改变是对于人类需求的响应，使之具有适用性，而非有创造性。物质文化表达（expressed）一些过程；而考古学家正是在寻找这些过程中的物质关联。同样地，社会生活的特性（如领导、生存、性别等），是根据更大的社会系统中（如人群的阶级、部落等）的角色来解释。例如，集权是由资源分配的不平等或因人口增长内在趋势明确引起的战争、农业、耕作或贸易所导致的。在这个例子中，或在任何此类争论中，因果关系在某程度上却是外在于中央集权所发生的历史背景。甚至到了20世纪90年代，有些考古学家仍在寻找个人及其物质文化背后所体现的系统（见Brumfiel 1992）。

新的历史过程主义越来越以实践理论为中心（见下文）。从这个角度来看，人们的行为和表现——"实践"——是会产生效果（generative）的。正如我后面会说，实践是过程，而不仅仅是过程的结果。因此，实践会产生变化。也就是说，实践总是新鲜而有创造性的，在某些方面不同时代或地方的实践也会不同。这意味着，实践是历史过程，在某种程度上，它们是由之前的事物塑造，同时又塑造了以后之事物。这些历史过程与过去所称的"文化过程"（Binford 1965）有很大的不同。大多数人都会同意，解释历史必须去寻找如何（how）导致特定社会特征的近因，例如在特定的时间或地点发生的集权社会。过去被称为"文化过程"的东西是抽象的、像法则一样的原则，解释为什么（why）会发生这样的事情。这些最终的解释往往超越了历史材料，但一言蔽之，这些解释或是琐碎或是不堪一击（例如，

Flannery 1972）。

历史过程的考古学，明显的包含了范式的转变。这一新兴的历史过程范式，将重新定向我们所问之问题，重新定位我们试图解释的过程，并修正我们对因果关系的看法。我在此的目的，便是强调这一范式如何令我们重新定位。我将从回顾 20 世纪 90 年代的三种解释方法开始：新达尔文主义、认知过程主义和能动性理论。我并非要去清楚解释这三种方法。我的检视，目的是要摒弃这三个当代研究方法中有问题的部分，包含了前面所提到的功能主义和本质主义，后者即依赖对不能再简化的现象（本质）的阐释，却从未解释何谓"本质"。就后者看来，"行为"就是主要吓唬人的术语，就像是历史过程考古学的对立面。因为摒弃了这一术语，留下的就剩下行动与表征，他们充其量被称为"实践"（practice）。我回顾的这三种方法和实践理论有相同的特性（依据 Bourdieu 1977, 1990; Ortner 1984）。我会点出这些相似因素，而为了说明以实践为基础的研究取向是具范式的重要性。我将回顾制陶技术改变的解释，以及卡霍基亚（Cahokia）人在前哥伦比亚时代中部美国的崛起。最后，我会对实践理论、解释原因的近因、新兴历史过程范式的一些想法做出总结。

一、新达尔文主义、认知过程主义和能动性理论

首先，我将扼要回顾新达尔文主义和认知过程的解释方法。比起能动性理论在批判和修正过程考古学，及回应后过程考古学的问题上，此二者更为重要（见 Dunnell 1980, 1992; Renfrew 1994）。这两种方法都不能称得上是一个完整的模式，尤其是认知过程理论，但两者皆有助于构建历史过程的考古学。在这两者中，新达尔文主义者在制定和规范研究范式取得了最大的进展。实际上，新达尔文主义是由不同考古学流派组成，包括我所称之"选择主义者"、"个体主义者"和"传播主义者"（参见 Barton and Clark 1997; Maschnerand Mithen 1996; Teltser 1995）。

在新达尔文主义的三个阵营中，选择论是最具影响力但又是最具问题。他们相当严格地恪守达尔文差异与选择的理论，并以此应用于人类技术。他们的观点是，透过选择的力量，技术的改变最终反映在器物上。更简单的说，有些设计以及表现特性，一旦最适用于某些使用条件，这些特性便比其他特点更具有选择优势，随着时间推移，这些特性会或多或少地被复制（见 Barton and Clark 1997; Lyman and O'Brien 1998; Neff and Larson 1997; O'Brien and Holland 1990, 1992; Rindos 1989）。然而，为了理解变化发生的原因，他们主张首先要理解技术的谱系。对于选择论者来说，人类的选择是否有意或源于人的能动性，或者技术性的窍门是否受技术维度以外社会变迁的影响，这些是无关痛痒的问题。

选择主义者忽视了人的能动性和社会变迁的原因，在于这些概念根源于"本质论"的空泛概念，也就是那些具一定随机性的构造，被这一阵营的主义者错认为是真实且不可再简化的最终实体（见 Lyman and O'Brien 1998; Lyman et al. 1997）。用他们的话说，"只有在极少数情况下才能某种程度上确定史前人类的社会和政治组织方式"（O'Brien and Wood 1998: 2）。只有那些（无意识的、非体制组织的）逐步变革的技术，以及对生产它的行为相关的推论，选择论者的研究计划才将其视为有意义的问题。社会生活或技术间歇性的转变，如果是根源于组织及政体中由上而下的干预，对选择论者来说更是不可接受的（Gould 1987: 196）。举例来说，在新旧世界中陶器技术若干重大转折，例如在前哥伦布时期的密西西比河谷贝壳羼合料的传播，就被解释成数世纪以来因偶然操作、技术创新、机械性能特点而形成的选择性操作（Dunnell and Feathers 1991; Neff 1992; Neff and Larson 1997: 84; O'Brien and Holland 1990, 1992; O'Brien et al. 1994）。这个渐进式的、行为主义者的研究框架，由其他研究角度来看是站不住脚的，最重要是因为他们忽略了材料本身（Clark 2000; Gosselain 1998; 参见下面的夹蚌陶论述）。

尽管如此，对比关于物质遗存变化的其他解释，选择论确实具有概念上的优势。为了淡化意图的重要性，选择论开始将技术变化，视为与某些"实践"和"文化传统"一致的观点。这里的实践和传统，与本质主义的概念，如意识形态、经济策略、政治机构和组织等概念是不一样的[1]。相反，实践和传统是人类做了什么（what）以及如何（how）去做，并没有强加上功能主义为什么（why）做的方程式。与这些观点类似，选择论者也强调变化在之前的事件中有着历史性根源。"选择"，用其他的话来表示，就是一个历史过程，因为若干具研究价值特点的集合，往往取决于其他先前特点。此外，选择是一种无处不在的普遍过程——尽管任何特定的选择，只能根据自身独一无二的变化谱系来解释。

然而，除了概念上的优势之外，选择论的问题在于它对技术极端狭隘的研究取向。虽然选择可能是一个历史过程，但它只适用于技术的"功能性"（functional attributes）。非功能性的"风格"（stylistic），如陶罐上的装饰性图案，往往被视为较为延滞的（Dunnell 1978）。这也揭露了选择论的过程主义根源：对遗存之物的解释（stuff-left-over-after-explanation），其实就是风格（style）而并非历史。选择主义者武断地分离出他们认为是功能属性的东西，然后假设这些属性是行为的结果，也就是代表人类特点、重复且一成不变的系列性行为。这在逻辑上是有跳跃的，而且也是一种对行为本质化的论述（Gosselain 1998: 81）。正是关于行为的这一观点，使选择论者重蹈了过程考古学的覆辙，去逃避思考人类行动多样性（这可能反而使他们考虑到这些多样性更上层的来源）。虽然选择论者也认识到行为如此多样，就像一个某一群体中就有多种制作陶器的方法，但这些行为都被视为真实且内部同质——如果用本质主义者的话来说。因此，行为可以被解释为类似表型（phenotype）的东西（O'Brien and Holland 1990: 35）。在行为层面的选择，会导致各行为的组成随时间而变成，但表型本身则是不变（除了因为创新，后者可相比于基因"变异"这一观念[O'Brien et al. 1994: 294]）。

第二组新达尔文主义者，即"个人主义者"，关心的是人类的能动性，至少他们自我标榜是这样。然而，个人主义者并不关心所有人的能动性，也不能逃出选择主义行为本质论的桎梏。个人主义者认为，那些少数具魅力又有权有势的人，为自

---

[1] 当意识形态、策略、制度和组织被视为存在于其连续性的设定和表现的环境范围之外时，它们就是本质主义建构，但其效用值得存疑。

己的声望而竞争，因而改变社会。这些都是过去的主要玩家，而他们的行为会影响到成千上万的人。也许并不让人意外，考古学家们在研究西北海岸和加利福尼亚的时候，根据社会等级、竞争性的资源交换以及专业化人员，笔墨着重于这些少数有魅力或有权力的主要参与者（Ames 1995; Arnold 1995; Hayden 1995; Maschner and Patton 1996）。也许，像马施纳（Maschner）与帕顿（Patton）（Maschner and Patton 1996）这样的个体主义者，在社会生物学中寻求和权势有关行为的终极解释也就不足为奇了。然而，根据这些做法，这些特定的新达尔文主义者却放弃了对历史进程研究的任何主张，他们将变化简化为一个支配性本质的方程式：所有的人类自然会出现有权力的人，他们的行为是能够被预测的，接着又会引起政治的复杂性（参见 Clark 2000 的评论）。

能动性被其他新达尔文主义者所关注，因他们试图分离出那些观念得以被复制、传播和转化的机制。当然，其中的一些新达尔文主义者，用"适者生存"和"遗传率"的抽象概念来解释思想传播，将文化意义——长期以来在文化人类学因其模糊性、多义性，甚至是"不适应"的特点而被特别关注的内容——作为被选择的加密信息（见 Barton and Clark 1997, Mithen 1997, Neff 1992；但对比 Rappaport 1979, Turner 1967）。然而，其他的"传播主义者"并没有忽略符号作为人们经验和阐释的媒介。在新达尔文主义者眼中，"传播主义者"最接近于实践理论，也远离行为本质主义。

对于博朗（Braun 1995）和申南（Shennan 1993）来说，人类的行动并不能简约为行为，因而可被选择。这些传播主义者，尤其是申南（Shennan 1993），强调（在实践中）变化多于（行为性的）选择，甚至与选择主义的原则背道而驰。申南（Shennan 1993）认为人类的行动和表现，或实践，在某些方面受到意义、意识形态、身份、传统和其他"宏观"现象的约束。这些宏观的现象并不会被现实、动态所限制，但是这些有各种各样的外表和不同尺度的现象（也就是为何不同的概念会用在不同解释性背景的原因），本身就是实践的产物。反过来说，实践并非都由深层的文化意义所激发，但仍然代表着一种文化遗产或传统（Shennan 1993: 58，据 Bourdieu 1977 和 Boyer 1990）。到底这一过程是如何发生，对于我们目前的考虑是至关重要的。智慧、语言、形状、手势、舞蹈、食谱甚至社会空间，这些申南（Shennan 1993）所称"表面现象"（surface phenomena）的东西，并不一定会向涉及的行动者（参见 Wagner 1986）揭示深层、有意义的参照物——如果这样参照物真的存在。例如，当一个人学会了一种语言或表演舞蹈时，就会在不需理解单词或动作真正含义的前提下，持续保持表面的形态。当行动者对所做的事情有不完全或特殊的理解，在实践时便会因而形成不同的结果。

广义的"认知过程论者"同样也强调实践中的变异（Renfrew and Zubrow 1994）。与束缚于生态系统解释的早期过程考古学家不同的是，认知过程论者声称他们关注的，是文化信息是如何从时间或空间的某个点被"传递"、"被模仿"和"转变"到另一个点。在实践中，理解传递的机制，似乎只是退而求其次，为了简单地证明考古学家可以从考古遗迹中推断出宗教和意识形态的一般特征（Hill 1994; Marcus and Flannery 1994; Renfrew 1994）。这样做的结果，就是认知过程论在尝试解释社会进化时，不得不依靠目的论的原理。这些认知、这些尝试可能会从工具制造、手工制品的分布或聚落地点的证据开始，并可据此推断出整个人群的认知模版（例如 Zubrow 1994）。他们还可能解释信息作为宏观行为系统的功能，是如何从一个群体传递到另一个群体（例如，Renfrew 1987）。

然后，认知过程考古学最能发挥的优势，是拆解一系列人类原始行动，然后找出在什么程度上这些事件取决于传统、认知，或行动相关的物理性质。这就是最近越来越受到欢迎关于技术操作序列的研究——操作链（Chaîne opératoire）（例如 Dietler and Herbich 1998; Dobres 2000; Dobres and Hoffman 1994; Schlanger 1994）。这类研究的主要例子是迪特勒和赫比希（Dietler and Herbich 1989, 1998）和凡·德·莱乌（Van der Leeuw 1993, 1994）对陶器生产的分析。迪特勒和赫比希（Dietler and Herbich 1989, 1998）在实践理论的基础上，宏观地指出了看似平凡的陶器技术实践其实是注满了社会的身份认同。凡·德·莱乌分析了生产的每一个步骤和陶工所有可能的选项。重要的是,凡·德·莱乌评估陶工选择的一个参考对象,是陶器传统——米却肯、密西西比,或是其他——而不是关于技术功效性的抽象行为法则(Van der Leeuw 1993: 241;对比 Schiffer and Skibo 1997 以行为论方法分析同样层次的研究),事实上,他暗示着一个对传统观念的"完全的动态重新定义"(Van der Leeuw 1993: 242)。对这种"动态"传统概念的操作链的分析,可以帮助我们将技术变革阐释为在微观尺度下,传统技术在实践领域的变化及在宏观尺度下,文化传统环境的变化。

这种对将技术视为程序化、认知的、受传统约束实践的分析,都带来了新曙光,将我们从早期行为本质主义和功能主义还原论,以及潜伏在个别新达尔文主义和认知过程论的诸问题中解放出来。根据英戈德尔(Ingold 1990),李什特文(Lechtman 1993),勒莫尼耶(Lemmonnier 1992, 1993)和其他人的理论,多布雷什和霍夫曼(Dobres and Hoffman 1994: 213)将操作链研究与技术结合以关注更大的层面,并将技术定义为"有意义且和社会性协商产生的一组基于物质文化的实践,以及一种用以制作物品的一种技术"。这种技术的观点,特别是"有意义的和社会性协商的"部分,与讨论纯粹的行为有很大的区别(参见 Dietler and Herbich 1998; Dobres 2000)。首先,它意味着考古学家们要研究技术,并不比掌握"史前社会和政治组织、宗教机构等"要简单(对比 O'brien and Wood 1998: 2–3)。人类能动性、社会历史和各种各样的传统同时存在于微观和宏观的层面上(参见 Stark 1998 中的论文)。对考古学家来说,这些是一样可以理解的。

这一推理过程,已证明了人类能动性的理论已渗透到考古中。这并不是说,在今天考古学中有一种单一的、统一的研究能动性方法(Archer 1996; Giddens 1979, 1984)。与之相反,那些渗入到不同材料,尤其是政治-经济领域的人类能动性,其概念在考古学的应用是多元的(见 Pauketat 2000a)。很多新马克思主义、后过程考古学和女性主义的研究都提出了这种拾马克思牙慧的观点,就是人们创造了他们自己的历史(例如,Gero and Conkey 1991; Hodder 1986; Leone 1985; McGuire 1992; Nelson 1997)。奇怪的是,这个老生常谈却产生了这种情况,就是只有援引人类行动者这一概念,才算得上是加入能动性理论阵营的条件(参见 Dobres and Robb 2000)。在某些例子中,那些声称使用能动性理论的人并没有这样做(Johnson 1989;见 Roscoe 1993 内的回应部分)。这些被误导的学者,往往主张方法论上的个人主义,往往忽视了"结构化"过程的核心重要性,即不断创造的条件规范了实践,并与特定的能动者是对立的(见 Giddens 1979: 55, 66)。因此,能动性被误解为自上而下和以男性为中心(Gero 2000),因为这些理论夸大了以目标为导向决策者的地位(Tainter 1988),并体现了像后过程考古学那种对科学的拒绝(Milner 1996;但见 Maschner and Mithen 1996: 12; Shennan 1993, 1996: x)。这像极了对"象征性行动"和实践人类学家对"行动理论"的老调批评(见 Cohen 1974: 40-43; Ortner 1984; Vincent 1990: 341 及以后内容)。

最近对实践和结构化的关注,正是为了对围绕"能动性"在考古学应用产生的理论混乱正本清源(如 Brumfiel 1994; Clark in press; Dielter and Herbich 1998; Dobres 2000; Dobres and Hoffman 1994; Emerson 1997a; Hendon 1996; Johnson 1996; Jones 1997; Lightfoot et al. 1998; Pauketat 1994, 2000a; Bourdieu 1977; Giddens 1979, 1984)。在前述对"技术"的研究中,布迪厄的概念——特别是他对"惯习"(人的思行准则)的阐述——已经开始大行其道(见 Dietler and Herbich 1998; Dobres and Hoffman 1994; Hegmon 1998)。他的默识(Doxa)概念——即被视为惯习、理所应当然的行为或理解方式(用政治化的术语来说,就是"异端"和"正统")——却仍然未被考古学家所充分发挥,尽管它与福柯和葛兰西关于"权力"、"政府统治"和"霸权"的概念同样具有潜力(参见 Bradley 1996; Clark 1998; Comaroff and Comaroff 1991; Dietler and Herbich 1998; Emerson 1997a; Pauketat 1994, 2000b; Pauketat and Emerson 1999)。然而,这世上并没有实践理论的指南手册,考古学家也不应该简单地把布迪厄的概念作为拿来就可用的现成阐释,而应该将此作为建立理论的出发点。

布迪厄(1977)的实践理论和吉登斯(1979)能动性的要点是,所有人都通过不断改变传统的方式来执行、体现或重新呈现传统(参见 Archer 1996)。从这个意义上说，改变传统并不仅仅是一种权宜之计或策略。在这里，我们需要将策略或行为有关的概念，从意图性的概念中分离出来，以便正确理解动机、实践和始料不及的结果。行为的动机可能与被观察到的最终结果并不一致，所以执行、体现或被代表的传统，并不是行为这个概念所暗示的、带有"目的论"的行动（Habermas 1984）。一个从目的论、行为论出发的观点，往往把人的行动科学教条化。烹饪变成"煮食的行为"。清除垃圾成了"废置行为"（如 Schiffer 1995）。这类行为主义否认了殊相的、视情境和视文化而定的行为与认知，即使它从"静态"中推断出"动态"，仍然是一个简单的线性发展（参见 Binford 1983）。

一旦我们放弃了单元和目标导向行动的虚假包装，行为就成了实践（Hendon 1996，这很好地说明了这一点）。与行为相反，"实践"按字面意思，实际上是人们的"惯习"或思行准则。实践理论的关键是要认识到，主导实践的思行准则有其"默识性的"指示（"无意识的"、"自发的"、"非言语的"、"实际的"，或"常识性的"窍门 [Bourdieu 1977, 1990; Giddens 1979, 1984; 参见 Comaroff and Comaroff 1991: 22-27]）。正如申南（Shennan 1993）所指出，这样的指示是流于表面，而不具深层的文化意义。从某种意义上说，这些"默识性的"（doxic）指示物是非意识形态的（但就这一术语最广泛意义而言，仍然是有其文化意义的）。思想准则是根据个人经验被灌输起来的，与之相反，行动和表征领域中的默识性指示则存在于从私人日常生活到庞大的政治仪式和媒体。

更重要的是，行动和表征的领域、人们的思行准则以及实践本身并不是密封的环。它们面对潜在无法预期的情况、环境和参与者的组合（如 Sahlins 1985）是开放的。在这个更大的意义上，实践总是能"讨价还价"（negotiation）以至于使塑造结果的权力，充斥于行动和表征之中（见 Giddens 1979; Rabinow 1984; Wolf 1990, 1999: 4 及以后内容）。反过来，"讨价还价"总是重新创造传统。传统，换而言之，总是在不断的形成过程中（Sztompka 1991；例如，Barth 1987）。它们仅在实践中作为"真实"的实体存在（见 Giddens 1979: 5; Robb 1998: 337），在实践中成为各种我们认识的历史形态，如社会适应、合作、共同化、克里奥尔化

（Creolization）[1]、支配、阶层化、复兴、综摄现象（Syncretization）、文化嫁接等等之中。这种实际的、协商过程的任何形式，会成为一个历史的过程，而相关解释只能参照实践的谱系或"讨价还价"而成的传统而作。

可以肯定的是，把实践看作是传统的和社会转变的共同载体，违背了这样一种普遍的假设：一方面，传统（和仪式）是保守的，而另一方面，政治行为和技术革新是动态的（对比 Bell 1997）。但确实如此，从历史过程的角度来看，在传统行为的二分法中，本质主义是站不住脚的。所以也许我们应该在这里做一个区分：有一种传统是对文化遗产合理化的事后回溯（ex post facto）（这更类似于 Comaroff and Comaroff 1991 对意识形态的定义）——然后还有一种传统就像我在这里所说明的一样（见 Pauketat in press）。在后一种意义上，传统是变迁的媒介。在布迪厄（1977）的概念中，实践"默识的"（doxic）元素可以被政治化至许多的层次，以赋予我们所谓的"正统"，或换句话说，就是文化霸权甚至是族群。如此对这些传统性论题的借用，也是政治命脉所在（见 Kertzer 1988）。事实上，传统是"动态"过程的一部分，这甚至超越了凡·德·莱乌（Van der Leeuw 1993）所制定更严格的意义。

一旦剔除了本质主义后，这三种当代考古学解释方法，确实显示出一种越来越强烈的紧迫感，就是要考虑实践的传统，生产的谱系，以及更贴近事物如何变化的细节。对于这些理论实践者来说，大家都清楚知道事物的变化将会让我们走向更包容——我敢说是终极的——对实践累积效应的解释。这些累积效应，即在微观和宏

---

[1] 克里奥尔化（Creolization）。此名词原本应用在语言学上，然而在过去的几十年，克里奥尔化在学术上的应用已远远超越语言学的界线。学者将之应用在无数的范畴，包括文化与身份认同。克里奥尔可用来指混合内化不同文化来源而转化成的新的文化。美国路易斯安那州和加勒比海国家便是这样的例子。就此而论，除了原住民文化，台湾还融合各种不同的文化，像是荷兰，西班牙，明朝皇室移民，满洲清人，日本人还有后来逃亡中国的国民党。接下来检视一下综摄现象（Syncretism）。综摄通常和克里奥尔化相关，用法上也常与之作比较。综摄一词用来描述导致相异或部分不同结果的各自宗教或语言系统制度间的折冲调和。台湾可视为此类的例子……许多前殖民者留下的文化和宗教制度。第三个名词，混合（Hybrid），也是指多种来源的结合，包括那些有基因和语言背景的。虽然其应用范围从谷物，家禽到汽车引擎，此名称带有因混种而更具优势的健壮一面，因此将之拿来描述台湾人的特性。那些了解台湾人，对他们生活的岛屿所展现出的坚韧性与适应力感同此用词的意义。

观上的文化创造，就是我们通常所说的历史。

二、夹蚌陶、卡霍基亚以及历史过程

为了避免人们以为行为、实践、传统和历史意义的理论考虑只是光说不练，我将讨论一个考古学案例，在这个案例中，变化是基于行为模拟以及和对照同源同形的实践行为来解释的。每一种不同的假设和解释都有显著的差异，这使得我们能够从当代考古学解释研究方法一般的背景中，区分出一种新的历史过程范式。这个案例研究有两个部分。第一部分是考虑中央密西西比河流域的夹蚌陶器技术，特别是与最大的"密西西比"酋邦，卡霍基亚（Cahokia）有关的部分。第二部分是对这个前哥伦比亚时期巨无霸两种不同解释的阐述，一种依赖于行为理论的改变，另一种是由实践理论支撑的历史理论。

（一）关于羼合料的争论

在一个多世纪的时间里，考古学家们将粉碎的蚌壳羼合料（再生性的羼合料）作为美国中部地区的"密西西比"传统陶器的标志（见 Holmes 1903; Milner et al. 1984; Morse and Morse 1983; Phillips et al. 1951）。在 20 世纪，关于为什么在公元一千纪后期，密西西比河谷地区采用蚌壳羼合料的问题已经有多个回合的讨论。相关解答基本不外乎为针对：风格，即夹蚌陶是否是一种时尚而在大陆中部与美国东南部被广泛仿效；或是重视功能，因为贝壳夹杂在湿黏土时的化学及物理性质能改善陶器的实用性和持久性（Cobb and Nassaney 1995; 见 Dunnell and Feathers 1991; Morse and Morse 1983: 208–210; Steponaitis 1984）。

对于奥布莱恩和荷兰（O'Brien and Holland 1990, 1992）来说，在公元 700 年或之前，夹蚌陶引进到密苏里东南地区就是一种创新行为。无论起源在哪里，在接下来的几个世纪中，这种行为逐渐扩散，都是因陶工们无意中选择了优越的物理和化学性能。大约在公元900年左右,大多数陶工都换了或很快也就转向这种优越的技术(参见Neff and Larson 1997; O'Brien et al. 1994)。我之所以说大多数的陶工,因为,就像奥布莱恩等人(O'Brien 1994: 295-296)已洞察到那样,在公元900年及之后,在密西西比河的各个地方都有很多的河道变化。在现代圣路易斯附近的一个地区,即"美国最底端"(American bottom),在此前的两个世纪里,用蚌壳羼料和不用蚌壳羼料的陶工,都一同生活于同一冲积平原(见Cobb and Nassaney 1995; Kelly 1990, 1993)。在选择论者阵营中,尚没有对这一实际问题提出过解释,并因此呼吁进行更多的理化研究和分析,以确定是否因本地黏土或使用方法,抵消了这种看似更优的添加羼合料的造法(O'Brien et al. 1994: 296-297)。

这种选择主义的难题,植根于一种对行为的本质主义[1]观念,并不认为技术是"一套有意义的、经过社会性协商后基于物质文化的实践,而且是一种制造事物的技术手段"。它忽略了技术的其他方面,如认知过程论者和能动性论者所提出的观点,即技术是传统窍门的观点,以及这种传统的窍门会据实际情况经过协商而被传播与改变。换句话说,选择论者的解释太选择性了!奇怪的是,选择论者的解释,是削足适履地将几个世纪以来据情境而定的陶器生产和使用的各种情况,通通简单化为一个关于渐变行为的宏大叙事。

事实上,一旦我们仔细研究在密西西比流域陶器制作的历史记录,我们并不能找到一个均速及渐进采用蚌壳羼合料的过程。在密西西比河流域的这一过程中,最好的考古的例子,就是在美国最底端密西西比人的出现(公元800-1050年)。在这个证据完备的案例,以及其他在河谷的案例,夹蚌陶在公元800伊始是外来且稀少的(Kelly 1980, 1990)。当地制造和使用的陶器,以带有本地化微观风格模式和

---

[1] 是指认为事物均有其本质,可以通过现象的认识加以揭示的理论。持该说者把对象的特性分为本质属性和偶有属性。本质是完全的理想形式,是不容怀疑地真实的、确切的,事物是理想形式的不完全模本,是可争议的,不真实的,不确切的。柏拉图在知识论中,把知识分为两个层次,一种是永远完全的不可见的抽象形式,即原形或本质;另一种是可见的可感觉的事物。

羼有老陶片、砂砾、石灰岩，且具特色的煮食罐和碗为主要特征。无论是这些陶器本身还是制作技术（也许是陶工），目前还不确定到底原来是否外来（见 Emerson and Jackson 1984; Kelly 1991; Pauketat 2000a）。然而，无论如何，在外来方法的激发下，一种新的更复杂的混合式技术出现了，而这种新技术则与卡霍起亚遗址关系最为密切（Pauketat 1998a）。

到公元 1000 年，在卡霍起亚（Cahokia）附近的大多数聚落点，有 10% 到 30% 的破碎和废弃品，都是这类夹蚌陶，且大部分是在附近制造（例如 Emerson and Jackson 1984; Kelly 1980; Pauketat 1998a）。然而，大约在公元 1050 年，就在几十年的时间里，大多数的河边的聚落，尤其是卡霍起亚，夹蚌陶在所有的陶片组合中占了 90% 以上（甚至在一些聚落中占据了 100%，见 Holley 1989; Milner et al. 1984; Pauketat 1998a）。也许迄今发掘出的最重要的陶片组合，是来自卡霍基亚东南几公里处的一系列农村遗址（见 Pauketat 1996b, 1998b）。在卡霍基亚突然兴起的短短几年时间里，这些"富产地"（Richland）聚落的农民，开始效仿早期的卡霍基亚人的夹蚌陶技术。尽管初步的证据（尤其是高损坏率）说明当地的陶器质地就算添加了碾碎的贻贝也不会造成化学上或物理上的变化（Alt 1999），当地居民还是把超过了 75% 的炊器都换成了夹蚌陶。

为了理解这种表面看上去的"适应不良"，即在个别乡村聚落中使用夹蚌陶的根源在于"选择"，我们首先应清楚，陶器是日常话语的一部分，当中权力和传统通过食物准备、分配和消费而得以协商，正如亨顿（Hendon 1996）所说。在陶器生产、使用和丢弃的情境中，性别、族群、宇宙观和政治依附关系都是常常得以协商。可以肯定的是，这样的协商是"微观"，但即使在卡霍基亚和"富产地"聚落点，因为陶工对原来是外来的，且在后来具有政治性技术的模仿（也许因为陶器和相关食物的意义及背景不可分离），我们开始看到与日常实践相关的宏观模式变化。

为了解微观过程，如羼料和使用陶器，怎样与宏观变化相关时，申南（Shennan 1993: 55）对实践理论的妙用确实值考古学家参考。他指出，"考古学提供记录的实践有两个极端：影响社会空间结构的重大事件，以及个体的日常活动"。在这区分上，与选择论者反对将人作为积极的能动者，并坚持改变是通过选择来逐步完成的观点不同，申南代表一种对截然相反的立场。申南意识到，历史的变化可以是间断又大规模的，就像巨石阵的建造一样，因为传播事件——尽管在某种意义上是微观——也有宏观的方面。认识到实践就是这样一个间断的、大规模的转变，并不一定意味着将所有社会现象都还原到个人和个人的动机上，但这确实意味着更依赖个体维度（Shennan 1993: 55）。在历史理论中，重视日常生活，就能避免了结构与能动性机械式的鸡生蛋循环。通过实践传播的并不是一个完整的文化结构、一个观念、组织或制度。在这里，许多能动性理论家、认知过程主义者和新达尔文主义者都同意："传统"被复制的部分是不完整和经常无意识的，无论是他们被称为技术或其他东西（参见Pauketat 2000a）。

在卡霍基亚的事件中，"社会空间被构造"的首次"事件"是在公元1050年左右发生在政治性首都。在其他地方，我曾讨论过这种戏剧性的区域变化，也是在短短几年时间内发生，包括都城基址的建成、人口聚集、村庄被遗弃或重新安置，以及可能在资助下新的物质象征的生产（Pauketat 1994, 1997a, 1997c, 1998b）。新的象征性物质文化包括陶容器，以及那些与新建成的中央广场相关大型公众活动中使用的陶器。与此同时（大约在公元1050年到1100年之间），夹蚌陶很快就被卡霍肯人和"富产地"的陶工所采用。

卡霍基亚人中央集权的转变以及夹蚌陶的使用之间并没有一个明确的"因果"关系，但像选择论那样忽略以下证据的意义就明显不智，即在密西西比河的酋邦卡霍基亚巩固政权的短时间内，夹蚌陶技术在密西西比河流域这一狭小区域里被广泛采用。还有忽视以下证据，像是卡霍基亚大广场的大规模公共仪式中，其中特点就是用了夹蚌陶（或者是制造和使用他们的陶工），也是相当不智（Emerson 1989; Pauketat 1997b, 1998b; Pauketat and Emerson 1991）。如果对以上这些重要的事件视而不见，也就忽略了在其中微观变化与宏观变化环环相扣的历史过程。

（二）对于卡霍基亚的多元解释

关于卡霍基亚人突然崛起的观点，是建立在多个基本相互独立的田野调查和发掘资料证据链的基础上（见 Dalan 1997; Emerson 1997a, 1997b; Pauketat 1993, 1994, 2000a; Pauketat and Lopinot 1997; Pauketat et al. 1998）。甚至在其他理论派别的学者（例如 Mehrer 1995; Milner 1998）也基本上接受了相关重大事件的框架。然而，目前学者们对这些事件的解释仍然存在着巨大的分歧。这两个阵营，即那些赞成旧过程考古学解释的人（在密西西比文献中被称为"极简主义者"）和那些赞成修改版历史进程解释的人，彼此间的楚河汉界正揭示了实践理论在历史过程所逐渐浮现的具范式的重要性（Pauketat 1998b: 52）[1]。我在这里的陈述只选择了部分能说明解释这个问题仍存在的理论鸿沟。

在其他地方，我参考了卡霍基亚的一般情况，回顾了旧过程考古学模式的一般原则（Pauketat 1998b: 52-3）：

> 极简主义者的观点，是把当地的人口和环境因素视为卡霍基亚的发展和解体的根本因素，从而将变化视为渐进的，否定高度集中的政治经济的可能性，并将卡霍基亚大集团的政治和经济影响排除在美国最底部之外。在卡霍基亚附近物资足够的密西西比农民不可能依赖或受惠于卡霍基亚；每个农民家庭在政治上都是独立的（Mehrer 1995: 164）。事实上，对于极简主义者来说，政治动态与长期发展无关，除非人口或环境压力迫使人们改变，否则自治组织或适应都抵制了自上而下的变革。包括卡霍基亚族群在内的密西西比主义，被认为是一种对东南冲积平原的统一适应，而不考虑不同的区域条件或图像表现方式的差异（Milner 1990; Muller 1989; Muller and Stephens 1991）。

---

[1] 这并没有使那些赞成历史过程论的人成为"夸张主义者"（正如 Muller 1997: 184 所定义的）。

在这种思维模式下，家户被割裂成前密西西比和密西西比社会的静态遗存，且被认为是按照一般农耕法则中减少风险和粮食生产原则来行动（见 Muller 1997）。家庭"一般来说会多生产一点，以作为不景气年份的缓冲"（Milner 1998: 175）。然后，这些盈余被"高等级的人"用来征收，逐渐导致了卡霍基亚（或任何其他类似的首都）的建立。一旦建立起来，这些酋长地位就不稳定，会沿着许多旧组织的断面分裂。任何有足够影响力的重大外部环境问题，就成为将酋邦分裂回原始组成单位的契机，即回到那些松散的家庭和他们所属的低阶行政单位。为了避免这样的政治灾难，人们认为，酋长们必须具有近乎马基雅维利式的统治特性（例如 Milner 1998）。

这是一种常见的政治行为模式，类似于巴兰顿（Blanton et al. 1996）、厄尔（Earle 1991, 1997）、海登（Hayden 1995）和其他许多的模型。这个模型的缺点，源于他们对行为观念的全盘接受，如：1.高级领导以外人的行为和表现是无关紧要；2.行为不会改变，因此改变的力量是外在于人们的行动和表现；3.也因此所有复杂的社会（包括密西西比州的酋邦）被认为是相似的（Milner 1998: 176）。至于卡霍基亚迅速崛起的原因，"使其通往地区霸权之路各种特定环境因素的集合，却永远不会为人所知"（Milner 1998: 168）。

这样一种对因果关系的悲观看法，与旧过程考古学否定近因和历史细节如出一辙。这些大致的细节在过去被认为是微不足道的，因为"卡霍起亚的酋长们的最终成功，很大程度上归功于一个特别有利的外部环境，以及该酋邦比其他地方相似群体中所享有的人数优势"（Milner 1998: 168）。然而，卡霍起亚上升的真正原因和历史细节，并非如此不可知。对于所有研究者来说，尤其是那些不以人类行为本质主义为出发点的研究人员来说，也并非如此微不足道。

对卡霍基亚崛起的修正历史过程的解释，并不认为有一套标准的前密西西比文化的家户行为模式。事实上，我们不能假定家户能作为基础经济单位的概念，更不用说他们有着统一行为了（Pauketat 2000b）。同样地，在前密西西比文化的外部环境、生存的"系统"或人口数据中寻找卡霍基亚的成因也是一个谬误。这是因为，从实践的角度来看，成因并不会作为抽象的现象存在于实践范围之外。卡霍基亚人的行动和表征，是建立卡霍基亚的过程。例如，土坟的建造并不是一个过程的结果。土坟的建造本身就是"政治"协商过程的一部分（Pauketat 1993, 1996a, 2000a）。

首都地基的建设，或任何仪式景观，将会限制许多人的行为，并在未来继续限制人们的行动和表现，这都取决于空间是如何不断地重建（见 Bradley 1996）。我们不能得出这样的结论：这种空间是已经存在意识形态的"表达"或"物化"（不同于DeMarris et al. 1996）。毕竟，建造的活动依赖于人们行为的调动，但这些人群的相互迁就、反抗、顺从却一定程度上塑造了广场的意义。例如，卡霍起亚的中心"大广场"（Grand Plaza）的建造，就是在公元 1050 年前后一个短期的大规模的劳动项目，这可能是早期卡霍基亚人的"磋商"一个完整的部分，在这个过程中，新进居民和乡村的访客也参与其中（见 Dalan 1997）。这类协商的发生场所，至少包括宴会、宗教仪式、手工制作，以及广场、土坟和建筑修建得以发生的集体仪式（见Emerson 1989; Pauketat 1994, 1997a; Pauketat and Emerson 1991）。考虑到中央协调和访客的规模都是巨大的社会变化，这些协商很可能规模庞大并会持续进行（Pauketat at al. in press）。

我们现有证据证明，这些仪式来自卡霍基亚首都的最早阶段。在大广场附近的一个大型且有多层次堆积的灰坑里，堆放着宴会后留下的大量破碎罐子和动物的骨骼，以及在公众活动使用的各种各样的巫术仪式植物和用具的残留物（Pauketat 1998b: 60; Pauketat et al. in press）。在这里，人们在大规模的集体仪式中，以特定方式摆示陶器，使它们的意义得以传播，并可能促进内部陶工的模仿，最后还可能传播至该地区之外的人（参见 Renfrew 1987）。我们也有来自乡村地区的证据，在卡霍基亚的建立和广场仪式举行的同时，同时有村落废弃和徙置现象（Pauketat 1998b; Pauketat et al. 1998）。特别是这样大规模的废弃和徙置，将会分裂、重组或清除掉那些支持、顺从或抵制卡霍基亚中央集权的人口。因此，这些人口结构的重构限制了协调的行动和表现，这些方式将直接影响到大型仪式聚会，从而影响到卡霍基亚的历史。

卡霍基亚的历史受到了这样的影响，也体现于卡霍基亚最显著的特性：从家庭生活和手工业产品到纪念碑，卡霍基亚似乎总是处于一种正在形成的状态。它定期地将区域人口大部分的合作和劳动纳入其中，没有什么东西是一夜之间建造或制造的。也就是说，卡霍基亚的历史——以及定义它的各个部分的行动和表现——是基于不断重新定义和重新审视的文化逻辑（Pauketat 1997a）。

这一观察结果是：卡霍基亚不能用抽象的行为逻辑来解释，例如米尔纳（Milner 1998）所采用的逻辑，因为这些逻辑将长期变化的位置完全错置。变迁的重点是实践，是放置在不断重新定义和重估传统的情境之中。如果以一种反事实[1]的脉络来思考，我们可以某种方式改变塑造卡霍基亚的行动和表现集合，那么卡霍基亚就会有不同的发展。同样的情况也适用于那些通过与卡霍起亚联系来确定自身历史的其他族群（见 Pauketat and Emerson 1997b）。卡霍基亚出现的过程，以及所有这些历史的过程，都必须通过五何法式（who did what when how）的详细和大规模研究才能了解。卡霍基亚的这一历史观，即把解释的重心，从"永远不会被知道"的不可见原因转移到实际的结构事件中，而在这些事件中，所有人的行动和表现都受结构影响（根据 Sahlins 1985）。当这样做的时候，解释的重担，就转移到卡霍基亚社会空间得以建造的协商中（Pauketat 1998b）。这些协商本身"造就"了卡霍基亚。

三、新的范式

旧有的过程考古学解释（对于夹蚌陶和卡霍基亚）中，所根据的各地人们行为的抽象概念是站不住脚的。在人类行为和表现之外的文化过程，并不能推动独立于这些行动和表现的之外的社会进程。对这种旧过程考古学最容易的替代方法，就是一种采用了实践理论元素的历史过程考古学。这种替代方法讲的，就是人要如何体

---

[1] 反事实思维是指针对已经发生的事情假设一种与事实相反的可能性，可能比事实更好也可能更坏，反事实思维通常包括两个部分：假设的前提和假设的结论。

现传统、他们是如何行动和表现自己，并借此塑造了历史（见 Bradley 1996; Burke 1992; Hobsbawn and Ranger 1983; Toren 1999）。关键的区别在于事实是行为（抽象的、以目标为导向的人类活动）并不是实践（同源的行为和表现在不同的环境或事件中，即使是惯例化的形式——比如在锅中烹煮——似乎保持不变）。从实践的角度来看，微观和宏观变化的焦点，是人们在社会情境中践行出或表现自己的思行准则。即使是选择主义者，甚至个体主义者，也会同意这样的变化过程是历史性的，并视乎特定的发展系谱。

最近，另一些学者只在有限的历史术语中，思考一些历久常新的考古学问题。例如，农业、社会不平等和国家的起源，现在这些通常被认为是缺乏单一原动机但又有同样结果的过程（例如，Earle 1991; Feinman and Marcus 1998; Fritz 1990）。然而，这些及其他历时性问题，都将宏观现象扼要表示，又不幸成为了对历史进程解释的弊处所在。历史不是连续的文化结构、制度和精英的王朝，历史的过程也不是在结构、制度、组织之中抽象的转变或反常事件。

历史就是通过实践的文化建构过程。文化建构可以是以一种相对公开的方式进行，正如波利·韦斯拿（Wiessner 1997: 173）认为科伊桑人（Kung San）有意选择传统意义的珠饰，来表现他们转变的身份那样（参见 Costin and Wright 1998; Stark 1998 的论文）。它的运作也可能不那么引人注目，正如申南（Shennan 1993: 58）所理解那样，历史过程是在"表面现象"的维度之中。在任何一种情况下，要理解历史，就是理解人们那些没有定向、具创造性的协商，而他们的思行准则可能受到经验（无论是政治、宗教、性别、技术等）所影响。研究历史的过程，就是意味着要立志深入研究同源同形现象，以及区域性的文化生产系谱（见 Clark 1998: 231; Shennan 1993）[1]。

---

[1] 这并不意味着人类学在很大程度上不再是一个具有比较性的学科。相反，技术变革的跨文化比较或政治文化发展的全球比较（以卡霍基亚文化为例）使历史意义的评估成为可能。比较、类比的方法也是避免相对主义和虚无主义产生反作用的唯一方法，这在这一历史进程中几乎不值得一提。

一个考古学中的历史过程研究范式，结合上面提到的各种方法，就是力求说明变化发生的方式——也就是意义和传统是如何建构以及被传递，而不一定是这些意义和传统到底代表着什么。历史过程范式拒绝使用行为模拟，去推断行为和表现的原因，以及随着这些进程人们所使用的技术。它并不反对将寻找起因作为历史研究的正当目标。然而，最终"为什么"问题的答案，只能通过对近因关系累积性的、费尽心思的、数据足够的、多尺度的研究来找到（顺便说一下，这些研究往往更需要公众的需求，Weimer 1995）。支持卡霍基亚极简主义的人，或是继续国家对比研究，也就是寻找政治行为的一致规律的学者，与那些考虑文化正统是如何被创造以及抵抗，以及与透过身份的转变以及协商的范围使公共道德观、团体的组织如何被融合、延续所经历的历史过程的学者相比，前者注定收获更少[1]。

在问这种"如何"的问题时，史前考古学与历史考古学，或人类学和历史学之间的传统界限几乎是看不见的。事实上，前哥伦布时期考古学和北美东南部的历史考古学的交叉融合，就是超越这些旧有学科边界的一个突出的例子（见 Deagan 1990; Ferguson 1992; Little 1994; Nassaney 1992; Pauketat 1998b; Pauketat in press; Rees 1997）。在这些例子中，虽然社会变化的尺度和历史背景在某些方面可能有很大的不同，但前哥伦布时代、殖民时期和后殖民时期的研究针对的是一个共同的问题：传统是如何在社会行动中被视为合适的，并用以生产或抵抗中心的文化秩序？有一些学者会将历史简约成对为何转变会发生这一终极问题的解释，但他们并没有重建导致长时期变化的文化意义或是更深的结构。相反地，他们只会去寻找过程的普遍归纳，这也许和预期相反，将研究引向了不一样的历史。

我认为，实践理论创造了完美的历史。实践的观念把注意力集中在创造性的时刻和变迁实际发生的空间。这一创造性的过程，并不需事前假定最本质的社会组织、制度或信仰系统，而是发生于微观的行动和表现上。根据实践的情境，微观和宏观的过程同时存在。这些过程包括统治、跨文化、社群化、克里奥尔化和族群的

---

[1] 最终，酋邦或国家并没有独立于这样一种协商而存在，它们也从来没有作为静态结构存在于传统的连续、主动的评价之外。

形成。我们已经看到了其他的过程——比如混合化、模仿、再评估和建造——就像是卡霍基亚的历史过程为两种观点架设了桥梁。

显然，为了接近历史的过程，考古学家必须致力克服表面现象，把握传播的尺度和历史、技术操作链、协商，以及由这些传播、操作链和协商所产生或并未产生的、表面看似铁板一块的文化结构（例如，Braun 1995）。在考古学中，这意味着把物质文化本身看作是文化传统有意或无意的体现或主动性的再现。物质文化作为实践的一个维度，它就是自身的原因。它的生产——虽然取决于历史的行动和表现——是一种人类思行准则的实行或体现，也就是说，物质文化是一种带来了意义、思行准则、身份和传统的变化的社会协商。

在新版的历史性过程考古学中，人们所做的以及他们如何与其他人的观点和自身过去的讨价还价，就是文化的过程。这一解释的转换，可能使考古学家失去了轻而易举地找到我们最想解答的"为什么"问题的答案。但是这样做，我们将不再自欺欺人，以为简单地通过将达尔文和马基维利观点具体化，我们就能找到复杂历史背后的真相，尤其是仅凭目前有限的数据库。在重新校正认识长期变化的理论基础上，我们将开始一个新的理论构建阶段，并重新获得解释影响所有人类历史进程的可能性。

参考文献

Alt, S.
 1999 "Tradition and Resistance in the Uplands", paper presented in the symposium, "Resistant Traditions and Historical Processes in the Southeastern North America", organized by T. Pauketat for the 64th Annual Meeting of the Society for American Archaeology, Chicago.

Ames, K. M.
 1995 "Chiefly Power and Household Production on the Northwest Coast", in T. D. Price and G. M. Feinman (eds) *Foundations of Social Inequality*, New York: Plenum, pp. 155–187.

Archer, M. S.
 1996 *Culture and Agency: The Place of Culture in Social Theory (revised edition)*,

Cambridge: Cambridge University Press.

Arnold, J. E.

    1995   "Social Inequality, Marginalization, and Economic Process", in T. D. Price and G. M. Feinman (eds) *Foundations of Social Inequality*. New York: Plenum, pp. 87–103.

Bamforth, D. B. and A. C. Spaulding

    1982   "Human Behavior, Explanation, Archaeology, History, and Science", *Journal of Anthropological Archaeology* 1: 179–195.

Barker, A. W. and T. R. Pauketat

    1992   "Introduction: Social Inequality and the Native Elites of Southeastern North America", in A. W. Barker and T. R. Pauketat (eds) *Lords of the Southeast: Social Inequality and the Native Elites of Southeastern North America*, Archaeological Papers of the American Anthropological Association, No. 3, Washington, DC, pp. 1–10.

Barth, F.

    1987   *Cosmologies in the Making*, Cambridge: Cambridge University Press.

Barton, C. M. and G. A. Clark

    1997   "Evolutionary Theory in Archaeological Explanation", in C. M. Barton and G. A. Clark (eds) *Rediscovering Darwin: Evolutionary Theory and Archaeological Explanation*, Archaeological Papers of the American Anthropological Association, No. 7, Washington, DC, pp. 3–15.

Bell, C.

    1997   *Ritual: Perspectives and Dimensions*, Oxford: Oxford University Press.

Binford, L. R.

    1965   "Archaeological Systematics and the Study of Culture Process", *American Antiquity* 31: 203–210.

    1983   *Working at Archaeology*, New York: Academic Press.

Bintliff, J. (ed.)

    1991   *The Annales School and Archaeology*, New York: New York University Press.

Blanton, R. E., G. M. Feinman, S. A. Kowalewski, and P. N. Peregrine

    1996   "A DualProcessual Theory for the Evolution of Mesoamerican Civilization", *Current Anthropology* 17: 1–14.

Bourdieu, P.

    1977   *Outline of a Theory of Practice*, Cambridge: Cambridge University Press.

    1990   *The Logic of Practice*, Cambridge: Polity Press.

Boyer, P.
 1990   *Tradition as Truth and Communication*, Cambridge: Cambridge University Press.

Bradley, R.
 1996   "Long Houses, Long Mounds and Neolithic Enclosures", *Journal of Material Culture* 1: 239–256.

Braun, D. P.
 1995   "Style, Selection, and Historicity", in C. Carr and J. E. Neitzel (eds) *Style, Society, and Person: Archaeological and Ethnological Perspectives*, New York: Plenum Press, pp. 124–141.

Brumfiel, E. M.
 1992   "Breaking and Entering the Ecosystem — Gender, Class, and Faction Steal the Show", *American Anthropologist* 94: 551–567.
 1994   "Factional Competition and Political Development in the New World: An Introduction", in E. M. Brumfiel and J. W. Fox (eds) *Factional Competition and Political Development in the New World*, Cambridge: Cambridge University Press, pp. 3–13.

Burke, P.
 1992   *History and Social Theory*, Ithaca, NY: Cornell University Press.

Clark, J. E.
 1998   "The Arts and Govermentality in Early Mesoamerica", *Annual Review of Anthropology* 26: 211–234.
 2000   "Towards a Better Explanation of Hereditary Inequality: A Critical Assessment of Natural and Historic Human Agents", in M.-A. Dobres and J. Robb (eds) *Agency in Archaeology*, London: Routledge, pp. 92–112.

Cobb, C. R. and M. S. Nassaney
 1995   "Interaction and Integration in the Late Woodland Southeast", in M. S. Nassaney and K. E. Sassaman (eds) *Native American Interactions: Multiscalar Analyses and Interpretations in the Eastern Woodlands*, Knoxville: University of Tennessee Press, pp. 205–226.

Cohen, A.
 1974   *Two-Dimensional Man: An Essay on the Anthropology of Power and Symbolism in Complex Society*, London: Routledge and Kegan Paul.

Comaroff, J. and J. Comaroff
 1991   *Of Revelation and Revolution*, Chicago: University of Chicago Press.

Costin, C. L. and R. P. Wright (eds)
 1998   "Craft and Social Identity", *Archaeological Papers of the American Anthropological*

Association, No. 8, Washington, DC.

Cowgill, G. L.

1993 "Distinguished Lecture in Archaeology: Beyond Criticizing New Archaeology", *American Anthropologist* 95: 551–573.

Dalan, R. A.

1997 "The Construction of Mississippian Cahokia", in T. R. Pauketat and T. E. Emerson (eds) *Cahokia: Domination and Ideology in the Mississippian World*, Lincoln: University of Nebraska Press, pp. 89–102.

Deagan, K. A.

1990 "Accommodation and Resistance: The Process and Impact of Spanish Colonization in the Southeast", in D. H. Thomas (ed.) *Columbian Consequences, Volume 1: Archaeological and Historical Perspectives on the Spanish Borderlands West*, Washington, DC: Smithsonian Institution Press, pp. 297–314.

DeMarris, E., L. J. Castillo and T. Earle

1996 "Ideology, Materialization, and Power Strategies", *Current Anthropology* 17: 15–31.

Dietler, M. and I. Herbich

1989 "Tich Matek: The Technology of Luo Pottery Production and the Definition of Ceramic Style", *World Archaeology* 21: 148–164.

1998 "Habitus, Techniques, Style: An Integrated Approach to the Social Understanding of Material Culture and Boundaries", in M. T. Stark (ed.) *The Archaeology of Social Boundaries*, Washington, DC: Smithsonian Institution Press, pp. 232–263.

Dobres, M.-A.

2000 *Technology and Social Agency: Outlining a Practice Framework for Archaeology*, Oxford: Blackwell.

Dobres, M.-A. and C. R. Hoffman

1994 "Social Agency and the Dynamics of Prehistoric Technology", *Journal of Archaeological Method and Theory* 1: 211–258.

Dobres, M.-A. and J. Robb (eds)

2000 *Agency in Archaeology*, London: Routledge.

Dunnell, R. C.

1978 "Style and Function: A Fundamental Dichotomy", *American Antiquity* 43: 192–202.

1980 "Evolutionary Theory and Archaeology", in M. B. Schiffer (ed.) *Advances in Archaeological Method and Theory, vol. 3*, New York: Academic Press, pp. 35–99.

1992 "Archaeology and Evolutionary Science", in L. Wandsnider (ed.) *Quandaries and Quests: Visions of Archaeology's Future*, Occasional Paper No. 20, Carbondale: Center for Archaeological Investigations, Southern Illinois University, pp. 209–224.

Dunnell, R. C. and J. K. Feathers

1991 "Late Woodland Manifestations of the Malden Plain, Southeast Missouri", in M. S. Nassaney and C. R. Cobb (eds) *Late Woodland Stability, Transformation, and Variation in the Greater Southeastern United States*, New York: Plenum, pp. 21–45.

Earle, T.

1991 "The Evolution of Chiefdoms", in T. Earle (ed.) *Chiefdoms: Power, Economy, and Ideology*, Cambridge: Cambridge University Press, pp. 1–15.

1997 *How Chiefs Come to Power: The Political Economy in Prehistory*, Stanford: Stanford University Press.

Emerson, T. E.

1989 "Water, Serpents, and the Underworld: An Exploration into Cahokia Symbolism", in P. Galloway (ed.) *The Southeastern Ceremonial Complex: Artifacts and Analysis*, Lincoln: University of Nebraska Press, pp. 45–92.

1997a *Cahokia and the Archaeology of Power*, Tuscaloosa: University of Alabama Press.

1997b "Reflections From the Countryside on Cahokian Hegemony", in T. R. Pauketat and T. E. Emerson (eds) *Cahokia: Domination and Ideology in the Mississippian World*, Lincoln: University of Nebraska Press, pp. 167–189.

Emerson, T. E. and D. K. Jackson

1984 *The BBB Motor Site (11 — Ms — 595) American Bottom Archaeology, FAI — 270 Site Reports 6*, Urbana: University of Illinois Press.

Feinman, G. M.

1995 "The Emergence of Inequality: A Focus on Strategies and Processes", in T. D. Price and G. M. Feinman (eds) *Foundations of Social Inequality*, New York: Plenum Press, pp. 255–279.

Feinman, G. M. and J. Marcus (eds)

1998 *Archaic States*, Santa Fe: School of American Research Press.

Ferguson, L.

1992 *Uncommon Ground: Archaeology and Early African America*, Washington, DC: Smithsonian Institution Press.

Flannery, K. V.

1972 "The Cultural Evolution of Civilizations", *Annual Review of Ecology and*

Systematics 3: 399–426.

Fritz, G. J.

1990 "Multiple Pathways to Farming in Precontact Eastern North America", *Journal of World Prehistory* 4: 387–435.

Gero, J.

2000 "Troubled Travels in Agency and Feminism", in M.-A. Dobres and J. Robb (eds) *Agency in Archaeology*, London: Routledge, pp. 34–39.

Gero, J. M. and M. W. Conkey (eds)

1991 *Engendering Archaeology: Women and Prehistory*, Oxford: Basil Blackwell.

Giddens, A.

1979 *Central Problems in Social Theory: Action, Structure, and Contradiction in Social Analysis*, London: Macmillan.

1984 *The Constitution of Society*, Berkeley: University of California Press.

Gosselain, O. P.

1998 "Social and Technical Identity in a Clay Crystal Ball", in M. T. Stark (ed.) *The Archaeology of Social Boundaries*, Washington, DC: Smithsonian Institution Press, pp. 78–106.

Gould, S. J.

1987 *Time's Arrow, Time's Cycle: Myth and Metaphor in the Discovery of Geological Time*, Cambridge, MA: Harvard University Press.

Habermas, J.

1984 *The Theory of Communicative Action (Vol. 1)*, Boston: Beacon Press.

Hayden, B.

1995 "Pathways to Power: Principles for Creating Socioeconomic Inequalities", in T. D. Price and G. M. Feinman (eds) *Foundations of Social Inequality*, New York: Plenum Press, pp. 15–86.

Hegmon, M.

1998 "Technology, Style, and Social Practices: Archaeological Approaches", in M. T. Stark (ed.) *The Archaeology of Social Boundaries*, Washington, DC: Smithsonian Institution Press, pp. 264–279.

Hendon, J. A.

1996 "Archaeological Approaches to the Organization of Domestic Labor: Household Practice and Domestic Relations", *Annual Review of Anthropology* 25: 45–61.

Hill, J. N.

1994 "Prehistoric Cognition and the Science of Archaeology", in C. Renfrew and E.

B. W. Zubrow (eds) *The Ancient Mind: Elements of Cognitive Archaeology*, Cambridge: Cambridge University Press, pp. 83–92.

Hobsbawm, E. and T. Ranger (eds)
- 1983 *The Invention of Tradition*, Cambridge: Cambridge University Press.

Hodder, I.
- 1986 *Reading the Past: Current Approaches to Interpretation in Archaeology*, Cambridge: Cambridge University Press.
- 1987 *Archaeology as Long-Term History*, Cambridge: Cambridge University Press.
- 1995 "Fighting Back on the Plains", in P. Duke and M. C. Wilson (eds) *Beyond Subsistence: Plains Archaeology and the Postprocessual Critique*, Tuscaloosa: University of Alabama Press, pp. 235–239.

Holley, G.
- 1989 *The Archaeology of the Cahokia Mounds ICT-II: Ceramics*, Illinois Cultural Resources Study 11, Springfield: Illinois Historic Preservation Agency.

Holmes, W. H.
- 1903 *Aboriginal Pottery of the Eastern United States*, Bureau of American Ethnology, 20th Annual Report, Washington, DC: Smithsonian Institution.

Ingold, T.
- 1990 "Society, Nature, and the Concept of Technology", *Archaeological Review from Cambridge* 9: 5–17.

Johnson, M.
- 1989 "Conceptions of Agency in Archaeological Interpretation", *Journal of Anthropological Archaeology* 8: 189–211.
- 1996 *An Archaeology of Capitalism*, Oxford: Blackwell.

Jones, S.
- 1997 *The Archaeology of Ethnicity: Constructing Identities in the Past and Present*, London: Routledge.

Kelly, J. E.
- 1980 "Formative Developments at Cahokia and the Adjacent American Bottom: A Merrell Tract Perspective", PhD dissertation, Department of Anthropology, Madison: University of Wisconsin.
- 1990 "The Emergence of Mississippian Culture in the American Bottom Region", in B. D. Smith (ed.) *The Mississippian Emergence*, Washington, DC: Smithsonian Institution Press, pp. 113–152.
- 1991 "The Evidence for Prehistoric Exchange and Its Implications for the Development

of Cahokia", in J. B. Stoltman (ed.) *New Perspectives on Cahokia: Views from the Periphery, Monographs in World Archaeology 2*. Madison, WI: Prehistory Press, pp. 65–92.

    1993   "The Pulcher Site: An Archaeological and Historical Overview", *Illinois Archaeology* 5: 434–451.

Kertzer, D.
    1988   *Ritual, Politics, and Power*, New Haven, CT: Yale University Press.

Knapp, A. B. (ed.)
    1992   *Archaeology, Annales, and Ethnohistory*, Cambridge: Cambridge University Press.

Kohl, P. L.
    1984   "Force, History and the Evolutionist Paradigm", in M. Spriggs (ed.) *Marxist Perspectives in Archaeology*, Cambridge: Cambridge University Press, pp. 127–134.

Lechtman, H.
    1993   "Technologies of Power: The Andean Case", in J. Henderson and P. Netherly (eds) *Configurations of Power in Complex Societies*, Ithaca, NY: Cornell University Press.

Lemmonier, P.
    1992   "Elements for an Anthropology of Technology", *Museum of Anthropology, Anthropological Papers No. 88*, Ann Arbor: University of Michigan.

    1993   "Introduction", in P. Lemonnier (ed.) *Technological Choices: Transformation in Material Cultures Since the Neolithic*, London: Routledge, pp. 1–35.

Leone, M.
    1985   "Symbolic, Structural, and Critical Archaeology", in D. J. Meltzer, D. D. Fowler and J. A. Sabloff (eds) *American Archaeology Past and Future: A Celebration of the Society for American Archaeology 1935 — 1985*, Washington, DC: Smithsonian Institution Press, pp. 415–438.

Leone, M. P. and P. B. Potter, Jr. (eds)
    1988   *The Recovery of Meaning: Historical Archaeology in the Eastern United States*, Washington, DC: Smithsonian Institution Press.

Lightfoot, K. G.
    1995   "Culture Contact Studies: Redefining the Relationship Between Prehistoric and Historic Archaeology", *American Antiquity* 60: 199–217.

Lightfoot, K. G. and A. Martinez
    1995   "Frontiers and Boundaries in Archaeological Perspective", *Annual Review of Anthropology* 24: 471–492.

Lightfoot, K. G., A. Martinez, and A. M. Schiff
   1998 "Daily Practice and Material Culture in Pluralistic Social Settings: An Archaeological Study of Culture Change and Persistence from Fort Ross, California", *American Antiquity* 63: 199–222.

Little, B. J.
   1994 "People with History: An Update on Historical Archaeology in the United States", *Journal of Archaeological Method and Theory* 1: 5–40.

Lyman, R. L. and M. J. O'Brien
   1998 "The Goals of Evolutionary Archaeology", *Current Anthropology* 39: 615–652.

Lyman, R. L., M. J. O'Brien, and R. C. Dunnell
   1997 *The Rise and Fall of Culture History*, New York: Plenum.

Marcus, J. and K. V. Flannery
   1994 "Ancient Zapotec Ritual and Religion: An Application of the Direct Historical Approach", in C. Renfrew and E. B. W. Zubrow (eds) *The Ancient Mind: Elements of Cognitive Archaeology*, Cambridge: Cambridge University Press, pp. 55–74.

Maschner, H. D. G. and J. Q. Patton
   1996 "Kin Selection and the Origins of Hereditary Social Inequality: A Case Study from the Northern Northwest Coast", in H. D. G. Maschner (ed.) *Darwinian Archaeologies*, New York: Plenum Press, pp. 89–107.

Maschner, H. D. G. and S. Mithen
   1996 "Darwinian Archaeologies: An Introductory Essay", in H. D. G. Maschner (ed.) *Darwinian Archaeologies*, New York: Plenum Press, pp. 3–14.

McGuire, R.
   1992 *A Marxist Archaeology*, San Diego: Academic Press.

Mehrer, M. W.
   1995 *Cahokia's Countryside: Household Archaeology, Settlement Patterns, and Social Power*, DeKalb: Northern Illinois University Press.

Milner, G. R.
   1990 "The Late Prehistoric Cahokia Cultural System of the Mississippi River Valley: Foundations, Florescence, and Fragmentation", *Journal of World Prehistory* 4: 1–43.
   1996 "The Muddled Mississippian: Agendas, Analogues, and Analyses", paper presented in the plenary session, Appropriate Theory in Archaeological Investigations, N. Yoffee (organizer), 61st Annual Meeting of the Society for American Archaeology, New Orleans.
   1998 *The Cahokia Chiefdom: The Archaeology of a Mississippian Society*, Washington,

DC: Smithsonian Institution Press.

Milner, G. R., T. E. Emerson, M. W. Mehrer, J. A. Williams, and D. Esarey
    1984   "Mississippian and Oneota Period", in C. J. Bareis and J. W. Porter (eds) *American Bottom Archaeology*, Urbana: University of Illinois Press, pp. 158–186.

Mithen, S.
    1997   "Cognitive Archaeology, Evolutionary Psychology and Cultural Transmission, with Particular Reference to Religious Ideas", in C. M. Barton and G. A. Clark (eds) *Rediscovering Darwin: Evolutionary Theory and Archaeological Explanation*, Archaeological Papers of the American Anthropological Association, No. 7, Washington, DC, pp. 67–74.

Morse, D. F. and P. A. Morse
    1983   *Archaeology of the Central Mississippi Valley*, New York: Academic Press.

Muller, J.
    1989   "The Southern Cult", in P. Galloway (ed.) *The Southeastern Ceremonial Complex: Artifacts and Analysis*, Lincoln: University of Nebraska Press, pp. 11–26.
    1997   *Mississippian Political Economy*, New York: Plenum Press.

Muller, J. and J. E. Stephens
    1991   "Mississippian Sociocultural Adaptation", in T. E. Emerson and R. B. Lewis (eds) *Cahokia and the Hinterlands: Middle Mississippian Cultures of the Midwest*, Urbana: University of Illinois Press, pp. 297–310.

Nassaney, M. S.
    1992   "Communal Societies and the Emergence of Elites in the Prehistoric American Southeast", in A. W. Barker and T. R. Pauketat (eds) *Lords of the Southeast: Social Inequality and the Native Elites of Southeastern North America*, American Anthropological Association, Archaeological Papers 3, Washington, DC, pp. 111–143.

Neff, H.
    1992   "Ceramics and Evolution", *Archaeological Method and Theory* 4: 141–193.

Neff, H. and D. O. Larson
    1997   "Methodology of Comparison in Evolutionary Archaeology", in C. M. Barton and G. A. Clark (eds) *Rediscovering Darwin: Evolutionary Theory and Archaeological Explanation*, Archaeological Papers of the American Anthropological Association, No. 7, Washington, DC, pp. 75–94.

Nelson, S. M.
    1997   *Gender in Archaeology: Analyzing Power and Prestige*, Walnut Creek, CA:

Altamira Press.

O'Brien, M. J. and T. D. Holland

   1990   "Variation, Selection, and the Archaeological Record", *Archaeological Method and Theory* 2: 31–79.

   1992   "The Role of Adaptation in Archaeological Explanation", *American Antiquity* 57: 3–59.

O'Brien, M. J., T. D. Holland, R. J. Hoard, and G. L. Fox

   1994   "Evolutionary Implications of Design and Performance Characteristics of Prehistoric Pottery", *Journal of Archaeological Method and Theory* 1: 259–304.

O'Brien, M. J. and W. R. Wood

   1998   *The Prehistory of Missouri*, Columbia: University of Missouri Press.

Ortner, S. B.

   1984   "Theory in Anthropology Since the Sixties", *Comparative Studies in Society and History* 26: 126–166.

Pauketat, T. R.

   1993   *Temples for Cahokia Lords: Preston Holder's 1955 — 1956 Excavations of Kunnemann Mound*, Museum of Anthropology, Memoir 26, Ann Arbor: University of Michigan.

   1994   *The Ascent of Chiefs: Cahokia and Mississippian Politics in Native North America*, Tuscaloosa: University of Alabama Press.

   1996a   "The Place of Post-Circle Monuments in Cahokian Political History", *Wisconsin Archaeologist* 77: 73–83.

   1996b   "Resettled Rural Communities at the Edge of Early Cahokia", paper presented at the Southeastern Archaeological Conference, Birmingham, Alabama.

   1997a   "Cahokian Political Economy", in T. R. Pauketat and T. E. Emerson (eds) *Cahokia: Domination and Ideology in the Mississippian World*, Lincoln: University of Nebraska Press, pp. 30–51.

   1997b   "Mississippian from Top to Bottom", paper presented in the symposium "New Evidence of Early Cahokian Provisions and Rituals", organized by T. Pauketat, Southeastern Archaeological Conference, November 5–9, Baton Rouge, Louisiana.

   1997c   "Specialization, Political Symbols, and the Crafty Elite of Cahokia", *Southeastern Archaeology* 16: 1–15.

   1998a   *The Archaeology of Downtown Cahokia: The Tract 15A and Dunham Tract Excavations*, Illinois Transportation Research Program, Studies in Archaeology 1.

Urbana: University of Illinois.

1998b   "Refiguring the Archaeology of Greater Cahokia", *Journal of Archaeological Research* 6: 45–89.

2000a   "The Tragedy of the Commoners", in M.-A. Dobres and J. Robb (eds) *Agency in Archaeology*, London: Routledge, pp. 113–129.

2000b   "Politicization and Community in the Pre-Columbian Mississippi Valley", in M.-A. Canuto and J. Yaeger (eds) *The Archaeology of Communities: A New World Perspective*, London: Routledge, pp. 16–43.

in press   "A New Tradition in Archaeology", in T. R. Pauketat (ed.) *An Archaeology of Traditions: Agency and History Before and After Columbus*, Gainesville: University Press of Florida.

Pauketat, T. R. and T. E. Emerson

1991   "The Ideology of Authority and the Power of the Pot", *American Anthropologist* 93: 919–941.

1997a   *Cahokia: Domination and Ideology in the Mississippian World*, Lincoln: University of Nebraska Press.

1997b   "Introduction: Domination and Ideology in the Mississippian World", in T. R. Pauketat and T. E. Emerson (eds) *Cahokia: Domination and Ideology in the Mississippian World*, Lincoln: University of Nebraska Press, pp. 1–29.

1999   "Representations of Hegemony as Community at Cahokia", in J. Robb (ed.) *Material Symbols: Culture and Economy in Prehistory*, Carbondale: Center for Archaeological Investigations, Southern Illinois University, pp. 302–317.

Pauketat, T. R., L. S. Kelly, G. Fritz, N. H. Lopinot, and E. Hargrave

n.d.   "Ritual Refuse from Cahokia", Paper in possession of the authors.

Pauketat, T. R. and N. H. Lopinot

1997   "Cahokian Population Dynamics", in T. R. Pauketat and T. E. Emerson (eds) *Cahokia: Domination and Ideology in the Mississippian World*, Lincoln: University of Nebraska Press, pp. 103–123.

Pauketat, T. R., M. A. Rees, and S. L. Pauketat

1998   *An Archaeological Survey of the Horseshoe Lake State Park, Madison County, Illinois*, Reports of Investigations, No. 55, Springfield: Illinois State Museum.

Phillips, P., J. A. Ford, and J. B. Griffin

1951   *Archaeological Survey in the Lower Mississippi Alluvial Valley, 1940–1947*, Papers 25, Cambridge, MA: Peabody Museum of American Archaeology and Ethnology.

Rabinow, P. (ed.)

    1984   *The Foucault Reader*, New York: Pantheon Books.

Rappaport, R. A.

    1979   *Ecology, Meaning, and Religion*. Berkeley, CA: North Atlantic Books.

Rees, M. A.

    1997   "Coercion, Tribute and Chiefly Authority: The Regional Development of Mississippian Political Culture", *Southeastern Archaeology* 16: 113–133.

Renfrew, C.

    1987   "Introduction: Peer Polity Interaction and Socio-Political Change", in C. Renfrew and J. F. Cherry (eds) *Peer Polity Interaction and Socio-Political Change*, Cambridge: Cambridge University Press, pp. 1–18.

    1994   "Towards a Cognitive Archaeology", in C. Renfrew and E. Zubrow (eds) *The Ancient Mind: Elements of Cognitive Archaeology*, Cambridge: Cambridge University Press, pp. 3–12.

Renfrew, C. and E. Zubrow (eds)

    1994   *The Ancient Mind: Elements of Cognitive Archaeology*, Cambridge: Cambridge University Press.

Rindos, D.

    1989   "Undirected Variation and the Darwinian Explanation of Cultural Change", in M. B. Schiffer (ed.) *Archaeological Method and Theory, vol. 1*, Tuscon: University of Arizona Press, pp. 1–45.

Robb, J. E.

    1998   "The Archaeology of Symbols", *Annual Review of Anthropology* 27: 329–346.

Rogers, J. D. and S. M. Wilson

    1993   *Ethnohistory and Archaeology: Approaches to Postcontact Change in the Americas*, New York: Plenum.

Roscoe, P. B.

    1993   "Practice and Political Centralization", *Current Anthropology* 34: 111–140.

Sahlins, M.

    1985   *Islands of History*, Chicago: University of Chicago Press.

Schiffer, M. B.

    1995   *Behavioral Archaeology: First Principles*, Salt Lake City: University of Utah Press.

    1996   "Some Relationships Between Behavioral and Evolutionary Archaeologies", *American Antiquity* 61: 643–662.

Schiffer, M. B. and J. M. Skibo
  1997 "The Explanation of Artifact Variability", *American Antiquity* 62: 27–50.
Schlanger, N.
  1994 "Mindful Technology: Unleashing the Chaîne Opèratoire for an Archaeology of Mind", in C. Renfrew and E. B. W. Zubrow (eds) *The Ancient Mind: Elements of Cognitive Archaeology*, Cambridge: Cambridge University Press, pp. 143–151.
Shackel, P. A. and B. J. Little
  1992 "Post-Processual Approaches to Meanings and Uses of Material Culture in Historical Archaeology", *Historical Archaeology* 26: 5–11.
Shennan, S.
  1993 "After Social Evolution: A New Archaeological Agenda?", in N. Yoffee and A. Sherratt (eds) *Archaeological Theory: Who Sets the Agenda?*, Cambridge: Cambridge University Press, pp. 53–59.
  1996 "Foreword", in H. E. G. Maschner (ed.) *Darwinian Archaeologies*, New York: Plenum, pp. ix-x.
Stark, M. T. (ed.)
  1998 *The Archaeology of Social Boundaries*, Washington, DC: Smithsonian Institution Press.
Stein, G.
  1998 "Diasporas, Colonies and World Systems: Rethinking the Archaeology of Inter-Regional Interaction". Distinguished Lecture, Archaeology Division, 97th Annual Meeting of the American Anthropological Association, December 2–6, Philadelphia.
Steponaitis, V. P.
  1984 "Technological Studies of Prehistoric Pottery from Alabama: Physical Properties and Vessel Function", in S. E. van der Leeuw and A. C. Pritchard (eds) *The Many Dimensions of Pottery: Ceramics in Archaeology and Anthropology*, Universiteit van Amsterdam, pp. 79–127.
Sztompka, P.
  1991 *Society in Action: The Theory of Social Becoming*, Chicago: University of Chicago Press.
Tainter, J.
  1988 *The Collapse of Complex Societies*, Cambridge: Cambridge University Press.
Teltser, P. A. (ed.)
  1995 *Evolutionary Archaeology: Methodological Issues*, Tucson: University of Arizona Press.

Toren, C.
    1999   *Mind, Materiality and History: Explorations in Fijian Ethnography*, London: Routledge.

Trigger, B. G.
    1982   "Ethnohistory: Problems and Prospects", *Ethnohistory* 29: 1–19.
    1984   "Archaeology at the Crossroads: What's New?", *Annual Review of Anthropology* 13: 275–300.
    1989   "History and Contemporary American Archaeology: A Critical Analysis", in C. C. Lamberg-Karlovsky (ed.) *Archaeological Thought in America*, Cambridge: Cambridge University Press, pp. 19–34.
    1991   "Distinguished Lecture in Archeology: Constraint and Freedom — A New Synthesis for Archeological Explanation", *American Anthropologist* 93: 551–569.

Turner, V.
    1967   *The Forest of Symbols*, Ithaca, NY: Cornell University Press.

Van der Leeuw, S. E.
    1993   "Giving the Potter a Choice: Conceptual Aspects of Pottery Techniques", in P. Lemmonier (ed.) *Technological Choices: Transformation in Material Cultures Since the Neolithic*, London: Routledge, pp. 238–288.
    1994   "Cognitive Aspects of 'Technique'", in C. Renfrew and E. Zubrow (eds) *The Ancient Mind: Elements of Cognitive Archaeology*, Cambridge: Cambridge University Press, pp. 135–142.

VanPool, C. S. and T. L. VanPool
    1999   "The Scientific Nature of Postprocessualism", *American Antiquity* 64: 33–53.

Vincent, J.
    1990   *Anthropology and Politics*, Tucson: University of Arizona Press.

Wagner, R.
    1986   *Symbols that Stand for Themselves*, Chicago: University of Chicago Press.

Weimer, M. B.
    1995   "Predictive Modeling and Cultural Resource Management: An Alternative View from the Plains Periphery", in P. Duke and M. C. Wilson (eds) *Beyond Subsistence: Plains Archaeology and the Postprocessual Critique*, Tuscaloosa: University of Alabama Press, pp. 90–109.

Wiessner, P.
    1997   "Seeking Guidelines Through an Evolutionary Approach: Style Revisited Among the !Kung San (Ju/Hoansi) of the 1990s", in C. M. Barton and G. A. Clark (eds)

Rediscovering Darwin: Evolutionary Theory and Archaeological Explanation, Archeological Papers of the American Anthropological Association, No. 7, Washington, DC, pp. 157–176.

Wolf, E. R.
- 1990 "Facing Power — Old Insights, New Questions", *American Anthropologist* 92: 586–596.
- 1999 *Envisioning Power: Ideologies of Dominance and Crisis*, Berkeley: University of California Press.

Zubrow, E. B. W.
- 1994 "Knowledge Representation and Archaeology: A Cognitive Example Using GIS", in C. Renfrew and E. B. W. Zubrow (eds) *The Ancient Mind: Elements of Cognitive Archaeology*, Cambridge: Cambridge University Press, pp. 107–118.

默识的局限性：从考古学视角看能动性和主观性[*]

---

[*] Smith, Adam 2001, "The limitations of doxa: Agency and subjectivity from an archaeological point of view", *Journal of Social Archaeology* 1(2): 155–171.

引　言

1977年，皮埃尔·布迪厄（Pierre Bourdieu）在其巨著《实践理论大纲》（*Outline of a Theory of Practice*）（Bourdieu 1977）一书的补充说明中，提出了一个问题，令那些致力于将过去描述为由反思性个体所创造和再创造社会过程的考古学家和历史学坐立不安。布迪厄写道："当客观秩序与组织（如古代社会）的主观原则之间存在近似完美的对应关系时，自然的世界和社会的世界就显得不言自明。我们应该称这种经验为默识（*doxa*）。"（Bourdieu 1977: 164）布迪厄用这样一个随意的注释，就把古代社会人们的实践行为划到了默识的范畴里。人们生活的例行活动，根据的便是把社会秩序视为生活自然方式的误解，而非政治产物。结构与个体之间的持续对立是历史性的，时间深度不仅被视为一系列同步的社会力量，而且也是（世界）社会变革的一个新兴特征。

布迪厄用这个注释来说明（至少）两个观点。第一个是有关史学史的方法内容，其中，对默识的描述被定义为对遥远过去社会生活的穷尽研究。因此，考古学分析的重点仅限于对高度程序化重复的惯例，而这种惯例作为事物唯一可被感知的规则，复制并形成了现有的世界。布迪厄的第二个观点是历史的，他在古代与现代之间拓宽了能动性的范围。自《实践理论大纲》一书出版以来，考古学理论倾向于相反的观点，摒弃了过去那套将"过去"（Past）塞入刺激和反应规整模型的体系中，为了在社会的生产、再生产和改革过程中让个人的作用有一席之位（参考 Barrett 2000; Brumfiel 1992; Dietler 1998; Dietler and Herbich 1998; Hodder 1986: 6–9; Knapp 1996; Miller 1982; Saitta 1994; Shanks and Tilley 1987: 71–72）。在考古学和一般重新考虑对主观性所受限制的社会思潮中（参考 Foucault 1978; Jameson 1992; Zizek 1999），我们必须提出质疑，到底布迪厄所设想关于古代社会的默识,是否是一种令人满意的思考能动性局限的方式。

我们之所以要批判性地检视布迪厄能动性局限的说法,(至少)有三个重要原因。首先,布迪厄将能动性归于对意愿(Will)的实质性理解,这对于考古学观点来说是很大的挑战,因为考古学认为行动可能显现在现存记录中,然而意图(Intentions)却是模糊的。因此,对布迪厄默识的概念进行探究,对于确定一种可以在考古学思想中蓬勃发展,而不是一种简单复制的研究方法至关重要。如多布雷什和罗伯所说,这样复制出来的,是"模棱两可的陈词滥调"(Dobres and Robb 2000: 3)。

其次,布迪厄对默识的解释,为他的实践理论形成提供了历史基础,这一理论方法在考古学中越来越受欢迎。因此,鉴于考古学家在不断转变的框架中已开始遇到与行动(Action)相关的问题,我们应充分阐释研究过去时涉及的默识的涵义(Wobst 2000)。

最后,布迪厄关于"前现代"背景下社会秩序与自然世界对应关系的解释,已经开始导致了一种"前现代"与现代之间急剧的历史性断裂,正如蒂莫西·米切尔(Timothy Mitchell)论述的欧洲殖民列强强加给埃及的"现代主观性的新颖性"(Mitchell 1988: 59-60)。如果考古学要成功地以有意义的方式将现在与过去相联系,那么我们就必须积极抵制这种僵化边界的建立,即把古代与现代刻意区别开来,视古代为本体论上有区别的"他者"。

本文是对布迪厄主张默识在古代社会具有首位意义的理论性回应。在文章的前半部分,我对布迪厄关于能动性的实质观念(即他定义能动性是一种属于个体行动的能力),以及认为古代社会较之现代更束缚于日常惯例的观点进行批判。文章的后半部分介绍了一件亚美尼亚青铜时代中期的银质酒杯,借此将对默识的批判延伸到了考古学理论领域,并提出了在过去概念化的行动,而这一概念的提出,可基于日常实践中主体多维性、关系性的创造。

一、对默识的批判

像法兰克福学派的批判理论家一样，布迪厄整体哲学研究的核心，是关于文化，也就是被操纵和消费象征符号的实践，如何有助于再生产出社会（阶级）特权。正如加尔特曼（Gartman）正确地指出，布迪厄通过创建一个高度经验主义的、"在个体背后、以其逻辑产生影响力的阶级和文化结构的蓝图"（Gartman 1991: 422），来改进法兰克福学派的抽象阴谋论（例如 Adorno 1997; Horkheimer and Adorno 1993; Marcuse 1964）。布迪厄所坚定支持的经验主义，其实就是他用来讨论实践，并与各种超社会决定论（Extra-social determinism）做斗争的有效方法，通过这一方法，考古学家发扬了布迪厄的思想，但这些超社会决定论仍然是人类学知识领域的重要组成部分。然而，要将对行动者的限制视为对扰乱社会秩序因素的消弭，布迪厄这种对默识历史辉格党主义式的概念化（译者按：也就是历史一定按既定轨迹向前进步和越来越好），最终只会成为一种比传统考古学决定论更有自我意识和程序化的方式，将古代社会中的行动者（Actors）与他们的行动（Activities）剥离开来。

让我首先简要探讨一下布迪厄关于默识的定义。默识指的是那些被认为是理所当然的活动领域，这些活动已完全规范化，以至于这些行动完全缺乏意图，对他们的展开也不能被视为能动性。由于在默识所包含知识领域中，社会世界的现有秩序是不言自明的，它就是一种政治工具，确保现有结构可以再生产。默识就是出现在误解中，认为行动的过程就是单一不变的惯例（Bourdieu 1977: 164-166）。相对比而言，能动性依赖于超越这些限制的意愿，也就是能够识别出客观秩序的人为本质，并拒绝认同其要求。因此，能动性就被定义为一个实质性概念，即个体的一种能力，能够识别出政治建构就是根深蒂固的社会文化传统，并通过执行意愿来克服这些秩序的束缚（Bourdieu 1977: 166, 1990: 68-69）。

布迪厄关于能动性和默识的描述，可以从多种不同的方式来解读。一方面，基于视政治性创造的秩序为自然世界的误解，默识可以被理解为是对经典马克思主义中虚假意识的重新修订（例如，Althusser 1969; Lukács 1971; Marx and Engels 1998）。事实上，人们清楚地意识到默识就是社会团体中分工和分权的支柱（Bourdieu 1977: 165）。另一方面，将能动性视为超越限制，即拒绝将世界视为理所当然的自然秩序的意愿，默识也可以被解读成是对尼采关于群体道德解释的复述。能动者通过对意愿的拥抱接受，从而拥有了超越默识局限性的力量，将自身视为高于那些在日常惯例中对种种可能性视而不见的人们（Nietzsche 1989: 201-208；对比 Foucault 1984）。这些解读绝不是相互排斥的。然而，每一种解读方式都带来了批判性的贡献，并渐渐削弱了布迪厄关于能动性及其局限概念的有效性。

基于以上有关默识对误解的表述，布迪厄其实是在识别虚假意识上出现了问题，我想简单提及三点。首先，对行动背后是否意识到动机的怀疑，默识的概念将主体（他或她）与其决策过程分裂开来。在我们的案例中，分析者即考古学家将自身带入个体与他们的日常实践中，从而评估这两端之间的联系，在多大程度上是充分知道各种可能性。这种对能动性的分析不是建立在对行动者所处情境的理解上，而是建立在与存在的阶级关系结构对立的、和行动者意图有关的特权知识之上。这种知识并非基于对动机、情感或信念真正的敏感洞察，而是完全在理论上预先设定好的。如此一来，对事物现有方式的选择就不是一种选择，而是一种对日常惯例的盲从。

这把我们导向了布迪厄关于默识论述的第二个问题。在一个对能动性局限有关的默识解释中，现有秩序的复制肯定不是有意识地从一系列可能性中进行选择，而仅仅是一个不充分意识自我主体的误判。在默式模式分析中，关键的推动力在于将能动性变成"革命性主体"（revolutionary subject）的限制。不幸的是，这导致布迪厄变相将能动性和实践（praxis）相混淆，后者特指马克思主义思想中的变革性活动（Gramsci 1971: 364-366; Marx 1998: III）。结果导致，能动性仍然是一个相当贫乏的概念，仅限于表相，即对日常生活的习以为常。虽然我对那些试图从过去中寻找革命性感受能力的想法有些同情，但是把能动性限定在激进主义中，同样只会阻碍对古代社会中保守主义的理解。如果漠视了那些认同默识就是人群一部分的个体，就会与分析要点失之交臂，因为对于社会分析来说，积极渴望维持现有秩序的背后力量，与异常行为的逻辑一样同样具有吸引力和重要性。

布迪厄为能动性指定的心理学焦点，也引出了他关于默识描述的第三个缺陷。根据布迪厄的观点，能动者的先验定义，是根据一系列受限的社会政治结构。能动者和非能动者的区别仅仅基于他们的（政治性）立场，是否让人感受到一个存心让他们服从的大一统政治秩序。其结果是模糊了赞成本身的语境和偏离的含义。毕竟，富有的精英对于不平等关系的赞成，他们意见的影响肯定与贫困农民、工厂工人或拿着最低工资服务性行业雇员不同。另一方面，试图炸毁政府大楼的个人可能是激进的，也有可能是保守反动的，如阿杜夫·维洛克（Adolf Verloc）或盖伊·福克斯（Guy Fawkes），最终判断的根据不取决于要推翻现有秩序的意图，而取决于与政治机构、经济资源和文化传统的多维关系（真实的和想象的）。事实上，葛兰西（Gramsci 1971: 180-182）关于时间性更为精细化的观点，清楚地表明了要充分描述一个政治行为，重点就是其历史契机，这就是默识概念中完全缺乏辨识情境的能力。

第二组理论问题，则因布迪厄试图将能动性置于对权力意志较温和的社会学观点上。布迪厄在这样做时，将历史观点重新描述，变成关注那些超越默识的人。这种历史的结果，很可能就是两方面的记述，只包括了历史上没有发生过的事情，即从未被支持过的可能性，以及那些——借用苹果公司那句有语法问题的口号——敢于"非同凡想"的人的传记。一方面，布迪厄可能因高估了那些不可想象的情况而被诟病，因为即使是对日常惯例的盲目服从也不能被说成是排除了对其他可能性的容忍，或者是起码的意识。正如吉登斯（Giddens 1993: 81-82）所指出那样，对行动的约束并不能假设意味着对选择的麻木，因为约束本身并不完全相同。另一方面，布迪厄过分强调意愿，因为变革的来源必须是构成于现有的政治权力领域内。即使那些已撕开政治实践所假设自然面具的人，也是在他们所渴望克服的历史形态所限制的可能性领域中，做出这样的行为（Abrams 1998; Corrigan and Sayer 1985）。正如霍尔斯顿（Holston 1989: 12-13）在他对现代城市的研究中所指出的那样，意图只有在与工具和实践相联系时才真正被人感受到，并在其中被实现的可能性也才出现。因此，意图之所以能被了解，并非因为是广义上意愿实质性的组成部分，而仅仅是与实践性活动情境关系密切的主观维度。除非我们希望考古学重新回到服务于"伟人"历史，即是历史主体，也就是革命英雄，才是社会转型中有着特殊身份和待遇的人，否则我们必须集中分析各种结构性立场和行动者之间的关系，为同意和变革性实践创造机会。因此，分析的核心问题，便从结构和个人之间简化辩证法中能动性的局限性，转变为对主体社会创造的考虑，即自我和社会形成的广义文化过程中参与共谋的个体。

不论在其马克思主义哲学还是尼采哲学根源中，布迪厄将能动性定义为"超越默识的意愿"，都为审视人类的过去创造了许多理论上的困难。在考古学上，最直接的问题是他将能动性排除在古代社会之外。为什么布迪厄要将这个条件置于他的论点之中？我认为答案在于随着时间推移，知识领域因而跟着发展这个隐晦的历史论证中。他写道，每一个社会秩序"都倾向将其恣意霸道之处自然化"，只有在古代世界中，独断专横与天生自然本质是融合在一起（Bourdieu 1977: 164）。在默识模式中，人类历史是一种对断裂的解释，这些断裂出现在客观秩序和社会组织的主观原则之间。一旦正统观点推动强化默识，而非正统观点想拓展那些只是简单看法的地方，两者间的振荡就促成了断裂。通过将更遥远的过去束缚在日常惯例中，这种对现有秩序提出质疑的动力不仅是一种结构上的可能性，同时也是变成了一种对马克思主义历史要求的苍白响应。如果布迪厄没有视古代世界为无意识的日常惯例，他的解释便失去了道德上的紧迫感，也就是他的学说对持相反观点者的革命性推动。然而，在原来甚无历史深度的哲学语境中创造出这种相当微弱的时间感，其代价就是无法将默识用于对约束感兴趣而又反对决定论的考古学之中。

当我们绕开将行动视作为故意犯规的能动者和作为看守者的结构间辩证关系这种观点，那么作为社会秩序的再生产及相关争论必不可或缺的个人身份认同再创造和相关限制，便随之浮现。自我形成和社会世界的形成可以理解为彼此不可分割的因素。因此，能动性并不依赖于单独革命者的意图，而是蕴含在相互缠绕的项目中，产生了政治主体、发展出文化的主观性框架、促进了社会结构的主观化，并将所有前述内容联结为一种主体性变化的观念。紧跟朱迪斯·巴特勒（Judith Butler 1990, 1997）所倡导文化研究的趋势，我不是争辩说对个人转变的关注（身份政治）应该取代对政治经济或制度权力的考虑（参考在 Zizek 1999: 260-264 的批评）。相反，应该得出的结论是，主观性以及行动的各种因子是在多维情境中构成的，这种情境同时包括个人的、社会的、文化的和政治的。在这些重叠的领域中，主体比要不成为能动者便是被动者，以及不是行骗者便是上当者这样二分的情况更为复杂。而且，对主观性的描述并不能局限于对可能性和意图的实质性说明。相反，主体的创造应该理解为一个激烈的公共过程，并处于日常实践中。这样，它便提供了一种对行为和约束的解释，从考古学的角度来看也更容易理解和获得成效。

尽管前述各种对布迪厄关于默识的反对理由，但考古学中确实需要理解那些限制个人如何选择日常生活的因素。这种理论化不应该简单地重复陈旧的"结构-行为者"（structure-actor）的二分法——用迪特勒和赫比希的话所说，就是"社会科学的主要范式二分法"（Dietler and Herbich 1998: 245）。但是，如何构思这个问题，能使我们既不需要抹去古代社会中能够做出决定的有意识个体，也不需要依赖于一种实质且独立存在的意图呢？

前面讨论的，主要集中于考虑布迪厄关于默识的解释对考古学研究过去的理论意义。解释的可能性会因对主观性的检视而开放，也因默识要立足于物质文化领域这一理性效忠而被排除。接下来的讨论将从单个器物的角度考虑默识和主观性——在现代亚美尼亚（Armenia）拉兹丹河（Razdan river）附近卡拉沙姆（Karashamb）遗址的坟冢（Kurgan）[1]所出土一件青铜时代中期酒杯。将讨论限定于单一器物的目的，不是将考古学的视野局限于纯粹的艺术史，而是要让物质文化说清楚理论陈述，且不能让前者对后者喧宾夺主。以下讨论不是前面理论探讨的案例研究，而这

---

[1] Kurgan，俄语术语，指一种竖立于房屋内的大型石头和土堆。

也是当代考古写作中的主流套路。我也不想提出卡拉沙姆酒杯本身为上述理论情况提供了充分的经验基础。相反，考虑卡拉沙姆酒杯的目的是为了在明确的考古学参考框架内，进一步扩展前面对默识的批判。

二、卡拉沙姆之杯

高加索地区位于黑海和里海之间，是连接西南亚和欧亚草原的广阔地带。南高加索经常被定义为阿拉克斯中部（Middle Araxes）库拉河（Kura river）中部水系之间的高地地区（图1）。这是一个由阿拉伯和欧亚板块的构造作用形成的有着崎岖山脉和高架盆地的地区。这个地质活动景观留下的痕迹，可以在许多火山山峰中看到，例如亚拉拉特山（Mount Ararat）和阿拉加茨山（Mount Aragats），以及整个地区广泛存在的玄武岩、凝灰岩和黑曜石的大型矿床（Mil'kov and Gvozdetskii 1969）。南高加索地区的平均海拔在1200至1800米之间，仅在亚拉腊平原（Ararat plain）上低于1000米。

青铜时代早期，南部高加索地区就是被称为库拉-阿拉克斯复合体（Kura-Araxes complex）考古学文化的地理中心，其分布从地中海东部（Khirbet Kerak 式陶器；Amiran 1965）到高加索山脉北麓（例如 Velikent；Gadzhiev et al. 1997），再到中央扎格罗斯山脉（例如 Godin Tepe；Yong and Levine 1974）。在南部高加索地区的库拉-阿拉克斯聚落，一般都是以犁耕、灌溉农业、季节性迁徙畜牧业为生的自给经济小村庄（Kushnareva 1997: 181）。在公元前三千纪最后几个世纪，经济，文化和社会的重大变迁导致了库拉-阿拉克斯社区的解散，以及随后青铜时代中期考古记录上波及面甚广的变化。

青铜时代早期到中期的转变中，最显著的考古特征是聚落形态的转变，导致了库拉-阿拉克斯晚期社区的大量废弃。虽然 Metsamor（Khanzadian et al. 1973）、Garni（Kushnareva 1997: 141）和 Uzerlik-Tepe（Kushnareva 1985）等遗

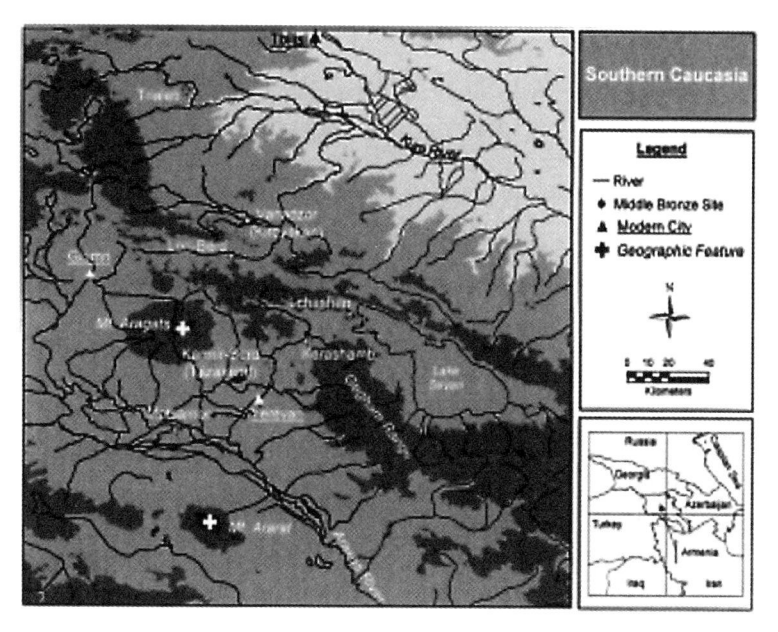

图 1　高加索地区南部地图

址的地层表明库拉-阿拉克斯和青铜时代中期之间存在某种连续性，但大多数青铜器时代早期晚段的遗址似乎在公元前三千纪末期就被废弃了。因此，我们大多数关于公元前二千纪早期的证据来自墓葬而非居址。在青铜时代中期，埋葬习俗也发生了变化，坟冢成为墓葬建筑的主要形式，正如记录在 Trialeti（Kuftin 1941）、Vanadzor（Kirovankan; Piotrovskii 1949: 46）和 Karashamb（Oganesian 1992a）等遗址的变化。

陶器风格和形制从青铜时代早期到中期也发生了变化，最突出的表现为库拉-阿拉克斯特有的黑色和棕色磨光陶器的消失，以及 Trialeti-Vanadzor 和随后的 Karmir-Berd（Tazakend）、Karmirvank 和 Sevan-Uzerlik 文化中彩绘陶器[1]的出现。这些新陶器的出现，伴随着金属工具、武器、容器和珠宝的变化，包括新

---

[1] 一种有黑色抛光的传统陶器在青铜时代中期的一些地区持续出现，如 Meskheti kurgans 出土器物即有这种风格的器物（Dzhaparidze et al. 1985）。

的匕首和剑、带銎矛头、扁平斧、凿和酒器。在青铜时代中期，埋葬习俗的巨大变化，包括巨大坟冢风格的墓葬纪念碑和丰富的人工制品，都表明出现了一个新兴的贵族阶层。这种贵族与俘获（武器、盾牌、战车）和战争图像（下文将讨论）之间的联系强烈表明，青铜时代中期的社会分层取决于一种军事文化，在这种文化中，社会武力的价值已成为新型社会等级制度中的合法价值（Badalyan et al., 待刊）。

1987年秋天，一队考古学家在拉兹丹河西岸卡拉沙姆一处著名墓地的北侧，发掘了一处大型青铜时代中期的坟冢。坟冢就是建在一个墓区顶上的土石堆，这个墓区的范围则由一圈石头围出。在这个墓区内，发掘者发现了火葬遗骸，并伴有许多动物骨骼、武器、装饰品和容器。坟冢建筑及其随葬品表明，这座坟冢与 Vanadzor（Kirovakan）和 Trialeti（Oganesian 1988: 145）类似的墓葬有很多相似之处。现存材料的分期表明，这个 Trialeti-Vanadzor 考古复合体可追溯到公元前两千纪的第一个世纪（Avetisyan et al. 1996, 2000; Oganesian 1992a）。

在卡拉沙姆坟冢考古发现中，包括一个镀银的酒杯，其外表被凸起的条带分开，共分成六个部分，每部分都装饰有浮雕图像（图2和图3; Oganesian 1992b: 86）。顶部条带装饰描绘了一次野猪狩猎。一名弓箭手带着一只有颈圈的狗，正准备将第二支箭射入一只受伤的野猪，同时，这头野猪也受到了狮子和豹子的袭击。第二个条带装饰描绘了一场战斗、一场俘虏的游行和一场宴会，很可能提供了一个能解读场景的解说顺序。战斗场景由两队士兵组成，他们用

图2 出土于亚美尼亚卡拉沙姆地区的镀银酒杯（来源：亚美尼亚考古与民族学研究所 [the Armenian Institute of Archaeology and Ethnography]）

图 3　卡拉沙姆之杯图案线描图（来源：Kushanareva 1997）

长矛和匕首作战。在相邻的游行队伍中，三名士兵跟在一个没有武器的俘虏后面，用矛抵着他的后背，逼迫他前行。宴会场景由一侧的大型雄鹿和另一侧似乎拿着乐器且坐着的人物包围。场景的中心，两名随从为一个坐着的人物（通常被解释为"国王"）扇风，其正啜饮着杯中的饮品，而仆人们正张罗着两张大桌子上的东西（Oganesian 1992b: 86）。

第三个条带装饰描绘了一组征战胜利之后的场景。构图的中心是一头长有翅膀的狮首动物。在它的右侧，我们看到一个正被击败的敌人被一把矛刺死，一个坐着的人物正坐在一堆被斩首的头旁磨制一把斧头。在那之后，我们看到了一堆可能是留在战场上的武器，以及另一个俘虏被刺死的情景。在长有翅膀的狮子的左边，三个无头人物站在一个重叠的狮子和公羊的旁边。有趣的是，条带装饰中描绘的所有"敌人"都长着浓密的尾巴。

在第四个条带装饰中，一排豹子和狮子从右到左列队行进。只是一个插入来的盾牌将这个动物场景与上面描绘的战斗联系起来。酒杯器身最下方的第五个条带是装饰性的，由带有尖头的浮雕玫瑰花结组成。最后一个条带装饰环绕着酒杯的足，描绘了一头侧面的狮子、四对用后腿站立的狮子与豹子图案相连。

在特利阿勒梯（Trialeti）的坟冢V和XVII以及在迈科普（Maikop）的墓葬中（Dzhaparidze 1988: 8; Kuftin 1941: 8, 90）都发现过类似的金属酒器。在代尼兹利山（Uzerlik Tepe）中也存在类似风格陶酒器的传统，其重复出现使Kushnareva（1997: 112）认为，容器形制和美学传统是本地发展出来的，即使某些象征性主题表明其存在来自西南亚的不同影响（例如第一个条带装饰中的狩猎场景）。

卡拉沙姆杯最引人注目的地方，就是它代表了一套相当有限的实践，并以再生产以下政治秩序为核心：战争和征服，宴会和庆典，惩罚和仪式，狩猎和暴力技术。这件作品的中心主题，显然是对征服敌人以及对统治者和政治权威组织的赞颂。中心条带装饰上的军事场景，被描绘出自然界暴力的图像所包围，似乎支持了布迪厄对自然秩序和政治秩序等同性的描述。事实上，许多关于西亚南部"皇室"艺术的研究表明，统治者非常注重将他们的政权和活动嵌进一系列自然主义风格的符号中（Kantor 1966; Marcus 1995; Russell 1991; Smith 2000; Winter 1981）。如果我们要用默识来解释卡拉沙姆杯，那么我们就不得不把它的图像理解为纯粹的模仿——就像布迪厄所说的那样，这些图像代表了事物的真实状态，在这种状态中，自然和国家联结在一起是不在话下的。这种立场，也排除了以下解释，即将该容器的生产视为一种意识形态所决定的工具；生产、交换和消费在这模式中，只会被理解成由高度脚本化角色所编定好的表现。

我们可以从构图的组织中看出，其使用省略来减少表现人物的数量，并包含虚构的元素，尽管场景描绘了具体的甚至是历史性的活动，但真实与被表现之间存在相当大的距离。正是这个距离，决定了活动应该如何被表现，即图像所要说明的是什么。在卡拉沙姆杯的案例中，最明显的说明内容，似乎是这个时代的政治暴力是自然世界暴力的延伸。但是，如果图像要说明的，正是这个世界应该如何被看待，那么就意味着客观自然世界和主观政治秩序的等同性并不是如布迪厄默识所要求那样所当然。相反，这种合法化的来源必须在政治实践中主动产生，这个杯子即是这种政治实践的一种工具性表现。这就要求采用一种和行动相关的关系论视角，比如费尔德曼（Feldman）提出，"政治能动性不是被给予的，而是根据改变主体的实践来实现的。政治能动性是关系性的——它没有确定的基础——它是处于实践情景中的结果"（Feldman 1991: 1）。因此，对行动的分析不能归结于单一且孤立行为者的实质意图，而只能在第一人称和第三人称观点的整合中才能加以理解，这两种观点在识别主体和主观性构成时会往往汇合在一起（O'Shaughnessy 1980; Ryle 1993）。

考古学对行动解释的关注焦点不仅仅在于能动性，不论指的是似乎已被遗忘的霍布斯派（Hobbesian）（译者按：即人与生俱来是竞争性的，且会为自己的利益而奋斗）关于能动者和受事者关系，还是现有的结构和能动者之间辩证法的表述。相反，卡拉沙姆杯所提出的问题，主要集中在政治制度、经济制度、社会秩序中主体的创造上，这些主体创造能够实现行动。正如福柯（Foucault 1978, 1979）有力地证明的那样，这个问题不是简单地反对现有的结构性权力，而是涉及在各种结构性相互嵌入的社会身份（如贵族组织、基层社会团体），以及多元身份的个人（即个人被定位，即有分工角色，又有分层角色）之间的多重关系。就像盖尔（Gell 1998: 17-19）将"物"视为社会能动者所倡导的那样，它也不是一个将能动性赋予卡拉沙姆杯且特别令人信服的诠释立场。这样的拟人化往往掩盖了行动和工具、主体与主观性组织之间的区别。相反，卡拉沙姆杯应该被视为是在一个更广泛、由文化所塑造的主观性框架中的工具。

在这里，我们可以考虑汤马士·弗兰克（Thomas Frank 1997）在《征服凉爽》（*The Conquest of Cool*）一书中的引人入胜的分析，其分析了麦迪逊大道在 1960 年代借用反主流文化象征物以生产"嘻哈消费主义"的案例。在他关于这种文化生产持续过程的论述中，弗兰克并没有将麦迪逊大道贬低为一个与政治潮流分不开的单一结构（事实上，挪用反主流文化偶像以推销生活消费品的行为恰恰与 20 世纪 60 年代的新保守主义的反应一致）。弗兰克也没有将消费者描绘成一群笨蛋。相反，我们在弗兰克的分析中发现了一个关于主体创造的多维论述，其中文化生产受基层话语的影响（例如不断变化的地方先锋派和持久的认同关系，构造了市场生态位），即使他们努力去将这些话语挪用到特定的目的（销售商品）。

从这个角度，卡拉沙姆杯可以被看作是一种文化生产，旨在创作特定类型的主题——行为者接受假定统治者对现有秩序自然性的主张，以开展自己的日常活动。这种文化生产的相关过程需要大量的实践，每一种实践都为宏观和日常的决策提供了机会，这些决策也可能牵涉社会再生产、革命性实践或介于这两者之间的主题。被制作时，杯子将物质材料和制造者的创作决策嵌入统治者的决策中，使所表示的策略能确保合法性；在交换时，杯子使关于形式和表现的决策与符号和标记可理解性的决策相互连贯；当它被视觉消费时，杯子进入了另一组关系中，不同的观者对其进行了不同的描绘，并拥护、蔑视或忽视它对事物顺序的代表，而这些可能性随后会反向影响文化生产的后续方向。这种关于主观性局限的观点，使我们能够以对社会转型的理解来接近过去，而这种理解不仅仅关注革命性的时刻，因此对过去社会行动者的描述不再那么怀疑。这对古代世界而言，毫无疑问是对历史细节编排的解放，这种解放从社会条件的创造中看待人类行为，却并未将所有变革的可能性都押在孤立的革命家身上。

将卡拉沙姆之杯带入考古学理论的生产中，提供了一个有效的提示，即对能动性的限制不是来自一个先前存在且普遍性的约束，而是在一组复杂的实践中产生的，且塑造了主体又反向地改变了主观性的条件。如果考古学能够成功地定义出物质文化在创造主体中所扮演的角色，我们对古代社会的可能性和约束的研究便能更上一层楼。

参考文献

Abrams, P.
 1988 "Notes on the Difficulty of Studying the State (1977)", *Journal of Historical Sociology* 1: 58–89.

Adorno, T. W.
 1997 *Aesthetic Theory*, Minneapolis: University of Minnesota Press.

Althusser, L.
  1969   *For Marx*, New York: Pantheon.
Amiran, R.
  1965   "Yanik Tepe, Shengavit, and the Khirbet Kerak Ware", *Anatolian Studies* 15: 165–167.
Avetisyan, P., R. Badalyan and A. T. Smith
  2000   "Preliminary Report on the 1998 Archaeological Investigations of Project ArAGATS in the Tsakahovit Plain, Armenia", *Studi Micenei ed Egeo-Anatolici* 42(1): 19–59.
Avetisyan, P., R. Badalyan, S. Hmayakyan and A. Piliposyan
  1996   "Regarding the Problem of Periodization and Chronology of Bronze and Iron Age Armenia", in A. Kalantarian (ed.) *10th Scientific Session Devoted to the Results of Archaeological Investigations in the Republic of Armenia (1993–1995)*, Yerevan: Armenian National Academy of Sciences, pp. 8–10.
Badalyan, R. B., A. T. Smith and P. S. Avetisyan
  forthcoming   "The Emergence of Socio-Political Complexity in Southern Caucasia", in A. T. Smith and K. Rubin-son (eds) *Archaeology in the Borderlands: Investigations in Caucasia and Beyond*, Los Angeles: Cotsen Institute.
Barrett, J. C.
  2000   "A Thesis on Agency", in M.-A. Dobres and J. E. Robb (eds) *Agency in Archaeology*, New York: Routledge, pp. 21–33.
Bourdieu, P.
  1977   *Outline of a Theory of Practice*, Cambridge: Cambridge University Press.
  1990   *The Logic of Practice*, Cambridge: Polity Press.
Brumfiel, E.
  1992   "Breaking and Entering the Ecosystem — Gender, Class, and Faction Steal the Show", *American Anthropologist* 94: 551–567.
Butler, J. P.
  1990   *Gender Trouble: Feminism and the Subversion of Identity*, New York: Routledge.
  1997   *Excitable Speech: A Politics of the Performative*, New York: Routledge.
Corrigan, P. and D. Sayer
  1985   *The Great Arch*, Oxford: Basil Blackwell.
Dietler, M.
  1998   "Consumption, Agency, and Cultural Entanglement: Theoretical Implications of a Mediterranean Colonial Encounter", in J. G. Cusick (ed.) *Studies in Culture*

Contact: Interaction, Culture Change, and Archaeology, Carbondale: Southern Illinois University, pp. 288–315.

Dietler, M. and I. Herbich

    1998   "Habitus, Techniques, Style: An Integrated Approach to the Social Understanding of Material Culture and Boundaries", in M. Stark (ed.) *The Archaeology of Social Boundaries*, Washington DC: Smithsonian Institution Press, pp. 232–263.

Dobres, M.-A. and J. E. Robb

    2000   "Agency in Archaeology: Paradigm or Platitude?", in M.-A. Dobres and J. E. Robb (eds.) *Agency in Archaeology*, New York: Routledge, pp. 3–17.

Dzhaparidze, N. O.

    1988   *Yuverlirnoye Iskusstvo Epokhi Bronzy v Gruzii* (Jewelry Art of the Bronze Age in Georgia), Tbilisi: Metsniyereba.

Dzhaparidze, O., G. B. Avalishvili and A. T. Tsereteli

    1985   *Pamyatniki Meskheti Epokhi Sreney Bronzy* (The Site of Meskheti in the Middle Bronze Age), Tbilisi: Metsniyereba.

Feldman, A.

    1991   *Formations of Violence*, Chicago, IL: University of Chicago Press.

Foucault, M.

    1978   *The History of Sexuality, vol. 1*, London: Penguin Books.

    1979   *Discipline and Punish: The Birth of the Prison*, New York: Vintage Books.

    1984   "What is Enlightenment?", in P. Rabinow (ed.) *The Foucault Reader*, London: Penguin, pp. 32–50.

Frank, T.

    1997   *The Conquest of Cool*, Chicago, IL: University of Chicago Press.

Gadzhiev, M., P. Kohl, R. Magomedov and D. Stronach

    1997   "The 1995 Daghestan-American Velikent Expedition: Excavations in Daghestan, Russia", *Eurasia Antiqua* 3: 1–40.

Gartman, D.

    1991   "Culture as Class Symbolization or Mass Reification? A Critique of Bourdieu's Distinction", *American Journal of Sociology* 97: 421–447.

Gell, A.

    1998   *Art and Agency: An Anthropological Theory*, Oxford: Clarendon Press.

Giddens, A.

    1993   *New Rules of Sociological Method: A Positive Critique of Interpretative Sociologies*, Stanford, CA: Stanford University Press.

Gramsci, A.
    1971   *Selections from the Prison Notebooks*, New York: International Publishers.

Hodder, I.
    1986   *Reading the Past*, Cambridge: Cambridge University Press.

Holston, J.
    1989   *The Modernist City: An Anthropological Critique of Brasilia*, Chicago, IL: University of Chicago Press.

Horkheimer, M. and T. W. Adorno
    1993   "The Culture Industry: Enlightenment as Mass Deception", in M. Horkheimer and T. W. Adorno (eds) *Dialectic of Enlightenment*, New York: Continuum, pp. 120–167.

Jameson, F.
    1992   *The Geopolitical Aesthetic: Cinema and Space in the World System*, Bloomington: Indiana University Press.

Kantor, H. J.
    1966   "Landscape in Akkadian Art", *Journal of Near Eastern Studies* 25: 145–152.

Khanzadian, E. V., K. A. Mkrtchian and E. S. Parsamian
    1973   *Metsamor*, Yerevan: Akademiya Nauk Armianskoe SSR.

Knapp, A. B.
    1996   "Archaeology Without Gravity? Postmodernism and the Past", *Journal of Archaeological Method and Theory* 3: 127–158.

Kuftin, B. A.
    1941   *Arkheologicheskiye Raskopki v Trialeti* (Archaeological Investigations at Trialeti), Tbilisi: Metsniyereba.

Kushnareva, K. K.
    1985   "Sevano-Uzerlikskaya Kultura Perioda Sredney Bronzy na Territorii Yuzhnogo Kavkaza" (The Sevan-Uzerlik Culture of the Middle Bronze Age in the Territory of the Southern Caucasus), Kulturnoye Naslediye Vostoka-Problemy, Poiski, Suzhdeniya, Leuingrad: Nauka, pp. 89–105.
    1997   *The Southern Caucasus in Prehistory*, Philadelphia: The University of Pennsylvania Museum.

Lukács, G.
    1971   *History and Class Consciousness: Studies in Marxist Dialectics*, Cambridge, MA: MIT Press.

Marcus, M. I.
    1995   "Geography as Visual Ideology: Landscape, Knowledge, and Power in Neo-

Assyrian Art", in M. Liverani (ed.) *Neo-Assyrian Geography*, Rome: Università di Roma "La Sapienza", pp. 193–202.

Marcuse, H.

    1964   *One-Dimensional Man: Studies in the Ideology of Advanced Industrial Society*, Boston, MA: Beacon Press.

Marx, K.

    1998   "Theses on Feuerbach", in K. Marx and F. Engels (eds) *The German Ideology*, Amherst, MA: Prometheus Books, pp. 569–574.

Marx, K., and F. Engels

    1998   *The German Ideology*, Amherst, MA: Prometheus Books.

Mil'kov, F. N. and N. A. Gvozdetskii

    1969   *Fizicheskaia Geografiia SSSR: Obshchii Obzor. Evropeiskaia Chast SSSR, Kavkaz* (Physical Geography of the USSR: General Overview, European Part of the USSR), Moscow: Mysl.

Miller, D.

    1982   "Structures and Strategies: An Aspect of the Relationship Between Social Hierarchy and Cultural Change", in I. Hodder (ed.) *Symbolic and Structural Archaeology*, Cambridge: Cambridge University Press, pp. 89–98.

Mitchell, T.

    1988   *Colonising Egypt*, Cambridge: Cambridge University Press.

Nietzsche, F.

    1989   *Beyond Good and Evil*, New York: Vintage Books.

Oganesian, V. E.

    1988   "Serebrianyi Kubok iz Karashamba" (A Silver-plated Goblet from Karashamb), *Ostoriko-Filologicheskii Zhurnal* 4: 145–161.

    1992a   "Raskopki Karashambskogo Mogil'nika v 1987g" (Investi- gations at the Karashamb Cemetery in 1987), *Arkheologicheskie Raboty na Novostroikakh Armenii* (Archaeological Work on Salvage Sites in Armenia), pp. 26–36.

    1992b   "A Silver Goblet from Karashamb", *Soviet Anthropology and Archeology* 30: 84–102.

O'Shaughnessy, B.

    1980   *The Will: A Dual-Aspect Theory*, Cambridge: Cambridge University Press.

Piotrovskii, B. B.

    1949   *Arkheologiya Zakavkaziya (Archaeology of Transcaucasia)*, Leningrad: Nauka.

Russell, J. M.

    1991   *Sennacherib's Palace without Rival at Nineveh*, Chicago, IL: University of

　　　　　Chicago Press.

Ryle, G.

　　1993　*Aspects of Mind*, Oxford: Blackwell.

Saitta, D. J.

　　1994　"Agency, Class, and Archaeological Interpretation", *Journal of Anthropological Archaeology* 13: 201–227.

Shanks, M. and C. Tilley

　　1987　*Social Theory and Archaeology*, Cambridge: Polity Press.

Smith, A. T.

　　2000　"Rendering the Political Aesthetic: Ideology and Legitimacy in Urartian Representations of the Built Environment", *Journal of Anthropological Archaeology* 19: 131–163.

Winter, I. J.

　　1981　"Royal Rhetoric and the Development of Historical Narrative in Neo-Assyrian Reliefs", *Studies in Visual Communication* 7: 2–38.

Wobst, H. M.

　　2000　"Agency in (Spite of) Material Culture", in M.-A. Dobres and J. E. Robb (eds.) *Agency in Archaeology*, New York: Routledge, pp. 40–50.

Young, T. C. J. and L. D. Levine

　　1974　*Excavations of the Godin Project: Second Progress Report*, Toronto, Ottawa: The Royal Ontario Museum.

Zizek, S.

　　1999　*The Ticklish Subject: The Absent Center of Political Ontology*, New York: Verso.

人类纪：立足能动性，想象未来[*]

---

[*] Crossland, Zoe 2014, "Anthropocene: Locating Agency, Imagining the Future", *Journal of Contemporary Archaeology* 1.1: 73−132.

"人类纪"的概念作用是什么？它促进了什么样的干预，又排除了什么？关于这一术语的辩论清楚地表明，在"评估人为改变证据的地质标准"和"标记人类对自然造成的明显且有害的影响之开端"两个定义之间存在一定的张力，而后者更被广为接受（Autin and Holbrook 2012; Brown et al. 2013; Gale and Hoare 2012）。当地质学家在地球的沉积历史中寻找观察到的地质标记时，大众媒体却紧抓住人类导致环境及气候变迁这一点不放，这对人类世代是有意义的，但对地质年代表而言却非必要。这两个讨论并非完全分离，只是它们包含了不同的时间维度。人类纪是一个有争议的、复杂且矛盾的争辩领域，这是因为它既是一个面向过去与现在、研究"改变"的地质标记的学科，同时也是一个基于现在所观察到的相同过程而对未来世界作出的预言。这些分歧的讨论，都聚焦于相关的环境征兆上，但却对时间的强调有所不同。在这篇研究中，我将探索考古学在这些辩论中的定位，试图通过同时研究过去和现代物质遗迹来提出不同的方式，并将未来意象概念化。

保罗·约瑟夫·克鲁岑（Paul J. Crutzen）和尤金·斯托默（Eugene F. Stoermer）的早期研究（Crutzen and Stoermer 2000; Crutzen 2002），为这一概念吹响了强而有力的集结号。人类纪的概念不只是将人类置于自然中，更置于地球本身的基岩中，这种坚硬而长久的自然物质，常被用来隐喻对抗人类建设的事物。坚持重新构想人类和所谓惰性物质之间的关系，本身就是一种激进行为，与当前知识分子强调的混合、后人文主义或是非人类中心的人文主义相一致（Domanska 2010）。因此，说到这里就出现了两个问题：一方面，正如保罗·格雷夫斯－布朗（Paul Graves-Brown）在这个论坛上所讨论的，是人类纪的时间与地点的问题；而另一方面则是关于历史如何被理解和书写。

在克鲁岑 2002 年发表的《人类地质学》中，他提出十八世纪晚期是人类纪的开端，并且更精确地指出瓦特的蒸汽机是整个进程的关键起源。这确切地将人类纪的发生地定在英国,且发生时间定在工业革命的一个特定时刻。将人类纪定位在十八世纪晚期,克鲁岑重塑了工业进程的历史,以一个老生常谈的比喻方式,将科技想象成是人类的救赎或通往毁灭的道路。至少在这个例子中,人类纪是对发展叙述的重构,是一种倒置,这样的倒置最终导致一个无法生存的世界(如果只包括人类和他们所关心的动物)。后来克鲁岑更喜欢用1950年的原子能代替1784年的蒸汽机作为人类纪的开端,但这并没有使叙述发生重大改变。它仍然是一个对发展抱有悲观态度以及恐惧"现代化"影响的故事(当然,在碳十四测年的角度看来,1950年是"现代化"这一进程的考古年代)。这种简单的倒置在很多关于现代性变化的反乌托邦叙述中都很常见(Dawdy 2010; González-Ruibal 2006)。它将改变的动力定位于西欧或美国,将世界的其余部分视为科技创新的接受者,不论这些受影响者是否愿意接受这样的概念,而这些科技创新都始于工业化大都市并向外传播。

在最近的一篇研究中,保罗·罗宾斯(Paul Robbins)呼吁我们再仔细琢磨人类纪概念中所提到的隐喻(Robbins 2013)。这是一个带着政治边缘的图像,它的作用是"颠倒我们对人类生活和环境秩序的看法"(Robbins 2013: 307)。在它的倒置中,这一概念肯定了西欧和北美关于想象历史的传统,正如罗宾斯所暗示的"进化论和决定论的幽灵"(Robbins 2013: 309)。近年对人类纪的主张坚持强调——如法比安(Fabian)所说——人类纪的起源位于欧洲和美国的技术中心,而非同时代的其他国家(Fabian 2002)。这是人类从中心向外移动时的不均匀分布现象;从必然性来看,世界上其他国家也必然会走上同一条道路,只不过它们暂时在这一道路上相对落后且对未来看得更不清楚;借此而发的联想是,如果想要改变这样的局面,那么这种改变也一定要再次来自相同的历史变化中心。正如温迪·布朗(Wendy Brown)所观察到的,对"发展"这一概念失去信心并没有留下任何真正的政治替代品(Brown 2001: 3)。改变的能动性仍然位于西方,并且位于男性所主导的科技创新中;在这样一个已经根深蒂固的反乌托邦或技术复兴的比喻中,人类纪成为了一种新的表达方式。这很像以一种必然性和方向感看待历史的思想传统。然而这一次，它不只是人类或文化层次的历史，而是一种被书写进地球沉积物、洋流、大气，甚至太空的星体运行轨道、月亮和其他行星上的历史（Gorman，本次论坛）。

能动性作为人类纪的设想，仍被定位在特定的时空中，通过含糊的二元发展论和反乌托邦来呈现。我认为，这种保守的倾向正是考古学家对人类纪作为当今流行的设想感到不安的原因。他们批评这种浅薄的历史视野，以表达对现代化叙事的不安，因为这样的叙事赋予了特定历史人物和特定历史时刻特权。加文·卢卡斯（Gavin Lucas）将这个概念称为"退化"（Solli et al. 2011: 68），比特·索利（Brit Solli）更直指此议题之核心，指出使用科学进步的启蒙意象来解决由于科学进步导致的全球暖化问题是很讽刺的（Solli et al. 2011: 43）。考古学家的批评，集中在以事件为重点的地质学研究方向上，这些地质学研究以寻找"金道钉[1]"为目标（虽然在人类个体生存的时间尺度上并没有将事件纳入考虑）。相反，考古学家强调人和环境互动的长期历史（Balter 2013; Smith and Zeder 2013，另参见 Ruddiman 2003, 2005）。人对环境的主要干预措施包括古生物灭绝和农业发展。对这些干预的提出，是为了辨认出过去世界其他地方的人类能动性，试图将工业化社会的角色去中心化，使之成为某种字面意义上的历史源动力。它也将人类纪的变化定位为所有人类历史的延续，而不是与现代化的完全割裂。然而，人类纪和科学项目一样都是政治性的；把人类纪的起源嵌入进全新世的漫长历史中，就是要把它的形成及其影响扩展到许多不同的人类社会。当把人类纪从现代化进程转移到人类历史的其他部分时，意象的力量被削弱了，"人类纪"概念震惊并改变人们和政府的能力也被削弱了。

我们试图用更具包容性的术语来概念化人类所造成的改变，但这似乎带来了更多的问题。一方面，这样的概念化削弱了环境急剧变化这一现象的政治影响力，另一方面，它又冒着将别人的历史挖来为自己服务的风险。如何呈现一个连贯且令人

---

[1] 金道钉（Golden Spike）：1869年美国完成了第一条横贯大陆铁路，最后一个钉上的钉子被称为"金道钉"，象征着人类对大自然的征服。

信服的叙事，同时又避免使历史朝向西方工业化的结局发展？最近转向"深层历史（deep history）"的书写，同样也呈现了这样的张力。正如人类纪想号召出一个特定的未来一样，这些解释也在与当前现代目的论作斗争；现代目的论将特定特权社会和行动者对当前的担忧与欲望置入到久远的过去中。

也许考古学所说的不稳定且陌生的过去可以提供的，不只是以我们身在何处，或是我们未来将在何处作为结束的闭合叙事。考古遗迹构成了对过去和现在的一种令人晕眩的崩塌（参见 Olivier 2011），并且能对发展与反乌托邦这样的框架叙事起到反抗作用（Brown 2001; Dawdy 2010）。令我感兴趣的是，考古遗迹诉说了模糊与未成形未来的可能性。考古学一直在思考未来。这种对未来世界的考古学反思甚至可以从参与考古项目的第一个古物学家上看到。托马斯·布朗（Thomas Browne）在他 1658 出版的《瓮棺葬》（*Urn Burial*）一书中写道：

> 当火葬的木材烧尽，最后一场告别仪式结束时，人们对死去的朋友进行持续良久的告别，谁也没有想到未来的人会因为好奇而对他们的骨灰评头品足，而且由于古人对他们的遗迹能够持续多久还没有什么经验，因此他们也不会考虑未来的事情[1]。

随着考古学领域的发展在接下来两个世纪中逐渐明朗，艾伦·施纳普（Alain Schnapp 1996）和其他学者（如 Lucas 2004; Shanks et al. 2004; Thomas 2004）展示了考古学是如何被置入到进步观的视角中；在这种视角里，未来是可以预见的，也是令人恐惧的。在 1847 年的寒武纪考古学协会会议上，克里福特座堂主教（Dean of Hereford）约瀚·梅里韦瑟（John Merewether）发表了一份激动人心的报告，其中清晰地阐明了这一点。当天早些时候，一些成员参观了位于卡迪根郡斯特拉达佛罗里达（Strata Florida in Cardiganshire）的西妥会（Cistercian）修道院。该修道院

---

[1] 他们不会考虑要为未来的人留下些什么遗迹。

已被荒废。主教在晚饭后对此趟游览之行进行了一些解释：

> 像他们那天所参观的景点，也在他脑海中唤起了出一种最崇高的本性……当他们环顾四周，看到的是创造力所造就的奇迹，以及人类所取得的巨大进步……他们不得不钦佩和敬畏，唯恐他们的废墟会成为人类曾经拥有的唯一伟大的遗迹。

（*Archaeologia Cambrensis* 1847, 359）

在考古工作中，人们发现过去的痕迹，并唤起对未来的期待。这不需要以线性方向角度来想象。由进步观所展示出的未来意象，和将现今当作可能的未来之一的想象，是横亘在克里福特院长和托马斯·布朗的陈述之间超过200年的鸿沟。布朗倾向于认为，使用瓮棺葬的人不可能想象到研究者在未来对"他们的骨灰"评头品足。院长则相反，他没有考虑那些设计和建造斯特拉达佛罗里达的僧侣和工匠们的想法，反而思考未来的考古学家会如何回顾和反思19世纪的"伟大"。

我在此主张，要努力重新捕捉那些转瞬即逝的情感；那些关于可能性的感受，是无法用言语表达的，是会在变化的环境中逐渐消散的。这并不是要呼吁人们回到古物学家的想象，而是强调考古遗迹预示未来的作用。就像斯特拉达佛罗里达的废墟一样，人类纪的地质标记也是一种预兆。它们是可以唤醒潜在感受的遗迹，是用来培养对未来思行准则的物质迹象，是建立在这种感觉之上的一种影响改变的方式。试图在科学和地质学中嵌入人为变化的努力，恰恰说明了这些方面对有效预测欧洲和美国的重要性。然而事实是，无论一个人分析研究的是人体器官还是地质构造，未来都是未知的，人只能有所期待，正如布朗所意识到的一样。这并不是要否认气候变化的真实性，而是要理解为什么有些人继续否认它的真实性。为了做出预测并预测变化的趋向，我们必须建立和了解过去的模式。预测依赖于对未来迹象和现今所存在的过去迹象之间关系的密切关注。然而，不论我们花多少心力理解、推断过去的种种迹象，未来的情况总是会改变，并打乱任何已感知的结构。

因此，过去所遗留的痕迹为我们提供了想象未来的基础。但未来的改变必定是置身于我们所掌握的物质条件集合之中。如此我们就可以看到历史的变化并非是目的性的，而是自然而然的和未知的。当然，我们可以在回顾中发现当时并不那么显然易见的物质——人类模式（参 Short 2007: 117-150）。然而同样地，我们可以现在就看出趋势进而做出预测，但每一次干预都会改变连接我们和支撑未来的既定关系网络。虽然我们可以建造新的实践模式，以期塑造未来，但历史是无法因此而被驱动的。从这个角度来看，改变的潜能并不在于那些斥巨资的高科技研发和创新，也不在于人类本身的技术创新，而是在于蒂莫西·莫顿（Timothy Morton）所说的"网络（the mesh）"的互联性质（Morton 2010, 28）。莫顿主张"生态思想（the ecological thought）"的完全开放。如果我们更多地关注未来的开放，以及关注未来是如何被最初的条件所形塑的，或许就可以将目光从反乌托邦式的预测上抽离，因为这样的预测是基于现在和过去的情况，及其潜在的发展。正如强调人类和世界之间的关系应长久持续的考古学家所指出的那样，为了确保人类与地球上的共同居民有一个健全的未来，我们需要应对这些情况。

参考文献

Archaeologia Cambrensis
  1847 "Cambrian Archaeological Association First Annual Meeting", *Archaeologia Cambrensis*, London: Wpickering, pp. 351–372.
Autin, W. J. and J. M. Holbrook
  2012 "Is the Anthropocene an Issue of Stratigraphy or pop Culture?" *GSA Today* 22(7): 60–61.
Balter, M.
  2013 "Archaeologists Say the 'Anthropocene' Is Here — but It Began Long Ago", *Science* 340: 261–262.
Brown, A. G., S. Tooth, R. C. Chiverrell, J. Rose, D. S. G. Thomas, J. Wainwright, J. E. Bullard, V. R. Thorndycraft, R. Aalto and P. Downs
  2013 "The Anthropocene: Is There a Geomorphological Case?" *Earth Surface Processes and Landforms* 38(4): 431–434.

Brown, W.
  2001   *Politics Out of History*, Princeton, NJ: Princeton University Press.
Crutzen, P. J.
  2002   "Geology of Mankind", *Nature* 415 (6867): 23.
Crutzen, P. J. and E. F. Stoermer
  2000   "The Anthropocene", *Global Change Newsletter* 41: 17–18.
Dawdy, S.
  2010   "Clockpunk Anthropology and the Ruins of Modernity", *Current Anthropology* 51(6): 761–793.
Domanska, E.
  2010   "Beyond Anthropocentrism in Historical Studies", *Historein* 10: 118–130.
Fabian, J.
  2002   *Time and the Other: How Anthropology Makes Its Object*, New York: Columbia University Press.
Gale, S. J. and P. G. Hoare
  2012   "The Stratigraphic Status of the Anthropocene", *The Holocene* 22(12): 1491–1494.
González-Ruibal, A.
  2006   "The Dream of Reason: An Archaeology of the Failures of Modernity in Ethiopia", *Journal of Social Archaeology* 6(2): 175–201.
Lucas, G.
  2004   "Modern Disturbances: On the Ambiguities of Archaeology", *Modernism/Modernity* 11(1): 109–120.
Morton, T.
  2010   *The Ecological Thought*, Cambridge, MA: Harvard University Press.
Olivier, L.
  2011   *The Dark Abyss of Time: Archaeology and Memory*, Lanham, MD: AltaMira Press.
Robbins, P.
  2013   "Choosing Metaphors for the Anthropocene: Cultural and Political Ecologies", in *The Wiley-Blackwell Companion to Cultural Geography*, edited by N. C. Johnson, R. H. Schein and J. Winders, New York: Willey-blackwell, pp. 307–319.
Ruddiman, W. F.
  2003   "The Anthropogenic Green-house Era Began Thousands of Years Ago", *Climatic Change* 61(3): 261–293.
  2005   "How Did Humans First Alter Global Climate?" *Scientific American* 292(3): 46–53.

Schnapp, A.
   1996   *The Discovery of the Past: The Origins of Archaeology*, London: British Museum Press.
Shanks, M., D. Platt and W. L. Rathje
   2004   "The Perfume of Garbage: Modernity and the Archaeo-logical", *Modernism/Modernity* 11(1): 61–83.
Short, T. L.
   2007   *Peirce's Theory of Signs*, Cambridge: Cambridge University Press.
Smith, B. D. and M. A. Zeder
   2013   "The Onset of the Anthropocene", *Anthropocene* 4: 8–13, Available online.
Solli, B., M. Burström, E. Domanska, M. Edgeworth, A. González-Ruibal, C. Holtorf, G. Lucas, T. Oestigaard, L. Smith and C. Witmore
   2011   "Some Reflections on Heritage and Archaeology in the Anthropocene", *Norwegian Archaeological Review* 44(1): 40–88.
Thomas, J.
   2004   *Archaeology and Modernity*, London: Routledge.

能动性、实践政治与文化接触考古学研究[*]

---

[*] Silliman, Stephen 2001, "Agency, practical politics and the archaeology of culture contact", *Journal of Social Archaeology* 1(2): 190−209.

引　言

从受后现代影响的阐释考古学和马克思主义阶级与冲突观点，到进化生态学方法论上的个人主义，社会能动性这一概念在考古学诸多领域已被广泛运用。在这一方面，要确定能动性概念的适用地带，或者它在不同具体应用中到底有多大的理论适用范围是很困难的（参见 Dobres and Robb 2000）。考虑到这种多样性，我选择关注那些在"实践理论"（practice theory）框架下将社会能动性概念化的方法，这意味着我只对那些借鉴了安东尼·吉登斯（Giddens 1979, 1984）和皮埃尔·布迪厄（Bourdieu 1977, 1990）理论成果的考古学方法感兴趣。我将讨论限制在受吉登斯和布迪厄启发而产生考古方法之中，一是因为它们在史前和历史考古的背景下都可适用，二是因为这两组理论构成了阐释考古学中大多数当今社会理论的核心，此外，还因为它们涉及本文的案例研究。

我想通过本文简要探讨在社会实践理论下能动性概念目前所处的地位。在上述背景下，我希望通过实践政治（practical politics）这一概念以扩宽实践理论在考古学中的应用，而我也会联系布迪厄（Bourdieu 1977）所引入的默识（doxa）概念，来介绍这一理论。殖民时期和文化接触是梳理这些问题的理想领域，因为在极不平等关系下，不同历史文化在此发生碰撞。我将结合一个对19世纪加州殖民主义考古研究的案例研究。研究背景是一个位于加州湾北部的墨西哥-加州牧场，该牧场在1830-1840年间雇用了大量美国本土劳动力。

一、社会理论：能动性和实践

在过去的15年的里，考古学家引入实践的社会理论，以此逐渐打破过程考古学的权威（Hodder 1991; Johnson 1989; Shanks and Tilley 1987），强调社会演变过程和政治斗争（Blanton et al. 1996; Joyce and Winter 1996; Roscoe 1993），来研究族群和身份认同（Jones 1997; Lightfoot et al. 1998），以及观察性别（Dobres 1995; Gilchrist 1994）、空间（Donley-Reid 1990）、技术（Dobres, 2000; Dobres and Hoffman 1994）和抵抗（Shackel 2000）。以上所列当然是有限的例子。对日常生活、传统和例行的运作方式的关注，在以实践理论为基础方法中具有方法论和分析层面上的优势，因为这些都与现实经验（lived experience）和权力相关（Donley-Reid 1990; Lightfoot et al. 1998; Meskell 1998; Pauketat 2000）。在实践理论之中，社会能动者通常被认为是具有目标、意图和主观性的个体，以及在社会结构、策略和关系相互协调的历史时刻（historical moments）中行动。但是个别考古学家则担心，以为在分析时对这种历史时刻的特别关注，其实是与"在向前看的目的性个体生活中检视能动性"（Hodder 2000: 24）这一目标相矛盾。但是，这一对理论转向的呼吁，除了在探究某些现实经验时起到作用外，我认为还未到要实现的时候。相反，正如我接下来要讨论的，更多的注意力应该放在厘清行动的各种要素和范围——即在任何特定的社会背景下，个体可以采用的其他可能性和所受到的限制（Wobst 2000: 41）。

尽管考古学家所用借的实践理论，都是同样来源于布迪厄和吉登斯，但能动性概念在考古学中的应用，似乎分成两个阵营。其中一边较典型是，社会能动者被认为是功利的，并有目的地提升他们自身的利益（Blanton et al. 1996; Joyce and Winter 1996）。在这种解释下，个体似乎是理性的行动者，其目的是求得政治、经济或者一些象征性资本的最大化。他们的动机常常被认为是自主和普遍性的。这一类型更为极端的版本，则认为个体行动影响了部分进化的方式（如 Hayden 1995）。但这类能动性概念正受到了学界的痛击（Barrett 2000; Gero 2000）。

另一边阵营的考古学家则认为，能动者只在他们自己参与创造的社会历史环境下才会有意义地行动（Barrett 2000; Dobres and Hoffman 1994; Hodder 1991; Johnson 1989; Pauketat 2000; Wilkie and Bartoy 2000）。在这个体系中，能动者是身处于一系列规则和资源之中,这些规则和资源在行动者出现之前已存在,但又会为他们提供各种机会。而结构和能动性之间则存在一种辩证关系(Giddens 1984)。在这样的观点下,个体既会有目的和有策略性的,同时又会以惯例的、非话语性的(nondiscursive)或者说是前意识的(preconscious)方式来做每日的工作。简而言之,社会能动者既受限于结构,也可以影响结构。

本文采取的就是第二种能动性概念。我所提出的理论方法认为,社会能动者通常带有明确的意图和策略来采取行动以完成目标,同时他们的行动也有助于自身在世界中"徐徐前行"(Giddens 1984)。关于后一方面,经常是非话语性的日常经验,却对"实践理论"这个标签提供了很大支持(Ortner 1984;同样见 Pauketat 2000: 114-115)。奥特纳的"实践"定义,是最通俗易懂的:"人们做的任何事"(Ortner 1984: 149),不管是否与话语有关。尽管这个定义简单清晰,但是当人类学家西施效颦地将其当成"人们所做的所有事"时,其理论价值已经大大降低。这种过于滥用的观点,忽视了奥特纳在文章下一句话中的澄清:"实践中最具意义的形式,是那些有意或无意间带有'政治'意涵的实践"(Ortner 1984: 149)。这点绝不是无关紧要,因为人类学家不可能研究所有与社会分析相关的个人经验。所以,这就必须将实践扎根于政治性的派生结果中,在考古学语境下这却是一个十分艰巨的任务。

二、实践政治和默识的作用

为了探究实践的作用和它们对政治和社会关系的影响,我强调两个概念——默识和实践政治——是十分有用的。前者将理所当然的社会互动划定到明确政治性的边界之内,而后者则拓宽了一般我们所理解的政治范畴。

(一)默识(doxa)

默识是指在社会互动和话语中,人们从未怀疑并且未意识到的,但又是共同所假设的事实（Bourdieu 1977: 159-171）。因为默识是"大家所共同接受的，且已存在的宇宙和政治秩序……就像是……一种无需自明，不言而喻的自然秩序，也自然是毫无疑问的"（Bourdieu 1977: 166）。一些默识性的实践，按照普遍认为的定义来看，是在意向性的范畴之外，因为它们是固定、不受怀疑的且往往是前意识的。此类的例子就是那些机械重复、单调的日常行为活动。相反，另外一些默识性实践是带有意图性的，因为个体之间会分享动机和生活历史，这一情况下布迪厄（Bourdieu 1977, 1990）提出了"惯习"（habitus）这一概念，也就是一系列持久的思行准则，而吉登斯（Giddens 1979, 1984）亦因此提出实践意识这一概念，就是让自身在世界中"徐徐前行"的前意识。因此意图性很可能不会导致不同的实践，相反这些实践基本上是一致的。为了厘清社会能动性，就需要从考古学角度找出默识性实践。

表面上看，默识很像是那种老掉牙的文化定义，但它在两个重要方面有所不同。首先，默识运作于不同尺度中。正如本文所使用的，默识指的是一种特定环境、物质以及社会关系的属性，而不是一种存在或社会"水平"的一般状态。这与布迪厄（Bourdieu 1977）最初的用法是不同的。若干社会的方面——如饮食习惯、着装、葬礼习俗、生产、交换、两性关系——都取决于参与的个体或所发生的背景才表现出默识的特点。所有默识的特点，都有自己的可接受性、限制和替代方案，但是它们都因个体的性别、年龄、地位、阶级、族属、性取向和职业不同而有所区别。

其次，虽然被定义为普遍接受、毫无疑问的社会互动背景，默识因为将异端（heterodoxy）和正统（orthodoxy）并存在一起也体现了争议和观点。这可能是仍使用这个模糊不清术语的唯一理由。在政治和社会秩序各方面所利用默识的方式，往往既不是一系列中立的、之前意想不到的后果，也不是完全的共识，尽管这样的情况是存在的。更为常见的是，默识的创建和解体是一个政治过程，将其与意识形态的诸多方面联系起来（例如 Burke 1999: 11-36）。这些变化往往发生在默识无法受质疑的秩序不再被共享，或者当个人试图将默识的现实，观点和行动修改，使其分裂成正统和异端。在正统一派，个体试图将默识拉回正轨或者创造新的默识，因为在特定的专制秩序和与它共谋的沉默话语中，这些个体获得利益。异端一派，个体则强调默识的专制性，以此换来社会变革和个人利益的获得——他们的做法要么是揭示默识与政治的盘根错节，要么是引入新的取而代之。这种默识的转变过程，或者说消解，是一种充满强烈政治和社会色彩的转变，在这过程中，个人对专制、被认为理所应当的事表示质疑。协商或讨价还价（negotiation）过程，既可以发生在社会的大型舞台，也可以发生在日常生活的实践中。

（二）实践政治

政治总是围绕日常实践，却又不总是渗透到其中。也就是说，在日常生活中实践并不总是清楚明白的、随某事而起的，甚至是有争议的，这在默识的实践中尤为如此。如果一个实践真的被限制在一种共识性的默识之中，那么它并不具有政治含义，因为除了这种行动外，便没有其他选择。然而这引出了一个问题：有多少实践真是在默识中发生的，因而没有其他异见或其他可能性选择？答案往往因文化背景而异，但我认为，大致答案就是"非常少"。其他问题也随之而来：为什么没有其他选择？在这种明显缺乏抉择的背后，存在哪些方面的社会力量？政治不是静态的，研究政治化的过程强调，在政治领域内外发生的日常实践微妙和直接的运作，往往是作为社会性协商的一部分。这些运作，无论是突发的还是渐进的，都标志着默识起伏不定的边界。这种不断变动着的边界，在殖民地背景下尤为明显。

我用"实践政治"这个词来指代日常实践中社会地位和身份的政治性协商。在许多方面，当提到个体试图在一个等级系统中操控社会领域（social terrain）时，它们与斯科特（Scott 1990: 183-201）讨论的底层政治（infrapolitics）相类似。实践政治的概念扩大了政治相关性的范围并包括了日常实践，因为这些实践包括了个体的生活经验。对现实政治和生活经验的关注，使得留下来委曲求全的举动（acts of residence）在分析角度来看，和抵抗的举动（acts of resistance）一样重要。留下来委曲求全的举动，是指个体即使是在压迫和被统治的环境下，仍试图在他们的社会世界中，提出与全面或者是突发反抗无关的主张。正如斯科特（Scott 1985, 1990）和其他人所证明那样，许多社会能动者都不是积极要推翻压迫他们政权的革命家，即使他们想这样做；个体也经常不是完全控制一个地方为目标来组织他们的日常生活，相反而是以围绕其周围建立住所来进行。"他（原文就是这样）并非转身，离开那个他别无选择而要活下去以及为他定下了各种规矩的地方，而是在那里建立了一定程度的多元化和创造力"（De Certeau 1984: 30）。多元化和创造力，正是殖民主义考古记录所有望带来理论洞见的地方。

在严重不平等的社会关系，例如殖民主义的社会关系下，日常实践的政治意味在两个相互关联的端点摆动。首先，那些寻求统治的人可以跳出世俗的日常活动，以此作为控制身体和日常生活的一种方式——也就是说，实践成为政治操纵的节点。最引人注目的方式，其过程就涉及福柯（Foucault 1979）讨论的规训（discipline）。那些行使权利的人，试图控制日常生活中的琐事，以此重构个人的主观性。日常生活中本来无伤大雅的活动，则成为人们不断审视的源泉，因为这些活动被认为是构成了特定群体、族群或个人的社会本质。这些活动，也成为具刻板印象的身体和团体政治性的标记。一个例子是十六到十九世纪西班牙在北美的传教系统，这个系统从佛罗里达一直延伸到加利福尼亚，西班牙传教士试图通过禁止印第安土著特定的活动，控制着他们的性行为，要求他们遵从天主教仪式和惯例，以及强制他们劳动——也就是日常实践的各方面——来使土著皈依（Silliman 2001）。

第二，生活中的日常实践，对于实践的人们来说是具有明显的政治意义（Lightfoot et al. 1998: 202）。这些实践是发挥社会能动性的途径，可以表现为一系列的反抗、服从或在严密监视的权力结构中简单地"得过且过"。一方面，个体意识到他们的活动正在被监视。进行特定的实践可以作为直接的抵抗，而无所作为则表明他们的顺从，至少在社会可见的层面上是如此（Paynter and McGuire 1991:

12）。无所作为也表现了实践的去政治化，当统治者觉得已经根除了某些实践，顺从者便不会再觉得这些实践具有社会意义和构成性。另一方面，个人可以同时利用新奇的或"传统的"日常实践作为重新定义身份的平台，而且一般是通过挪用某类物质文化来完成的。这些对身份的协商或讨价还价，可以完全以和反抗不沾边的方式来进制。正如阿普顿（Upton）所描述，"传统的发明实际是揭示了一个过程，通过选择将自己的身份商品化，并将其族群标签贴在同样是刻意挑出来的物质符号之上，族群完成了自我构建"（Upton 1996: 5；另外参见 Jones 1997, 1999）。因个体通过日常行为体验世界，日常行为就成了试图应对、煽动怨恨或规避社会变迁的场所。

三、殖民主义和佩塔卢马牧场

世界各地的许多例子表明，后哥伦比亚的殖民主义把许多日常实践推入新的政治领域。殖民者和被殖民者的默识实践，往往被分裂成各个有争议的领域，其他的实践则改变或强化了这些领域自身的政治性质。布迪厄本人曾说道：

> 对这些命题的实际质疑，隐含着一种由"文化接触"带来的特殊的生活方式……是……故意地，有条理地中止了土著对世界的依附。这个将未讨论的引入讨论，未系统阐释变成公式化的看法，几乎摧毁了其不言而喻的性质（Bourdieu 1977: 168）。

我更喜欢用刺穿而不是破坏这个词来表示这个过程的模糊性和不确定性。虽然接触改变了所有参与或正在遭受殖民运动的人所从未质疑过的世界（如默识），但许多研究表明，土著人民是以对他们来说是有意义的方式来对这些事件反应（Lightfoot et al. 1998; Milliken 1995; Sahlins 1981, 1985; Thomas 1991）。与此同时，殖民地的经历，也为既有传统的另类选择和限制条件，赋予了新的政治权术。土著个体可以利用先前的权力和社会关系，来达到新的目的，从而抓住了在以前可能不被允许的机会（见 Sahlins 1981: 36, 1985: 28 太平洋的例子）。此外，在饮食、技术、物质文化、象征主义、社会地位、婚姻和两性关系等方面，之前可能只有少数被认为是理所应当的地方，现在则可能出现了一些大大不同的新替代选择和限制措施。另外，殖民地物质文化的引入，提供了一套新的用在社会策略和关系的物品。虽然这些物品是殖民主义的象征，但它们是没有当地历史的背景。土著社会能动者可以不同的形式或组合来挪用这些材料，从而对自身的社会地位和身份再来讨价还价（Lightfoot et al. 1998: 202; Thomas 1991）。这些物质和社会关系，全都围绕着变化中的实践政治。

有人可能会错误地认为，从殖民主义和文化接触语境中，对实践政治化的看法是把接触发生之前土著的实践贬低为一个非政治的甚至是更糟的前政治领域。可以这样理解，殖民主义赋予了土著个人社会能动性，因为在"接触"之前，人们更多是盲目地遵循文化指示和规范。上述布迪厄（Bourdieu 1977: 164, 167）的观点就是例子。然而，这个结论是错误的。我主张，所有的实践都有可能和政治是你中有我，而所有个体在默识的范围内都具有能动性，或者都是社会能动者（Cowgill 2000: 52）。关键是要研究实践政治和默识范围中，在社会大转变时刻所发生的"变迁"，因为这些时刻不单包括了变迁，还包括了日常经验。殖民地的环境往往带来了急剧且暴力的社会动荡事件。19 世纪美国西部加利福尼亚北部的佩塔卢马牧场正是一个很好的例子。

（一）背景

除了在 16 世纪和 17 世纪欧洲探险者在沿海登陆过的少数几个岛屿之外，加州正式的殖民时期以 1769 年西班牙殖民者的到来为始。这些殖民者沿着加州海岸从圣地亚哥到旧金山的三角格局开始建立传教团，将土著印第安人皈依为天主教徒，使他们忠于西班牙王室并且为西班牙守卫北美西海岸（Costello and Hornbeck

1989）。加州北部的原住民狩猎采集者，在 1776 年见证了殖民者到来，后者于同年在旧金山建立圣方济各传教站（Mission San Francisco de Asis）和旧金山要塞，即今天旧金山所在的位置（图 1）。在 19 世纪初，西班牙三个圣方济各传教站对土著居民传教、征兵和屠杀（通常是通过疾病），以此占据了整个旧金山海湾和周边水域（Milliken 1995）。1823 年，圣方济各素拉诺传教站——即最后一个方济会传教团，旧金山湾区的第五个传教团，也是第一个在墨西哥的统治下的传教团——在索诺玛山谷，也就在佩塔卢马山谷的东面建立（Smilie 1975）。当地居民似乎已经因为疾病和先前教团的传教早已放弃了该地区的大部分村庄，但是许多在早期的传教活动中从该地区被迁走的印第安人又返回这里，并帮助建立新的传教团（Smilie

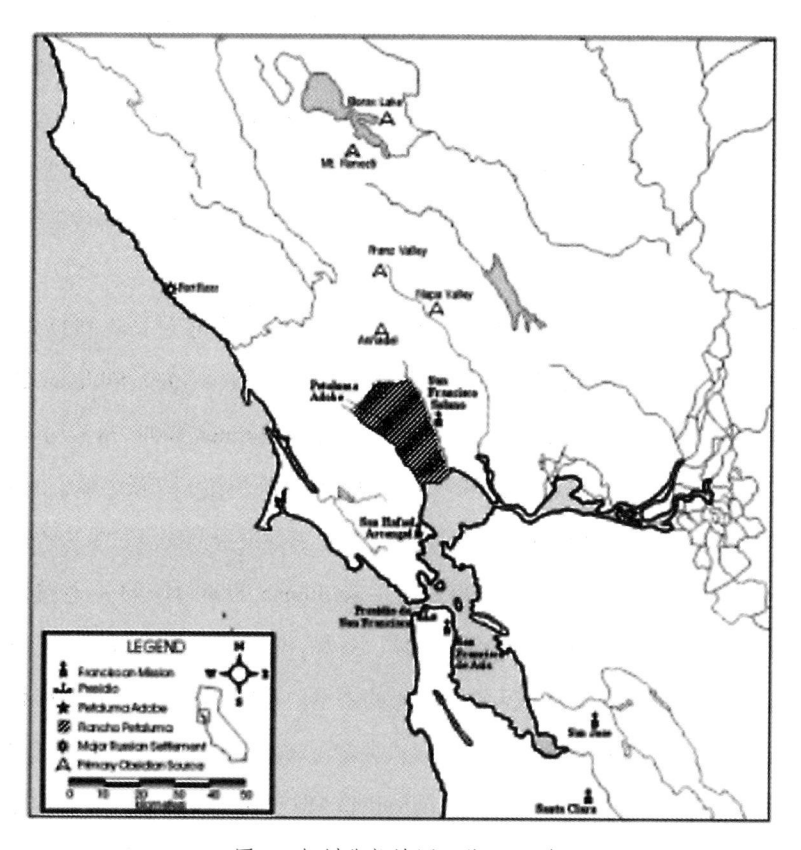

图 1 加州北部地图，约 1835 年

1975）。传教士同时将传教范围扩大到北部的山区和索诺玛山谷东北的河流三角洲地区。

1834年，殖民地的景象发生了巨大的变化。墨西哥政府将方济各传教站世俗化，从教区中释放了很多土著居民，并将土地腾出来进行殖民。一些加利福尼亚的印第安土著回到了旧的村庄，有些还建立了新的社区，另一些人则加入了附近牧场的劳工大军。牧场的土地由殖民地政府提供，要求受援者将开垦土地用于牲畜或农业（Greenwood 1989; Sánchez 1986）。在旧金山北部地区，世俗化进程的结果之一就是佩塔卢马牧场，其土地是墨西哥政府批给马里安奴·瓦列霍（Mariano G. Vallejo）的，作为他对军队忠诚和服务的回报（Rosenus 1995）。佩塔卢马牧场东起圣方济各索拉诺传教站，西至佩塔卢马河，占地26 700公顷。牧场的核心是佩塔卢马土坯砖屋，这是一座巨大两层高的土坯砖建筑，建在佩塔卢马山谷的一个大圆丘上。这个结构大约一半尚存。考古挖掘（Clemmer 1961; Gebhardt 1962）和一份老调查地图（O'Farrell 1848）揭露出佩塔卢马土丘西北部另外两处建筑结构，可能是围栏，以及在佩塔卢马土丘东面几百米处、奥多比溪对面的两处未识别的建筑。

除了其巨大的规模之外，佩塔卢马牧场的一个重要特征是，从1834年到19世纪50年代早期，大量的美国原住民在这里工作（Davis 1929; Silliman 2000）。视乎年份和季节，工人的数字从200到1000不等（Silliman 2000: 78）。土著工人有以下几类：a. 也许因受胁迫，将牛和土地，交给瓦列霍，以抵去他们的劳动；b. 在军事袭击中被俘的俘虏；c. 瓦列霍和当地土著领导之间的泛军事和政治联盟的部分成员；d. 可能在牧场季节性停留的人（Silliman 2000: 41-43）。这些因素使牧场的生活成为压迫和机遇的复杂混合体。最终，越来越多的土著居民在佩塔卢马牧场工作，并超出了将这些人留在这里的力量。与传教站不同，瓦列霍和监督员们很少（如果有的话）对当地的服饰、饮食、宗教仪式或物质实践施加明显的干扰，只要土著完成了牧场的工作（如 Vallejo 1875: 10-11）。很少有非本地的人住在佩塔卢马上，这些人通常都受到majordomo（监督者）的限制，也就是瓦列霍的家人以及少数能住到巨大的佩塔卢马土坯建筑的工匠。没有证据表明这些成员与当地土著工人通婚。

许多当地居民根据农业和牲畜屠宰时间表才在牧场工作，但有些人则可能全年性的家务仆人。土著工人的职责包括放牧和屠宰牛，耕种和收割田地，以及生产货物和加工与准备食物（Silliman 2000:88-95）。瓦列霍设计了许多这样的任务，以生产用于和其他殖民地、旧金山海湾的船只进行贸易所需的经济盈余，但他指定了一些食物和产品供他的家人及受他庇护的移民和当地土著工人使用。土著妇女通常会准备食物、编织毯子和篮子，并在佩塔卢马的土坯房里劳作，男人通常是农民、屠夫和牛仔（vaqueros）。劳动分工也根据经验进行等级划分：那些接受过传教站培训的人往往是任务领导者或副主管，而那些来自非传教区村庄的人通常担任辅手角色（Davis 1929:136）。

（二）考古调查

从1996年到1998年，我进行了一项考古项目，通过聚焦佩塔卢马土坯建筑国家历史公园（Petaluma Adobe State Historic Park）这块占地41英亩、保留了牧场核心的区域（Silliman 2000），来寻找研究牧场土著工人的证据。尽管开展了大量的档案研究，但我几乎找不到涉及本地土著居民来源、饮食或日常生活的文献资料来源（参见Silliman 2000:71-100关于可用材料的综述）。因此，我转向考古学寻找这些答案。在进行了踏查、物理勘探和地表调查之后，我在佩塔卢马土丘东部，奥多比溪对面，并且在1848年调查地图上（Silliman 2000:107-115）说是建筑的附近位置，发现了一处考古堆积密集的地点。根据每个单位发掘所揭露的壕沟和一个街区，我判断这处地点是一个土著工人的居住区和垃圾堆积区。我没有发现任何真正的房址，也没有证据表明这块土地曾经存在土坯建筑，但大量和居址有关的废弃物表明，生活区就在附近。这些居址无疑是圆锥形茅草结构的"传统"建筑。这种房屋在考古学上是出了名的难以发现，尤其是在后来各类生物扰动严重的土壤中。

在流经佩特卢马土坯砖建筑的小溪对面，发现了有密集生活堆积的贝丘遗址，则是记录18世纪30年代-19世纪50年代（图2）当地土著家庭和劳动实践的有力证据。在贝丘遗址东面约25米，发现两处属于19世纪的加工遗迹，一处是大型不相连的动物骨骼和废弃物堆积，另一处是由一个废弃坑和两个可能由食物加工区域改为废弃垃圾坑组成（Silliman 2000: 115-147）。所有遗迹和贝丘中出土的人工制品，和一般散落在遗址的人工制品，都揭示了混合现象，包括有西方大规模生产货物，如1176颗玻璃珠子，2896件玻璃碎片，322件陶瓷碎片和1020金属制品和碎片（包括420个钉子），以及"传统"土著的制品，如3009件碎石器，25件石片，2颗贝壳珠，20件加工过的骨器。所有这些遗物，在整个遗址中都是混合在一起。动物和植物的遗存也很密集和丰富，证明了供给食物，如牛、羊、小麦、大麦

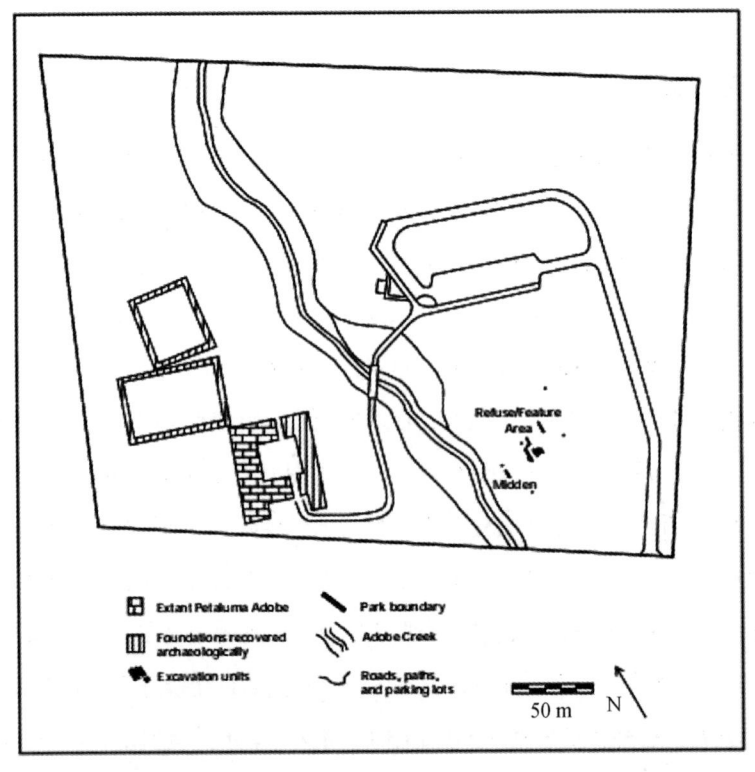

图2 佩塔卢马国家历史公园发现的相关考古遗存位置图

和玉米，混合了野生食物，如鹿、鱼、鸟类、啮齿动物、橡实植物、曼萨尼塔浆果、月桂果和草籽（Silliman 2000: 264-299）。通过对黑曜石水合分析（hydration analysis）、一个陶瓷印记和一个按钮的制造日期，以及陶瓷制品、金属制品和玻璃类型和颜色所代表的普遍年份范围，我可以将绝大多数人工制品的制作年代定在1830-1850年（Silliman 2000: 400-403）。根据水合数据，一些黑曜石制品的制作时间早于19世纪。而一些批量生产的产品，如铁钉和有特殊颜色的玻璃，则是19世纪中叶以后的产物。然而，这些偏离值并没有动摇了主要结论，即土著实践主要在佩塔卢马牧场顶峰时期这一看法。

（三）石器与日常实践

由于石器材料的多样性且数量又多，而且它们与遗址内众多其他材料又有紧密联系，我的解释，主要集中在这些破碎的石器工具和相关的碎片上。它们揭示了实践政治和默识在这一背景中极为显著的诸方面。

在发掘过程中，共出土3009件石器，其原材料类别有黑曜岩（43.3%）、微晶硅酸盐（39.4%）、细粒火山岩（8.8%）和其他材料（8.49%）（Silliman 2000：表6.1）。这些材料是整个发掘的区域所发现的，但是，像大多数其他类别的人工制品一样，它们在贝丘最集中。所制造的碎片和人工制品，因原材料而异。黑曜石包含了所有类别的加工和生产，包括石核、外壳薄片、内部薄片、带棱角的碎片、加工过的废料和像双刃器和矛头这样的正式工具。微晶硅酸盐和火山岩制品包含的制品类别相同，唯独缺少一种正式的工具，即早期阶段的燧石两刃器。从目前废料和工具的证据表明，黑曜石的加工在整个遗址中表现出对两刃器生产的强烈关注，而个体则更为关心用微晶硅酸盐和火山岩石器材料制成的石核剥下石器（Silliman 2000: 226-228）。

当置于社会背景中，石器数据则能提供很多关于佩塔卢马牧场默识和实践政治的信息。我认为，这些石器的实践可以追溯到默识的断裂边缘，并揭示争论和协商的关键点。尽管在史前时代，个体之间无疑对石器技术的风格或原材料方面存在竞争，石器制造作为一项广泛的技术仍然需要立足于默识的领域——制造硬质、耐用或锋利工具是为人们所公认的要求。殖民时代的到来和印第安土著参与到牧场体系则改变了这一点，因为引入了大量的物质材料和技术替代品。瓦列霍和他在加利福尼亚北部的同代人有可靠的渠道获得玻璃、金属和陶瓷制品，这要归功于在旧金山湾和邻近水域的许多商船和捕鲸船。然而，尽管接触了19世纪工业和大批量生产的物品，佩塔卢马牧场的土著工人仍然专注于石器技术。正如我将在下面所论述的，这是一个政治性选择。通过另一个可能的解释，我将勾画出实践政治中石器实践所扮演的角色。这个过程十分关键，因为这些可能的选择不仅限制了我的阐释，同时也是当时人们确实存在可以采取的行动和选择。

对石器实践连续性一个可能的解释，这就是土著在牧场缺乏获得金属或其他工具的本土替代。然而，出土物品中包含了诸如剪刀碎片、顶针、锉刀、铁锅、餐具、枪等金属工具（Silliman 2000: 341-348）。这表明，该遗址的居民可以得到各种各样的金属，在当地堆积中发现的西方陶瓷和玻璃也是如此。此外，佩塔卢马牧场的土著工人每天工作数小时，负责耕种和收割田地，宰杀牲畜，制作蜡烛和毯子，以及做饭和提供食物。考虑到瓦列霍所拥有的土地财富和他获得货物的主要途径，当地工人很可能就用这些19世纪工业的产品来从事劳动。

解释石器连续性的另一种可能选择是，在没有足够的金属工具的情况下，人们需要石器来完成所需的牧场职责。或许，600名本地工人的存在，甚至让富商瓦列霍也难提供足够的工具来完成手头工作。但不幸的是，目前的档案或考古数据并不能完全解决这一问题。在出土物中金属刀具、砍刀斧头的明显缺失，表示佩塔卢马土坯建筑中的监督员小心地保护着这些珍贵的工具，阻止工人获得它们，或者让它们不太可能被破坏和丢弃。然而，出土物品中农具或装备的"完全"缺失表明，每天都要使用这些工具土著男子，并没有将这些物品带回家庭，这与土著妇女将牧场的缝纫工具带回家庭做法非常不同（Silliman 2000: 416-420）。然而即使金属工具缺失的假说是正确的,只有牧场牲畜屠宰和皮革剥取等任务可能会考虑到石质工具,而个人似乎不太可能制作正式的两刃器来完成这些工作,因为边缘修整过的石片和斜直刃的刮刀是更好用来切割和刮片工具。

与前两种可能选择有关的可能性是,土著居民(可能是男性)需要镞头弹丸来狩猎,因为枪支供应有限。但即使是真的,这种替代性假设也只能解释石器组合中很小的组成部分(例如石镞及相关的制作废品)。尽管土著因职责和消费,对牛特别关注,但鹿在动物遗存中的出现证实了狩猎的存在。兔子,啮齿类动物,鱼类和鸟类的骨头,在非本地的动物群中也有发现,但这些可能是通过渔网和陷阱所捕获(Silliman 2000: 283-291)。毫无疑问,箭头是射杀鹿时分派的,但是无数的弹丸和一些与火器有关的手工制品却表明,枪是可以得到的,至少在某些时候是可以给一些人。

鉴于这三种可能的其他方案,对石器技术连续性的解释都不尽令人满意,我因此认为石器实践其实是殖民主义中日常积极协商的一部分。石器实践的许多方面都会钻出默识的裂缝。石器的制作和使用可能对农场劳工的反抗没有什么作用,但它们是个体在物质和社会世界中提出诉求的积极方式。也就是说,它们帮助土著在殖民世界获得了一处住所,并将传统的技术用在新的社会秩序中。考虑到劳工制度对时间和空间的控制,个体只能在下班时间,也就是朋友和家人在午后小憩或工作日结束时重新聚集在一起的时候制造石器工具。与文化融合相反,这些石器被认为是土著身份主动的物质化显示,而不是这些身份被动的残留。这是特别重要的,因为这批劳动人口中,有大量的前传教团成员,他们至少有一代人经历了方济会教会体系。许多人可能会认为,这些传教团的居民早就用金属工具取代了石器技术,但在加州其他地方传教团的发掘却揭示了完全相反的情况(Allen 1998; Deetz 1963; Hoover and Costello 1985)。

石器加工中原材料使用提供了另一个视角。关键的一点是,石质工具的生产不是一个因为简单方便而作出的决定,因为石料的来源并不在附近。燧石和火山岩在附近可以找到,但最近的黑曜岩来源——不论是原生和次生堆积——在23-35公里之外（Silliman 2000：图6.16）。黑曜石表明：a. 牧场的土著居民会季节性或有其他机会来到黑曜石原产地；b. 他们与牧场以外的团体保持交换关系。考虑到加利福尼亚北部在史前和历史时期有着大规模的贸易模式，后者是极有可能的。黑曜石可能是一种通用的材料和象征的货币，它将被困在牧场体系中的土著居民与牧场控制范围之外的世界联系在一起。

与加工过的玻璃瓶组合相比，可以更加明显看出土著对维持获取石器来源的兴趣。和许多其他殖民遗址一样，佩塔卢马牧场的土著居民将石器技术应用到加工玻璃瓶上。然而，与西岸其他接触时期的器物组合，如罗斯堡（Colony Ross）（Silliman 1997）或圣安东尼奥传教站（Hoover and Costello 1985）不同，佩塔卢马对瓶的改造和利用更多是权宜之计，而不是正式的工具制造。换句话说，我没有发现任何镞头或其他两面刃工具，尽管我发现了一些明显有经过两面修整的碎片（Silliman 2000: 339-340）。这对于讨论默识和实践政治非常重要。考虑到玻璃瓶在出土物组合中的数量众多，方便获取，它们是比微硅酸盐和火成岩更好的原材料。尽管如此，当地的土著劳工们寻找真正石质材料作为权宜之计和正式的工具生产，而不考虑距离和预计需要投入的努力。

（四）小结

围绕石器实践默识的解体，提供了改变的可能性，因为个体遇到不同的可能选择。变化的轨迹可以沿很多不同方向，而在佩塔卢马牧场发现的石器制品可能更像是缺乏变化。相反，我认为材料实践的连续性，掩盖了制造和使用石器社会实践的变化。尽管石器工具满足了一些功能或经济需求，但它们也参与了牧场社会关系。似乎一些土著个体有意识地选择这些物质符号来激活或巩固这个19世纪的身份。考虑到石器制品的多样性，从工具到作为权宜之计的石片再到废料，男性和女性都采取了这样的行动。然而，男性可能是这种强化石器实践政治本质的主要力量，他们选择在日常工作或者在性别或身份的家户协商中，使用石器而不是殖民者的工具。相比之下，女性似乎既接受了常见的器物，比如磨石，也接受她们在负责牧场任务时使用的剪刀、针和顶针等新引入的器物（Silliman 2000: 416-420）。

根据规模来看，佩塔卢马牧场的石器实践既体现了异端也反映了正统。石器实践是多元化的殖民社区里的异端，在这个社区中占统治地位的群体（即墨西哥-加利福尼亚人）控制了大部分的物质世界，而各种土著居民则选择使用新技术和材料。在部分土著居民中，石器实践被视为正统，在那里，人们遵循一种熟悉的实践，也许是想让它重新回到默识的范畴。因为石器实践可以依存在这两个领域中，它们不再是默识，并成为积极的政治和社会协商的一部分。在这方面，佩塔卢马牧场并不是这方面唯一的例子，而在北美的其他殖民和接触时期的遗址，这样的石器"连续性"也值得进一步考虑。我相信这将补充考古学家目前正努力开拓的、对社会信息有所关注的研究焦点，尤其是对于研究接触时期石器的实践（Bamforth 1993; Hudson 1993）。

四、结　　论

尽管只是简短的介绍，这篇文章探讨了能动性在解释土著对殖民接触回应中所起的作用。然而，这一理论方法有着更广泛的含义，因为它关注的是社会变化与日常实践政治的相互关系。根据社会和权力关系，日常实践可能会脱离默识的模糊领域，在身份、性别和地位的讨价还价中有着更重的政治意义。这并不意味着能动性就这样出现，而是这代表了表达方式的一种改变。物质的变化通常在考古学语境中意味着社会变化，但考古学家很少有机会看到的物质变化的缺失，反而能揭示现实政治变化。历史考古学家可能处于考虑和评估这些可能性的最佳位置。作为政治手段的实践，在史前时期可能比在历史时期更难与作为默识的实践区分开来，但为了理解社会能动性，所有这样的尝试都是必要的。

参考文献

Allen, R.

    1998   "Native Americans at Mission Santa Cruz, 1791–1834: Interpreting the Archaeological Record", *Perspectives in California Archaeology, Volume 5*, Los Angeles: Institute of Archaeology, University of California.

Bamforth, D. B.

    1993   "Stone Tools, Steel Tools: Contact Period Household Technology at Heló", in J. Daniel Rogers and Samuel M. Wilson (eds) *Ethnohistory and Archaeology: Approaches to Postcontact Change in the New World*, New York: Plenum Press, pp. 49–72.

Barrett, J. C.

    2000   "A Thesis on Agency", in M.-A. Dobres and J. Robb (eds) *Agency in Archaeology*, New York and London: Routledge, pp. 61–68.

Blanton, R. E., G. M. Feinman, S. A. Kowalewski and P. N. Peregrine

    1996   "A Dual-Processual Theory for the Evolution of Mesoamerican Civilization", *Current Anthropology* 37(1): 1–14.

Bourdieu, P.

    1977   *Outline of the Theory of Practice*, Cambridge: Cambridge University Press.

    1990   *The Logic of Practice*, Cambridge: Polity Press.

Burke, H.

    1999   *Meaning and Ideology in Historical Archaeology: Style, Social Identity, and Capitalism in an Australian Town*, New York: Kluwer Academic/Plenum Press.

Clemmer, J. S.

    1961   *The Corrals at Vallejo's Petaluma Adobe State Historical Monument*, Report on file, California Department of Parks and Recreation, Sacramento.

Costello, J. and D. Hornbeck

    1989   "Alta California: An Overview", in D. Hurst Thomas (ed.) *Columbian Consequences, Volume 1*, Washington, DC: Smithsonian Institution Press, pp. 303–332.

Cowgill, G.

    2000   "'Rationality' and Contexts in Agency Theory", in M.-A. Dobres and J. Robb (eds) *Agency in Archaeology*, New York and London: Routledge, pp. 51–60.

Davis, W. H.

    1929   *Seventy-Five Years in California 1831–1906*, San Francisco, CA: John Howell.

De Certeau, M.

    1984   *The Practice of Everyday Life*, Berkeley: University of California Press.

Deetz, J.
    1963 "Archaeological Investigations at La Purìsima Mission", *UCLA Archaeological Survey Annual Report* 5: 163–208.

Dobres, M.-A.
    1995 "Gender and Prehistoric Technology: On the Social Agency of Technical Strategies", *World Archaeology* 27(1): 25–49.
    2000 *Technology and Social Agency: Outlining an Anthropological Framework for Archaeology*, Oxford: Blackwell.

Dobres, M.-A. and C. R. Hoffman
    1994 "Social Agency and the Dynamics of Prehistoric Technology," *Journal of Archaeological Method and Theory* 1(3): 211–258.

Dobres, M.-A. and J. Robb
    2000 "Agency in Archaeology: Paradigm or Platitude?", in M.-A. Dobres and J. Robb (eds) *Agency in Archaeology*, New York and London: Routledge, pp. 3–17.

Donley-Reid, L. W.
    1990 "A Structuring of Structure: The Swahili House", in S. Kent (ed.) *Domestic Architecture and the Use of Space*, Cambridge: Cambridge University Press, pp. 114–126.

Foucault, M.
    1979 *Discipline and Punish: The Birth of the Prison*, New York: Vintage Books.

Gebhardt, C. L.
    1962 *Historic Archaeology at Vallejo's Petaluma Adobe State Historical Monument*, Report on file, California Department of Parks and Recreation, Sacramento.

Gero, J. M.
    2000 "Troubled Travels in Agency and Feminism", in M.-A. Dobres and J. Robb (eds) *Agency and Archaeology*, New York and London: Routledge, pp. 34–39.

Giddens, A.
    1979 *Central Problems in Social Theory: Action, Structure, and Contradiction in Social Analysis*, Berkeley and Los Angeles: University of California Press.
    1984 *The Constitution of Society*, Berkeley: University of California Press.

Gilchrist, R.
    1994 *Gender and Material Culture: The Archaeology of Religious Women*, London: Routledge.

Greenwood, R. S.
    1989 "The California Ranchero: Fact and Fancy", in D. Hurst Thomas (ed.) *Columbian*

Consequences, Volume 1, Washington, DC: Smithsonian Institution Press, pp. 451–465.
Hayden, B.
   1995   "Pathways to Power: Principles for Creating Socioeconomic Inequalities", in T. D. Price and G. Feinman (eds) *The Foundations of Social Inequality*, New York: Plenum Press.
Hodder, I.
   1991   *Reading the Past, 2nd edn*, Cambridge: Cambridge University Press.
   2000   "Agency and Individuals in Long-Term Processes", in M.-A. Dobres and J. Robb (eds) *Agency in Archaeology*, New York and London: Routledge, pp. 21–33.
Hoover, R. L. and J. G. Costello
   1985   *Excavations at Mission San Antonio 1976–1978*, Monograph XXVI, Los Angeles: Institute of Archaeology, University of California.
Hudson, L.
   1993   "Protohistoric Pawnee Lithic Economy", *Plains Anthropologist* 38: 265–277.
Johnson, M. A.
   1989   "Conceptions of Agency in Archaeological Interpretation", *Journal of Anthropological Archaeology* 8(2): 198–211.
Jones, S.
   1997   *The Archaeology of Ethnicity: Constructing Identities in the Past and Present*, London: Routledge.
   1999   "Historical Categories and the Praxis of Identity: The Interpretation of Ethnicity in Historical Archaeology", in P. P. A. Funari, M. Hall and S. Jones (eds) *Historical Archaeology: Back from the Edge*, London: Routledge, pp. 219–232.
Joyce, A. A. and M. Winter
   1996   "Ideology, Power, and Urban Society in Pre-Hispanic Oaxaca", *Current Anthropology* 37(1): 33–47.
Lightfoot, K. G., A. Martinez and A. M. Schiff
   1998   "Daily Practice and Material Culture in Pluralistic Social Settings: An Archaeological Study of Culture Change and Persistence from Fort Ross, California", *American Antiquity* 63(2): 199–222.
Meskell, L.
   1998   "An Archaeology of Social Relations in an Egyptian Village", *Journal of Archaeological Method and Theory* 5(3): 209–244.
Milliken, R. T.
   1995   *A Time of Little Choice: The Disintegration of Tribal Culture in the San Francisco*

Bay Area 1769–1810. Menlo Park, CA: Ballena Press.

O'Farrell, J.
    1848   *Map of the Land of Petaluma, Confirmed 1871*, On file, Petaluma Historical Society Museum, Petaluma.

Ortner, S. B.
    1984   "Theory in Anthropology Since the Sixties", *Comparative Studies in Society and History* 26: 126–166.

Pauketat, T. R.
    2000   "The Tragedy of the Commoners", in M.-A. Dobres and J. Robb (eds) *Agency in Archaeology*, New York and London: Routledge, pp. 113–129.

Paynter, R. and R. H. McGuire
    1991   "The Archaeology of Inequality: Material Culture, Domination, and Resistance", in R. H. McGuire and R. Paynter (eds) *The Archaeology of Inequality*, Oxford: Blackwell, pp. 1–27.

Roscoe, P. B.
    1993   "Practice and Political Centralization: A New Approach to Political Evolution", *Current Anthropology* 34: 111–140.

Rosenus, A.
    1995   *General M. G. Vallejo and the Advent of the Americans: A Biography*, Albuquerque: University of New Mexico Press.

Sahlins, M.
    1981   *Historical Metaphors and Mythical Realities: Structure in the Early History of the Sandwich Islands Kingdom*, Ann Arbor: University of Michigan Press.
    1985   *Islands of History*, Chicago: University of Chicago Press.

Sánchez, F. A.
    1986   "Rancho Life in Alta California", *Masterkey* 60(2–3): 16–25.

Scott, J. C.
    1985   *Weapons of the Weak: Everyday Forms of Peasant Resistance*, New Haven, CT: Yale University Press.
    1990   *Domination and the Arts of Resistance: Hidden Transcripts*, New Haven, CT: Yale University Press.

Shackel, P.
    2000   "Craft to Wage Labor: Agency and Resistance in American Historical Archaeology", in M.-A. Dobres and J. Robb (eds) *Agency and Archaeology*, New York and London: Routledge, pp. 232–246.

Shanks, M. and C. Tilley
    1987   *Social Theory and Archaeology*, Cambridge: Polity Press.

Silliman, S. W.
    1997   "European Origins and Native Destinations: Historical Artifacts from the Native Alaskan Village and Fort Ross Beach Sites", in K. Lightfoot, A. Schiff and T. Wake (eds) *The Native Alaskan Neighborhood, A Multiethnic Community at Colony Ross*, Berkeley: Contributions of the Archaeological Research Facility 55, University of California, pp. 136–178.
    2000   "Colonial Worlds, Indigenous Practices: The Archaeology of Labor on a 19th-Century California Rancho", PhD dissertation, Department of Anthropology, University of California, Berkeley.
    2001   "Theoretical Perspectives on Labor and Colonialism: Reconsidering the California Missions", *Journal of Anthropological Archaeology* 19: forthcoming.

Smilie, R. S.
    1975   *The Sonoma Mission, San Francisco Solano de Sonoma: The Founding, Ruin, and Restoration of California's 21st Mission*, Fresno, CA: Valley Publishers.

Thomas, N.
    1991   *Entangled Objects: Exchange, Material Culture, and Colonialism in the Pacific*, Cambridge, MA: Harvard University Press.

Upton, D.
    1996   "Ethnicity, Authenticity, and Invented Traditions", *Historical Archaeology* 30(2): 1–7.

Vallejo, M. G.
    1875   *Recuerdos Historicos y Personales Tocante a la Alta California: Historica Politica del Pais [Historical and Personal Memoirs Relating to Alta California: Political History of the Country], Volume I*, trans. E. Hewitt, Unpublished manuscript in the Bancroft Library, University of California, Berkeley.

Wilkie, L. A. and K. M. Bartoy
    2000   "A Critical Archaeology Revisited", *Current Anthropology* 41(5): 747–778.

Wobst, M.
    2000   "Agency in (Spite of) Material Culture", in M.-A. Dobres and J. Robb (eds) *Agency and Archaeology*, New York and London: Routledge, pp. 40–50.

能动性、实践和时间情境:家户年表的贝叶斯方法[*]

---

[*] Overholtzer, Lisa 2015, "Agency, practice, and chronological context: A Bayesian approach to household chronologies", *Journal of Anthropological Archaeology* 37: 37–47.

引　言

在过去的几十年里，社会考古学家通过创新理论框架、田野和实验等方法，在解释家户[1]（household）行为方面取得了重大进展。这项工作使我们能更"人性化（peopled）"、更详细地了解历史的演变和连续性。但是，精确的年代学方法的滞后导致许多解释与历史无关且没有年代背景。本文提出了研究家户行为的社会考古学方法的转变，特别是首先发展出来的精确家户年表。考虑到该领域最近专注于细致的地层发掘、微地层学，以及通过时间对行为谱系和社会记忆进行重建，我认为建立精确家户年表最简单的方法就是通过对家户堆积中的大量地层的放射性碳测年数据进行贝叶斯统计建模。这种方法通过对墨西哥哈尔托坎遗址的 Structure 122 号家户的案例研究得到了验证。在对 16 组地层放射性碳测年数据进行贝叶斯建模后，我们获得了更精确的结果，这将有助于将家户行为的情境与后古典时期[2]墨西哥中部地区的政治、经济和社会变革的广泛过程相联系，并使人们更充分地认识和更全面地了解家户能动性和策略。

一、家户行为中的年代学和时间性

近年来，考古学家越来越关注重建能动者（agent）的历史偶然行为

---

[1] 本文中将 household 翻译成"家户"。是因为参考了家户考古（household archaeology）的观点，根据房屋和遗物根本无法得知屋内人群的亲属关系与婚姻形态，不宜将一个居址视为一个家庭，称之为家户比较合适。家户这一概念同时兼备了共居性和家用功能性两方面内容。
[2] "后古典时期"指的是第一支纳瓦语的人进入墨西哥谷地，到建立伟大的阿兹特克帝国，这一军国主义时期。

（Dobres and Robb 2000; Johnson 1989; Joyce and Lopiparo 2005; Silliman 2001; Smith 2001；关于这个方向在文化人类学的发展，见 Sahlins 1981）。能动性和实践的理论——这些是讨论的基础——往往能为社会考古学研究家户提供方法。这些理论假设，过去的人是具有目标和意图的能动者，但他们所生活的社会和历史背景只有部分是他们自己创造的（Bourdieu 1977; de Certeau 1984; Giddens 1984）。这句话的核心是马克思（Marx 1977［1852］）的一个观点，他写道："人们创造自己的历史，但他们不会随心所欲。他们并不是在自我选择的情况下创造的历史，而是在已经存在的背景下由过去进行给予和传递。"在这种"人性化"的方法中，对于实现能动性、做出选择、采取策略和在特定时间地点内参与实践活动的人而言，家户所处的确切情境是很重要的。正如25年前约翰逊（Johnson 1989: 207）所阐明的那样，"当试图理解人的能动性时，考古学家必须描述先行的历史条件，即行动者所表现的惯习（habitus），并以共时和规范的方式来理解这些行为"。此外，正如乔伊斯和罗皮帕罗（Joyce and Lopiparo 2005）最近提出的那样，能动性和实践的理论有着反复出现的概念性词汇，包括：链条（chain），网络（networks）和引证（citations）。过去的人可能通过再次推翻、拒绝或改变既定模式的方式来实现能动性。

同样，学者们已经开始研究行为谱系和地层学，例如：打破、叠压、次生堆积或清除以前的堆积——换句话说，日常生活和仪式活动决定了堆积的物质属性（Mills and Walker 2008b; McAnany and Hodder 2009; Pauketat and Alt 2005）。至关重要的是，他们已经开始从社会意义的角度来解释这些实践。正如麦克纳尼和霍德（McAnany and Hodder 2009: 20）所指出的那样，"（堆积）地层可以被看作是谱系和历史，记忆和关系的建构"。因此，社会地层学的重建必然会牵涉记忆（同样见于 Tringham 2000）。

最后，考古学家（Beck et al. 2007; Bolender 2010; Haslam 2006; Harding 2005; Lucas 2008, 2005; Knapp 1992a）最近再次对考古学的时间和变化速率很感兴

趣。这项工作经常是与年鉴学派[1]（Annales school），特别是与布罗代尔（Braudel 1972）的著作有关，而两者的联系也是多元的，因为它与年代学理论、连续性和变化、空间和时间尺度以及人类行为的结果都有关系（Knapp 1992b: 4）。比如寿命（lifespans）、事件和"即时"或单个瞬间等概念，都有利于我们明确思考"物质遗存背后的个人行为"（Haslam 2006: 408）。

正如米尔斯和沃克（Mills and Walker 2008a）指出的那样，我们可以在这些调查中确定理论和方法之间的循环关系——比如田野工作和分析技术之间的关系，以及我们解释实践的标准和精度之间的关系。根据这些研究目标，学者们通过对房屋的仔细发掘、空间性的多元素土壤化学分析，微结构分析以及绘制哈里斯矩阵[2]等方法，对序列和空间情境给予了更多关注（比如 Boivin 2000）。米尔斯和沃克（Mills and Walker 2008a，b）以及麦克纳尼和霍德（McAnany and Hodder 2009）都认为土壤微结构是重建行为谱系和埋藏过程所反映的社会行为的一种技术——比如在加泰土丘（Çatalhöyük）按照月份和季节性周期确定地面和墙壁的分层。考古学显然需要这种兼具社会理论和严谨分析的学问。

然而，令人惊讶的是这项以实践、情境、序列和地层为中心的研究却缺乏年代学这一词。例如，麦克纳尼和霍德通过加泰土丘这个新石器时代的遗址内部空间，讨论具有连续性的"记忆过程"，却未有将这个过程以绝对年代为基础进行研

---

[1] 年鉴学派出现的意义在于传统史学中历史的那种一成不变的节奏已经被地理时间、社会时间和个人时间三种节奏所取代，而在这三种时间中，尤其突出社会时间的重要性。"全面的历史"也就是一种"整体的历史"，它强调历史是包罗人类活动各个领域的"整体"，是在这些领域之间相互关联、彼此作用所形成的结构和功能关系中得以体现的。要反映出这个"整体"，要反映出其内部的结构-功能关系，因果性的思维逻辑是不能胜任的，必须借鉴经济学、社会学等社会科学的方法，从横向关系进行研究。这种研究方法是"共时性的"，与传统史学的那种"历时性的"研究方法截然不同。

[2] 1973 年，英国考古学家爱德华·哈里斯在英国温切斯特发掘时，首次使用了一种全新的地层记录方法。1979 年，它将这种新方法整理成册，出版了《考古地层学原理》，这就是"哈里斯矩阵"的地层记录方法。哈里斯矩阵最大的特点就是可以用二维的表格去表达三维空间的地层关系，这些矩形方框分别代表着一个遗址的不同地层和遗迹单位。矩阵的每一行用来表示水平方向的地层空间关系，每一列用来表示纵向上的地层年代关系。水平方向可以无限扩展、垂直方向也可以无限扩展。这样就利用拓扑学原理把三维的堆积用数字和符号来表示和呈现在二维的矩阵上。

究。空间连续性得以保持的时间长度，遗址被废弃的历史时刻，遗存从埋藏到发掘之间的时间长度，建筑从建造、废弃到被覆盖或"埋没"（entombment）之间的时间长度（McAnany and Hodder 2009），或者是堆积叠压过程的时间长度，都是有重要研究价值。然而，除了可以固定在历史上某一个时间点的文化接触事件是较容易获得精确的年代，其他实践行为谱系的年代，往往在最坏情况下是不固定且上下浮动，较好的情况也只是依靠陶器分期所得的较粗框架。事实上，回顾后过程主义考古学的文章，许多学者似乎拒绝将时间看成是暂时的、片段的。卢卡斯（Lucas 2005: 10）认为，年代学在理论上是存在问题，因为"它将时间表示为均匀的线性现象，这种现象倾向于以一个类似的、均匀的线性方式去定义这个解释历史的模型"。根据卢卡斯的观点，基于年代学的历史解释往往是一个总括起来的概念。

　　经常被选择的另一个词——时间性（temporality）——认为时间是关系性的而不是线性的，并且与人类活动、季节、生态周期等有规律的变化有关（Cobb and Drake 2008; Boivin 2000; Ingold 1993）。然而，即使卢卡斯承认年代学（年代谱系、年表）仍然是考古学研究的重要组成部分，许多学者将他们的研究置于时间跨度宽泛的陶器分期中——例如前陶器新石器时代或后古典时代。尽管大多数研究时间性的学者因为害怕给出一个线性的、整体概括性的解释而避免讨论年代谱系，但实际上，年代学和时间性可以互补的方式来使用（Gardner 2001）。例如，奥沙利文和凡·得·诺尔特（O'Sullivan and Van de Noort 2007）使用了大范围的沼泽考古遗存，包括木制古道、鱼篓、木制饲料槽等，其中大部分都有精确的测年数据，以此来理解文化传统、季节性和定居的时间节律以及社交记忆。

　　然而，除了通过文献的日历年代和通过有制作者特征的、有年代序列的典型器物确定的相对陶器年代所描绘历史情境（比如 Armstrong and Hauser 2004），考古学家——特别是美国考古学家——还没有研究出解释家户能动性实践的精确年代学方法。但用于家户考古学的精确年代学方法确实存在，比如在（美国）西南部，那里的树轮年代学是成熟的（如 Schlanger and Wilshusen 1996），但是并没有结合能动性理论和实践。换句话说，方法和理论的发展之间并没有很大的关系，就像地层学和行为谱系研究一样[1]。而英国考古学家研究纪念性景观的特征——特别是英国南部新石器时代的长石冢（long cairn）、长陵[2]（long barrows）、土堤围墙（causewayed enclosure）的连续堆积——则证明了这种方法是有潜力的（Whittle et al. 2007a, 2007b, 2008, 2011）。这些学者说明考古学家能以一种前所未有的方式来研究人类行为的时间顺序，即从连续堆积的大量放射性碳测年数据进行贝叶斯统计建模。

放射性碳测年的贝叶斯方法（Buck et al. 1996）是一种将关于样本性质、考古背景和地层学的考古学知识（在贝叶斯术语中称为"先验信息[3]"）与明确的年代估计概率建模相结合的方法。在数据解释中使用先验知识，是贝叶斯统计推断和古典统计学[4]推断方法之间的根本区别（Buck et al. 1996: 17）。考古学知识和概率建模的结合可以更好地估计年代和更精细的年表。例如，考古学家可以用一组有地层顺序的样本——样本 A 比样本 B 早，样本 B 又比样本 C 早——以便给每个年代一个更精确的概率测年范围。在样本的误差范围重叠的情况下，通过贝叶斯建模来指定样本的排序可以限制和缩小这些误差范围。或者，在由于校正曲线的摆动导致放射性碳测年数据出现双峰分布的情况下，明确样品的时间顺序可以使其变回单峰分布。由于先验信息——例如，指定样本的顺序——会极大地影响年代学的结果，因此学者们在将他们的考古知识纳入统计输入时必须要小心谨慎（Buck et al. 1996: 26）。然而，通过输入可靠的先验信息，所产生的年表有时可以

---

[1] 考古学家们在 Çatalhöyük 应用能动性和实践理论，并开始使用放射性碳测年的贝叶斯模型（Cessford 2005）。然而，到目前为止，他们的结果还不是很精确，年代情境也没有对遗址的解释起到重要作用（如 McAnany 和 Hodder 2009）。
[2] 用土或石头建造的坟墓或一组坟墓，外表呈矩形或梯形。
[3] 先验概率（prior probability）是指根据以往经验和分析得到的概率，它往往作为"由因求果"问题中"因"出现的概率。称为"先验"是因为它不考虑任何结果方面的因素。故此处的"先验信息"可以理解为考古学中时序、时间间隔和地层信息等已知信息。
[4] 古典统计学，也可称为频率学派，其思想就是概率是基于大量实验的，也就是大数定理。古典统计学认为概率必须符合科学的要求，是"客观的"，这可以用大量重复试验之后的频率去解释，而不能主观臆断。而贝叶斯统计认为一些事件的概率在大量重复试验中去获得是不现实的，而我们可以根据对此事件的了解和积累的经验做出此事件发生可能性的判断。

达到单世代的精度。

一群英国考古学家最近根据新石器时代长石冢（long cairn）、长陵（long barrows）、土堤围墙（causewayed enclosure）连续堆积的放射性碳测年数据，用贝叶斯统计来建模；他们的研究结果发表在2007年2月的《剑桥考古学杂志（Cambridge Archaeological Journal）》特刊上，同时也发表了一本两册的专著（Whittle et al. 2011），尤为引人注目。作者使用大量的放射性碳测年数据，将长陵的建造和人类遗存的年代精确到数百年和数十年。他们表明，长陵并不像以前假设的那样是"南部地区新石器时代早期的一种长期的、普遍的仪式"，而是"在量变积累中突然出现的一种现象"（Whittle et al. 2007b: 117）。长陵很可能是短期使用的，除了有些是在一代人或人的一生中使用，大部分都是在三代人以内，或者"在可直接传承的记忆的范围内（例如从祖父母到孙辈）"（Whittle et al. 2008: 68）。经过这些短时间的集中活动后，这些长陵被留了下来。因此，这些古迹中的纪念仪式是即时性的，而不是为无名的、遥远的祖先而举行的。这样的结论明显改变了我们对这些古迹的性质判定和理解。这种程度的年代特殊性也使作者能够评估在某个时间有多少长陵被使用，研究社会或集体记忆，并思考英国新石器时代的社会性质。

然而，年代学"不是可选的附加物，也不应该仅被科学或物质文化领域中目光短浅的专家所独门珍藏"，但如惠特尔等（Whittle et al. 2007a: 124-125）所说，很多后过程主义学者"很大程度上只满足于让古迹摆脱排序、发展、替代和特定背景等这些剪不断理还乱的事情"。正如惠特尔等人（Whittle et al. 2007a: 124）写道，年代学是微观考古学研究的重要组成部分，"它使学者能更好地理解能动性的关键"。巴雷特（Barrett 2001: 141）解释说："能动者（即人）不会出现在一个事先设好的历史舞台，而是通过自己特定的社会和文化条件来实现自身的能动性。"年代精确性可以让学者将研究扎根于特定的社会、政治和经济情境，从而避免激进的个人主义方法。它允许考古学家将能动性实践历史化，使其因情况而异，而非长期一成不变。正如学者们认识到地层学可以有效地研究涉及打破、叠压或擦除早期堆积的重要社会实践一样，年代学也可以用来重建同时期的实践和能动者。另外，详细的年表也可以把能动性实践与历史先例、过去的行为联系在一起。

贝叶斯统计方法提供了一种创造微观年代史的方式，因具有必要的精度和细节水平。随着贝叶斯方法近年来越来越受欢迎，学者们开始有效地将其应用于分层家户堆积（Overholtzer 2012; Jazwa et al. 2013）。我认为这种正在发展的详细家户年表方法，与最近应用于家户行为谱系研究的各种手段——包括细致的发掘、微结构分析、空间多元素土壤化学和微痕分析——是分不开的。在本文中，我用墨西哥哈尔托坎（Xaltocan）遗址阿兹特克（Aztec）帝国转型（过渡）时期的案例研究，来说明这种方法对研究家户行为年表的作用。

二、墨西哥哈尔托坎（Xaltocan）的案例研究

哈尔托坎位于墨西哥北部盆地一个人造岛屿上，是属于古典时期殖民地遗址（图1）。在墨西哥后古典时期和早期殖民地时期，当地的社会、政治和经济发生了快速的变化。图拉[1]（Tula）在12世纪的衰落造成了一个权力真空，取而代之出现的是许多小城邦，如哈尔托坎，而这些城邦在13至15世纪参与了权力争夺（Brumfiel 1983; Sanders et al. 1979: 150）。哈尔托坎因地位上升，从而成为疆域辽阔的奥托米（Otomí）城邦之首府。奥托米城邦共控制着一个包括49个城镇的领域，另有24个城市为其纳贡（Alva Ixtlilxóchitl 1975-1977, I: 293, 423; Nazareo de Xaltocan 1940；见 Carrasco 1950）。然而，13世纪中叶，哈尔托坎却卷入与其邻邦库奥蒂库特兰（Cuauhtitlan）的冲突中，这是后古典时期中期地方性战争的一部分（Anales de Cuauhtitlan 1992: 58）。历史文献表明这场战争一直持续到1395年，当库奥蒂库特兰得到了它们特帕内克（Tepanec）盟友的援助并最终征服了哈尔托坎（Anales

---

[1] 托尔特克人原是居住在墨西哥北部的一支游牧民族。大约在公元800年已经进入阶级社会，并开始南迁到中部高原地区。公元856年，首领克沙尔柯脱尔开始营建规模宏大的图拉城，并在此建立了一个军事帝国。托尔特克帝国消亡在1150-1200年间。

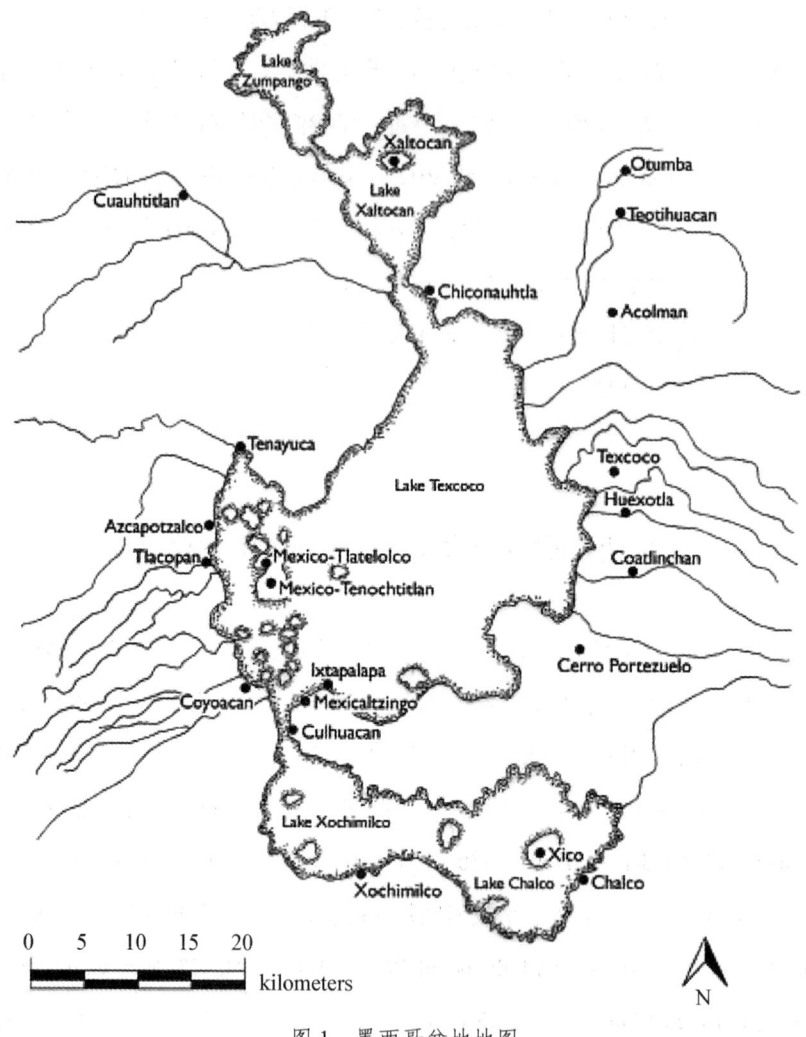

图 1　墨西哥盆地地图

de Cuauhtitlan 1992: 59–61, 75; Alva Ixtlilxóchitl 1975–1977, I: 322; Hicks 1994）。哈尔托坎的一些居民，尤其是贵族，很可能放弃了被征服的城市，并据说逃到了奥图姆巴（Otumba）、特拉斯卡拉（Tlaxcallan）和梅茨蒂特兰（Meztitlan）（Alva Ixtlilxóchitl 1975–1977, II: 36; Anales de Cuauhtitlan 1992: 104; Davies 1968: 55; Hassig 1988: 134, 184, 233; Mata-Miguez et al. 2012），尽管考古证据却证明了人口连续居住的情况

（Overholtzer 2013）。哈尔托坎及其领地最后被特斯科（Texcoco）和阿斯卡波察尔科（Azcapotzalco）的统治者瓜分，直到1430年哈尔托坎被新形成的阿兹特克三国同盟[1]（通常称为阿兹特克帝国）所吞并（Alva Ixtlilxóchitl 1975-1977, I: 323; Anales de Cuauhtitlan 1992: 50; Hicks 1994, 2005）。因此，在15世纪初，哈尔托坎从一个强大的城邦首都，转变为一个庞大帝国体系的一部分，在这一体系中，国家的权力位于其中，但社区却不是首要考虑的要素。不到一个世纪之后，哈尔托坎人与埃尔南·科尔特斯（Hernán Cortés）及其军队在前往特诺奇提特兰（Tenochtitlan）首都的路上打了一仗（Díaz del Castillo 1956: 355）。最后哈尔托坎以战败告终，科尔特斯的军队烧毁了整座城市，哈尔托坎人成为西班牙殖民帝国的臣民。

这些区域性的进程和事件，对社会、经济和政治有巨大的影响，所体现的内容包括惊人的人口增长和衰退、大规模的迁移、市场交易的强化和政治集权；而考古学家通常感兴趣的，就是想知道这些经历这些大转折的能动者，他们是怎样做出决定和策略。正如黑尔和史密斯（Hare and Smith 1996: 281）有力地指出，"要分析这些快速的、根本的社会文化变迁，便需要细致的考古学年表"。这些大规模变化反映了墨西哥中部家户的日常生活环境，因此，家户实践中与社会变迁过程有关的精确年表，对于微观的详细背景分析至关重要。

三、哈尔托坎的贝叶斯建模

墨西哥中部的考古学年代是出名不准确的，有的时间段跨度可以超过一个世纪。哈尔托坎共四期的年代序列（Overholtzer 2014），是基于包括阿兹特克黑-橙彩陶Ⅰ-Ⅳ型在内的典型陶器特征来区分，共可分为Dehe期（900-1240 CE），Hai

---

[1] 15世纪，阿兹特克人和另外两个城邦德斯科科和特拉科潘结成三国同盟，阿兹特克帝国建立。阿兹特克帝国的主体民族是阿兹特克人。阿兹特克帝国经过一系列的扩张战争，成为了前哥伦布时期中美洲最强大的国家。

期（1240-1350 CE）、Tlalli 期（1350-1521 CE）和 Isla 期（1521-1650 CE）。其中 Tlalli 期一直是考古学家最感兴趣的，因它跨越了独立时代、特帕内克（Tepanec）治理和阿兹特克（Aztec）统治这三个时期。正如史密斯（Smith 1987; Smith and Doershuk 1991; Hare and Smith 1996）指出的那样，这个历时近 200 年的时间段，对于要研究比如后古典时期的墨西哥中部所见到的急剧大规模社会变化，并不胜任。

考虑到这些不足之处，我在最近的一个项目中，采用了一个更为扎实的放射性测年采样方法，而该项目旨在研究阿兹特克帝国和西班牙殖民过渡时期家户行为的变化。为了研究微观变化，在 2009 年和 2010 年，我对遗址东南部边缘的两座房屋土堆及周边，进行了 6 个月的水平和垂直地层挖掘。这些发掘揭示了至少七座房屋的堆积序列及相关特征，以及至少与六个遗址使用时期相对应的废弃堆积[1]（midden）。我们将覆盖了整个时间段的 23 个放射性碳样品，送往亚利桑那大学，进行加速质谱分析。对骨骼样品使用了改良的 Longin 方法处理（Brown et al. 1988）。所有的骨骼样品都有足够的胶原蛋白，并且所有的木炭样品也有足够的碳量来进行测年。这些数据表明，至少在公元 1240 年至 1650 年间，这两座土堆上都有人居住。这个时间段范围跨越了四个时期，分别是：哈尔托坎作为奥托米首府的权力鼎盛时期，在 14 世纪末被征服的时期，在 1428 年三国同盟成立后由阿兹特克帝国统治的时期，以及 1521 年埃尔南·科尔特斯（Hernán Cortés）抵达后的被其殖民统治的时期。

被称为 122 号建筑的土丘，各地层中的遗迹和堆积保存特别完好，当中包括 4 栋房屋，5 处废弃堆积和 17 座墓葬（图 2）。这个地层序列和从保存完好的地层提取的样本，提供了极好的先验信息，因此贝叶斯统计建模就可根据这个土丘的 16

---

[1] 译者按：《考古学：理论、方法与实践》中将 midden 译为文化堆积：由于人类活动而造成的碎砾和人类废弃物的积累，长时期的废物处理能够形成分层的堆积，可以形成相对年代。而原著中第一次使用 midden 时，是这样表述的："discarded debris（midden）"，即废弃的瓦砾。而文化堆积的概念应该更大，指遗址中所有文化层堆积的总和。将 midden 翻译成"废弃堆积"可能更贴切，因为遗址中见到的废弃堆积本身也是人类活动造成的，"废弃堆积"一词也就自然包含了人类行为在内，并且它也是属于文化堆积中的一种。

个放射性碳测年数据来进行（表1）。在发掘中观察到的地层序列（图3）显示了下列家户居住使用的先后顺序。

图2　Structure122号所发掘出的生活遗迹

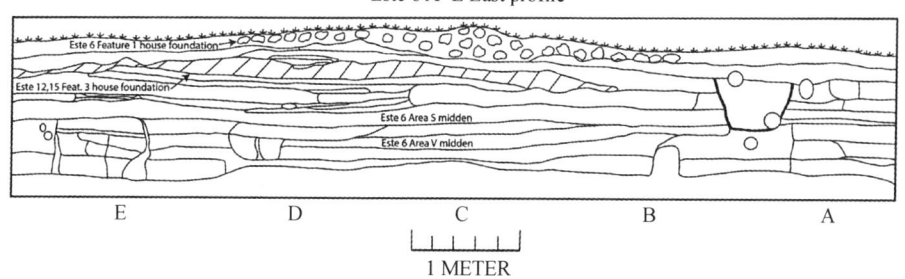

图3　Este[1]6号东剖面显示的122号建筑

---

[1] 类似于中文所说的"探方"。

表 1　122 号建筑的放射性碳测年和校正年代范围

Context	Sample type	Sample number	Radiocarbon age (B.P.)	13C/12C	1σ Cal AD range	P	2σ Cal AD range	P
Este 14 Burial 2	Bone	AA91366	410±40	-7.5	**1440–1500**	0.57	**1420–1520**	0.72
Este 14 Burial 3	Bone	AA91367	570±30	-6.9	1500–1510	0.02	1560–1630	0.24
					1600–1620	0.09		
Este 8 Burial 4	Bone	AA91369	550±30	-9.2	**1320–1360**	0.39	**1300–1370**	0.55
					1390–1420	0.29	1380–1430	0.4
Este 14 Burial 7	Bone	AA91370	620±40	-5.9	1320–1340	0.24	1310–1360	0.4
					1390–1420	0.44	**1390–1440**	0.55
					1300–1320	0.28	1290–1400	0.95
					1340–1370	0.27		
					1380–1390	0.14		
Este 14 Burial 6	Bone	AA91371	420±30	-8.9	**1440–1490**	0.68	**1420–1520**	0.85
							1580–1580	0.01
							1590–1620	0.1
Este 6 Burial 1	Bone	AA91372	480±30	-8	**1420–1440**	0.68	**1400–1470**	0.95
Este 7 Burial 1	Bone	AA91373	510±30	-8.2	1410–1440	0.68	1330–1340	0.07
							1390–1450	0.89
Este 8 Burial 5	Bone	AA91374	540±30	-9.1	1330–1340	0.16	1310–1360	0.33
					1390–1430	0.52	**1390–1440**	0.62
Este 10 Burial 2	Bone	AA91376	510±30	-9	1410–1440	0.68	1330–1340	0.07
							1390–1450	0.89

（续表）

Context	Sample type	Sample number	Radiocarbon age (B.P.)	13C/12C	1σ Cal AD range	P	2σ Cal AD range	P
Este 6 Area S	Carbon	AA91377	840±40	−24.1	**1160–1230**	0.62	1050–1080	0.06
					1230–1240	0.04	1120–1140	0.02
					1250–1250	0.02	1150–1270	0.87
Este 6 Area V	Carbon	AA91378	790±40	−23.7	**1220–1270**	0.68	**1170–1280**	0.95
					1290–1310	0.32	1280–1330	0.45
Este 5 Area G1	Carbon	AA91379	650±40	−9.4	**1360–1390**	0.37	**1340–1400**	0.51
Este 10 Feat. 3[a]	Carbon	AA91382	450±40	−9.9	**1420–1470**	0.68	**1410–1520**	0.91
							1600–1620	0.05
Este 9 Area H	Carbon	AA91383	690±40	−10.2	**1270–1300**	0.5	**1260–1320**	0.65
					1370–1380	0.18	1350–1390	0.3
Este 12 Area E[a]	Carbon	AA91384	360±30	−9.4	**1460–1520**	0.4	1450–1530	0.47
					1470–1580	0.05	**1540–1630**	0.48
					1590–1630	0.24		
Este 12 Feat. 2	Carbon	AA91385	600±40	−24.5	**1310–1360**	0.54	**1300–1410**	0.95
					1390–1400	0.14		

Note: The date ranges and probabilities were calculated by the OxCal 4.1 calibration software. For each sample, the calibrated date range with the highest probability is indicated in boldface type.

[a] Dates with poor agreement (with an agreement index of less than 60%) with the Bayesian model that were determined to be outliers and were excluded (see Bronk Ramsey, 2009). These dates, which are inconsistent with stratigraphic and ceramic data for the deposits, likely reflect bioturbation.

注：年代范围和概率由OxCal 4.1校正软件计算。对于每个样品，最高概率的校正年代范围使用黑体字表示。

在 Hai 期，即公元 1240-1350 年间，人们为了创造新的、可居住的土地和扩大哈尔托坎岛，他们在先前的湖岸边进行了大规模填湖。最早在这里定居的人，在后来经过几个世纪的生活而形成一座房子土堆的地方，留下的考古学遗存，就是一个废弃堆积（Este6 V 区）（第 1 阶段）。这一遗迹是这个早期家户的唯一证据；由于这次发掘只挖了一个探沟，因此不能揭露附近生活建筑的面貌。122 号建筑的居民建造了一个单间房屋（Este 12 和 15 遗迹单位 3），并在房屋西侧的废弃堆积（Este 6 S 区）处理垃圾（第 2 阶段）。后来，居民们在之前房子的相同位置上建造了一座以黏土为地基的单间房屋（Este 12，13，15 区），一座可能是属于玉米仓的圆形石基（Este 8 遗迹单位 1），以及在房屋西侧与圆形石基之间埋了 4 个婴孩瓮棺葬（第 3 阶段）。贝叶斯模型中有 6 个放射性碳样品（4 个来自废弃堆积，2 个来自墓葬）取自这一期。

在 Tlalli 期，即公元 1350-1521 年间，122 号建筑的居民用石头建造了一座生活建筑，这座建筑现在只剩两面墙和一个小方形石构遗迹，并在房屋西侧挖了一个垃圾坑（Este 12 遗迹单位 2）（阶段 4）。后来，122 号建筑的居民建造了一座单间房屋（Este 6，14 和 15 遗迹单位 1）和一个可能是玉米仓的圆形建筑（Este 12 和 13 遗迹单位 1），这两座遗迹都有石筑基础（第 5 阶段）。在这一时期，13 座墓葬也被埋在了房子的西边。贝叶斯模型中有 9 个放射性碳测年数据（2 个来自废弃堆积，7 个来自墓葬）取自这一期。

属于殖民时期的 Isla 期，122 号建筑的居民继续居住在前一期所建造的同一栋房屋。他们还在房屋西侧挖了一个大坑，扰乱了几个前西班牙时期的墓葬，并在这个坑中填满了垃圾（Este 10 和 14 遗迹单位 3）（第 6 阶段）。贝叶斯模型中有 1 个放射性碳测年数据（1 个来自废弃堆积）取自这一期。

贝叶斯统计建模使用两个网上的贝叶斯放射性碳校正工具：BCal 和 OxCal 4.2（http://bcal.sheffield.ac.uk）。BCal 由谢菲尔德大学概率统计系开发（Buck et al. 1999）。OxCal 则由牛津大学的放射性碳测年加速器部门开发（Bronk Ramsey 2009）。尽管 OxCal 生成的校正后西历年的概率分布稍微保守一些，但结果几乎相同（参 Overholtzer 2012: 120-122）。对于某些年代，OxCal 生成的分布要长 10 年，但在所有情况下，两种模型生成的范围完全重叠，开始和结束期的中值是相同的。我在这里采用了更为保守的 OxCal 估计值，并注意到因两种方法的结果是可比较，即这个模型是稳妥的。

根据地层证据，模型中所有期都是邻接的，也就是说，既没有年代上的断层，也没有重叠时期。我们将根据全遗址贝叶斯建模（Overholtzer 2014）卡出来的陶器分期年代的上下界线，作为整个地层序列的上线和下线——与阿兹特克 II 期黑-橙陶器共存的 Hai 期堆积的年代区间是 1240-1350 年，与阿兹特克 II 期黑-橙陶器共存的 Tlalli 期堆积的年代区间是 1350-1521 年。

模型的第一次运算，出现了两个异常年代值，它们在模型的后续运算中被排除（见表 1）。我们使用由 OxCal 计算的一致性指数[1]识别异常值；当样本的一致性指数下降到 60% 以下时，该样本将被排除（Bronk Ramsey 2009）。排除这两个异常值后，模型中共包含 14 个放射性碳测年数据。

在最终的模型中，置信区间为 2σ（即 95% 置信水平）的放射性碳测年数据的平均误差范围仅为 ±24 年，比最初的 ±72 年降低了 67%，而在置信区间为 1σ（即 68% 置信水平）下，建模所得测年数据的平均误差范围为 ±11 年，比未建模时的 ±40 年减少了 73%（见表 2，图 4）。因每个放射性碳样品在校正曲线中的截距都全部落入其原始年代范围内，因此是与原始测量匹配。在本文中，校正和建模后的测年数据都被四舍五入到最接近的 10 年，且都包括 1σ 和 2σ 的置信区间。

与贝叶斯模型一致性差的年代数据（即一致性指数小于 60%）会被识别为异常值并被排除（参见 Bronk Ramsey 2009）。这些异常值可能是由于其所属的堆积遭到生物扰动而导致和地层、陶器测年数据不一致。

---

[1] 一致性指数，用于测量模型的稳健程度。

表 2 放射性碳测年和校正年代范围（置信区间 1σ 和 2σ）的贝叶斯模型

Parameter	Sample number	Context	1σ Cal AD range	Intercept	P	2σ Cal AD range	Intercept	P
Beginning Hai phase			Pre-set to 1240			Pre-set to 1240		
Theta 1	AA91378	Este 6D Area V	1240–1250	1245	0.68	1230–1260	1245	0.95
Theta 2	AA91377	Este 6E Area S	1250–1260	1255	0.68	1240–1270	1255	0.95
Theta 3	AA91383	Este 9 Area H	1280–1300	1290	0.68	1260–1310	1285	0.95
Theta 4	AA91370	Este 14 Burial 7	1320–1350	1335	0.68	1300–1350	1325	0.95
Theta 5	AA91367	Este 14 Burial 3	1330–1350	1340	0.68	1310–1350	1330	0.95
Hai/Tlalli transition			Pre-set to 1350			Pre-set to 1350		
Theta 6	AA91385	Este 12D Feature 2	1350–1360	1355	0.68	1340–1380	1360	0.95
Theta 7	AA91379	Este 5C Area G1	1370–1400	1385	0.68	1360–1410	1385	0.95
Theta 8	AA91369	Este 8 Burial 4	1400–1420	1410	0.68	1390–1440	1415	0.95
Theta 9	AA91374	Este 8 Burial 5	1400–1420	1410	0.68	1390–1440	1415	0.95
Theta 10	AA91372	Este 6 Burial 1	1420–1440	1430	0.68	1410–1450	1430	0.95
Theta 11	AA91373	Este 7 Burial 1	1410–1430	1420	0.68	1400–1440	1420	0.95
Theta 12	AA91376	Este 10 Burial 2	1410–1440	1425	0.68	1400–1440	1420	0.95
Theta 13	AA91371	Este 14 Burial 6	1440–1470	1455	0.68	1430–1510	1470	0.95
Theta 14	AA91366	Este 14 Burial 2	1440–1490	1465	0.68	1430–1520	1475	0.95
End Tlalli phase			Pre-set to 1521			Pre-set to 1521		

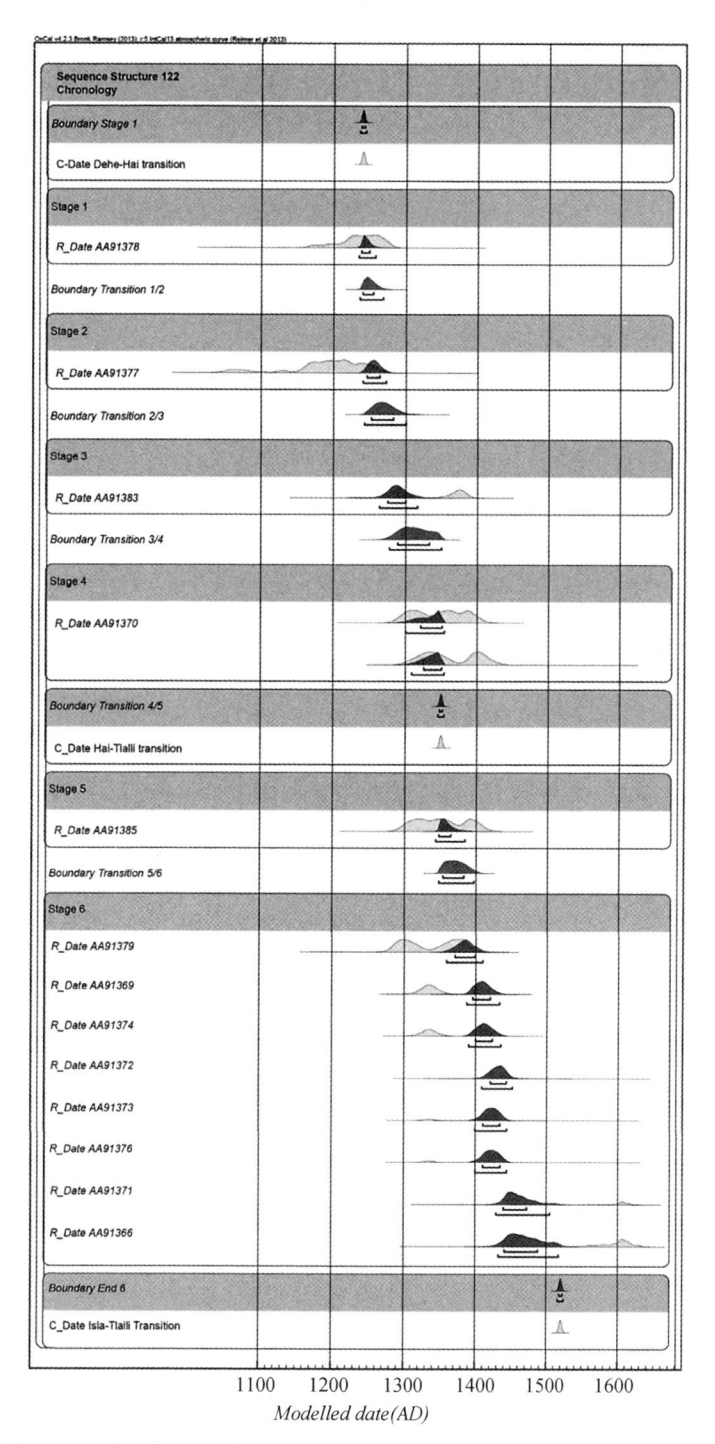

图 4 放射性碳测年的概率分布（灰色线条表示单独校正的样品，黑色区域表示贝叶斯模型结果；每个测年数据下的黑括号栏表示置信区间 1σ 和 2σ）

四、由精确家户年表引出的新见解

基于 122 号建筑家户遗存地层放射性碳测年数据的贝叶斯统计建模，每一个单个测年变得十分精准——这个年代的精确度近似于历史考古学使用历史文献和有生产标记典型陶器得出的年代精度。我们以一个样本为例。被称 Este 12D 遗迹单位 2 的废弃堆积最初估计其年代有 95% 的可能性为 1300-1410 年，并且具有一个三峰分布（见图 5）；也就是说，代表着三个年代范围，且它们都有近似的可能性。在 1σ 置信区间下，前两个峰在 1310-1360 年范围内，可能性为 54%；第三个峰在 1390-1400 年之间，可能性为 14%。建模前的校正年代数据，并不能表明废弃堆积是在哈尔托坎独立时期还是在 1395 年哈尔托坎沦陷后形成的，尽管前者在统计上可能性更大。然而，使用贝叶斯建模——也就是输入这个废弃堆积的地层关系还有其他样本的地层关系，并指定废弃堆积中陶器类型所限定的绝对年代范围——便可以缩小这个废弃堆积的年代范围。通过向 OxCal 输入以下先验信息：1. Este 12D 遗迹单位 2 废弃堆积的年代晚于黏土房基、圆形石基以及阿兹特克 II 期 Hai 期的四个婴儿墓葬；2. 废弃堆积的年代早于石质房基、圆形建筑和十三个墓葬；3. 定义该遗迹属于阿兹特克 III 期 Tlalli 期（1350-1521 年）——得出以下结果：第一个和第三个峰根据可能概率被排除，并且有 95% 的可能性该废弃堆积的年代范围为 1340-1380 年，即第二个峰所在范围。因此，实践表明这个废弃堆的年代可以追溯到 14 世纪中叶，并且可以有把握地说，这个废弃堆积的年代贯穿了以哈尔托坎为中心的奥托米政体的鼎盛时期，我将在本文后面的部分再次提到这个案例。

同样，通过 122 号建筑中人骨放射性碳测年数据的贝叶斯建模得出的精确年代显示，在历史文献中记载的该遗址被遗弃和空置的时期，有五个人可能被埋葬在家户中——这对我在阿兹特克帝国过渡时期哈尔托坎居民连续性的争论中是至关重要的，因为这一结果与历史记录相矛盾（Overholtzer 2013）。最后，我们可以

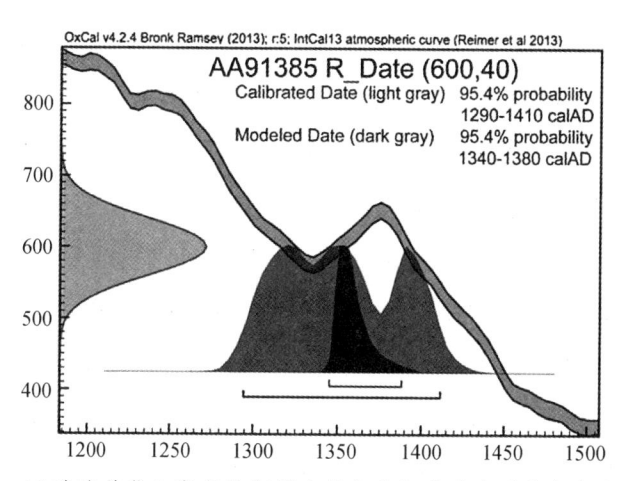

图 5 对 Este 12 遗迹单位 2 废弃堆积测定的年代概率分布（其中灰色表示校正年代[注意有三个峰]，黑色表示建模得出的年代[注意是单峰]。左侧是未校正的年代，校正曲线从左上角到右下角穿过全图；注意校正曲线在 600BP 处的摆动导致了三峰分布）

指出三个地层中废弃堆积（Este 6D 区域 V，Este 6E 区域 S 和 Este 9 区域 H）的精确年代追溯到 13 世纪早中期到 13 世纪末（1230-1260 年，1240-1270 年和 1260-1310 年），并且我们发现废弃堆积中的遗存显示家户行为在短时间内发生了变化，尽管当时并无重大的历史变化，但据推测，这些变化预示着政治力量的缓慢上升以及居民财富的增长，这是我正在进行研究项目的一部分。从根本上说，年代精确性使我们了解到实践是如何在历史背景中发生的，而这些实践的残留证据正是考古学所发现的。

结合情境分析家户堆积，这一精细的年表也提供了许多与能动性实践、家户策略以及社会变迁所涉及的时间与速率相关的见解。例如，回到 Este 12D 遗迹单位 2 废弃堆积，对这个废弃堆积的精确测年，提供了一种人工制品最早且确切的年代数据，而这种人工制品：唇塞（lip plug），对以往关于能动性实践和社会认同转变的研究很重要。通过深入理解使用这种特殊类型唇塞的历史年代，我们便能更好地了解遗址内的族群变迁原因——我们以往会将一些实践变化归因于阿兹特克帝国主义，然而现在我们发现这些变化实际上可能早于阿兹特克帝国的形成。

根据历史和考古学证据，学者们长期以来认为哈尔托坎的后古典时期见证了族群的转变。历史文献指出，该遗址是由奥托米人创立的，但在早期殖民时代，居民说纳瓦特尔语（Nahuatl）而且不认为自己是奥托米人（AGN Tierras 1584/1, 1711）。殖民地文献为这种变化提供了一个合乎逻辑的理由：哈尔托坎被征服后，奥托米人离开，取而代之的是阿兹特克统治者派出的向其纳贡的多族群构成人群（Alva Ixtlilxóchitl 1975–1977, II: 36; Analesde Cuauhtitlan 1992: 104; Davies 1968: 55; Hassig 1988: 134, 184, 233）。考古学家布鲁姆弗尔（Brumfiel 1994）在现场地表采集和试掘后发现，使用黑曜石叶片或骨头制作 T 形（tau-shaped）唇塞，是奥托米人特有的族群认同标记（图 6a）。她指出，唇塞出现在早期，但在哈尔托坎居民阿兹特克Ⅲ期陶瓷（现在称为 Tlalli 期，即公元 1350–1521 年）的阶段，这类唇塞消失了一段时间。随后的发掘为后期家户实践首次提供了有考古学地层背景的证据，并揭示出哈尔托坎居民并非完全放弃唇塞，而是将当地生产的 T 形黑曜石或骨头唇塞改为所谓的石英纽形（buttom-type）唇塞（图 6b）（Overholtzer 2012）。这种唇塞不在哈尔托坎生产，而是出现在墨西哥人的雕塑身上。纽形唇塞使用了更稀有的材料，并且在制造时需要更多的技巧、花费更长的时间，相比于

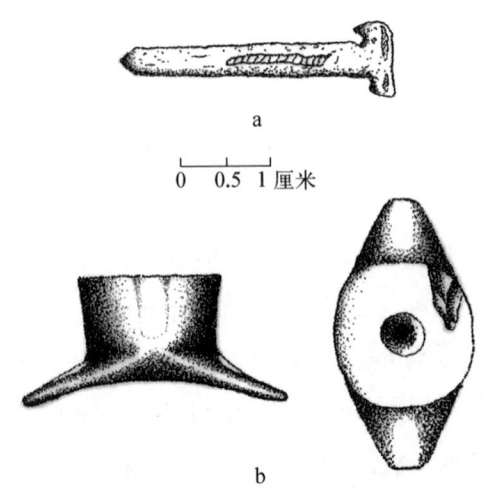

图 6 哈尔托坎出土的 T 形唇塞（a）和纽形唇塞（b）

加工方便的黑曜石唇塞，它们更不经常被丢弃。这可能解释了为什么布鲁姆弗尔在试掘中没有发现纽形唇塞。

即使缺乏精确年表的数据支持，布鲁姆弗尔也认为，由于该遗址已经纳入阿兹特克帝国的版图，哈尔托坎居民肯定放弃了他们的奥托米族群标记。那时，遗址只有一个与哈尔托坎居民在阿兹特克Ⅲ期陶器时代相关的放射性碳测年数据——以95%的置信度校正到1290-1460年，但布鲁姆弗尔认为族群标记的改变可以由两个因素来解释：1. 历史记载遗址在1395年被完全废弃，1435年多民族纳税人群重新在此居住，该遗址的族群变迁可能反映了这些新定居者；2. 另外，如果没有完全重新安置人口（这一点已经被重新审视），哈尔托坎的族群变迁会反映现有居民对征服者的回应，因为他们看到他们奥托米族的身份在社会声望方面每况愈下，而执政的墨西哥人也对他们越来越有成见。

哈尔托坎的两个房屋土堆（包括122号建筑，及其大量保存完好的地层遗迹）中不见有T形唇塞，取而代之出现的是纽形唇塞——对于这种现象的进一步年代学理解让我们能重新审视布鲁姆弗尔的解释。由于这是一篇关于年表的文章，讨论的案例研究是为了说明如何获得精确家户年表，所以我不再更详细地回顾族群标记的证据，而是直接假设唇塞类型的改变反映了佩戴者族群认同的变化，再做进一步的分析。

在122号建筑和124号建筑最早期的地层堆积中，T形唇塞较少出现。在用于抬高地面的阿兹特克Ⅰ期和Ⅱ期混合垫土中，出土了三个T形唇塞（一个骨制的，两个黑曜石制的）。在单纯的阿兹特克Ⅱ期堆积中，出土了三个额外的T形唇塞（一个骨制的和两个黑曜石制的）；虽然我们没有从出土唇塞的特定堆积中获得放射性碳测年数据，但总体估计阿兹特克Ⅱ期堆积的年代跨度为1240-1350年（Overholtzer 2014）。后期的堆积中再没有出土T形唇塞，证实了布鲁姆弗尔的观点，即T形唇塞只在阿兹特克Ⅱ期使用。

相反，纽形唇塞是晚期堆积的特征，并且在122号建筑和124号建筑的发掘中找到了三个这样的唇塞。其中两个完整唇塞出土于墓葬，均由男性佩戴。第三个唇塞——出土于 Este 12 遗迹单位 2 废弃堆积中——似乎是破碎后为了再使用而经修理过，并且它是唯一一个被丢弃的唇塞。两个家户使用唇塞的年代通过贝叶斯建模来确定，其中使用的放射性碳测年样品来自上述墓葬中两名男子的骨骼和废弃堆积中的碳样。正如前面所讨论的，废弃堆积的年代（表 2 中的 Theta 6）估计为 1340-1380 年的概率为 95%，并且在 1350-1360 年的概率为 68%。其中一个墓葬的年代（表 2 中的 Theta 8）估计为 1390-1440 年的概率为 95%，1400-1420 年的概率为 68%。第二个墓葬——不在 Structure 122 中，因此未被纳入本文所提出的贝叶斯模型中——年代估计在 1330-1370 年的概率为 22%，在 1380-1430 年的概率为 72%（Overholtzer 2012：表 4.3）。

这个精确的年代数据表明，两个唇塞中的一个（来自 Este 12 遗迹单位 2 废弃堆积中的那个）明显早于哈尔托坎的沦陷，两个唇塞年代是在哈尔托坎战败之后但在阿兹特克帝国形成之前的时期。因此，废弃堆积出土的唇塞的精确测年说明：至少在阿兹特克帝国形成之前的半个世纪，即使用纳瓦特尔语（Nahuatl）的人在墨西哥中部崛起的时期，这个特殊的哈尔托坎家户居民在被特帕内克（Tepanecs）征服之前的几十年就已经远离了奥托米族。同样地，在阿兹特克帝国形成之前，第二个家户——测年数据不太精确——也经历了这种族群变迁。这些发现使我们要重新反思关于哈尔托坎族群变迁的各种理论，究竟是因被征服的臣民的反抗手段还是受到阿兹特克统治者重新安置该地的影响。我们需要更多的发掘来确定家户采用墨西哥族群标记的时间范围，因为族群变迁显然不是一个短期现象。虽然这两个家户有可能是非正常的例子，或者这两个家户的成员恰好与另一个族群的成员通婚。但令人惊讶的是，遗址中 Tlalli 期（阿兹特克 III 期）房屋的唯一发掘表明，在阿兹特克帝国形成之前的几十年就已经发生了族群变迁，至少有一个家户确实在哈尔托坎鼎盛时期发生了变化。这一初步证据表明，哈尔托坎的族群变迁是由于哈尔托坎居民的积极策略和谈判而产生的，因此不能仅仅解释为阿兹特克统治者重新安置该地点或者现有居民对阿兹特克帝国主义的反应。新的精确年代数据表明，我们需要重构关于哈尔托坎族群变迁的叙述，叙述中心不是帝国精英的行为实践或哈尔托坎居民对自上而下的政治力量的反抗手段，而是哈尔托坎平民早有预谋的策略。

五、讨　　论

在重新审视哈尔托坎族群变迁案例时，年代的精确性是确定古代墨西哥平民能动性行为的关键。与唇塞相关废弃堆积的年代校正——代表墨西哥族群标记的最早出现——这个年代范围太过宽泛以至于不能排除后征服时代，但贝叶斯统计建模可以消除原始校正年代三峰中的两峰，将误差范围缩小到 ±20 年。如果没有精确的年代数据，我们就不会理解这种打破传统的历史节点，我们也无法充分解释文化变化和连续性，或者确定所涉及的具体行动者。也许最重要的是，如果没有122号建筑家户的精确年表，我们可能会继续将能动性错归到阿兹特克帝国的贵族阶层，透过将他们视为社会变迁主要推动者的历史记录，从而将这些贵族所运用的权力视为永垂不朽。如果考古学家想要研究地层记录中的人类行为实践和行为谱系，我们必须重建历史情景以及精确的年表，而这样的精度是可以从基于大量测年数据的贝叶斯统计建模而获得。我认为，为了推动社会考古学中的家户研究向前发展，我们应该将理论重点放在能动性、实践、精确地层数据中的社会记忆，以及基于详细家户遗迹发掘所得的地层放射性碳测年数据的贝叶斯建模上。但是，我提出的这个方法并不适用于所有考古遗址。例如，要想获得非常精确的模型估算并发挥该技术的全部潜力，便需要一定程度的地层叠压，仅短暂居住过的房屋遗迹不是一个良好的先验信息，无法得出好的测年结果。

在具地层堆积的遗址中要进行家户考古项目，便需要一系列田野和实验室方法，最终才能用贝叶斯模型创建精确的年表。首先，考古学家需要继续采用日益细化的田野发掘技术，并使用哈里斯矩阵等工具来帮助地层学分析。第二，还需要有系统地将大量的放射性碳样本送往分析，因为要想扎实的建模就需要大量的数据集。这是重要的改变，因为它需要大量的预算投入。最后，学者需要通过评估样本的可靠性，特别是要保证样本和需要断代的事件之间的关联性，从而确保先验信息优良。这种评估的一个重要方面是样本类型的考虑。例如，在加泰土丘遗址，就样本与居址占用时长之间的关系而言，塞斯福德（Cessford 2005）就从以下不同的堆积中分别出不同可靠程度的决定因素：1. 建筑材料或木材（非常有问题）；2. 炉膛（可能存在问题）；3. 原生的、短生命周期的植物遗骸和人类骨骼（更可靠）。这是一项艰巨的任务，但从这种严谨的方法中获得的年代精确度将使考古学家能够更好地识别家户的微观能动性实践。

参考文献

AGN Tierras 1584/1
 1711 *Testimonio de los autos de reducción que de losnaturales de los pueblos sujetos se hizo al de Xaltocan su cabezera, jurisdicción de Sumpango de la Laguna, el año de 1599, Ramo de Tierras, vol. 1584*, Archivo General de la Nación, Mexico City.

Alva Ixtlilxóchitl, F.d.
 1975－1977 *Obras Históricas* (E. O'Gorman, Trans.), Universidad Autónoma de México, Mexico City.

Anales de Cuauhtitlan
 1992 *History and Mythology of the Aztecs: The Codex Chimalpopoca* (J. Bierhorst, Trans.), University of Arizona Press, Tucson.

Armstrong, D., Hauser, M. W.
 2004 "An East Indian Laborers' household in nineteenth-Century Jamaica: a case for understanding cultural diversity through space, chronology, and material analysis", *Hist Archaeol* 38(2): 9－21.

Barrett, J.
 2001 "Agency, the duality of structure and the problem of the archaeological record", in: Hodder, I. (Ed.), *Archaeological Theory Today*, Polity, Cambridge, pp. 141－164.

Beck, R. A., Bolender, D. J., Brown, J. A., Earle, T. K.
 2007 "Eventful archaeology: the place of space in structural transformation", *Curr. Anthropol* 48(6): 833－860.

Boivin, N.
2000 "Life rhythms and floor sequences: excavating time in rural Rajasthan and Neolithic Catalhoyuk", *World Archaeol* 31(3): 367–388.

Bolender, D. J.
2010 "Toward an eventful archaeology", in *Eventful Archaeologies: New Approaches to Social Transformations*, State University of New York Press, New York, pp. 3–14.

Bourdieu, P.
1977 *Outline of a Theory of Practice*, Cambridge University Press, Cambridge.

Braudel, F.
1972 *The Mediterranean and the Mediterranean World in the Age of Philip II*, Harper & Row, New York.

Bronk Ramsey, C.
2009 "Bayesian analysis of radiocarbon dates", *Radiocarbon* 51(1): 337–360.

Brown, T., Nelson, D., Vogel, J., Southon, J. R.
1988 "Improved collagen extraction by modified Longin method", *Radiocarbon* 30(2): 171–177.

Brumfiel, E. M.
1983 "Aztec state making: ecology, structure and the origin of the state", *Am. Anthropol* 85(2): 261–284.
1994 "Ethnic groups and political development in ancient Mexico", in Brumfiel, E. M., Fox, J. W. (Eds.), *Factional Competition and Political Development in the New World*, Cambridge University Press, Cambridge, pp. 89–102.

Buck, C. E., Cavanaugh, W. G., Litton, C. D.
1996 *Bayesian Approach to Interpreting Archaeological Data*, Wiley, Chichester.

Buck, C. E., Christen, J. A., James, G. N.
1999 "BCal: an on-line Bayesian radiocarbon calibration tool", *Internet Archaeol* 7.

Carrasco, P.
1950 *Los Otomies: Cultura e Historica Prehispánica de los Pueblos Mesoamericanos de Habla Otomiana*, Instituto Nacional de Antropología e Historia, Mexico City.

Cessford, C.
2005 "Absolute dating at Çatalhöyük", in: Hodder, I. (Ed.), *Changing Materialities at Çatalhöyük: Reports from the 1995–1999 Seasons*, British Institute at Ankara, BIAA Monograph, No. 39, London, pp. 65–99.

Cobb, C. R., Drake, E.
2008 "The colour of time: head pots and temporal convergences", *Cambridge Archaeol.*

J. 18(1): 85–93.

Davies, N.

    1968   *Los señoríos independientes del imperio azteca*, Instituto Nacional de Antropología e Historia, Mexico City.

de Certeau, M.

    1984   *The Practice of Everyday Life*, University of California Press, Berkeley.

Díaz del Castillo, B.

    1956   *The Discovery and Conquest of Mexico* (A. P. Maudslay, Trans.), Noonday Press, New York.

Dobres, M.-A., Robb, J. E.

    2000   "Agency in archaeology: paradigm or platitude?" in: Dobres, M.-A., Robb, J. E. (Eds.), *Agency in Archaeology*, Routledge, London, pp. 3–17.

Gardner, A.

    2001   "The times of archaeology and archaeologies of time", *Pap. Inst.Archaeol* 12: 35–47.

Giddens, A.

    1984   *The Constitution of Society: Outline of a Theory of Structuration*, University of California Press, Berkeley.

Harding, J.

    2005   "Rethinking the great divide: long-term structural history and the temporality of the event", Norw. Archaeol. Rev. 38(2): 88–101.

Hare, T., Smith, M. E.

    1996   "A new Postclassic chronology for Yautepec, Morelos", *Ancient Mesoamerica* 7: 281–297.

Haslam, M.

    2006   "An archaeology of the instant? Action and narrative in microscopic archaeological residue analyses", *J. Soc. Archaeol* 6(3): 402–424.

Hassig, R.

    1988   *Aztec Warfare: Imperial Expansion and Political Control*, University of Oklahoma Press, Norman.

Hicks, F.

    1994   "Xaltocan under Mexica domination", in *Caciques and their People: A Volume in Honor of Ronald Spores*, Anthropological Papers, Museum of Anthropology, University of Michigan, No. 89, Ann Arbor, pp. 67–85.

    2005   "Mexico, Acolhuacan, and the rulership of late postclassic xaltocan: insights from an early colonial legal case", in: Brumfiel, E. M., (Ed.), *Production and Power at Postclassic Xaltocan*, Instituto Nacional de Antropología e Historia and University of Pittsburgh; Mexico City and Pittsburgh, pp. 195–206.

Ingold, T.
    1993   "The temporality of the landscape", *World Archaeol* 25(2): 153–174.

Jazwa, C. S., Gamble, L. H., Kennett, D. J.
    2013   "A high-precision chronology for two house features at an early village site on Western Santa Cruz Island, California, USA", *Radiocarbon* 55(1): 185–199.

Johnson, M. H.
    1989   "Conceptions of agency in archaeological interpretation", *J. Anthropol. Archaeol* 8(2): 189–211.

Joyce, R. A., Lopiparo, J.
    2005   "Postscript: doing agency in archaeology", *J. Archaeol. Method Theor.* 12(4): 365–374.

Knapp, B.
    1992a   *Archaeology, Anales, and Ethnohistory*, Cambridge University Press, Cambridge.
    1992b   "Archaeology and Annales: time, space, and change", in: Knapp, B. (Ed.), *Archaeology, Anales, and Ethnohistory*, Cambridge University Press, Cambridge, pp. 1–21.

Lucas, G.
    2005   *The Archaeology of Time*, Routledge, London.
    2008   "Time and the archaeological event", *Cambridge Archaeol. J.* 18(1): 59–65.

Marx, K.
    1977(1852)   "The eighteenth brumaire of Louis Bonaparte", in: McLellan, D. (Ed.), *Karl Marx: Selected Writings*, Oxford University Press, London, pp. 300–325.

Mata-Miguez, J., Overholtzer, L., Rodríguez-Alegría, E., Kemp, B. M., Bolnick, D. A.
    2012   "The genetic impact of Aztec imperialism: ancient mitochondrial DNA evidence from Xaltocan, Mexico", *Am. J. Phys. Anthropol* 149: 504–516.

McAnany, P. A., Hodder, I.
    2009   "Thinking about stratigraphic sequence in social terms", *Archaeol. Dialogues* 16(1): 1–22.

Mills, B. J., Walker, W. H.
    2008a   "Introduction: memory, materiality, and depositional practice", in: Mills, B. J., Walker, W. H. (Eds.), *Memory Work: Archaeology of Material Practices*, School for Advanced Research Press, Santa Fe, NM, pp. 3–23.
    2008b   *Memory Work: Archaeologies of Material Practices*, School for American

Research Press, Santa Fe.

Nazareo de Xaltocan, d. P.

    1940   "Carta al rey don Felipe II", in: Troncoso, F.d. P.y. (Ed.), *Epistolario de Nueva España, vol. 10*, Antigua Librería Robredo, Mexico City, pp. 109–129.

O'Sullivan, A., Van de Noort, R.

    2007   "Temporality, cultural biography and seasonality: rethinking time in wetland archaeology", in: *Archaeology from the Wetlands: Recent Perspectives: Proceedings of the 11th WARP Conference, Edinburgh 2005*, Society of Antiquaries of Scotland, Edinburgh, pp. 67–77.

Overholtzer, L.

    2012   *Empires and Everyday Material Practices: A Household Archaeology of Aztec and Spanish Imperialism at Xaltocan*, Northwestern University, Mexico.

    2013   "Archaeological interpretation and the rewriting of history: deimperializing and decolonizing the past at Xaltocan", *Am. Anthropol* 115(3): 481–495.

    2014   "A new Bayesian chronology for Postclassic and colonial occupation at Xaltocan, Mexico", *Radiocarbon* 56(3): 1077–1092.

Pauketat, T. R., Alt, S. M.

    2005   "Agency in a postmold? Physicality and the archaeology of culture-making", *J. Archaeol. Method Theor.* 12(3): 213–236.

Sahlins, M.

    1981   *Historical Metaphors and Mythical Realities: Structure in the Early History of the Sandwich Islands Kingdom*, University of Michigan, Ann Arbor.

Sanders, W. T., Parsons, J. R., Santley, R. S.

    1979   *The Basin of Mexico: Ecological Processes in the Evolution of a Civilization*, Academic Press, New York City.

Schlanger, S. H., Wilshusen, R. H.

    1996   "Local abandonments and regional conditions in the North American Southwest", in: Cameron, C. M., Tomka, S. A. (Eds.), *The Abandonment of Settlements and Regions: Ethnoarchaeological and Archaeological Approaches*, Cambridge University Press, Cambridge, pp. 85–97.

Silliman, S. W.

    2001   "Agency, practical politics and the archaeology of culture contact", *J. Soc. Archaeol* 1: 190–209.

Smith, A. T.

    2001   "The limitations of doxa: agency and subjectivity from an archaeological point of view", *J. Soc. Archaeol* 1(2): 155–171.

Smith, M. E.
    1987   "The expansion of the Aztec Empire: a case study in the correlation of diachronic archaeological and ethnohistorical data", *Am. Antiq* 1: 153–169.

Smith, M. E., Doershuk, J. F.
    1991   "Late Postclassic chronology in western Morelos, Mexico", *Latin Am. Antiq.* 2(4): 291–310.

Tringham, R.
    2000   "The continuous house: a view from the deep past", in Joyce, R. A., Gillespie, S. D. (Eds.), *Beyond Kinship: Social and Material Reproduction in House Societies*, University of Pennsylvania, Philadelphia, pp. 115–134.

Whittle, A., Barclay, A., Bayliss, A., McFadyen, L., Schulting, R., Wysocki, M.
    2007a   "Building for the dead: events, processes and changing worldviews from the thirty-eighth to the thirty-fourth centuries cal. BC in Southern Britain", *Cambridge Archaeol. J.* 17: 123–147.

Whittle, A., Bayliss, A., Wysocki, M.
    2007b   "Once in a lifetime: the date of the Wayland's Smithy long barrow", *Cambridge Archaeol. J.* 17(1): 103–121.

Whittle, A., Bayliss, A., Healy, F.
    2008   "The timing and tempo of change: examples from the Fourth Millennium cal. BC in Southern England", *Cambridge Archaeol. J.* 18(1): 65–70.

Whittle, A., Healy, F., Bayliss, A.
    2011   *Gathering Time: Dating the Early Neolithic Enclosures of Southern Britain and Ireland*, Oxbow Books, Oxford.

人格、能动性与墓葬仪式：古代玛雅个案研究[*]

---

[*] Gillespie, Susan D. 2001, "Personhood, Agency, and Mortuary Ritual: A Case Study from the Ancient Maya", *Journal of Anthropological Archaeology* 20(1): 73−112.

前　言

社会科学理论倾向于围绕"整体主义"和"个体主义"这两极展开（Agassi 1960: 244; Gellner 1968; Ritzer and Gindoff 1994: 3; Varenne 1984: 295）。整体主义是把社会视为一个存在于组成其个体之上的实体，并把这种实体看作一个自适应系统，制约或决定着个体的行为和信仰，因而将个体视为副产品，并淡化了他们在社会变革中的作用（Ritzer and Gindoff 1994: 12; Sztompka 1994a: 30）。诸如涂尔干的超有机体理论、功能主义、结构主义、结构马克思主义、行为主义、系统论以及文化唯物主义等理论，都倾向于这一极端（Morris 1985: 724; Sztompka 1991: 3）。他们被称为"方法论的整体主义"（Ritzer and Gindoff 1994: 11）或"形而上学整体主义"（Brodbeck 1968: 283; Sztompka 1994b: 258）。这些主张中，有些至今仍和达尔文的自然选择论以及社会生物学等整体性理论一起在考古学中应用。

作为对整体主义过分强调集体性的回应，20世纪50年代伊始，带有"方法论的个体主义"[1]标签的各种理论开始抬头，即认为所有社会现象的解释都应基于个体和他们的行为（Lukes 1970: 77; Ritze and Gindoff 1994: 11）。解释社会学和现象学往往被归入这一极，这些方法主张社会是被人类的行为构建出来的（Archer 1982: 455）。方法论上的个体主义是一种激进的范式转变，但也同样带有许多偏见，只是方向与整体主义相反（Sztompka 1991: 4）。因此，新理论，即"第三社会学"的出现不可避免，以弥合个体主义和整体主义之间的二元对立，考察社会及其成员之间的整合关系（Sztompka 1991: 4; Ritzer and Gindoff 1994: 13）。从1980年代开

---

[1] 关于社会理论中支持和反对个人主义方法论的观点，见 Agassi 1960, 1973; Brodbeck 1968; Gellner 1968; Lukes 1970; Stzompka 1994b; and Watkins 1968。具体考古研究见 Bell 1992, Meskell 1996 和 Sassaman 2000。

始,各类与能动性、行为、实践和惯习相关的理论在人类学中被广泛运用(Ortner 1984:144),并构成后过程考古学的重要组成部分(Dobres and Robb 2000; Hodder 1986:73-77)。社会和个体的弥合——亦称结构和能动性的弥合——已经成为现代社会理论的核心问题(Archer 1982:455; Giddens 1984:35)。

在20世纪70年代,欧洲的能动性理论和与其相对应的美国微观-宏观社会学逐渐成形(Ritzer and Gindoff 1994:6)。这些方法被称为"方法论上的关系主义",强调"不分析社会个体和社会整体之间的关系,就不能解释社会的个体和整体"(Ritzer and Gindoff 1994:14)。在美国考古学中,尽管存在着相互竞争(Archer [1982, 1996] 形态发生理论和 Sztompka [1991, 1994b] 在他人中的社会成长观点等等。见 Ritzer and Gindoff 1994:9-10; Sztompka 1994a),吉登斯(Giddens 1979, 1984)的结构理论和布迪厄的(Bourdieu 1977)惯习理论已经变得相当流行。这些理论通常假设一个连接结构和能动性的动态相互影响关系。他们认为,人类的行为创造或复制了"结构"(例如社会结构关系、文化分类和一些习惯做法),使社会始终处于动态中。然而,行动者在这个过程中受到了限制并只能有条件地采取行动,并根据其社会文化环境来验证行动及其后果。因此,结构既是塑造个人,又被个人塑造;个人既创造了结构,又是结构的产物(Sztompka 1994a:43)。

尽管前述理论已经取得了一些进展,能动性方法中的一些问题缺陷仍阻碍了其对整体-个体主义两端的弥合。这些问题包括缺乏对结构和能动性定义的一致性(Dobres and Robb 2000:8-9; Ritzer and Gindoff 1994:9)和如何界定行动者和能动者。能动者通常被认为是个体,但有时能动性也会被赋予社会中的各类团体属性,如阶级、派系、年龄组和性别。在一些观点中,能动性则仅属统治者或统治群体所有。

在考古学中,未能充分定义结构和能动性的一个结果,就是能动性理论中的所谓个案研究实际上向着方法论上的个体主义倒退(McCall 1999:16),而其局限性,正是能动性理论应该去克服的。能动者通常被视为以自身利益行事的统治者,往往与社会相对立(Dobres and Robb 2000:9;参考对比 Sassaman 2000:149)。霍德

（Hodder 2000: 23）最近提出，考古学家要超越这种"扩张的超级英雄模型"，而集中于如传记一样微观地分析"鲜活的人"。这种被批评的方法，就是把社会视作为副产品，实际上则更倾向于个体主义。

在很大程度上，结构和能动性无法调和的矛盾，以及向个体主义的倒退（社会或结构仅仅作为背景或副产品）反映了当代西方对个体作为一个自主、自我为中心的行动者的迷恋（Johnson 1999: 83; Meskell 1996: 11）。这又被称为"自我中心主义的幻觉"（Sztompka 1994b: 271）。尽管一些考古学家（如 Bender 1993: 258; Hodder 2000: 23; Johnson 1999: 82; Knapp and Meskell 1997: 189）已然认识到"个体"观念的出现带有历史偶然性，并由现代社会和政治所构建——这在社会理论中根本不是一个新概念（Morris 1985: 723）——但仍未出现一个与前面介绍过的不同概念，来取代融合了行动者和社会层面的"个体"，从而弥合人与社会之间的鸿沟。

我认为解决这一难题的一个有效方法是，重新审视一篇关于"人格"（Personhood）的旧文献。与被随意使用的"个体"一词相对，"人格"是一个较少被提及的主题（如 Dobres and Robb 2000: 11），在考古学上更是常常不加甄别地使用，尽管这个概念的蛛丝马迹，常在葬礼仪式出现，用以确认社会身份。"人格"及与其相关但有所区别的概念"自我"，是可以作为客观（行为和结构）与主观（精神和文化）的关系来分析，或将两者结合研究（Ritzer and Gindoff 1994: 14）。虽然对"人"的研究不应取代对个体或自我的分析，但对前者的研究可以提供更加平衡的视角，以更接近社会和集体性的一极。

"人格"的一个主要组成部分源于社会内部关系的实践，通常指日常经验或生活实践的一部分。因为人格并不局限于人类个体，所以也包括了不同人之间、人与群体之间、不同群体之间、生者与亡者之间，以及人与物之间的关系[1]。此外，

---

[1] Mauss（1954: 10）在他著名的文章"The Gift regarding the exchange of objects among the Maori"解释了最后一种形式的关系："很明显，在毛利人的习俗中，事物创造的这种联系实际上是人与人之间的联系，因为事物本身是人或与人有关。因此，给予某物就是给予自己一部分。"

人格并不应被归为由群体或角色构成的社会结构旧概念，而是在当代视角下的社会中，整合而成的"社会行动语境或形式的系统"，这些发挥作用的关系，也是在不断在博弈、颠覆和转型（Harrison 1985: 128）。越来越受重视的人类主体属性（Morris 1985: 724），在社会互动也很重要，由于人们以"人"的能力行事，并因此在参与行动中内化了结构而产生或改变了结构。

最近考古学因关注"鲜活生活"而日益重视个体或自我以及心理学上的构建，由此强调了三个研究领域：1. 墓葬，其中遗体通常与个人象征生活经历和个人身份的物质文化标识共存（Hodder 2000; Meskell 1996）；2. 人的图像（Knapp and Meskell 1997; Meskell 1996）；3. 关于个人意图、行为和自我的文字材料（Houston and Stuart 1998; Johnson 1989, 2000）。这三个领域同时出现的情况十分罕见，而墨西哥南部和中美洲北部的古玛雅文明却正是如此，其中某些高等级人物的文字和图像材料是与皇家陵墓中的骨骼遗骸有关。正如我所论述，当下将玛雅人物视作历史中的行动者的解释，过分依赖了西方"个人"概念。精美的墓葬被认为是个人的地位和野心的反映；肖像或文字中展示的行为和事件则被解读为个别统治者别树一帜的动机。然而，关于谁做了什么及其动机，存在诸多争议和分歧。这些分歧的一个原因是玛雅统治者的个人动机只能被猜测，而解释其动机的方法则过于贫乏。因此本文提出了这样一个观点，即所谓"个体"的考古材料其实是由被有意构建出来的人所组成，他们的身份、行为和动机是由他们在社会单位中的成员身份所塑造的。这对于玛雅贵族而言更是如此，他们所属的社会单位是一个由多代以亲属为基础的、等级制的、被称为"家屋"的组织。

为表明对过去称为"人"（Person）的"个体"（Individual）反思的必要，并以此作为弥合结构与能动性的一种方法，我会讨论早期的墓葬考古学和后来的能动性理论如何从个体入手研究社会，以及二者如何因未能充分关注个体与群体之间的关系而受到的批评。然后引入法国社会学家莫斯（Mauss）提出的"人"（Person）这一概念，将人格（Personhood）、个体（Individual）与自我（Self）进行对比，表明"个人（Individual）"是一种历史性的特定构建。人格点出个人身份重要的社会和集体的组成部分，而这与目的为导向的行动者和能动性并不矛盾。相反，它为阐明人与群体之间的相互影响关系，提供了一个关键的社会文化背景。文章的后半部分以古玛雅时期的个案研究为例，表明当语境中的"人"（Person）被替换为一般意义的"个体"（Individual）时，在墓葬分析和象征性材料对"能动性"的解释上将产生很大不同。对作为"人"（Person）的玛雅行动者的重新审视，最终可以让我们重新思考玛雅的社会政治组织和历史。

一、考古中的个人（Individual）

（一）萨克森-宾福德（Saxe-Binford）墓葬研究项目

尽管过程考古学认为生态-唯物力量是文化停滞或变化的决定因素已是街知巷闻的老调——这也是典型的整体论范式——许多"新"考古学家其实对史前个案中发现个体很感兴趣。这些尝试包括区分并认识个别工匠的产品（例如 Hill and Gunn 1977），但是这项研究的一个主要推动力，是将古代社会分为各种政治（进化）类型社会，特别是平等和阶级型社会，而主要基础，则是个体到底是否或如何在去世时以不同规格下葬。这种分析方法在 20 世纪 40 年代和 50 年代（Sears 1961: 228-229）偶尔出现，但最终由萨克森（Saxe 1970，1971）和宾福德（Binford 1971）——萨克森-宾福德研究计划的创始人所奠定基础（Brown 1981: 28, 1995: 9; 也参见 Pader 1982: 53; Tainter 1978: 106）[1]。他们的研究方法的基本假设是，生前的地位差异会反映在死后不同规格的对待方式上，因此不同规格的墓葬或者是这种规格差异的缺失，会反映社会的一般结构性特征（Saxe 1971: 39; 见 Binford 1971: 18; O'Shea 1984: 3; Peebles 1971; Peebles and Kus 1977; Rothschild 1979）。也

---

[1] 其观点见 Bartel 1982; Brown 1981, 1995; Carr 1995; Chapman and Randsborg 1981; Goldstein 1981; O'Shea 1984; Pader 1982 and Tainter 1978.

就是说，社会组织被认为是"埋葬活动和墓葬规格变化的主要决定因素"（Carr 1995: 106）。其判断内容包括准备墓葬的花费，与某些特点或特定空间有关的位置，随葬品的数量和质量，以及遗骸的葬式或头向等。

值得注意的是，为了说明葬礼中反映的社会现象，萨克森（1970）和宾福德（1971）都引用了古迪纳夫（Goodenough 1965）两个创新概念——"社会身份"（Social Identity）和"社会人格"（Social Persona），而这些是与之前林登（Lindon 1936: 113）定义的"地位"（Status）不同的概念。古迪纳夫（Goodenough 1965: 7）认识到，所有人都承载了许多个社会角色，且这些角色并非同时共存，古迪纳夫将任何特定社会互动中被视为合适的身份集合，称为"社会人格"（Social Persona）。正如分析墓葬时常用的，社会人格取决于年龄、性别、社会单位中的相对等级或地位等普遍决定因素，以及逝者与其他群体的联系。然而，其他考古学家却使用更加模糊的概念来表示墓葬规格之间的区别，包括地位（例如 Peebles 1971; Rothschild 1979），等级（例如 Brown 1981; Peebles and Kus 1977）和财富（例如 Rathje 1970; 参见 Pader 1982: 57）。

萨克森和宾福德的早期工作以及随后受其研究项目影响的学派，成为了社会组织考古学分析的重要发展，其中部分也得益于考古新发现的支持（如 Morris 1991）。然而，这项工作的大部分内容最终仍受到了批评，这里只能简要叙述（另请参阅 Brown 1995）。一个经常被人诟病的地方是：丧葬活动的解释依赖于一个单一的变量——社会组织，这与当代考古学对跨文化和历史多样性的强调是矛盾的。有感于此，考古学家乌克（Ucko 1969）经常引用关于墓葬信仰与实践的多样性的警告（例如 Chapman 1994: 44; Pearson 1993: 204），而且将墓葬视为社会秩序的反映。这一假设，也被认为过于简单化且不可行（参见 Brown 1995 的不同回应），这些解释也没有考虑到宗教信仰和世界观等的集体表象（Carr 1995: 110-111; Morris 1991: 147）。其他研究表明，丧葬形制的多样性并不意味着社会是平等的或是等级化的（Pearson 1982; Huntington and Metcalf 1979: 122）。

总之，丧葬形式的多样性，也许与经常是理所当然的假设"个体地位的最终定格"是两回事（Peebles 1971: 69）。这在儿童墓葬问题上尤为突出，儿童墓葬的规格如果和成年人一样，这个儿童将被视为有较高的社会等级。这里存在一个假设，即这个孩子被赋予了先天地位[1]，而这也是等级社会的标志（Saxe 1970: 7; Rothschild 1979: 661; Tainter 1978: 106）。但是，这种假设却没有得到考古和民族志证据的普遍支持（Hayden 1995: 49-50）。另一种观点——丧葬规格反映的其实是儿童父母的地位（Brown 1995: 8; Pader 1982: 57），同样也因为假设了墓葬规格反映了个体社会地位，以致备受质疑。

此外，必须考虑到整个葬礼仪式作为大背景，墓葬只是其中的一部分而已。葬礼仪式涵盖的内容远远超出了墓地或墓穴（Pearson 1993: 226-227）。随葬品和设施往往只与葬礼仪式本身有关，而非逝者的社会地位（Pader 1982: 58）。和遗体相关的遗存只代表一系列丧葬行为的一部分，而这一部分可能扭曲或掩盖了社会关系和身份，而非对它们的准确反映（Hodder 1982: 201）。正如赫尔兹（Herz 1960 [1907]）的经典研究中首次描述的，丧葬仪式通常还包括一系列的遗体处理过程，以及另择地点进行长期的二次葬。

总而言之，丧葬仪式更多与生者和逝者的关系有关，并且也是将死者变成祖先过程中讨价还价的结果（Joyce 1999, n.d.; Pearson 1982: 112, 1993: 203）。这些仪式涉及与逝者有关的社群内部和社群之间的政治、经济关系（Brown 1995: 4; Goldstein 1981: 57）。儿童的随葬品会更多地表明其与父母的关系（Joyce 1999: 21; Hayden 1995: 44-45; Pader 1982: 62），而假定同样的关系标志却不适用于成年人墓葬，这一点是说不通的。帕德尔（Pader 1982: 58）引用埃德蒙·利奇（Edmund Leach）的话来解释了这一点："如果墓葬以任何方式成为社会地位的标识，那么葬礼组织者的社会地位与逝者的社会地位应一样重要。"乔伊斯从民族志中（Joyce n.d: 4）也得出以下结论："古代墓葬可以被视为一种特别的，被情感所充斥的场所，生者通过这些场所以特定的方式将逝者镌刻进社会记忆，从而作为自己与他人

---

[1] 先天地位：原文为 ascribed status，可理解为依据其父母地位而在孩童出生之前就给定的社会地位。

之间的社会关系网络得以持续的一部分。"

赫尔兹的理论是，丧葬活动是受逝者、灵魂和活着的哀悼者之间所建立的关系所塑造，这也在墓葬考古学中最接近于中程理论，且适用于跨文化研究（Carr 1995: 176）。逝者在丧葬仪式里常转化为祖先或其他形式的灵魂，并在葬礼或随后可能涉及的遗体处理及出于政治目的，而制造社会记忆的纪念仪式中再次出现（Chapman 1994: 46; Kuijt 1996; McAnany 1998; Morris 1991: 156; Pearson 1982: 101, 1993: 203）。这种仪式可能会有意隐去个体身份，因为逝者代表着社会集体性，例如经常引用到的马达加斯加 Merina 墓地中，逝者在丧葬仪式中会成为一般意义上的祖先（Bloch 1982: 220；另见 Chapman 1994; Glazier 1984）。

因此，对早期墓葬考古学的批评往往指出，考古学家们需要另一种视角，将考古学家所发掘的逝者与墓葬以外多维社会动态背景中其他人群相联系。社会人格不能被简单归结为单个个人的本质属性——即死亡时的社会地位——同时也必须考虑与其他人的关联。在最早的研究中，这个因素其实并没有被忽略（Binford 1971: 17; Peebles 1971: 68; Saxe 1970: 6, 9），只是后来却没有得到足够的重视。

布朗（Brown 1995）在较近期对萨克森和宾福德项目的回顾中指出，墓葬考古学常隐藏的焦点，就在于识别个体地位，因为个体的遗体在单座墓葬中出现的情形十分常见。这种情况下，考古学家自然会要求将个人差异与社会组织联系起来。因此，古迪纳夫的角色理论（role theory）就被用来描述这些人在生活中的身份（Goodenough 1995: 11）。布朗（Brown 1995: 5）进一步指出，这种思考的框架反映了设计它的考古学家日常经验，即欧美习惯中普遍会为死去个体指定社会身份，并将他们葬入独立的坟墓之中。

（二）能动性的方法

现如今考古学家对个体的关注，更多的是将其作为一个行动者而不是某种社会秩序的反映者，这也是当代考古学理论的重要组成部分（Hodder 1986: 6）。从系统或生态整体论转向以能动性或以参与者为中心的方法（Bell 1992: 30; Johnson 1989:

189; Robb 1999: 3）也引出了一系列问题，因为在考古学中，能动性往往只是一个"流行语"（Robb 1999: 3；参见 Dobres and Robb 2000）。行动者很少被真正视为参与了与背景相关的建构（例如 Gillespie 1999: 225; Johnson 1989: 190）。这些缺点出现的一个原因，可能是考古学对吉登斯的结构化理论的普遍依赖，而吉登斯最完整的论述则见于1984年出版的《社会的构成》（Giddens 1991: 204）一书中。

吉登斯的方法，其实是与其他能动性理论家迥异，他更倾向于结构这一方面，而结构也体现在人类行为中的能动性（Sztompka 1994a: 38-39）。"结构"被吉登斯特别定义为组织性的原则或规则，以及相关的资源（Ritzer and Gindoff 1994: 10），行动者在日常生活中利用"结构"，并理所当然地将其视为日常生活中"实践知识"。行为者们学习这些知识，然后反思按照这些知识行动的结果——可能与之前的意图和期望并不一致——从而重造和改变这些最初指导他们行动的知识和条件（Giddens 1984: 2-4）。吉登斯因此提出：

> 能动性和结构组成的并不是两套独立的现象或是二元论，相反他们代表了一种二元性。根据结构二元性的概念，社会系统的结构特性本身既是载体，也是在相互影响下实践的结果。结构对于个体来说不是"外在的"：结构作为一种记忆的痕迹，在社会实践中被实体化，在涂尔干所说的意义上，结构更具"内在性"而非在行为以外。结构并不等同于约束，但始终对行为既有约束力又有驱动力。（Giddens 1984: 25）

然而，当用到考古学时，麦考尔（McCall 1999: 16-17）认为，能动性理论往往更多地集中于参与者的意图，吉登斯的作品中对此已有一些担忧，然而，更多关注集体性而非个体意识的布迪厄（Bourdieu 1977: 72 及以后内容）的惯习理论却未对此过多关注。因此，这就和与之争辩的个体主义方法论及理性选择理论没有多大区别。事实上，奥特纳（Ortner 1984: 151）认为源于"利益论"的动机观念，支配着人类学的实践理论，其基础就是"本质上的个人主义，且这种个人主义以具侵略性的行动者为中心、只关心自己的、理性的、现实的，也许还有利益最大化的。"这个理论因而受到猛烈批评，并且过于狭隘地关注理性和"行动性"（Ortner 1984: 151）[1]。它将实践理性视为行动的普遍主导性动机，这与能动性理论背道而驰，能动性理论认为行为者是"嵌入社会的，不完善的，往往不一定是很现实的人"（Dobres and Robb 2000: 4）。利益论也无视了那些日益增多证明了自我、人[2]和动机这三个概念存在跨文化差异的文献（Ortner 1984: 151）。

将利益论应用于能动性理论，这在中美洲史前文化的演变的研究中十分显著，这里只举几个例子[3]。马库斯和弗兰纳里（Marcus and Flannery 1996: 31）明确地将源于利益论的"本质个人主义、利己主义、理性、务实"的行动者理论用于他们的瓦萨卡的萨波泰克文明演化模型。克拉克和布莱克（Clark and Blake 1994: 28）利用吉登斯的概念来解释中美洲低地地区社会不平等的增长，他们认为社会变化是"个人在其文化系统的结构性约束下追求个体利益的策略和行为的结果"。乔伊斯和温特（Joyce and Winter 1996: 33）在一篇研究报告中，也用了类似方法解释了瓦哈坎谷地社会复杂性的增长，他们的解释也集中在"个人层面的行为策略"上。然而，布兰顿和他的同事们（Blanton et al. 1996）则更具学术雄心，将能动性理论用来解释整个中美洲史前时期的演化，构建出两种对立的政治经济策略，一种是更具个人主义色彩，另一种更具集体性的。"网络"战略是基于"以个人为中心的交换关系"（Blanton et al. 1996: 4），而"合作"战略则强调"社会整体的团结协作"（Blanton et al. 1996: 6；另见 Blanton 1998: 149–150）。

---

[1] 正如 Gellner 1968: 258 先前所指出的那样："制度、社会结构和意识环境，人们想要和相信的结果，而是他们认为理所当然的结果。" Ortner（1984: 150）注意到，尽管布迪厄和吉登斯加入了其他实践理论家的行列，"反对帕森斯或索绪尔观点，在这种观点中，行动被视为纯粹的行为或规则和规范的执行。二者均认识到高度模式化和常规化的行为在社会衍生系统中的核心作用。正是在那些生活领域，特别是在所谓的国内领域，行动进行者很少反思，一个系统的大部分保守主义通常被定位。要么是因为实践理论家希望强调行动的主动性和意向性，要么是人们对固有系统的变化也来越感兴趣，或者两者兼而有之，因为'这是我们祖先的方式'，所以执行者真正行使的规范在某种程度上可能被过度低估了。"（另见 Dobres and Robb 2000: 5）
[2] 此处人（person）即是泛用，而未强调与个体（individual）的对立。
[3] 对于强调"实践"而非少数夸大个体意识合理化行动的方法，详见 Lightfoot et al. 1998, McGuire and Saitta 1996, Yaeger 2000，而有关将吉登斯概念用于现象学方法，参 Barrett 1994.

但是，这些研究中部分因未能充分阐述人类行动的社会背景而饱受批评。乔伊斯和温特则被批评仅关注"自主性的、策略性的个体，而没有考虑到性别、地位和亲属关系的因素"（Brumfiel 1996: 49），而这些恰恰塑造了他们的身份、动机和选择。克里亚多（Criado 1996: 54）说，这种完全以个人为中心的能动性模型只能运用在后工业资本主义社会。因此，在考古学中普遍使用西方的个体概念将会是漏洞百出，同样批评也适用于墓葬考古学中。然而，随着英美考古学界从决定论到理性行动者的范式转换，以个体为单位的研究却仍愈发重要（Hodder 1986: 6–8）。

在整体性分析中，这种情况并不意外，因为"个体是自我驱动的能动者"是欧美社会的哲学基础（Varenne 1984: 281）。同样的批评也用在吉登斯本人身上。他的能动者的观念本身就是源自西方的个人观念，而非社会文化的组成部分，仅仅是存在于结构中的（Pazos 1995: 220）。而吉登斯"对于前资本主义形态的特征及其主观性不感兴趣"，因此他的观念对人类学家来说本身就是难以利用（Karp 1986: 134, 132）。"吉登斯的结构化理论是参照'先进工业化社会中的高度自我控制的个人'而制定的。但是它无法说明这样的个体到底经历了什么才变成这样的：对吉登斯而言，由历史黎明之初人类一直如此"（Kilminster 1991: 101）。我们无须过分指责那些将吉登斯模式应用于过去的考古学家，尽管他们没有充分地定义"行动者"，并像吉登斯那样隐含地将其等同于与当代西方"个体"相同的概念。

在将个人看作一个独立的实体时，吉登斯的结构化模型——一个依赖于相互作用的过程——由于没有考虑行动者之间的相互依赖性也注定其失败："个人在这个理论之下被看作第一位的。这个概念没能把握个体在整个社交网络中如何被他人看待，也没有关注个体之间的相关性。"（Kilminster 1991: 99）在对吉登斯的类似的批评中，瑟威尔（Sewell 1992: 21）断言："能动性既是集体的，也是个人的……构成能动性的核心的结构-行为模式转换和资源调动，总是通过与他人沟通展现出来的。"瑟威尔（Sewell 1992: 21）因而建议将注意力从个体转移到与他人建立的关系上（参见 Kilminster 1991: 100），也就是回到能动性理论的核心，即"方法论上的相关主义"。

总之，吉登斯在这部有影响力的作品中缺少的一个重要组成部分，就是对"人格的差异"的认识（Karp 1986: 133；另见 Devillard 1995）。这个批评是与关于"人"的早期人类学文献中涉及社会上人们相互认同关系构建密不可分。这些文献颇值得细味，以确定它可以帮助揭示当下的哪些问题，尤其是当这些文献本身能具体地指出了西方"个体"的概念在更为一般性的"人格"概念中的历史发展。

二、人、人格角色和个体
（PERSON, PERSONNAGE, AND INDIVIDUAL）

人格的概念在人类学中有其深刻的根源，可以追溯到整体论方法占主导地位的时候，也因其陈旧而常被忽略。美国理论人类学家关注概念的界定，诸如地位、角色和社会认同等，这些概念后来影响了萨克森和宾福德的理论阐发。林登（Lindon 1936: 113）将地位定义为权利和义务的集合，并构成了互惠行为的特定模式。地位不能单独存在，且一定与整体社会模式有关。人类根据地位扮演角色，从而再生产出社会。林登对比了这种抽象的地位（a status）和任何个体"占据的所有地位的总和"的地位（the status）（Lindon 1936: 113）。在这种用法中，地位既可以指一个关系网络中的某一个位置，也可以指占据一个或多个这种位置的个体，而林登也大方地承认这所产生的混淆："因为这些权利和义务只能通过个人作为媒介来展现，所以我们很难从思辨中上区分地位和处在这个地位的人，进而区分出他们的权利和义务。"（Lindon 1936: 113）

古迪纳夫（Goodenough 1965: 2）批评林登与其他人错误地将地位与社会位置混淆在一起——即混合了权利和义务的统一体。而这又和社会位置中人的类别混在一起——还假设这三者形成了"不可分割的分析单元"。因此，他引入了自己的术语——社会身份（Social Identity）和社会人格（Social Persona）——尽管他们的定义并不易适用于考古学中的一些特定情况。社会身份（Social Identity）是"自我（Self）的一个维度，界定了如何对其他人分配权利和义务"（Goodenough 1965: 3），并与"个人身份"（Personal Identity）区别开来。社会人格（Social Persona）是"个体根据特定的互动关系，所适当选择的几个身份的组合"（Goodenough 1965: 7）。考古学家实际上重新定义了这些概念，使它们在墓葬分析和逝者个人身份表达分析方面更具操作性。现在，社会身份常作为将人群分类、所在的社会位置或地位（Saxe 1970: 4）的笼统称呼，而古迪纳夫则试图让这些元素保持各自的独立。社会人格（Social Persona）被理解为"生时持续，死时也应按合适方式表现的社会身份综合体"（Binford 1971: 17），研究的前提是假设个体的死亡必须是逝者各种社会身份的最完整表达（Saxe 1970: 6）。

在大西洋彼岸，涂尔干的学生法国社会学家莫斯在1938年的一篇文章（Mauss 1985）中从另外一个角度进行了研究。莫斯对祖尼普韦布洛（Zuni Pueblo）的夸扣特尔族（Kwakiutl）和其他族群的氏族组织的田野材料进行分析。他观察到，每个氏族都将一系列称号——真正与部族图腾有关的称号——分发给部族成员，他们通过继承亲属关系确定等级和权威，这些共同形成了一个复杂的社会分类系统。他总结说："一方面，这个部族被认为是由一定数量的人——实际上是'人格（Personage）'——组成。另一方面，他们所扮演的角色实际上组成了部族生活的整体状态。"（Mauss 1985: 5）对其中每一个人来说，每一个人格（Personage）都是这个整体的转喻对象。

然而，20世纪20年代，弗朗茨·博厄斯（Franz Boas）在把夸扣特尔当地团体（*numayma*）归为同一种氏族时产生了疑问。他最终认为：

> 应将*numayma*视为一种结构，我们在此可以忽略个体，而将*numayma*视为由一系列位置组成的结构，每个位置都属于一个称号，这个称号等同于一个"席位"或"站位"，分别对应不同的等级和特权。这些称号是有限的，它们形成了一个贵族等级……这些称号和席位是*numayma*的骨干，而个体在

他们的一生中可能占有不同的席位及从属于这一席位的称号（in Le'vi-Strauss 1982: 169）

从莫斯和博厄斯的角度来看，"称号"或"席位"作为人格的体现，再生产出构成社会的单元，而不仅仅是一个氏族或世系群的集合。个体在他们生命的不同阶段中承担属于该氏族的各种称号、相关角色和等级地位，以及由氏族规定的仪式行为，从而定义该氏族和重塑该氏族与其他氏族的关系。对夸扣特尔人来说，正如莫斯（Mauss 1985: 8）所解释的那样：

> 保有氏族所赋予的称号不仅仅为了获得作为氏族首领的声望和权威。这些人和重生的祖先正是通过这个称号的存续而后继有人，他们会在拥有这些称号的后人身上重生，并在仪式上得到永存。只有通过延续称号，才能保证事物和精神的永存。这些到头来仅是有名无实的行为，却会对整个氏族、家庭和部落负责。

之后继续使用人格（Personhood）概念的民族志文献，进一步揭示了其重要特征（例如 Barraud 1990; Fortes 1973; Graeber 1996; Howell 1989; Kan 1989; Strathern 1981）。社会角色被看作是不同特质的交集——性别、年龄、出生顺序、父母和亲属群体、生活经历和形而上的天性——但人格包含的其实更多。它通常包含头衔或名称，并通过徽章、图腾装饰或象征性符号具象化。它们表示可能与特定群体、财产和地点共存的一类存在。人格相对其他人具有等级或地位区别，也可能与房产、种姓、阶级、宗教、种族或祖先群体以及职业有关。在莫斯的观念中，具体的"人"（Persons）是永存的。在生活中的个体拥有这些身份以前已出现，或许一段时间之内无人能体现这个"人格"，但其作为一种类别是存在的，也因此可以和人、祖先、地点和事物建立潜在的相关。

人格（Personhood）不是一种自动获得的地位，而是往往与一生中或者更长时间内获得的各种独立要素的集合。人格（Personhood）的获得是诸多仪式举行背后的目标，同样也是功利性努力和资源消耗的集中结果，通常会涉及许多人，因为他们自己的身份受到与他人关系的影响（La Fontaine 1985：132）。拥有特定特征的人可能会通过自身的努力或偶然的运气来增强或减弱这些特点的表现。这些人的生平不断变化，既基于作为真实"鲜活的生命"（lived lives），又基于后人如何纪念自己。但是一些人永远不会被认为能够拥有完整的人格，尤其是奴隶和孩子（Fortes 1973：304及以后内容；Kan 1989：64），所以生物上的人与社会意义上人，并不一定完全重合。

莫斯的人格（Personhood）概念似乎过分强调社会集体和社会建构的决定性，这也是涂尔干学派长期以来一直被诟病原因（Goody 1962：27）。然而，霍尔特斯（Fortes 1973：287）在回顾莫斯的观点时，更明确地将"人"（Person）与"个人与社会如何相互联系和适应"联系起来——这也是社会理论的核心问题之一。霍尔特斯（Fortes 1973：286）问道："如果人格（Personhood）是社会所生成的且由文化所定义的，那么个人又是如何到体验人格？"作为回应，他认为分析者必须将人格（Personhood）的"两个方面区分开来。从客观的角度来看，社会赋予一个人独特的品质、能力和角色，从而使这个人成为被认识的人，同时也让他明白自己应该成为怎样的人。从主观方面来看，问题在于一个作为行动者的个体如何知道自己会不会成为那个在特定情况和地位下所成为的人。个体不是人格（Personhood）的被动承担者；他必须适当地发挥其素质和能力，规范他自己的表现"（Fortes 1973：287）。[1]

正如实践理论或能动性理论所提到的，如果不能在社会互动及其反思和话语中定义"人"（Person）和"他者"（Other），人所属的位置本身以及由该位置引发的合作或对立关系便不存在。行动者并不是简单地扮演一个社会为他确定好的特定角

---

[1] 林登（Lindon 1936：114）在讨论地位中也做了类似的区分："如果我们抽象地研究足球队，四分卫的位置除了相对于其他位置而言是没有任何意义的。从四分之一后卫自己的角度来看，这是一个独特而重要的实体。它决定了他在阵容中的位置，以及他在各种比赛中应该做什么。他对这个职位的分配立刻限制和定义了他的活动，并使得他学习到了最少的东西。问题的关键是我们要超越由角色组成的社会的描述，而反思在社会行动中由行为者构成的情况。"

色:"他不是简单地戴上面具,而是将自己声称的身份套在自己身上。因为,参与者肯定只有通过把自己的人格赋予自己,才能够行使其独特的特质、权利、义务和能力。"(Fortes 1973: 311)

引入人格(Personhood)概念是为了更好地理解结构化作为社会和个人相互构成关系的一种手段。结构(Structure)会由个人在整个社会网络中相互依存的关系内化为一个集体的媒介,通过对人格(Personage)地位的各种假设,最终成为真正意义上的人(Person)(在林登所说的意义上)。这种复杂的社会系统在日常生活的实践中被具体化,包括行走于景观建筑而形成的日常生活轨迹(例如 Barrett 1994; Bourdieu 1973)、物品交换(例如 Barraud et al. 1994; Howell 1989)和其他社会互动。在葬礼等生活危机相关仪式中,这一点尤其突出,因为人们在这种场合下最能用到各种方法来表达具有特定角色和地位的人格(Fortes 1973: 287)。

莫斯的初衷是为这些概念制定一个发展的纲要。他从传统社会的人格(Personage)开始追溯西方思想史,罗马人最早将人格(Personage)视为一种有自主权利和义务的司法和道德实体(Mauss 1985: 18)。它不一定是自然人,罗马人也可以把公司、城市或大学称为"法人"(Collective Person)(Mauss 1985: 19)。宗教改革和启蒙运动以来的一个新发展,就是莫斯所谓的"自我"(moi)与西方哲学中的个人(Personne)观念(Mauss 1985: 20−22)同时出现。此二者组合成西方"个人"(Individual)概念的基础,即一个独立自主的道德实体。

莫斯 1938 年的文章对英美人类学的影响其实不大,在民族志中普遍被忽视(La Fontaine 1985: 123; Morris 1985: 736)。然而,它可能影响了拉德克里夫−布朗(Radcliffe-Brown)1940 年关于《论社会结构》的文章(1952 年重印),其将"个体"(Individual)与"人"(Person)区分如下:作为个体(Individual)的每个人都是"生物有机体",而作为人(Person)则是"一种社会关系的复合体",莫斯没有区分这两者,是后来"科学混乱的根源"(Radcliffe-Brown 1952: 193)。然而,莫斯的学生杜蒙(Dumont)和他的追随者,一直坚持莫斯关于传统社会中具特征的人(Person)与西方作为价值的个体(Individual)之间的区别,他们认为现代西方价值观中的个人（Individual）是将莫斯的术语语境下的"人"（Person）与"自我"（Self）概念融合的产物。这种有关人（Person）与个体（Individual）的二分法现在更被认可。杜蒙（Dumont 1970: 11）将个体（Individual）的发展追溯到欧洲引入法国大革命时期的社会分工。其他人将其起源追溯到官僚民族国家（La Fontaine 1985: 136-138）甚至更早到中世纪时期（Barraud et al. 1994: 4）。这个术语虽然引入了一个假设，即尽管西方"个人"（Individual）是一个扼要表述的术语，而西方社会中的自我（Self）术语，也可能存在差异（Sokefeld 1999: 418），但是将人（Person）与个体（Individual）之间做对比仍颇具启发性。

不论它的发展轨迹如何，西方社会中个人主义（Individualistic）与整体论（Holistic）的对立，或是现代与传统的对立为特点（Barraud 1990: 215; Dumont 1970: 9），个体（Individual）是"一个特殊的文化类型（的人）而不是一个不言自明的分析范畴"（Strathern 1981: 168）。在像我们这样的个人主义社会里，"社会是由自主、平等的单位，由独立个体组成。个体比任何社群都更重要。现代的西方概念中，个体（Individual）因此才赋予了常人，也就是经验的可观察实体，以法律、道德、和社会的意义"（Alan MacFarlane in La Fontaine 1985: 124）。

如果西方社会中个体具有绝对价值，那么我们就很难区分个体（Individual）与人（Person）（La Fontaine 1985: 125），这一点并不奇怪。然而花费大量精力研究非西方的人类学家却更关注到（Barraud et al. 1994: 4）过分强调个体（Individual）会扭曲我们对非西方社会的解释（Dumont 1975）。这种区分对于分辨能动性理论中常常纠缠的整体、个人二元性问题尤为重要：在西方人格（Personhood）概念中，物种作为边界清晰的单元，被视为事实上自然存在的道德实体，并且进一步被设定为与自然和社会相对立。相似地，在西方概念中，人格（Personhood）的社会科学概念从语义上看又与"人"（Person）、"个体"（Individual）相对立。但在其他文化中，人作为道德实体，可能会有不同维度的理解（Strathern 1981: 168-169）。

在研究丧葬活动中地位或社会角色的表征，以及判断能动性的背景和动机之时，考古学家应该意识到"人"（Person）与"个体"（Individual）之间的深刻差异，因为两者都涉及了文化建构，并且这个意义上的个体（Individual）在过去多不存在。考古学家应该进一步考虑："行动者通过实践来构成了他们自身以及寓居于世的方式，实践本身是象征性构成，同时也是象征性的过程。"（Munn 1986: 7）正如我在下面的案例中所表明的，个体的身份、地位和动机是在集体中与他人之间的联系而形成的，通过象征性地使用"人"（Person）作为社会构成，以此看待个人主义（Individuallistic）的表现和行为，可以更好理解个体作为社会构成的一部分。这个角度出发的解释性差异，也足以让我们认真考虑历史中行动者的人格（Personhood）。

三、玛雅关于人格的表征

（一）玛雅关于个体的表征

在解释中美洲南部的古玛雅文明遗址时（大约 250-1000 A. D.；图 1），考古学既关注从墓葬分析中识别出个体，也关注通过图像和文本研究以行动者为中心的其他情形。尽管对任何具有王朝历史和大型皇家墓地等相关信息的遗址中心都可以进行类似的分析，墨西哥帕伦克晚期古典遗址的数据仍需被重点强调。在此，我将说明当个体被隐含地视为价值主体时，将导致一些解读困扰。而当我们用互动中的人创造和维系的社会关系去替代作为自然单位的个体，就可以减少这些困扰，并且可以使史前史学家们更多理解社会动因。

从这个目的来说，玛雅的案例是很有意思的[1]，因为他们创造了许多与文字资料并列的人物肖像，自普罗斯科里克哥夫（Proskouriakoff 1960）开创性的工作以

---

[1] 参见 Stuart 1996: 162 和 Houston and Stuart 1998 对基于意象和文本中对"自我"的参考，他们对玛雅"人格"提出了一个民族心理学观点，他们交替使用"自我"、"人"和"个体"的术语，而且总是处在西方视角上使用。而我所指的文学强调的是文化上特定的社会结构，这些概念是截然不同的。

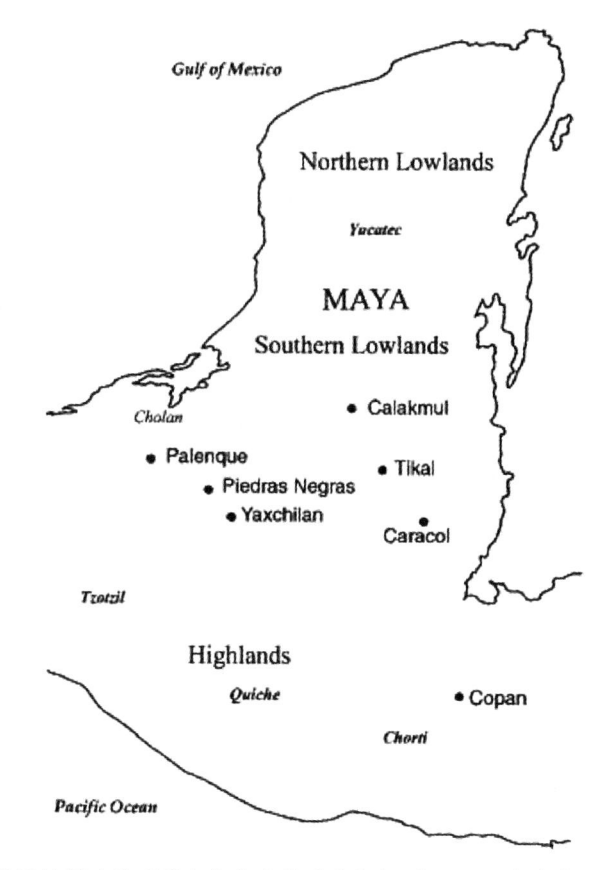

图 1 玛雅地区地图（墨西哥南部和中美洲北部），主要显示文章中提到的经典时期遗址（玛雅语名称用斜体表示）

来，这类文献就被解释为关于著名历史人物的描述，即统治者及其近亲家庭成员或高级官员，这些都是玛雅社会的最高统治者（Coe 1984: 166）。因此，这些大型的纪念碑铭文，被视作是"君王的宏图伟业"的记录（Freidel 1992: 129）。这些图像雕刻在浅浮雕上的石碑，门楣，镶板以及与建筑或与特定空间相关的物品上，且通常不是一般意义上精确描画相貌的肖像。相反，文字和肖像符号是用来标识出人物并展现他们正在进行着某种仪式行为（Schele and Miller 1986: 66）。但是，一些来自帕伦克的作品是例外的，因为它们被认为是逼真的肖像画（Schele and Miller 1986: 64-66）。由于要用石刻来描绘国王的丰功伟业而产生的浩繁开支——也就是

"著名统治者的公共荣耀"——以及建造他们的宫殿和陵墓所花费的大量人力物力，布兰顿和他的同事（Blanton et al. 1996: 12）认为古典玛雅时期体现了个性化"网络"政治策略的例证：精英家庭推动了对带名号统治者的膜拜和皇室血统及祖先崇拜的政治口号（Blanton et al. 1996: 12），特别是为统治者的陵墓修建了巨大的金字塔（公元 600–1000 年）。

到韦尔奇（Welch 1988）对玛雅低地墓葬进行调查时，数十座墓葬中的人骨遗骸刚好对应了铭文中提到的统治者的名字（Welch 1988：表 99），而且两者匹配的数字还在继续增长。能够将文本记录中出现的具体人名与特定的人骨遗存相对应，为考古学家带来莫大帮助。此外，有文本辅助，考古学也可更好地理解"个体"（Individual）理论的研究途径（Johnson 1989: 190；参见 Meskell 1996: 11 及以后内容）。然而，特林考斯（Trinkaus 1984）指出，这种情况实际上可能比无文字社会更为众讼纷纭。现在，丧葬仪式不仅被视为一个操控改变地位和身份的契机（例如 Joyce 1999: 22; Pearson 1982），"文本本身就是符号行为，把文本使用当作事实表达以及事实真相的操控方式，也是产生这些文本的复杂社会的组织基础。因此，那些描述丧葬仪式的人至少会为以后的解释造成双盲（即历史事实和历史书写都不能确定——译者注）的麻烦（Trinkaus 1984: 675）"。玛雅的案例中就出现了这个问题，只有胜利的统治者才能使用流传的文字来宣扬他们的丰功伟绩（Schele and Freidel 1990: 55），而我们所谓的"政治文宣"其实是中美洲文字所具有的主要功能（Marcus 1992: 16）。

操纵丧葬仪式和文本带来的"双盲"问题，在著名的帕伦克寺庙皇家墓地中一直存在争议[1]。虽然这些争论今天看起来很简单，但它们简要勾画了将个体

---

[1] 自帕伦克最早的科学探险家以后（Blom and LaFarge 1926–1927; Holmes 1895–1897; Maudslay 1974 [1889–1902]; Rands and Rands 1961; Thompson 1895），考古学家们也对大量建造良好的墓地建筑进了探讨，其中大多数在过去被"掠夺"（发现时是空的），数座寺庙地下的房间里建有多个石板石棺，并延伸到平台以及特殊的埋葬建筑中（Ruz Lhuillier 1965, 1968）。一些寺庙可以通过楼梯或走廊进入底层房间，比如狮子神庙（Holmes 1895–1897: 189）。然而，碑铭寺要宏伟得多。

（Individual）视为一个利己的理性行为者时可能出现的诸种困难。这个碑铭神庙是一个巨大的金字塔形平台，顶部有石砌建筑（神殿或祭殿）。1952 年，鲁斯·吕利耶（Ruz Lhuillier）发现了一个隐藏的楼梯，能从 20 平方米的圣殿地面通过金字塔内部，走到地面以下，直到一间拱顶石室。石室中有一个巨大的石灰石棺，几乎占用了整个空间，石棺中间存放着一个保持标准仰身直肢的成年男性遗体（Davalos Hurtado and Romano Pacheco 1992: 333）[1]。这个石棺的四面雕刻着 10 名男子和女子，从铭文来看代表墓主人的祖先。近 4 米长的石灰石棺盖雕刻了墓主人的全身像（Robertson 1983: 57，65）。他的名字读音近似 Pakal，他的生平传记在帕伦克的铭文中由马修斯和谢勒首次破译（Mathews and Schele 1974），这个名字后来更完整地被解读为 Hanab-Pakal（Schele and Mathews 1998: 95）。这个拱顶石室的整个结构显然是用来安放石棺，因为墓室和石棺必须在上面金字塔形平台建造之前就位。

谁建造了这个宏伟的墓葬建筑？言人人殊。当鲁斯·吕利耶第一次发掘到碑铭神庙时，他把这个建筑比作古埃及金字塔的建筑，并认定这座神殿供其拥有者自己使用（Ruz Lhuillier 1992: 285）。Pakal 为自己修建了陵墓和神殿的具体证据在于死后遗体很快就被放置在一个准备好的石棺中（Sabloff 1997: 187）。部分石棺的浅浮雕是草率地雕刻而成，意味着 Pakal 的驾崩大约是在雕刻开始之后但在完成之前（Schele and Freidel 1990: 468-469）。此外，在平台和神庙完成后，除了要搬运遗体外，还有什么原因需要一条从神庙通到陵墓巧夺天工的楼梯（Robertson 1983: 24）？关于建造时间，比较流行的说法是 Pakal 在他死前约 10 年时间设计了他的陵墓（Coe 1988: 234; Robertson 1983: 23-24; Schele and Freidel 1990: 225; Schele and Mathews 1998: 97）。Foncerrada de Molina（Marta 1974: 78）把这个结构称为"个体性的纪念碑（Monument to individuality）"，在这一案例中，一个可以对帕伦

---

[1] 右肱骨近端移动了 6 厘米（Dávalos Hurtado and Romano Pacheco 1992: 333）。Linda K. Klepinger（私人通讯，1997）指出造成这种情况的原因可能是其上臂被尸食性苍蝇侵犯，这种情况会有很多机会发生，尤其是在这个人死后，需要时间将 200 块镶嵌玉面具直接粘在他的脸上（Ruz Lhuillier 1992: 195）。

克地区的居民行使权力，甚至为了获得这样权力的统治者，在整个玛雅地区建立无与伦比的陵墓，纯粹为了他个人的荣耀。在这个假设中，我们看到常见的论调，即墓葬情况反映了逝者的地位，换言之，伟大的墓葬就是伟人的标志。

帕伦克的统治者，就像玛雅世界其他地方的统治者（例如1992年的哈卡蒂卡尔），他们组织修筑"旨在获得个人荣耀"的建筑石碑和古迹，并以此实现个人理念，这些行为都被视为具有政治动机（Schele and Freidel 1990: 244, 261）。一座建筑物或石碑最显眼位置出现某人的名字或图像，理所当然就是献给该人。然而，假设Pakal是以自我利益的驱动下修建了自己的陵墓，却意味着这种做法不见得对其他人有好处。玛雅多数证据表明，生者通常会修建或翻新建筑物以埋葬逝者（Bassie-Sweet 1991: 75; Welsh 1988: 186），即死亡往往会促成新建筑的修建（McAnany 1998: 276）。然而，在伯利兹的卡拉科尔（Caracol），一些墓葬在有需要之前早已建造完毕，而且其中有些墓葬从未被使用过（Chase and Chase 1998: 311），这表明玛雅地区丧葬的多样性。

巴锡-斯威特（Bassie-Sweet 1991: 75）提出反驳说，以为碑铭神庙建于Pakal死后。她注意到尸体可能放置在中空的石灰石棺内，在驾崩后很快先用一个无装饰的内盖密封，然后在石棺两侧才雕刻图像，并在陵墓上方建造了十字架神庙。最后将雕刻好全身肖像的石板搬到墓室并置于石棺上方，该仪式才需要用到楼梯。因此，她提出了驾崩与葬礼仪式之间存在很长时间的假设。她进一步设想，这项建筑工程是为了实现Pakal继任者Snake-Jaguar（尤卡坦玛雅的Kan-Balam，他的名字没有罗马拼音）的个人政治野心。尽管Pakal在石棺盖上有与众不同的肖像，并且他的生平事迹被铭刻于他墓室上方的神庙铭文中，但这段文字最终以Kan-Balam宣告继位的诏命而结束（Schele and Mathews 1998: 104–108）。她还认为，Kan-Balam也修筑了毗邻十字架神庙的三座神殿，皆昭然若揭地将其个人形象展示为"个人登基的纪念碑"（Freidel 1992: 124; Robertson 1991: 9; Schele and Freidel 1990: 237）。

有关这两个重要的帕伦克统治者的行为和动机的其他证据，来自碑铭神庙和十字架金字塔群的文本和图像中不寻常地记录着的王朝更迭信息。王室历史的记录方式，往往采取国王名字清单而非族谱的形式。正如谢勒和弗雷德尔（Schele and Freidel 1990: 220）所言："这些国王名单的存在引出了一系列问题，即编撰这些名单的背景和动机。是什么让这些国王们如此执着并困扰，以至于他们不得不在这样重要的纪念空间上为他们的王朝留下这样一个全面的记录？"上述学者认为答案就是政治操纵。帕伦克与一些（但不是全部）玛雅中心一样，也会在纪念碑中展示女性形象和名字。然而，女性会在帕伦克取得至高无上的地位（*ch'ul ahaw*，"圣主"［Freidel 1992: 130］），却严重违反了玛雅父系继嗣的严格规则（Schele and Freidel 1990: 84-85）。神庙文本中提到 Pakal 的母亲名为 Sak-K'uk'（白色格查尔鸟），就是这样一个女性统治者。她被认为是一位"高超的政治家，能够操纵她的父系氏族对手的利益"，这是因为她在儿子 Pakal 还是孩提的时候，就把自己的宝座遗赠给了 Pakal（Schele and Freidel 1990: 220）。在被视为不祥情况下继承王位后，Pakal 和他的儿子 Kan-Balam 需要"修正这种背离正常规则"的情形。因此，他们在这些巨大的建筑中投入了很多人力物力来证明自己的合法性（Schele and Freidel 1990: 221）。

在此，我们看到 Pakal 和 Kan-Balam 展示了自利、理性、现实的能动性动机，他们采取行动来反对既定的社会政治秩序。在知道这些主角的名字、生日死忌和历史事件之后，便能运用典型的能动性的方法。但仅从个人主义（Individualistic）的角度来看，很难确定这两个国王之中的哪一个通过建立了碑铭神庙获益最大，也很难确定神庙的建造应归功于谁。在识别十字架神庙的人物图像上也产生了同样分歧。三座建筑物中的每一座都有一个浅浮雕石碑，描绘了两个反复出现的熟悉人物，这二人一高一矮，每个人都持有器物。假设十字神庙是 Kan-Balam 的登基纪念碑，那么可以确信矮人是已故的 Pakal，并显示他正将统治权威交给活着的儿子（Schele and Freidel 1990: 242, 470-471）。然而，其他学者（Floyd Lounsbury in Schele and Freidel 1990: 470; Bassie-Sweet 1991: 203）却指出，根据矮人肖像旁边的铭文，应是 Kan-Balam 孩提时期的描绘。两张图反映的是对 Kan-Balam 不同时期的描绘，即一个是被指定为继承人，另一个是登基，而 Pakal 与这两张图无关。

与肖像和铭文的象征相关问题中，Pakal 死亡年代的争论更为激烈。体质人类学家在 1955 年报告说，该名男子死于 40 至 50 岁之间（Da'valos Hurtado and Romano Pacheco 1992: 333）。二十年后，文字学家破译了象形文字的铭文并得知 Pakal 的名字和他的出生及死亡日期（Lounsbury 1974; Mathews and Schele 1974）。他出生于公元 603 年，615 年 12 岁时成为帕伦克的首领，683 年去世，因此他于 80 岁时死亡，但这是他骨骼鉴定年龄的两倍（Mathews and Schele 1974: 表 1; Robertson 1983: 23）。发掘陵墓的领队鲁斯·吕利耶（Lhuillier 1977）要求重新进行骨骼分析，得出结果与之前一样。鉴于这两项信息来源存在巨大差异（另见 Acosta 1977: 285），他因而抨击文字学家的结论，批评他们在重建 Pakal 的生活史时，甚至没有考虑到生理年龄的证据。

关于该争议，卡尔森（Carlson 1980）认为，对于铭文——这主要建基于天文历法——不应该仅着眼于字面解释。他观察到（Carlson 1980: 199）已释读出的帕伦克铭文，是将统治家族生活中的事件与祖先和神之前的行为联系起来，通过人为设定将这些事件的时间，即将这些事件置于日历周期内的相对日期（Lounsbury 1976）。在王室记录中，相比于准确的历史记录，这些人为设定的日期更重要（Carlson 1980: 202; Lounsbury 1991: 819）。无论如何，Pakal 的年龄纠纷，仍然是玛雅考古学中一个"尚未解决的明显矛盾"（Sharer 1994: 280; Carlson 1980: 203）。在最终回应里，谢勒和马修斯（Schele and Mathews 1998: 342-344）提到了更多近期的研究，该研究对 50 年代到 70 年代的年龄鉴定技术提出质疑，并重申了从出生日期到死亡日期来计算 Pakal 年龄的算法"无可争辩"。他们更辩论到，质疑这些关于日期的争论，实际上就是质疑所有玛雅的长纪历（Schele and Mathews 1998: 343）。

（二）社会性的死亡

如今，日历算法毫无争议，而鉴定年龄技术也更为成熟（例如 Schwartz 1995: 185-222），但争议仍然不容易解决。其中的不确定的主因，就是铭文和图像表现出来的 Pakal，其年龄是否就是石棺中的遗体所代表。在其他玛雅中心也遇到过类似鉴定时的解释性问题。例如，在洪都拉斯的科潘（Copan）遗址，考古学家们最初认为他们在后期追述性文献中，找到了早期古典玛雅开创者的墓葬，名为 Yax K'uk'Mo'（格查尔金刚鹦鹉一世）。墓地位置、年代学、图像学和随葬品方面的证据都支持这一观点（Stuart 1997: 75）。但后来体质人类学的分析表明，墓主人是女性，于是考古学家又猜测她是开创者的妻子（Stuart 1997: 82），也是唯一能够分享统治者象征仪式的女性。

在另外一些情况中，墓主人身份是通过随葬品上的题记或铭文而识别的，例如墨西哥卡拉克穆尔（Calakmul）第 4 号墓地的一件陶容器上的人名（现在读为 Yikom Yich'ak'K'ak'）。发掘者根据这件陶器来确定墓主人，尽管该名在之前其他铭文中也发现过，并提到同名者曾在危地马拉的蒂卡尔（Tikal）被杀害并埋葬（Carrasco Vargas et al. 1999: 49）。斯图尔特（Stuart 1989: 158）就警告过这种对应做法，因为陶容器流通广泛，因而会出现在远离生产地的墓葬中。他在解读一位重要女性的生活史时已经遇到相似问题：通过对危地马拉彼德拉斯内格拉斯（Piedras Negras）5 号墓中四个贝壳牌上铭文的解读，他发现这座墓葬所埋的竟是位成年男性而非大家所预期的女性（Stuart 1985）。事实胜于雄辩，我们只能推翻如下假设：即因为逝者的地位在丧葬时应该是最突出的标志，所以随葬品上的名字应与墓主的身份一一对应。即我们总假设，骨骼遗骸和社会身份象征物之间应对应得严丝合缝。

然而，许多玛雅墓葬是可以重复进入和使用的，并在不同时期安置了多具尸体，因此埋葬在这些墓葬中不能清楚说明逝者在死后某一时间内固定的身份和地位[1]。在卡拉科尔（Caracol），墓葬有多种用途，并不总是最后的安息之所，因为尸体在不同的地点经历了不同阶段的处理（Chase and Chase 1996: 76, 1998: 311），这

---

[1] 这种证据早就被发现了，比如在卡拉科尔，科潘，K'axob，帕伦克，彼德拉斯内格拉斯，蒂卡尔，和托尼那（Becker 1992: 189; Chase and Chase 1996: 61, 1998; McAnany et al. 1999: 135; Schele and Mathews 1998: 128; Sedat and Sharer 1994；另见 Blom 1954）。

个理论也可以用来解释空墓。除了二次葬的证据之外（Chase and Chase 1996: 77; Welsh 1988: 216），贮存不同部位遗骸的做法，在尤卡坦西班牙时期以前的民族志记录中也有发现（Landa 1982: 59）。因此，只有在某些特定时间或为了某些人，玛雅墓葬才会在仪式中完全封闭，这些仪式"反映了几件事情：哀悼的最终结束，社会连续和社会秩序的重新确认"（Chase and Chase 1996: 77）。

有关逝者的这种仪式或这一类仪式可以在若干遗址的象形文字中找到对应，斯图尔特（Stuart 1998: 396-397）认为，这类象形文字可以读作 muknal。Muknal 在尤卡坦玛雅语就是墓地（muk 非直接拼法），直接与逝者所在场所的活动相关。斯图尔特（Stuart 1998: 398）进一步指出，这种仪式是在葬礼之后进行的，显然涉及诸如香料等材料的燃烧，其证据在坟墓内外都有发现。然而，麦克纳尼（McAnany 1998: 289）将这个仪式解释为逝者在最后安息之处的安葬，而这可能需要大量的时间、人力和物力来完成。从死亡时间到举行 muknal 的时间间隔来看，麦克纳尼发现其相隔时间的中位数是 482 天，约 1 年半，最长则可达 24 年。

在麦克纳尼的假设中，muknal 可能是标志着"社会死亡"的仪式。"生理"和"社会"死亡之间的典型二分法（Bloch 1982: 220），要求我们分析人的身体和社会两方面而不能只关注个体。在传统社会中更是如此，在死亡时可被强烈感受到的生理个体，其实是社会秩序运转的一个障碍，因为社会秩序要求具合法性地位的人（也就是莫斯所说的人格角色 [Personage]），也就是社会构成的原子，不断地赋形显现，从而构成社会（Bloch 1982: 223; Goody 1962: 27）。在继嗣方面，社会死亡可能比生理死亡更重要，因为人格（Persohood）（以及财产权利、管理权力）可以超越肉体死亡。例如，在中世纪的法国，一位死去的国王会因以肖像为媒介，被看作是仍在活着的个体，直到他的葬礼为止（葬礼实际上标志着社会死亡和继任者的合法登基），这样做的目的是为了消除间歇期的一系列概念性纠纷（Mayer 1985: 211-212）。

罗伯特·赫尔兹是涂尔干的另一位学生，他在 1907 年论文中将普遍的二次葬现象引入人类学研究，他在文章中观察到在社会层面，死亡实际是"集体表征的对象"（Hertz 1960: 28；参见 Bloch 1982: 224-225）。死亡虽然是生物分解的开始，但葬礼和之后的纪念仪式，却是对社会人格（Social Persona）——即自我和个人身份（Personal Identity）相对概念——解构必不可少要的步骤（Gluckman 1937: 118）。他们用丧葬仪式将缠绕在逝者一生的各部分剥离开来，这些组成部分包括父母双方的亲属团体有形和无形部分，以及通过婚姻和其他社会交往所融合成的身份关系（例如 Barraud 1990: 225; Goody 1962: 273; Kan 1989: 66; Munn 1986: 164; Weiner 1976: 8）。与许多其他民族一样，玛雅人相信身体、肉体这两方面是人的两大主要组成（例如 Barley 1995: 100; Bloch 1982: 224-225; Lévi-Strauss 1969: 393）。骨头是一种干燥耐久的物质，由代表父系继嗣的父亲提供。母亲或妻子贡献了血肉或血液，这是一种潮湿又易腐烂的部分，但又是影响一个人幸福的生命物质。（例如 Nash 1970: 109; Popol Vuh 1996: 98-99；又见 Gillespie and Joyce 1997: 199）。此外，每个人都有一个或多个"灵魂"或精神本质（Freidel et al. 1993: 181-185; Vogt 1970）来将自己与祖先及所属社会群体——也就是超越他们个体命运的集体表征——在当地环境背景中联系起来。故而灵魂的最终湮灭才是仪式的主题之一。

正如赫尔兹（Hertz 1960）首先注意到的那样，"解构"社会人格（Social Person）的丧葬仪式和纪念仪式也用于重构生者之间的关系，以重申集体内的秩序。堪（Kan 1989: 289）同样以阿拉斯加的特林吉特人为例指出："为了让逝者成为一种宝贵的文化资源，仪式必须将他的易腐烂和污染的属性与不朽和纯洁的属性区分开来。葬礼启动了这个过程，但是构成他或她全部社会角色（Social Persona）的所有元素仍需要时间来彼此分离，因为那些易腐烂和不纯的肉体会被丢弃，而不朽的精神属性将会被重新引入生者的社会秩序。"因此，玛雅人长纪历对社会死亡的纪录——可能就是 muknal 仪式——可能距离生理死亡的日期很远，这一点就毫不令人惊讶。例如，在特林吉特人中，死亡的尸体被认为是"未完成的"，直到进行了纪念性的夸富宴（Potlatch），这对于"庆祝逝者社会角色转变的漫长过程的结束"是必要的（Kan 1989: 181-182）。在印度尼西亚，它类似于"标志一个人的结束"的最后交换与给付仪式（Barraud 1990: 224）。

（三）祖先和"家屋"

如果死亡令"社会中的人被社会除名"的过程骤然出现（Humphreys 1981b: 2），并且在丧葬仪式的过程中产生相关的政治经济后果，那么想要在墓葬中超越个体的意义，就要对社会分类有所了解，因这些分类将芸芸众生变成有意义的单位，在其中人能建构其身份关系。玛雅居住模式分析提供了这方面的重要证据。其典型的居住模式是围绕一个或多个院落的一组结构，形成了一个将多个多代家庭亲属联系在一起的建筑群（Ashmore 1981）。在共同的生活安排以及经济和仪式活动等日常实践中，居住在这个空间内的群体保持了集体认同（Hendon 1999）。这些家族建筑群中包括一些祭坛，通常在东侧，也为通过宗教将群体认同本地化提供了聚焦点（Ashmore 1981; Chase and Chase 1996; Haviland 1981, 1988; McAnany 1995: 66, 104; Tourtellot 1988; Welsh 1988: 217）。

这些家族建筑经常进行翻修，上层建筑被夷为平地，为新建筑提供空间。值得注意的是，重建通常往往与在建筑群中埋葬一人或多人的仪式同时进行（Coe 1956: 388; Haviland et al. 1985: 152; McAnany et al. 1999: 141; Welsh 1988: 7）。虽然有些被埋的人骨遗骸很可能是人牲（Becker 1992: 188），但那些精心设计的墓葬主室表明，很可能这些人的死亡才促成了随之而来地面建筑的重建（Becker 1992: 188; Coe 1956: 388; McAnany et al. 1999: 141）。这种做法始于玛雅的形成（前古典）时期（Adams 1977: 99），而在伯利兹 K'axob 的发掘工作中，也显示出"形成期的'墓葬'往往是位于旧建筑和新建筑之间的属于建筑过程的地层，与新建筑既有年代又有考古学背景的联系"（McAnany 1995: 161）。有时候，一个或多个"最晚期"墓葬，则标志着整座建筑的废弃（Haviland et al. 1985: 150-151），这种做法在尤卡坦的历史资料（Landa 1982: 59）和恰帕斯高地的民族学资料中都得到证实（Blom and LaFarge 1926-1927: 2: 362）。

低地玛雅在其古典时期使用了各种各样的埋葬方法，但考古学家威尔士

（Welsh 1988: 166）注意到了一个典型模式，即使用建筑物（主要是生活居址）来埋葬玛雅的贵族和平民群体（Ruz Lhuillier 1965, 1968）。地下墓室之上，多有石砌的祭坛或石榻（Welsh 1988: 188-189）。一些贵族家族则为逝者建造了一座特别的神庙建筑而非普通住宅（Welsh 1988: 188-189; Haviland et al. 1985），而最罕见的，则是在地下墓室之上，重新建造完整的神庙金字塔（Welsh 1988: 190）。燃烧痕迹说明，在所有的这些地点中都举行过仪式活动。因此，逝者对社会各阶层的生活很重要（Chase and Chase 1994: 54）。不论是投入大量人力物力建造巨型墓葬，建筑群的大量坟墓，对遗骸某些部位的贮存展示，以及在这些地方持续进行祭祀仪式，都表明了死者其实在生者的日常生活中无处不在。科（Coe 1988: 234）认为玛雅人的中心是"生者都聚集在那里敬拜尊贵逝者"的大墓地。

但是其他证据表明，这些人力物力的投入并不是为了逝者，而是为了祖先的灵魂，生者将逝者转化为祖先，并与之继续互动（Gillespie 2000b; McAnany 1995: 161, 1998；另见 Chapman 1994; Morris 1991）。玛雅考古学证据与民族学研究和某些民族志记录的风俗相一致（Landa 1982: 59; Las Casas 1967: 2: 526；见 Gillespie 1999, 2000b 和 McAnany 1995, 1998 有关前西班牙时期玛雅的祖先敬拜；Nash 1970: 22, Vogt 1969: 298-301，以及 Watanabe 1990: 139-141 有关近代玛雅人与祖先互动所建构的关系）。和当下家庭宗庙的作用相似，玛雅神庙和祭坛是纪念祖先的场所，逝者的遗体仍可招魂，因此神庙是控制灵魂待在茔墓中的手段。将生者与逝者并置，以及对社群中的亡灵持续崇拜，都表明家屋建筑群本身就是一个具体方法，用于象征该群体与祖先的连续性（McAnany 1998: 271, 276；旧大陆的例子见 Chapman 1994: 57）。逝者的安葬增添了家屋的神圣感，以至于神庙或祭坛有时会取代居住建筑（McAnany 1995: 161, 1998: 279）。

在统治集团的案例中，通过维护前人的纪念碑也保持了祖先的连续性（Adams 1977: 99）。他们形成了一种重要的具体手段，通过这种手段，逝者在记忆中被重新定义为"意义的锚点"（Humphreys 1981a: 272）。纪念活动是霍布瓦克（Humphreys）（涂尔干的学生）理论的组成部分，也被称为"集体性"记忆

(Collective Memory），这种记忆维系着一个特定的社会群体（Halbwachs 1980），现在普遍被称为"社会"记忆（Social Memory）（Connerton 1989; Fentress and Wickham 1992）。这样的记忆通过礼仪表演和纪念仪式来表达（Connerton 1989: 3-4），以对现有的秩序进行合法化或创造出新的秩序，最主要原因在于，"记忆是一种作为社会和文化不断被主动建构的过程"（Melion and Kuchler 1991: 4；见Miller 1998中建筑唤起社会记忆的玛雅例子）。

建筑证据表明，玛雅社会被划分不同亲属群体所在的间隔空间，并且都与祖先保持联系，他们视这些建筑为重要的资源和连接过去的象征。而建筑物本身也是识别这些社会单元，及其与"人格"的联系的另一个重要线索，通常称为"家屋"（Houses）（na和otot/otch）。家屋的专有名称出现在建筑铭文和墓葬仪式上（Freidel and Schele 1989; Schele 1990; Stuart 1998: 376; Stuart and Houston 1994: 图104）。这些家屋有时以祖先命名。例如，帕伦克的十字架神庙群建筑中，有两座的碑铭提到供奉K'uk'（格查尔鸟）的家屋。铭文证据一般解释成将十字架神庙群命名为K'uk'的家屋（Schele 1990: 149），在Kan-Balam统治时期，Balam-K'uk'（美洲豹-格查尔鸟）显然是统治王朝的"重要祖先"（Freidel 1992: 123-125; Schele 1987）。事实上，有很多证据表明"玛雅统治者重建、翻新和重建那些与祖先血统直接相关的家屋"（Freidel 1992: 125）。

因此，带名字的家屋，通过仪式见证着社会出生与死亡，并与家屋的拥有者的特质重叠在一起。尽管人们普遍推定碑铭是用来赞颂统治者的生平事件，但斯图尔特（Stuart 1998: 375）认为，更准确地说，它们是"记录围绕着这些建筑物的仪式活动"，特别是纪念碑、建筑物以及对象，以及"仪式活动本身也是值得永久记录的重要的事件之一"。从这个意义上说，在建筑物前或建筑物内竖立的石碑也起到纪念作用，将人群与特定建筑物联系起来，并重申两者共同拥有的特性。其他的一些物品，也是保存着这些仪式的记录。例如，在Tikal早期古典宫殿建筑的一座纪念性建筑中，在一件陶器上刻着"他的家屋，美洲豹之爪，第9位蒂卡尔的统治者"。这件陶器清楚地表明，窖藏器物埋藏仪式的纪念性，以及与之相关修建的建筑，同时，带名号的统治者与他的家屋是相关的（Jones 1991: 111）。

除此之外，拥有"家屋"的人不仅仅是上述统治者，因为玛雅人实际上使用"家屋"这个词来指代他们的世系群，而不只是这些建筑。在现代索西（Tzotzil）玛雅人中，sna（house）是指任何本地延伸家庭，它保持着一个单独的身份，这个身份被其家屋神庙所客体化，并通过团体举行祭祀仪式而不断被强化（Vogt 1969: 140）。在奇奥蒂（Chorti）玛雅，对等的社会单位是 otot（Wisdom 1940: 248）。同样，后古典基切（Quiche）玛雅时代贵族也是由 nimha（"伟大家屋"）成员组成的（Carmack 1981: 160）。古典玛雅时期的铭文也为史前的社会身份提供了证据，即将"家屋"作为一个社群。在塔马林多（Tamarindito）的文本中，"家屋名字"普遍是由统治者的父母分别提供的，即"花家屋"（女性）和"玉米屋"（男性）。男性和女性都使用的一个读为 ch'ul na 的尊称，意为"圣屋的人"（Houston 1993: 130）。这个称号与他们的统治者 chuul ahaw，即"圣主"有关，他们是皇室（"神圣的"）宫殿的首领，这些人声称他们是皇室成员。

玛雅社会组织中，将拥有财产的群体称为"家屋"并不罕见，并与中世纪欧洲平民是贵族大宅附庸的模式相同（Gillespie 2000b）。列维-施特劳斯（Le'vi-Strauss 1982: 174, 1987: 152）首先从各种各样有关等级社会的民族志和历史记录中，发现家屋是一个反复出现的社会单元，这个社会单元经常在语境中指为住宅[1]。他同时认识到，人类学家经常错误地从他们自己的术语去识别这些社会"家屋"（参见Mc-Kinnon 1991: 29），他们由此认为这些都是严格血缘群体，而忽略了家屋与建筑、地点和财产之间的关键联系。从他称之为"家屋社会"（House Societies）的各种表象中，列维-施特劳斯（Le'vi-Strauss）提出以下定义，即"家屋"（House）在莫斯的概念之下可被视为"人"（Person）。家屋通常解释为一个组织，其实就是一个法人（personne morale），"通过拥有一个由物质和非物质财富组成的家屋，并

---

[1] 该群体的物质重点不一定是住宅，也有可能是一座神龛，一座坟墓，当地群体所声称拥有的房屋和田地的面积（就像索西的 sna 一样，"house"[Vogt 1969: 71]），一座建筑物曾经矗立的地方，甚至是一个便携式物体。

将其名称、财货和头衔等按照真实或想象的内容按谱系传递下去,往往被视为合法性来源,只要其延续性是按照亲属、姻亲或两者混合的语言来表达出来(Lévi-Strauss 1982: 174)"。

家屋等同于法人,是拥有权利和责任的主体,并且是与其他家屋保持交换关系——尤其是姻亲关系——的集体单位(Le'vi-Strauss 1982)。尽管许多家屋社会倾向于单边继嗣,但仍然保持与其配偶"家屋"的联系。财产可以在父母双方以及配偶双方间流动,贵族"家屋"通常通过政治性婚姻,从亲属处获得更多财产(Gillespie 2000a)。"家屋"也是其成员的人格的关键来源,不仅使他们在社会关系中得以立身,也为他们提供了所属地理聚落和空间网络中的具体位置(Forth 1991: 74)。人们的身份因此被其所属的"家屋"身份塑造,而他们与他人的关系部分也是基于他们所属的"家屋"之间的关系(Barraud 1990: 228)。而民族学家对印度尼西亚"家屋"社会的民族学研究充分证明了这一点(如 Barraud 1990; Forth 1991; Fox 1980; Mc-Kinnon 1991; Waterson 1990)。

(四)玛雅的家屋和人

在玛雅的案例中可以看到,源于"家屋"的"人格"的几种具体表现,在现有证据下是解释得通的。这些表象证明家屋的资产的诸多部分,包括真实的财产和无形的资产,随着时间的推移,可以通过血亲和姻亲关系中的"言语"策略,成为家屋中许多世代所把持且不断增值的永久性财产。

由家屋房屋开始,"家屋"资产中很重要的非物质资产是一系列的名称或头衔,并形成一个随着分配给某些特定"家屋"成员而形成的等级分类系统(例如,上面的祖尼和夸扣特尔族的描述;Fortes 1973: 312; Kan 1989: 70)。这些名称通常来自真实或传说中的祖先,在继承它们时,家屋成员承担着祖先地位或身份的一部分,从而使"家屋"的那部分遗产永久存在。许多现代的玛雅人仍然相信逝者的灵魂在随后出生的家庭成员中转世,因为他们共享一个身份(Carlsen and Prechtel 1991: 29; Thompson 1930: 82)。因此,祖先精神和名字应该被视为非物质的"家屋"财产,这些财产世代相传，生产出社会基本单元。

莫斯（Mauss 1985: 4-5）和博厄斯（在 Le'vi-Strauss 1982: 167）也强调了通过在不同生命阶段采用各种名字来获得人格（Personhood）的方式，在后古典尤卡坦玛雅时期文献也记载了这一方式。兰达（Landa 1982: 58）报告说在16世纪，孩子们被赠予了不同的名字，并且在结婚时他们会有双重姓氏，即同时取得了他们的母亲和父亲的名字。这种习俗表明同一孩童身上既体现了父系继承，也有母系群体的烙印。在铭文中记录了古典玛雅时期统治者在生命不同阶段使用不同称号的情形（Schele 1988a: 67）。而且，在战争中俘获重要的俘虏时，胜利的玛雅统治者会篡夺被征服者的称号（Schele and Freidel 1990: 143）。莫斯（Mauss 1985: 8-9）描述了夸扣特尔族与此相同的做法，并解释说通过杀死一个俘虏或夺取他的名字，战士们挪用了他的"人"（Person）。正如堪（Kan 1989: 71）所说的那样，作为"家屋"称号的成员身份的名字，比当前持有这个名字的个体（Individual）更重要[1]。

基于国王世系初步建立起来的帕伦克王朝历史中，个别名字是重复出现的（Bassie-Sweet 1991: 242; Schele and Freidel 1990: 222），表明了某些群体对皇室"家屋"连续性彰显的重视。有观点认为，长篇追述性的历史文献，是作为一种实际手段从而张而示之地编撰起来。因为统治者所属的"家屋"，需要将其中的称号和祖先作为其财产。具体而言，就是这些文献中 Hanab-Pakal, Kan-Balam, K'an-Hok'-Chi-tam, Akhal Mo'Nab' 和 K'uk-Balam 这些皇室贵族的名称（Schele and Mathews 1993; Stuart 1999）。从被埋在碑铭神庙中的 Hanab-Pakal 开始，这些相同的名字不断被后来的统治者反复继承。新发现表明，Akhal Mo'Nab' 竖立了带铭文石碑，专门记录两位同名且带有传奇色彩统治者的事迹。Akhal Mo'Nab' 一般认为是高级官

---

[1] 同一姓名的多个持有者也出现在附近的亚克西兰的国王名单中（Tate 1992: 9）。然而，在蒂卡尔(Jones 1991: 109)和科潘(Schele and Freidel 1990: 311)是通过在假定的创建者的继承线上用数字标记一个人的位置来保持创建者的连续性（参见文中对蒂卡尔统治者的引用，据说他是第九位至高无上的统治者）。这些都是重要的线索，表明了皇室在人格的构建和连续性的维持，以及权威和权力方面的差异。

员的儿子，但与前两位统治者（K'an-Hok'-Chitam 和 Kan-Balam）不同，他并没有声称自己是 Pakal 的后裔。新发现的铭文揭示了他的"统治权"（Robertson et al. 1999: 3）。然而，他可以继承在 Kan-Balam 之前的国王名单中的 Akhal Mo'Nab' 这个名字，这一点足以表明他是皇室"家屋"的成员，而且也说明"家屋"首领位置的继承遵循政治性的"亲属语言"，而非严格的继承规则。

"家屋"的实物财产和连续性在物质文化的表征更加明显。此前已注意到，玛雅遗址有一种常见模式，即家屋和相关建筑物的不断重建或翻修，通常与重要人物的死亡相联系。建筑物的扩大和加修装饰，可以让"家屋"成为保持和提高声望最明显不过的标志。而建筑物结构的变化，也可能代表了居民生活的历史中的事件（Bloch 1995）。有形财产的另一个重要组成部分，就是带题记的传世珍品，其珍贵性来源于传奇人物甚至远古时代祖先的获得和使用过程。伴随这些贵重物品的是其历史的传颂，并且这些传颂会随着传家宝以姻亲交换在不同社会群体间流转而不断调整（Weiner 1992: 37，42）。于是，作为"人"的个体行为和物品的生活史相互纠缠，将"家屋"物化为了一个社会单元。

对于古典时期的玛雅人来说，有些文字和图像涉及了这些贵重的物品，包括帕伦克的铭文神庙（Schele and Mathews 1998: 102, 107）中所记载的获得来自诸神的皇家服装饰品的故事。此外，有关这种历史的铭文也被刻在了贵重物品本身之上。这些不仅包括带名字题记的石碑——这些石碑经常被翻修并保存在建筑物中，甚至被后来人刮掉而重造新的石碑——以及在建筑隐秘处和陵墓中发现的精美装饰品。乔伊斯（Joyce 2000）认为，这些物品在他们最初被造出来之后，还使用了很久，它们在交换网中不断被转手，因此他们的埋藏场所也意味着"家屋"的历史，而不仅仅是一些分散墓葬的个体。上面所述的彼德拉斯内格拉斯（Piedras Negras）贝壳牌就属于这一类物品。

墓葬仪式是"家屋"成员确保继承逝者有形和无形财产的重要机会。转让产权本身是一种社会连续性的行为，但必须在转让过程中尽量抬高其价值。民族志的例子表明，重要人物死亡时，将"家屋"贵重物品拿来展示，是常见的做法。巴洛（Barraud 1990: 224）在印度尼西亚的卡伊群岛的研究中说："属于逝者家的所有珠宝和贵重物品都被展出并悬挂在他的家屋内外，以显示他的名字的伟大和他家人的悲伤。在最后阶段，死者的身份是通过他的居所来确定，也是通过这个居所来显示。"堪（Kan 1989: 63）也认为，特林吉特人中为了纪念逝者进行的夸富宴，就是重新确立财产所有权的重大场合，传家宝的历史被反复传颂，并且平日被雪藏的贵重物品也会被公开展示。

传家宝在玛雅艺术中有时被描绘成包起来的包裹，尤其是在帕伦克和邻近的亚斯奇兰地区（Benson 1976; Tate 1992）。在中美洲，布包长时间地被作为容器使用，用于装珍贵或神圣之物（Stenzel 1970）。这种包裹被描述为后古典时代基切玛雅的贵族所属的"伟大家屋"的祖先传下来，且不具任何让渡性的财产（Weiner 1992），并且据说他们从未被打开（Popol Vuh 1996: 174）。但是，在帕伦克，流传着与打开的包裹相关的图像和文字，分别在十字架神庙群中三个建筑物的铭文碑上、毗邻的十四神庙铭文碑上以及神殿铭文碑上，都刻画有布袋所包裹物品的图像。类似的物品（没有布包裹）则在椭圆形神殿铭文碑上，奴隶铭文碑和敦巴顿橡树园铭文碑上也都有刻画[1]。除了三座十字架神庙的铭文碑外，每一座铭文碑都是已故父母向最高级的官员做出的请示，表示要在自己的世系内进行产权转让，尽管这并不一定描绘了真实的生活。对于十字架庙宇群而言，持有打开的包裹的人就是老 Kan-Balam 本人（很可能是在他登基时）。

值得注意的是，这些铭文碑中至少有两座（十四神庙和敦巴顿橡树园）的图像环节，是被解释为对无上的先祖死后的描述（Schele 1988b; Schele and Miller 1986: 272-276）。这与民族学记录显示一位高级成员去世之后的家庭历史情况是一致，死去的祖先如同最有价值的传家宝一样。我们可以推测，皇室"家屋"领袖的继

---

[1] 有关三座主要的十字架神庙群建筑内的铭文碑，见 Robertson（1991：图 9, 95, 153），十四神庙铭文碑（1991：图 176），和奴隶铭文碑（1991：图 229）；有关神殿铭文碑，见 Robertson（1985b：图 271）；椭圆形神殿铭文碑，见 Robertson（1985a：图 92）；以及敦巴顿橡树园的石灰岩铭文碑，见 Schele and Miller（1986：图 VII.3）。Stuart（1996: 157）认为石碑石柱也是有名字的人的财产，在某些仪式上通常用布包裹或用绳子绑着。

位，可能被同样要求公开展示，就像在十字庙宇群的铭文碑中所展示情况那样，作为葬礼的最后一部分，从而结束前任国君死后的空白期。这种模式表明其他铭文碑纪念目的可能也是表明一种集体身份，而非个体的自我宣扬。

在这些艺术作品中，对已故父母的描述也很重要，目的就是为了让人铭记他们的象征表示。许多玛雅的题词被解释为，统治者根据母亲和父亲的内在特点，为他们取了新名字。然而，我怀疑这并不是要赋予其父母一个独特的身份，而是要把这些统治者自身归入其他人和"家屋"相对的位置上。玛雅人用自己的"家屋"、"家屋"的首领甚至"家屋"名称来命名"父亲"，而"母亲"的命名则显示母亲或妻子给予的"家屋"（Gillespie and Joyce 1997: 199）。因此，被命名为父母的人和所拥有的物品，实际上代表着家屋接受了这些人以后，贡献了他们新的人格身份（personage）（Gillespie and Joyce 1997: 202）。事实上，在铭文和仪式中展示的名字，可能是超凡领袖能力的来源。作为一个例子，我们已知"K'uk'"这个名字，不仅用在了帕伦克和科潘的国王名单上，还用于Pakal的母亲。在玛雅的尤卡坦中，k'uk'不仅仅意味着"格查尔鸟"。它还有树木和其他植物萌芽之意，这个词语也适用于某人的子女和后代（Barrera Vásquez et al. 1980: 420）。对于一个新的国王来说，这是一个恰当的植物学隐喻，对于Pakal来说，则成了分配给女性的角色（而Pakal的父亲的名字则表明了其他特质）。

丧葬和纪念仪式从涂尔干开始就被解释为，在面临失去成员感觉之时，为恢复社会群体凝聚力的一种必要行为（Goody 1962: 30, 27-28）。然而正如堪（Kan 1989: 288-289）和布洛赫（Bloch 1982: 218-219）所观察到的，死亡却是通过仪式来展示社会秩序的唯一机会，同时也是改造，而非强化原来社会秩序的契机（Gluckman 1937: 118）。在"家屋"内部的位置和对多个敌对"家屋"之间位置的重新洗牌，与逝者有关的贵重丧葬品会获得其他的生命历史，以增加他们的价值和竞争力。通过二次葬仪式，社会政治关系可以进一步被操纵，以建立和重构与死者有关的社会记忆，从而提高生者的地位。

在帕伦克，代表Pakal的人继续在社交记忆中被重塑。一些名字或描述他的艺术品被解释为死后的延续,例如敦巴顿橡树园的铭文碑,他与他已故儿子 K'an-Hok'-Chitam 一起被雕刻在上面。Pakal 在椭圆形宫殿铭文碑上的另一个突出的形象,可能也具有类似的纪念功能,虽然它通常被解释为 Pakal 的登基纪念碑,并由他建造(Robertson 1985a: 28,图 92)。它没有日期,也没有使用帕伦克登基的词语,但它确实将 Pakal 命名为一位被加冕之人,并且获得了 Sak-K'uk' 授予的头饰,有学者称为这位是 Pakal 的母亲。这个假设是,只有他才会使用这样一个场景,所展示的是象征着权力的头饰,直接从前辈统治者,即由他的母亲(尽管 Pakal 被表现为成年人,根据铭文所写,他成为国王时还是个男孩)加冕到 Pakal 头上。

同样的头饰也被展示在神庙铭文碑和奴隶铭文碑上。椭圆形宫殿碑立在宫殿 E 院的一面墙上,宝座上方的名字,则是以后的明君 Akhal Mo'Nab'(Robertson 1985a: 31),而他并没有从 Pakal 那里接受王位。王座图像和椭圆形宫殿铭文碑上方的填彩铭文,均指出这是 Akhal Mo'Nab' 的登基大典(Schele and Mathews 1993: 129)。我认为石碑铭文与图像中,头冠作为带名字的传家宝,是记忆建构的重要组成部分。这一传家宝会被展示为一步一步传到代表 Pakal 的个体中(Melion and Kuchler 1991: 4)。Pakal 死后,这些具统治地位的家屋通过将人与皇冠捆绑,以增加其价值,再与先王们发生关联,从而使这些铭文碑客体化成高等级地位的重要指代物。通过这种方式,皇冠头饰是与王位相关图像的重要组成部分,两者都与帕伦克贵族"家屋"领袖的人格(Personage)有关,这些领袖都假定要坐在那座宝座上。

在后来的铭文碑中,即 96 个象形刻文(Glyphs)的铭文中,Pakal 被称为"金字塔陛下"(Roberson1991: 79,图 264)。这个称号将他的人物设定到宏伟的神庙碑铭中,同时还将他与强大的玛雅土地神或居住在山上的"祖父"(祖先)联系起来(Thompson 1930: 57)。在 96 个象形刻文的铭文碑中提到的中心人物,称自己为 Balam-K'uk',这是 Pakal 的"家屋"的祖先名称(美洲豹-格查尔鸟)。然而,他也声称自己是 Akhal Mo'Nab' 的儿子,因此我们可以推测他不是 Pakal 的后裔(Bassie-Sweet 1991: 247; Schele 1988a: 103)。尽管如此,与他假想的父亲一样,他将自己与Pakal所执政的同一个"家屋"相关联,显而易见的原因,就在于这个重要名字蕴含的意义,即他是前任统治者的后裔便变得不言自明[1]。这个Balam-K'uk还额外使用了帕伦克以前的统治者们使用的其他头衔(Schele and Mathews 1993: 131)。这些纪念碑和他们套用的仪式表明的政治意图再清楚不过,就是创造或维持对Pakal的集体记忆,以此作为奠定执政"家屋"意义的重要祖先和锚点,以提高自己长久性的威望和力量。但最终,历史上再没有关于Balam-K'uk'继任者们作为帕伦克统治者的记载。

四、结　论

本文提出,由社会属性构成的"人"(Person)可以作为弥合"个人主义"(Individualism)和"整体论"(Holism)之间理论鸿沟的一种手段。这一理论借鉴了早期的文献,在恰当的视角下,可以不断完善更新以适应更近期实践或以行动者为导向的理论。在将"人格"概念应用到前历史时期的玛雅时,我所关注的是,人格的重要方面是如何从玛雅贵族组织中脱离而进入"家屋"中的,而考古学和民族学资料中清晰可见的是,"家屋"是控制财产且长期存在群体。我认为,帕伦克许多保存至今的图像,对某些拥有特定称号的个体,仍在他们死亡很长时间后被纪念、重申、和重塑他们的形象,因而特别具有纪念性,目的是在由贵族家屋和普通居民构成的框架中,提高那些具称号生者的身份和社会政治地位。其他玛雅中心的集体纪念活动也有类似的特征,尽管王室成员的组织原则并不完全相同,并且往往有一些新的形式和改变。

例如在乌苏马辛塔(Usumacinta)河沿岸的玛雅西部地区,考古学家观察到女

---

[1] Bassie-Sweet 1991: 249呼吁我们注意这样一个事实,即尽管96字的石碑记载了Pakal和他的第二个假定的儿子谁成为统治者,但它没有记载其长子Kan-Balam——继任于Pakal以及继承了专门的房子K'uk'。这一遗漏也是重构房屋规则执行者及其相关人士集体记忆的一种行为。

性形象和名字比其他玛雅低地更常见，这表明这些不同地点的性别关系是有差异（参见 Haviland 1997: 10）。这也标志着玛雅人格建构方式的重要区别，建构其人格的因素有父系的、母系的、妻子一方的"家屋"，以及构成性别差异的其他特质（例如 Joyce 1996: 186-187）。除了更加重视女性外，这些在低地西区的遗址，还发现皇室成员的名字在带有贵重物品图像中被反复使用。也许这些符号和其他资料构成了一个特定的历史复合体，这个复合体只在玛雅低地得以发展。这种变异对玛雅政治组织的潜在影响仍然需要进一步探讨。

丧葬和纪念仪式的复杂化的材料证据也表明，社会身份的复杂性和重要性是在一个漫长的过程中创建的，并不完全局限于生理性的生与死。这表明身份不是孤立的属性，而是在社会再生产和社会转化中，与其他元素，如他人及家屋，以及与生者和逝者的关系环环相扣。在玛雅的人格（Personhood）和自我人格（Selfhood）中还有超越亲属关系和家屋的其他重要内在组成部分，比如性别、职业或者手工业生产以及社会财富（即等级）等（Joyce 1993, 1996），这些方面没有一个是孤立存在的。对玛雅关于人像的艺术表现研究，揭示了性别如何独立于个体的生理性别，以图像方式被展示和操纵（Hewitt 1999: 260; Joyce 1996）。一些类似的性别图像考古学分析，也尝试将性别表现解释为"一种在个体和群体之间进行社会交流，这种交流带来了对社会分类的建构和象征性表现的独特理解"（Sørensen 1995: 122）。事实上，女性主义的研究，往往反对将性别看作是一个本质性的、非历史的、跨文化的甚至是自然的存在（Meskell 1996; Strathern 1981）。同样类型的分析，也在考古学中"个人"（Individual）概念的应用不可或缺。

在民族心理学方法中，强调关于"自我"（Self）的形而上学概念（例如 Hill and Fischer 1999; Houston and Stuart 1998），也可能有助于将人与超越自我的整体联系起来。在中美洲，除了将人们与祖先及相关的社会集体联系起来的"灵魂"（Souls）之外，礼仪历（260天的"日历"）也是将宇宙力量与人类经验联系起来的一种手段。莫纳汉（Monaghan 1998: 140）提出，在中美洲，"人格不是个体的必要属性，而是植根于集体的一种状态"。他提出，玛雅人称人类为"*vinik*"（与 *winik*

是同根词），这也是"20"的意思。这来自中美洲礼仪历的 20 天中每一天的名称，通过它，每个人的命运都与特定的宇宙力量，以纯粹抽象的方式交织在一起。根据出生或洗礼的日子（社会出生），每个个体又会给定了这 20 个名字中的其中一个名称，每个人因此代表着更大的宇宙系统的必不可少的组成部分，因此"人格"（Personhood）是相关的（Monaghan 1998: 140）。莫纳汉（Monaghan 1998: 140）认为这是有道理的，因为"我们看到了在中美洲社会中，当地人对维护集体权利非常重视，以及对集体崇拜与个人崇拜的各种形式的同等重视"。

布兰顿及其同事（Blanton et al. 1996: 14）曾呼吁更多地关注史前的集体活动以了解中美洲文化演变的轨迹，因为大多数考古学家倾向于关注在网络策略之下，个体的行为过程和结果。在考古学研究中，钟摆往往向"个人"一端严重倾斜，因此有必要对集体与个人之间的桥接机制进行建构，以探索政治经济的多样性及其转型。我建议首先要考虑如何从现有证据中，更好地解读出不同的应对策略。古典玛雅往往被视成网络策略的典范，因为这一时期对带名字统治者的肖像和富丽堂皇的皇家祭祀宗庙极为重视，这些是集体性对个人和能动性的建构，也表现了集体性策略。玛雅艺术重视带名字人像的表现，不能单单视为以个人为中心的活动和自我宣扬。这些图像和文本描绘的人，取决于这些人在集体（即最高统治和仅次皇室的"家屋"）中的个人身份。高调的皇家祖先崇拜仪式并不限制参与成员，恰恰相反——如民族志所描述的——通过仪式的、政治的或经济活动的参与，目标是吸引大量原来无亲属关系的成员，并将他们置于集体的权威之下（例如 Boon 1977: 63-65; Feeley-Harnik 1991）。

究竟是谁修建了 Pakal 陵墓？这个问题悬而未决。但有一个更好的解决方法是：首先要考虑这是他所属的"家屋"修建的，其成员在 Pakal 死后将他们自己的身份和威望，都注入对 Pakal 死后的个人与对其悼念之中。更有趣的问题是，从形成期的奥尔梅克文明开始，为什么在个别、却非全部的中美洲文化里，强有力的集体组织，有时在艺术品和一些墓葬情境下被当作由个体（Individuals）组成的单个的"人"（Persons），由此，"家屋"（House）身份在语言意义上也是由人物的形象所构成（Gillespie 1993, 1999）。这些统治者操控着特定物件，穿着某些特定的服装物品，或者居住于一些拥有强大力量的地方……所有这些描述都表明他们的神圣性，也代表了奥尔梅克人和玛雅人的纪念碑性艺术的特征，但这几乎未见于墨西哥中部特奥蒂瓦坎和阿兹特克的高地文明。然而，这种缺少并不意味着神圣王权和政治权力的真空。即使是作为集体策略卓越典范的后古典时期阿兹特克文明，整个国家也是被拟人化地称为神圣国王蒙特苏马（Moteuczoma）的名字或头衔，正如殖民地时期所记录的那样（Gillespie 1998: 245）。

大多数考古学文化几乎都不能提供有关社会身份的直接线索，但在理解能动性和地位差异的证据时，重要的是要认识到在一个社会群体网络中，"人格"（Personhood）是如何表现和行出来的。对更为重视行为和活动中所塑造个人生活的集体性的主张，并不是向涂尔干主义的简单回归，即主张人的行为是由社会规则和角色决定的。事实上，"家屋"（House）模式的应用，恰恰是维护家屋和提高其声望的个人能动性和自我反思性的良方（Gillespie 2000a）。对亲属原则的设计往往是有意识的，这种亲属原则被视为一种策略性语言的资源并对其加以利用，就正如列维-施特劳斯所强调那样，"家屋"模式与传统的宗族概念是相对的，因为宗族观念的前提，是为了趋吉避凶，而亲属规则成了必须要遵守的。对人的构建是一个持续性的进程，贯穿着人们的一生，并且在这个进程中实践着社会组织原则或生产模式。对人的构建也是把社会结构内在化的一种手段，即使它来源于个人之外的方方面面。"个人与集体不是相互排斥的，而是同一结构化的复杂体的两个方面"（Fortes 1973: 314），而正是这种在实践中的动态相互作用关系，产生了社会。

参考文献

Acosta, Jorge R.

1977 "Excavations at Palenque, 1967–1973", in *Social process in Maya prehistory: Studies in honour of Sir Eric Thompson*, edited by Norman Hammond, Academic Press, London, pp. 265–285.

Adams, Richard E. W.
- 1977 "Rio Bec archaeology and the rise of Maya civilization", in The origins of Mayacivilization, edited by Richard E. W. Adams, Univ. of New Mexico Press, Albuquerque, pp. 77–99.

Agassi, Joseph
- 1960 "Methodological individualism", *The British Journal of Sociology* 11: 244–270.
- 1973 "Methodological individualism", in *Modes of individualism and collectivism*, edited by John O'Neill, Heinemann, London, pp. 185–212.

Archer, Margaret S.
- 1982 "Morphogenesis versus structuration: On combining structure and action", *The British Journal of Sociology* 33: 455–483.
- 1996 *Culture and agency: The place of culture in social theory, rev. ed*, Cambridge Univ. Press, Cambridge, UK.

Ashmore, Wendy
- 1981 "Some issues of method and theory in lowland Maya settlement archaeology", in *Lowland Maya settlement patterns*, edited by Wendy Ashmore, Univ. of New Mexico Press, Albuquerque, pp. 37–69.

Barley, Nigel
- 1995 *Dancing on the grave: Encounters with death*, John Murray, London.

Barraud, Cécile
- 1990 "Kei society and the person: An approach through childbirth and funerary rituals", *Ethnos* 55: 214–231.

Barraud, Cécile, D. de Coppet, A. Iteanu, and R. Jamous
- 1994 *Of relations and the dead: Four societies viewed from the angle of their exchanges*, translated byStephen J. Suffern, Berg, Oxford, UK.

Barrera Vásquez, Alfredo, J. Ramón Bastarrachea Manzano, W. Brito Sansores, R. Vermont Salas, D.Dzul Góngora, and D. Dzul Poot
- 1980 *Diccionario Maya Cordemex: Maya-Español, Español-Maya*, Ediciones Cordemex, Merida(Mexico).

Barrett, John C.
- 1994 *Fragments from antiquity: An archaeology of social life in Britain, 2900–1200 B. C.*, Blackwell, Oxford, UK.

Bartel, Brad
- 1982 "A historical overview of ethnological and archaeological analyses of mortuary practice", *Journal of Anthropological Archaeology* 1: 32–58.

Bassie-Sweet, Karen

1991   *From the mouth of the dark cave: Commemorative sculpture of the Late Classic Maya*, Univ. of Oklahoma Press, Norman.

Becker, Marshall J.

1992   "Burials as caches, caches as burials: A new interpretation of the meaning of ritual deposits among the Classic period lowland Maya", in *New theories on the ancient Maya*, edited by Elin C. Danien and Robert J.Sharer, University Museum Symposium Series, vol. 3. University of Pennsylvania, Philadelphia, pp. 185–196.

Bell, James

1992   "On capturing agency in theories about prehistory", in *Representations in archaeology*, edited by Jean-Claude Gardin and Christopher S. Peebles, Indiana Univ. Press, Bloomington, pp. 30–55.

Bender, Barbara

1993   "Cognitive archaeology and cultural materialism", *Cambridge Archaeological Journal* 3: 257–260.

Benson, Elizabeth P.

1976   "Ritual cloth and Palenque kings", in *The art, iconography and dynastic history of Palenque, Part III: Proceedings of the segunda mesa redonda de Palenque 1974*, edited by Merle Greene Robertson, The Robert Louis Stevenson School, Pebble Beach, CA, pp. 45–58.

Binford, Lewis R.

1971   "Mortuary practices: Their study and their potential", in Approaches to the social dimensions of mortuary practices, edited by James A. Brown, Memoirs of the Society for American Archaeology No. 25, Washington, DC, pp. 6–29.

Blanton, Richard E.

1998   "Beyond centralization: Steps toward a theory of egalitarian behavior in archaic states", in Archaic states, edited by Gary M. Feinman and Joyce Marcus, School of American Research, Santa Fe, NM, pp. 135–172.

Blanton, Richard E., G. M. Feinman, S. A. Kowalewski, and P. N. Peregrine

1996   "A dual-processual theory for the evolution of Mesoamerican civilization", *Current Anthropology* 37: 1–14.

Bloch, Maurice

1982   "Death, women and power", in *Death and the regeneration of life, edited by Maurice Bloch and Jonathan Parry*, Cambridge Univ. Press, Cambridge, UK, pp. 211–230.

1995 "The resurrection of the house amongst the Zafimaniry of Madagascar", in *About thehouse: Lévi-Strauss and beyond*, edited by Janet Carsten and Stephen Hugh-Jones, Cambridge Univ. Press, Cambridge, UK, pp. 69–83.

Blom, Frans

1954 "Ossuaries, cremation, and secondary burials among the Maya of Chiapas, Mexico", *Journalde la Société des Américanistes* 43: 123–135.

Blom, Frans, and O. LaFarge

1926–1927 "Tribes and temples". *Middle American Research Institute Publication* No. 1, 2 vols, Tulane University, New Orleans, LA.

Boon, James A.

1977 *The anthropological romance of Bali 1597–1972: Dynamic perspectives in marriage and caste, politics and religion*, Cambridge Univ. Press, Cambridge, UK.

Bourdieu, Pierre

1973 "The Berber house", in *Rules and meanings: The anthropology of everyday knowledge*, edited by Mary Douglas, Penguin, Harmondsworth, UK, pp. 98–110.

1977 *Outline of a theory of practice*, translated by Richard Nice. Cambridge Univ. Press, Cambridge, UK.

Brodbeck, May

1968 "Methodological individualisms: Definition and reduction", in *Readings in the philosophy of the social sciences*, edited by May Brodbeck, Macmillan, New York, pp. 280–303.

Brown, James A.

1981 "The search for rank in prehistoric burials", in *The archaeology of death*, edited by Robert Chapman, Ian Kinnes, and Klavs Randsborg, Cambridge Univ. Press, Cambridge, UK, pp. 25–37.

1995 "On mortuary analysis — With special reference to the Saxe-Binford research program", in *Regional approaches to mortuary analysis*, edited by Lane Anderson Beck, Plenum, New York, pp. 3–26.

Brumfiel, Elizabeth M.

1996 "Comment", *Current Anthropology* 37: 48–50.

Carlson, Robert S., and M. Prechtel

1980 "On Classic Maya monumental recorded history", in *Third Palenque round table, 1978, Part 2*, edited by Merle Greene Robertson, University of Texas Press, Austin, pp. 199–203.

1991 "The flowering of the dead: An interpretation of highland Maya culture", *Man* 26:

23–42.

Carlson, John B.

    1980   On Classic Maya monumental recorded history. In *Third Palenque round table, 1978, Part 2*, edited by Merle Greene Robertson, University of Texas Press, Austin, pp.199–203.

Carmack, Robert M.

    1981   *The Quiché Mayas of Utatlán: The evolution of a highland Guatemala kingdom*, Univ. of Oklahoma Press, Norman.

Carr, Christopher

    1995   "Mortuary practices: Their social, philosophical-religious, circumstantial, and physical determinants", *Journal of Archaeological Method and Theory* 2: 105–200.

Carrasco Vargas, Ramón, S. Boucher, P. Alvarez González, V. Tiesler Blos, V. García Vierna, R. García Moreno, and J. Vázquez Negrete

    1999   "A dynastic tomb from Campeche, Mexico: New evidence on Jaguar Paw, a ruler of Calakmul", *Latin American Antiquity* 10: 47–58.

Chapman, John C.

    1994   "The living, the dead and the ancestors: Time, life cycles and the mortuary domain in later European prehistory", in *Ritual and remembrance: Responses to death in human societies*, edited by Jon Davies, Shef-field Academic Press, Sheffield, UK, pp. 40–85.

Chapman, Robert, and K. Randsborg

    1981   "Approaches to the archaeology of death", in *The archaeology of death*, edited by Robert Chapman, Ian Kinnes, and Klavs Randsborg, Cambridge Univ. Press, Cambridge, UK, pp. 1–24.

Chase, Arlen F., and D. Z. Chase

    1994   "Maya veneration of the dead at Caracol, Belize", in *Seventh Palenque round table, 1989*, edited by Merle Greene Robertson and Virginia M. Fields, The Pre-Columbian Art Research Institute, San Francisco, pp. 53–60.

Chase, Diane Z., and A. F. Chase

    1996   "Maya multiples: Individuals, entries, and tombs in Structure A34 of Caracol, Belize", *Latin American Antiquity* 7: 61–79.

    1998   "The architectural context of caches, burials,and other ritual activities for the Classic period Maya", in *Function and meaning in Classic Maya architecture*, edited by Stephen D. Houston, Dumbarton Oaks, Washington, DC, pp. 299–332.

Clark, John E., and M. Blake
    1994   "The power of prestige: Competitive generosity and the emergence of rank societies inlowland Mesoamerica", in *Factional competition and political development in the New World*, edited by Elizabeth M. Brumfiel and John W. Fox, Cambridge Univ. Press, Cambridge, UK, pp. 17–30.

Coe, Michael D.
    1956   "The funerary temple among the Classic Maya", *Southwestern Journal of Anthropology* 12: 387–394.
    1984   *The Maya, 3rd ed*, Thames and Hudson, New York.
    1988   "Ideology of the Maya tomb", in *Maya iconography*, edited by Elizabeth P. Benson and Gillett G. Griffin, Princeton Univ. Press, Princeton, NJ, pp. 222–235.

Connerton, Paul
    1989   *How societies remember*, Cambridge Univ.Press, New York.

Criado, Felipe
    1996   "Comment", *Current Anthropology* 37: 53–55.

Dávalos Hurtado, Eusebio, and A. Romano Pacheco
    1992   "Estudio preliminar de los restos osteológicos encontrados en la tumba del Templo delas Inscripciones, Palenque", *Appendix in ElTemplo de las Inscripciones, Palenque*, edited by Alberto Ruz Lhuillier, Fondode Cultura Económica, Mexico City, pp. 333–336. (originally 1955)

Devillard, Marie José
    1995   "Individuo, sociedad y antropología social", *Revista Española de Antropología Americana* 25: 223–238.

Dobres, Marcia-Anne, and J. E. Robb
    2000   "Agency in archaeology: Paradigm or platitude?" in *Agency in archaeology*, edited by Marcia-Anne Dobres and John E. Robb, Routledge, London, pp. 3–17.

Dumont, Louis
    1970   *Homo hierarchicus: The caste system and its implications*, translated by Mark Sainsbury, Univ. of Chicago Press, Chicago.
    1975   "On the comparative understanding of nonmodern civilizations", *Daedalus* 104: 153–172.

Feeley-Harnik, Gillian
    1991   "Finding memories in Madagascar", in *Images of memory: On remembering and representation*, edited by Susanne Küchler and Walter Melion, Smithsonian Institution Press, Washington, DC, pp. 121–140.

Fentress, James, and C. Wickham
: 1992 *Social memory*, Blackwell, Oxford, UK.Foncerrada de Molina, Marta.
Foncerrada de Molina, Marta
: 1974 "Reflexíones en torno a Palenque comonecrópolis", in *Primera mesa redonda dePalenque*, 1973, Part 2, edited by Merle Greene Robertson, The Robert Louis Stevenson School, Pebble Beach, CA, pp. 77–79.

Fortes, Meyer
: 1973 "On the concept of the person among the Tallensi", in *La notion de personne en Afrique noire*, edited by Germaine Dieterlen Éditions du Centre National de la Recherche Scientifique, Paris, pp. 283–319.

Forth, Gregory
: 1991 "Space and place in eastern Indonesia", Centre of South-East Asian Studies Occasional Paper No. 16, University of Kent, Canterbury.

Fox, James J., (ed.)
: 1980 *The flow of life: Essays on eastern Indonesia*, Harvard Univ. Press, Cambridge, MA.

Freidel David A.
: 1992 "The trees of life: Ahau as idea and artifact in Classic lowland Maya civilization", in *Ideology and pre-Columbian civilizations*, edited by Arthur A. Demarest and Geoffrey W. Conrad, School of American Research Press, Santa Fe, NM, pp. 115–133.

Freidel, David A., and L. Schele
: 1989 "Dead kings and living temples: Dedication and termination rituals among the ancient Maya", in *Word and image in Maya culture: Explorations in language, writing, and representation*, edited by William F. Hanks and Don S. Rice, University of Utah Press, Salt Lake City, pp. 233–243.

Freidel, David A., L. Schele, and J. Parker
: 1993 *Maya cosmos: Three thousand years on the shaman's path*, Morrow, New York.

Gellner, Ernest
: 1968 "Holism versus individualism", in *Readings in the philosophy of the social sciences*, edited by May Brodbeck, Macmillan, New York, pp. 254–268.

Giddens, Anthony
: 1979 *Central problems in social theory: Action, structure and contradiction in social analysis*, Macmillan, London.
: 1984 *The constitution of society: Outline of the theory of structuration*, Univ. of

California Press, Berkeley.

1991 "Structuration theory: Past, present and future", in *Giddens' theory of structuration: A critical appreciation*, edited by Christopher G. A. Bryant and David Jary, Routledge, London, pp. 201–221.

Gillespie, Susan D.

1993 "Power, pathways, and appropriations in Mesoamerican art", in *Imagery and creativity: Ethnoaesthetics and art worlds in the Americas*, edited by Dorothea S. Whitten and Norman E. Whitten, Jr., Univ. of Arizona Press, Tucson, pp. 67–107.

1998 "The Aztec triple alliance: A postconquest tradition", in *Native traditions in the postconquest world*, edited by Elizabeth Hill Boone and Tom Cummins, Dumbarton Oaks, Washington, DC, pp. 233–263.

1999 "Olmec thrones as ancestral altars: The two sides of power", in *Material symbols: Culture and economy in prehistory*, edited by John E. Robb, Center for Archaeological Investigations Occasional Paper No. 26 Southern Illinois Univ., Carbondale, pp. 224–253.

2000a "Lévi-Strauss: maison and société à maisons", in *Beyond kinship: Social and material reproduction in house societies*, edited by Rosemary A. Joyce and Susan D. Gillespie, Univ. of Pennsylvania Press, Philadelphia, pp. 22–52.

2000b "Rethinking ancient Maya social organization: Replacing 'lineage' with 'house'", *American Anthropologist 102* (in press).

n.d. "Body and soul among the Maya: Keeping the spirits in place", in *The space and place of death*, edited by Helaine Silverman and David Small. Archeological Papers of the American Anthropological Association No. 11. (in press)

Gillespie, Susan D., and R. A. Joyce

1997 "Gendered goods: The symbolism of Maya hierarchical exchange relations", in *Women in prehistory: North America and Mesoamerica*, edited by Cheryl Claassen and Rosemary A. Joyce Univ. of Pennsylvania Press, Philadelphia, pp. 189–207.

Glazier, Jack

1984 "Mbeere ancestors and the domestication of death", *Man* 19: 133–148.

Gluckman, Max

1937 "Mortuary customs and the belief in survival after death among the South-Eastern Bantu", *Bantu Studies* 11: 117–136.

Goldstein, Lynne

1981 "One-dimensional archaeology and multi-dimensional people: Spatial organisation and mortuary analysis", in *The archaeology of death*, edited by Robert Chapman, Ian

Kinnes, and Klavs Randsborg, Cambridge Univ. Press, Cambridge, UK, pp. 53–69.

Goodenough, Ward H.

    1965   "Rethinking 'status' and 'role': Toward a general model of the cultural organization of social relationships", in *The Relevance of models for social anthropology*, edited by Michael Banton, ASA Monographs No. 1.Tavistock, London, pp. 1–24.

Goody, Jack

    1962   *Death, property and the ancestors: A study of the mortuary customs of the LoDagaa of West Africa*, Stanford Univ. Press, Stanford, CA.

Graeber, David

    1996   "Beads and money: Notes toward a theory of wealth and power", *American Ethnologist* 23: 4–24.

Halbwachs, Maurice

    1980   *The collective memory*, translated by Francis J. Ditter, Jr. and Vida Yazdi Ditter, Harper &Row, New York. (originally 1950)

Harrison, Simon

    1985   "Concepts of the person in Avatip religious thought", *Man* 20: 115–130.

Haviland, William A.

    1981   "Dower houses and minor centers at Tikal, Guatemala: An investigation of valid units in settlement hierarchies", in *Lowland Maya settlement patterns*, edited by Wendy Ashmore, Univ. of New Mexico Press, Albuquerque, pp. 89–117.

    1988   "Musical hammocks at Tikal: Problems with reconstructing household composition", in *Household and community in the Mesoamerican past*, edited by Richard R. Wilk and Wendy Ashmore, Univ. of New Mexico Press, Albuquerque, pp. 121–134.

    1992   "From Double Bird to Ah Cacao: Dynastic troubles and the cycle of katuns at Tikal, Guatemala", in *New theories on the ancient Maya*, edited by Elin C. Danien and Robert J.Sharer University Museum Monograph 77, University of Pennsylvania, Philadelphia, pp. 71–80.

    1997   "The rise and fall of sexual inequality: Death and gender at Tikal, Guatemala", *Ancient Mesoamerica* 8: 1–12.

Haviland, William A., M. J. Becker, A. Chowning, K.Dixon, and K. Heider

    1985   *Excavations in small residential groups of Tikal: Groups 4F–1 and 4F–2*, Tikal Report No. 19, University Museum Monograph 58, The University Museum, Philadelphia.

Hayden, Brian

    1995   "Pathways to power: Principles for creating socioeconomic inequalities", in *Foundations of social inequality*, edited by T. Douglas Price and Gary M. Feinman,

Plenum, New York, pp. 15–86.

Hendon, Julia A.

1999 "The Pre-Classic Maya compound as the focus of social identity", in *Social patterns in Pre-Classic Mesoamerica*, edited by David C.Grove and Rosemary A. Joyce Dumbarton Oaks, Washington, DC, pp. 97–125.

Hertz, Robert

1960 "A contribution to the study of the collective representation of death", in *Death and the right hand*, translated by Rodney and Claudia Needham, The Free Press, Glencoe, IL, pp. 27–86. (originally 1907)

Hewitt, Erika A.

1999 "What's in a name: Gender, power, and Classic Maya women rulers", *Ancient Mesoamerica* 10: 251–262.

Hill, James N., and J. Gunn, (eds.)

1977 *The individual in prehistory*, Academic Press, New York.

Hill, Robert M., II, and E. F. Fischer

1999 "States of heart: An ethnohistorical approach to Kaqchikel Maya ethnopsychology", *Ancient Mesoamerica* 10: 317–332.

Hodder, Ian

1982 *Symbols in action: Ethnoarchaeological studiesof material culture*, Cambridge Univ. Press, Cambridge, UK.

1986 *Reading the past: Current approaches to interpretation in archaeology*, Cambridge Univ. Press, Cambridge, UK.

2000 "Agency and individuals in long-term processes", in *Agency in archaeology*, edited by Marcia-Anne Dobres and John E. Robb, Routledge, London, pp. 21–33.

Holmes, William H.

1895–1897 "Archaeological studies among the ancient cities of Mexico", Field Columbian Museum Anthropological Series (Fieldiana), Vol. 1, No. 1.

Houston, Stephen D.

1993 *Hieroglyphs and history at Dos Pilas: Dynastic politics of the Classic Maya*, Univ. of Texas Press, Austin.

1998 "Finding function and meaning in Classic Maya architecture", in *Function and meaning in Classic Maya architecture*, edited by Stephen D. Houston, Dumbarton Oaks, Washington, DC, pp. 519–538.

Houston, Stephen D., and D. Stuart

1998 "The ancient Maya self: Personhood and portraiture in the Classic Period", *Res:*

Anthropology and Aesthetics 33: 73–101.

Howell, Signe
    1989   "Of persons and things: Exchange and valuables amongst the Li of eastern Indonesia", *Man* 24: 419–438.

Humphreys, S. C.
    1981a   "Death and time", in *Mortality and immortality: The anthropology and archaeology of death*, edited by S. C. Humphreys and Helen King, Academic Press, London, pp. 261–283.
    1981b   "Introduction", in *Mortality and immortality: The anthropology and archaeology of death*, edited by S. C. Humphreys and Helen King, Academic Press, London, pp. 1–13.

Huntington, Richard, and P. Metcalf
    1979   *Celebrations of death: The anthropology of mortuary ritual*, Cambridge Univ. Press, Cambridge, UK.

Johnson, Matthew H.
    1989   "Conceptions of agency in archaeological interpretation", *Journal of Anthropological Archaeology* 8: 189–211.
    1999   *Archaeological theory: An introduction*, Blackwell, Oxford, UK.
    2000   "Self-made men and the staging of agency", in *Agency in archaeology*, edited by Marcia Anne Dobres and John E. Robb, Routledge, London, pp. 213–231.

Jones, Christopher
    1991   "Cycles of growth at Tikal", in *Classic Maya political history: Hieroglyphs and archaeologicalevidence*, edited by T. Patrick Culbert, Cambridge Univ. Press, Cambridge, UK, pp. 102–127.

Joyce, Arthur A., and M. Winter
    1996   "Ideology, power, and urban society in preHispanic Oaxaca", *Current Anthropology* 37: 33–47.

Joyce, Rosemary A.
    1993   "Women's work: Images of production and reproduction in pre-Hispanic southern Central America", *Current Anthropology* 34: 255–274.
    1996   "The construction of gender in Classic Maya monuments", in *Gender and archaeology*, edited by Rita P. Wright, Univ. of Pennsylvania Press, Philadelphia, pp. 167–195.
    1998   "Performing the body in pre-Hispanic Central America", *Res: Anthropology and Aesthetics* 33: 147–165.
    1999   "Social dimensions of Pre-Classic burials", in *Social patterns in Pre-Classic Mesoamerica*, edited by David C. Grove and Rosemary A. Joyce, Dumbarton

Oaks, Washington, DC, pp. 15–47.

2000 "Heirlooms and houses: Materiality and social memory", in *Beyond kinship: Social and material reproduction in house societies*, edited by Rosemary A. Joyce and Susan D. Gillespie, Univ. of Pennsylvania Press, Philadelphia, pp. 189–212.

n.d. "Burying the dead at Tlatilco: Social memory and social identities", in *Social memory, identity, and death: Intradisciplinary perspectives on mortuary rituals*, edited by Meredith Chesson, Archeological Papers of the American Anthropological Association, No. 10. (in press).

Kan, Sergei

1989 *Symbolic immortality: The Tlingit potlatch of the nineteenth century*, Smithsonian Institution Press, Washington, DC.

Karp, Ivan

1986 "Agency and social theory: A review of Anthony Giddens", *American Ethnologist* 13: 131–137.

Kilminster, Richard

1991 "Structuration theory as a world-view", in *Giddens' theory of structuration: A critical appreciation*, edited by Christopher G. A. Bryant and David Jary, Routledge, London, pp. 74–115.

Knapp, A. Bernard, and L. Meskell

1997 "Bodies of evidence in Cypriot prehistory", *Cambridge Archaeological Journal* 7: 183–204.

Kuijt, Ian

1996 "Negotiating equality through ritual: A consideration of Late Natufian and Prepottery Neolithic A period mortuary practices", *Journal of Anthropological Archaeology* 15: 313–336.

La Fontaine, J. S.

1985 "Person and individual: Some anthropological reflections", in *The category of the person: Anthropology, philosophy, history*, edited by Michael Carrithers, Stephen Collins, and Steven Lukes Cambridge Univ.Press, Cambridge, UK, pp. 123–140.

Landa, Friar Diego de

1982 *Relación de las cosas de Yucatán, 12th edition*, Porrúa, Mexico City. (originally ca. 1566)

Las Casas, Friar Bartoloméde

1967 *Apologética historia sumaria*, edited by Edmundo O'Gorman, 3rd ed., 2 vols. Universidad Nacional Autónoma de México, Mexico City. (originally 1555–1559)

Lévi-Strauss, Claude

1969 *The elementary structures of kinship*, rev. ed., translated by James Harle Bell, John Richard von Sturmer, and Rodney Needham. Beacon Press, Boston.

1982 *The way of the masks*, translated by Sylvia Modelski, Univ. of Washington Press, Seattle.

1987 *Anthropology and myth: Lectures, 1951–1982*, translated by Roy Willis, Basil Blackwell, Oxford, UK.

Lightfoot, Kent G., A. Martinez, and A. M. Schiff

1998 "Daily practice and material culture in pluralistic social settings: An archaeological study of culture change and persistence from Fort Ross, California", *American Antiquity* 63: 199–222.

Linton, Ralph

1936 *The study of man: An introduction. D. Appleton-Century*, New York.

Lounsbury, Floyd G.

1974 "The inscription of the sarcophagus lid at Palenque", in *Primera mesa redonda de Palenque*, 1973, Part 2, edited by Merle Greene Robertson, The Robert Louis Stevenson School, Pebble Beach, CA, pp. 5–19.

1976 "A rationale for the initial date of the Temple of the Cross at Palenque", in *The art, iconography and dynastic history of Palenque, Part III: Proceedings of the segunda mesa redonda de Palenque 1974*, edited by Merle Greene Robertson, The Robert Louis Stevenson School, Pebble Beach, CA, pp. 211–224.

1991 "Distinguished lecture: Recent work in the decipherment of Palenque's hieroglyphic inscriptions", *American Anthropologist* 93: 809–825.

Lukes, Steven

1970 "Methodological individualism reconsidered", in *Sociological theory and philosophical analysis*, edited by Dorothy Emmet and Alasdair MacIntyre Macmillan, New York, pp. 76–88.

Marcus, Joyce

1992 *Mesoamerican writing systems: Propaganda, myth, and history in four ancient civilizations*, Princeton Univ. Press, Princeton, NJ.

Marcus, Joyce, and K. V. Flannery

1996 *Zapotec civilization: How urban society evolved in Mexico's Oaxaca Valley*, Thames and Hudson, London.

Mathews, Peter, and L. Schele

1974 "Lords of Palenque — The glyphic evidence", in *Primera mesa redonda de*

Palenque, 1973, Part 1, edited by Merle Greene Robertson, The Robert Louis StevensonSchool, Pebble Beach, CA, pp. 63–75.

Maudslay, Alfred P.
- 1974 *Biologia Centrali-Americana; or, contributions to the knowledge of the fauna and flora of Mexico and Central America*, edited by F. Ducane Godman and Osbert Salvin, Archaeology, vols. 4 (plates) and 5 (text), Reprinted by Milpatron, London. (originally 1889–1902)

Mauss, Marcel
- 1954 *The gift: Forms and functions of exchange in archaic societies*, translated by Ian Cunnison, Cohen and West, London.
- 1985 "A category of the human mind: The notion of person, the notion of self, translated by W. D. Halls", in *The category of the person: Anthropology, philosophy, history*, edited by Michael Carrithers, Stephen Collins, and Steven Lukes, Cambridge Univ. Press, Cambridge, UK, pp. 1–25. (originally 1938)

Mayer, Adrian C.
- 1985 "The king's two thrones", *Man* 20: 205–221.

McAnany, Patricia A.
- 1995 *Living with the ancestors: Kinship and kingship in ancient Maya society*, Univ. of Texas Press, Austin.
- 1998 "Ancestors and the Classic Maya built environment", in *Function and meaning in Classic Maya architecture*, edited by Stephen D. Houston, Dumbarton Oaks, Washington, DC, pp. 271–298.

McAnany, Patricia A., R. Storey, and A. K. Lockard
- 1999 "Mortuary ritual and family politics at Formative and Early Classic K'axob, Belize", *Ancient Mesoamerica* 10: 129–146.

McCall, John C.
- 1999 "Structure, agency, and the locus of the social: Why poststructural theory is good for archaeology", in *Material symbols: Culture and economy in prehistory*, edited by John E. Robb, Center for Archaeological Investigations Occasional Paper No. 26. Southern Illinois Univ., Carbondale, pp. 16–20.

McGuire, Randall H., and D. J. Saitta
- 1996 "Although they have petty captains, they obey them badly: The dialectics of prehispanic western Pueblo social organization", *American Antiquity* 61: 197–216.

Mc-Kinnon, Susan
- 1991 *From a shattered sun: Hierarchy, gender, and alliance in the Tanimbar Islands*,

Univ. of Wisconsin Press, Madison.

Melion, Walter, and S. Kuchler

    1991   "Introduction: Memory, cognition, and image production", in *Images of memory: On remembering and representation*, edited by Susanne Küchler and Walter Melion, Smithsonian Institution Press, Washington, DC, pp. 1–46.

Meskell, Lynn

    1996   "The somatization of archaeology: Institutions, discourses, corporeality", *Norwegian Archaeological Review* 29: 1–16.

Miller, Mary Ellen

    1998   "A design for meaning in Maya architecture", in *Function and meaning in Classic Maya architecture*, edited by Stephen D. Houston, Dumbarton Oaks, Washington, DC, pp. 187–222.

Monaghan, John

    1998   "The person, destiny, and the construction of difference in Mesoamerica", *Res Anthropology and Aesthetics* 33: 137–146.

Morris, Brian

    1985   "The rise and fall of the human subject", *Man* 20: 722–742.

Morris, Ian

    1991   "The archaeology of ancestors: The Saxe/Goldstein Hypothesis revisited", *Cambridge Archaeological Journal* 1: 147–169.

Munn, Nancy D.

    1986   *The fame of Gawa: A symbolic study of value transformation in a Massim (Papua New Guinea) society*, Cambridge Univ. Press, Cambridge, UK.

Nash, June

    1970   *In the eyes of the ancestors: Belief and behavior in a Mayan community*, Yale Univ. Press, New Haven, CT.

Ortner, Sherry B.

    1984   "Theory in anthropology since the sixties", *Comparative Studies in Society and History* 26: 126–166.

O'Shea, John M.

    1984   *Mortuary variability: An archaeological investigation*, Academic Press, Orlando, FL. Pader, Ellen-Jane.

Pader, Ellen-Jane

    1982   *Symbolism, social relations and the interpretation of mortuary remains. B. A. R.* International Series 130, British Archaeological Reports, Oxford, UK.

Pazos, Álvaro

1995 "El modelo del actor en Giddens: Una exposición crítica", *Revista Española de Antropología Americana* 25: 205–221.

Pearson, Michael Parker

1982 "Mortuary practices, society and ideology: An ethnoarchaeological study", in *Symbolic and structuralist archaeology*, edited by Ian Hodder, Cambridge Univ. Press, Cambridge, UK, pp. 99–113.

1993 "The powerful dead: Archaeological relationships between the living and the dead", *Cambridge Archaeological Journal* 3: 203–229.

Peebles, Christopher S.

1971 "Moundville and surrounding sites: Some structural considerations of mortuary practices II", in *Approaches to the social dimensions of mortuary practices*, edited by James A. Brown, Memoirs of the Society for American Archaeology No. 25, Washington, DC, pp. 68–91.

Peebles, Christopher S., and S. M. Kus

1977 "Some archaeological correlates of ranked societies", *American Antiquity* 42: 421–448.

Popol Vuh

1996 *Popol Vuh: The Mayan book of the dawn of life*, translated by Dennis Tedlock, rev. ed. Simon and Schuster, New York.

Proskouriakoff, Tatiana

1960 "Historical implications of a pattern of dates at Piedras Negras, Guatemala", *American Antiquity* 25: 454–475.

Radcliffe-Brown, A. R.

1952 *Structure and function in primitive society*, The Free Press, New York.

Rands, Barbara C., and R. L. Rands

1961 "Excavationes [sic] in a cemetery at Palenque", *Estudios de Cultura Maya* 1: 87–106.

Rathje, William L.

1970 "Socio-political implications of lowland Maya burials: Methodology and tentative hypotheses", *World Archaeology* 1: 359–375.

Ritzer, George, and P. Gindoff

1994 "Agency-structure, micro-macro, individualism-holism-relationism: A metatheoretical explanation of theoretical convergence between the United States and Europe", in *Agency and structure: Reorienting social theory*, edited by Piotr Sztompka, Gordon and Breach, Yverdon Switz, pp. 3–23.

Robb, John E.
   1999   "Secret agents: Culture, economy, and social reproduction", in *Material symbols: Culture and economy in prehistory*, edited by John E. Robb, Center for Archaeological Investigations Occasional Paper No. 26. Southern Illinois Univ., Carbondale, pp. 3–15.

Robertson, Merle Greene
   1983   *The sculpture of Palenque: Vol. 1. The Temple of the Inscriptions*, Princeton Univ. Press, Princeton, NJ.
   1985a   *The sculpture of Palenque: Vol. 2. The early buildings of the Palace and the wal paintings*, Princeton Univ. Press, Princeton, NJ.
   1985b   *The sculpture of Palenque: Vol. 3. The late buildings of the Palace*, Princeton Univ. Press, Princeton, NJ.
   1991   *The sculpture of Palenque: Vol. 4. The Cross Group, the North Group, the Olvidado, and other pieces*, Princeton Univ. Press, Princeton, NJ.

Robertson, Merle Greene, A. Morales, and D. Stuart
   1999   "Cross Group project discovers tomb, throne and limestone panel in Palenque", *Pre-Columbian Art Research Institute Newsletter* 28: 1–3.

Rothschild, Nan A.
   1979   "Mortuary behavior and social organization at Indian Knoll and Dickson Mounds", *American Antiquity* 44: 658–675.

Roys, Ralph L.
   1940   "Personal names of the Maya of Yucatan", in *Contributions to American anthropology and history*, Carnegie Institution of Washington Publication 523, Washington, DC 31: 31–48.

Ruz Lhuillier, Alberto
   1965   "Tombs and funerary practices in the Maya lowlands", in *Handbook of Middle American Indians: Vol. 2. The archaeology of southern Mesoamerica, Part 1*, edited by Robert Wauchope and Gordon R. Willey, Univ. of Texas Press, Austin, pp. 441–461.
   1968   "Costumbres funerarias de los antiguos mayas", Seminario de Cultura Maya, Universidad Nacional Autónoma de México, Mexico City.
   1977   "Gerontocracy at Palenque?" in *Social process in Maya prehistory: Studies in honour of Sir Eric Thompson*, edited by Norman Hammond, Academic Press, London, pp. 287–295.
   1992   *El Templo de las Inscripciones, Palenque*, Fondo de Cultura Económica, Mexico City. (originally 1973)

Sabloff, Jeremy A.
- 1997 *The cities of ancient Mexico: Reconstructing a lost world, rev. ed*, Thames and Hudson, New York.

Sassaman, Kenneth E.
- 2000 "Agents of change in hunter-gatherer technology", in *Agency in archaeology*, edited by Marcia-Anne Dobres and John E. Robb, Routledge, London, pp. 148–168.

Saxe, Arthur A.
- 1970 Social dimensions of mortuary practices, Unpublished Ph. D. dissertation, University of Michigan, Ann Arbor.
- 1971 "Social dimensions of mortuary practices in a Mesolithic population from Wadi Halfa, Sudan", in *Approaches to the social dimensions of mortuary practices*, edited by James A. Brown, Memoirs of the Society for American Archaeology No. 25, Washington, DC, pp. 39–57.

Schele, Linda
- 1987 *Notebook for the Maya hieroglyphic writing workshop at Texas*, Univ. of Texas, Austin.
- 1988a *Notebook for the Maya hieroglyphic writing workshop at Texas*, Univ. of Texas, Austin.
- 1988b "The Xibalba shuffle: A dance after death", in *Maya iconography*, edited by Elizabeth P. Benson and Gillett G. Griffin, Princeton Univ. Press, Princeton, NJ, pp. 294–317.
- 1990 "House names and dedication rituals at Palenque", in *Vision and revision in Maya studies*, edited by Flora S. Clancy and Peter D. Harrison, Univ. of New Mexico Press, Albuquerque, pp. 143–157.

Schele, Linda, and D. Freidel
- 1990 *A forest of kings: The untold story of the ancient Maya*, Morrow, New York.

Schele, Linda, and P. Mathews
- 1993 *Notebook for the XVIIth Maya hieroglyphic workshop at Texas*, University of Texas, Austin.
- 1998 *The code of kings: The language of seven sacred Maya temples and tombs*, New York: Scribner.

Schele, Linda, and M. E. Miller
- 1986 *The blood of kings: Dynasty and ritual in Maya art*, Kimbell Art Museum, Fort Worth, TX.

Schwartz, Jeffery H.

    1995   *Skeleton keys: An introduction to human skeletal morphology, development, and analysis*, Oxford Univ. Press, New York.

Sears, William H.

    1961   "The study of social and religious systems in North American archaeology", *Current Anthropology* 2: 223–231.

Sedat, David, and R. Sharer

    1994   *The Xukpi stone: A newly discovered Early Classic inscription from the Copan Acropolis. Part 1: The archaeology*, Copan Note 113, Copan Acropolis Archaeological Project and the Instituto Hondureño de Antropología, Copan Honduras.

Sewell, William H.

    1992   "A theory of structure: Duality, agency, and transformation", *American Journal of Sociology* 98: 1–29.

Sharer, Robert J.

    1994   *The ancient Maya, 5th ed*, Stanford Univ.Press, Stanford, CA.

Sokefeld, Martin

    1999   "Debating self, identity, and culture in anthropology", *Current Anthropology* 40: 417–447.

Sørensen, Marie Louise Stig

    1995   "The construction of gender through appearance", in *The archaeology of gender: Proceedings of the twenty-second annual conference of the Archaeological Association of the University of Calgary*, edited by Dale Walde and Noreen D. Willows University of Calgary Archaeological Association, Calgary, pp. 121–129.

Stenzel, Werner

    1970   "The sacred bundles in Mesoamerican religion", in *Proceedings of the 38th International Congress of Americanists 1968, Stuttgart-Munich, Vol. 2*, pp. 347–352.

Strathern, Marilyn

    1981   "Self-interest and the social good: Some implications of Hagen gender imagery", in *Sexual meanings: The cultural construction of gender and sexuality*, edited by Sherry B. Ortner and Harriet Whitehead, Cambridge Univ. Press, Cambridge, UK, pp. 166–191.

Stuart, David

    1985   "The inscriptions on four shell plaques from Piedras Negras, Guatemala", in *Fourth Palenque round table, 1980*, edited by Merle Greene Robertson and

         Elizabeth P. Benson, The Pre-Columbian Art Research Institute, San Francisco, pp. 175–183.
- 1989 "Hieroglyphs on Maya vessels", in *The Maya vase book*, edited by Justin Kerr, Vol. 1, Kerr Associates, New York, pp. 149–160.
- 1996 "Kings of stone: A consideration of stelae in ancient Maya ritual and representation", *Res: Anthropology and Aesthetics* 29/30: 148–171.
- 1998 "'The fire enters his house': Architecture and ritual in Classic Maya texts", in *Function and meaning in Classic Maya architecture*, edited by Stephen D. Houston, Dumbarton Oaks, Washington, DC, pp. 373–425.
- 1999 "The name of the ruler", *Pre-Columbian Art Research Institute Newsletter* 28: 3–4.

Stuart, David, and S. Houston
- 1994 "Classic Maya place names", *Studies in Pre-Columbian Art and Archaeology* No. 33, Dumbarton Oaks, Washington, DC.

Stuart, George E.
- 1997 "The royal crypts of Copán", *National Geographic* 192(6): 68–93.

Sztompka, Piotr
- 1991 "Society in action: The theory of social becoming", Univ. of Chicago Press, Chicago.
- 1994a "Evolving focus on human agency in contemporary social theory", in *Agency and structure: Reorienting social theory*, edited by Piotr Sztompka, Gordon and Breach, Yverdon Switz, pp. 25–60.
- 1994b "Society as social becoming: Beyond individualism and collectivism", in *Agency and structure: Reorienting social theory*, edited by Piotr Sztompka, Gordon and Breach, Yverdon Switz, pp. 251–282.

Tainter, Joseph A.
- 1978 "Mortuary practices and the study of prehistoric social systems", in *Advances in archaeological method and theory*, edited by Michael B. Schiffer, Vol. 1, Academic Press, New York, pp. 105–141.

Tate, Carolyn E.
- 1992 *Yaxchilan: The design of a Maya ceremonial city*, Univ. of Texas Press, Austin.

Thompson, Edward H.
- 1895 "Ancient tombs of Palenque", in *Proceedings of the American Antiquarian Society*, Vol. 10, Part 2, American Antiquarian Society, Worcester, MA, pp. 418–421.

Thompson, J. Eric S.
- 1930 *Ethnology of the Mayas of southern and central British Honduras*, Field Museum

of Natural History, Anthropological Series, Vol. 17, No. 2. Chicago.

Tourtellot, Gair
 1988 "Developmental cycles of households and houses at Seibal", in *Household and community in the Mesoamerican past*, edited by Richard R. Wilk and Wendy Ashmore, Univ. of New Mexico Press, Albuquerque, pp. 97–120.

Trinkaus, Kathryn Maurer
 1984 "Mortuary ritual and mortuary research", *Current Anthropology* 25: 674–679.

Ucko, Petec J.
 1969 "Ethnography and archaeological interpretation of funerary remains", *World Archaeology* 1: 262–280.

Varenne, Hervé
 1984 "Collective representation in American anthropological conversations: individual and culture", *Current Anthropology* 25: 281–299.

Vogt, Evon Z.
 1964 *Ancient Maya concepts in contemporary Zinacantan religion*, Sixth International Congress of Anthropological and Ethnological Sciences, Vol. 2, Part 2, Musée de l'Homme, Paris, pp. 497–502.
 1969 *Zinacantan: A Maya community in the highlands of Chiapas*, Belknap Press of Harvard Univ. Press, Cambridge, MA.
 1970 "Human souls and animal spirits in Zinacantan", in *Échanges et communications: Mélanges offerts a Claude Lévi-Strauss a l'occasion de son 60ème anniversaire*, edited by Jean Pouillon and Pierre Miranda, Vol. 2, Mouton, The Hague, pp. 1148–1167.

Watanabe, John M.
 1990 "From saints to shibboleths: Image, structure, and identity in Maya religious syncretism", *American Ethnologist* 17: 131–150.

Waterson, Roxana
 1990 "The living house: An anthropology of architecture in South-East Asia", Oxford Univ. Press, Singapore.

Watkins, J. W. N.
 1968 "Methodological individualisms and social tendencies", in *Readings in the philosophy of the social sciences*, edited by May Brodbeck, Macmillan, New York, pp. 269–280.

Weiner, Annette B.
 1976 *Women of value, men of renown: New perspectives in Trobriand exchange*, Univ. of Texas Press, Austin.

1992 *Inalienable possessions: The paradox of keeping-while-giving*, Univ. of California Press, Berkeley.

Welsh, W. Bruce M.

1988 *An analysis of Classic lowland Maya burials*, BAR International Series 409, British Archaeological Reports, Oxford, UK.

Wisdom, Charles

1940 *The Chorti indians of Guatemala*, Univ. of Chicago Press, Chicago.

Yaeger, Jason

2000 "The social construction of communities in the Classic Maya countryside: Strategies of affiliation in western Belize", in *The archaeology of communities: A New World perspective*, edited by Marcello-Andrea Canuto and Jason Yaeger, Routledge, London.

从隐喻到实践：考古地层学中网络概念的运用[*]

---

[*] Munson, Jessica 2015, "From Metaphors to Practice: Operationalizing Network Concepts for Archaeological Stratigraphy", *Journal of Archaeological Method and Theory* 22(2): 428–460.

引　言

考古学面临的核心挑战，是以合适且文化上是有意义的解释形式，来调和不同尺度的观察现象。这一问题既不限于特定时间段或文化的研究，也不只与特定的理论观点相关。事实上，有关辨识度的概念，会延伸到考古观察和解释领域的多个方面：从跨越不同空间单位的人工制品分布，再到地质、环境和人为过程交叉进行的多个时间尺度。通常，我们强加于考古资料上的分析单位都有进一步的认识论意义，而这些解释往往都强调个人取决于背景的行为及更广泛的社会过程。

最近，人们试图在考古学中调和这些不同的解释，并解决尺度问题，这依赖于一组隐喻，它暗示着过去人和事物之间的网络关系（Hodder 2012; Joyce and Lopiparo 2005; Knappett 2011; McAnany and Hodder 2009; Mills and Walker 2008; Pauketat 2012; Robb and Pauketat 2013）。这些概念可以很好地提升我们对过去人类行为和文化变迁的理解，但前提是我们能证明和验证这些关系性叙事之间经验性联系。特别是，这种方法要求我们通过研究社会行为和实践是如何穿插在物质、空间和时间变化之轴中，并彼此相互交织在一起，以此考虑社会互动的不同领域。本文认为，网络隐喻为考古学家提供的不仅仅是一种启发式的功能，它还证明了这些概念可以在一个定量框架上开展，并有助于解决考古地层学中的尺度问题。

在本文中，我提出了一套方法来分析过去环境相互关联的时空维度，并基于实践理论，对有着复杂地层考古遗存的解释进行评估。我概述了这种方法，并证明这一方法对解决一个玛雅前古典时代小型社区中纪念碑建造的时空变化问题，具有一定有效性。首先，我讨论了考古学家如何运用实践理论视角和网络隐喻来解读不同尺度考古学现象的方法。其中尤为特别的，是被称为"社会地层学"的一种方法，该方法提供了一套适用于传统地层学的概念工具和隐喻技术，以解释在考古记录中观察到的不同行动及地层形成的各种节奏（McAnany and Hodder 2009）。我认为这样的隐喻实际是基于形式原则和技术，类似于从社会网络分析和从布迪厄实践理论首次应用的定量研究中提取出来的方法（Breiger 2000; de Nooy 2003）。最近，在南部玛雅低地 Pasión 区域的小型寺庙中心，多层建筑堆积单位的发掘资料，展示了上述技术在考古中的应用（Munson 2012）。这种方法结合了多种多变量技术，来评估多层地层单位之间的相似性，从而推断出卡波尔（Caobal）在 1600 年内的同步建造事件。研究结果表明，在考古学分析上应用网络概念，可在微观上解决时空变化的问题。

一、考古学理论中的标度与隐喻问题

在考古学现象的时间和空间维度中，前者可能对解释过去人类行为构成更大的挑战。问题在于如何使解释的尺度与被解释的现象相匹配（Kuhn 2013; Levine 1992）。库恩（Kuhn 2013）根据 Üçağızlı 洞穴里发现的器物组合模式与旧石器晚期早段所见到整个大陆同步变迁两者的关系，指出了这一点。同样，考古学家也被迫要考虑文化变迁的不同速率，这对试图结合民族志和考古学时间尺度的解释性方法来说尤其具有挑战性。即便库恩（Kuhn 2013: 195）对旧石器时代考古学的这种叙述性记述是持怀疑态度的，我们也应该在具有更细致和更系统的数据库的情况下，用同等审慎的态度去考虑如何解释短期和长期社会过程。

考古学的实践理论方法常常倾向于近因解释，如对材料的解释，通常依赖于对日常生活经验的详细描述（Pauketat 2001）。然而，其他批评方法，如历史过程主义，则没有提供一个可证伪的框架，用以评估描述和解释之间的逻辑连接（O'Brien and Lyman 2004）。对此，鲍塔凯特（Pauketat 2004）认为，以确定因果关系为最终目标，这对于考古学来说过于简单化和不合理。相反，他倾向于解释人类历史，这需要"煞费苦心地在不同尺度及时间分辨度上衡量文化多样性，并提出详细且有根据的论点"（Pauketat 2004: 202）。虽然考古学家已经建立并采用了测量人工制品多样性的方法（例如，Leonard and Jones 1989），但主要的挑战还是将关于多样性的理论预期与在不同尺度观察到的考古现象联系起来。尽管双方都有论战的火药味，但这场辩论无疑是鼓励发展和完善了历史过程主义的方法，使之更加清楚地阐明小规模的人类实践与大规模的文化模式之间的交集（见 Robb and Pauketat 2013）。

考古学实践理论视角为这些解释性尺度的问题提供了解决方案。具体来说，历史过程主义通过强调物质性、能动性和意图等方面中的"关系"，将自身与其他能动性方法区分开来（Robb and Pauketat 2013: 14）。在解释性的量表中，通过详细的叙述记录，社会实践和能动性便可以重新被定义为关系网络，就像考古学家可以通过"观察多尺度因素的相互作用"来重建关系历史（Robb and Pauketat 2013: 26）。因此，这些相互交叉和重叠的关系成为考古学实践理论方法的"说明"。然而，目前还没有明确的方法，可以告诉我们那些解释项除了借用网络隐喻这一概念外，彼此间到底如何系统性地结合在一起。为了强调这一点，乔伊斯和罗皮帕罗指出："考古学家……使用类似的隐喻或模型来探索能动性、实践或习惯的做法是十分值得注意的"（Joyce and Lopiparo 2005: 368）。自那篇文章发表以来，考古学家已经采纳了诸如网络、链条、捆束、分层、纠缠以及其他标新立异的理论术语来表示关系的含义和网络互动的概念（Hodder 2012; Joyce 2008; Knappett 2006; McAnany and Hodder 2009; Pauketat 2011; Robb and Pauketat 2013），这表明"阐释考古学"转向使用关系性的隐喻作为一种探索结构、能动性和历史之间联系的方法[1]。

虽然这个概念性词汇为考古学家提供了新术语来描述和考虑这些关系，但在我看来，这些词汇一旦要系统地分析人和事物之间关系的程度时，却捉襟见肘。从社会网络分析得出的正式定义和方法，可提供严谨并一致应用这些概念的方法

---

[1] 更多涉及过去人与事物间相互关系的隐喻例子包括从基恩（Keane 2005）和库希勒（Küchler 2002）有关 Malanggan 雕刻的著作中提取出的捆束概念。另外，在考古学实践理论视角中对网络隐喻的强调，也受到行动者-网络理论（actor-network theory）的重大影响（Latour 2005）。

（Wasserman and Faust 1994）[1]。隐喻在科学话语和人文话语中都很常见，且它仍然是阐述理论思想的重要文字手段（Maasen et al. 1995）。当隐喻被有效使用时，它会使我们注意到看待证据的其他方式，从而有力且积极地促进了新思想和新理解的产生（Maasen 1995; Tilley 1999: 6-11）。然而，将一套思想或原则从一门学科套用到另一门学科时，并不能取代实证性的理解，也不能就这样帮助我们区分不同的概念框架（Bamforth 2002）。以网络隐喻为例，如果不整合这些概念术语的不同内涵，人们便不清楚如何处理实践的交叉和尺度效应。事实上，如果基于连接、相似性和选择较弱的原则，这些隐喻的可信度就受到理所当然的质疑（Lakoff and Johnson 1999: 60-73; Wylie 2002: 136-153）。因此，为了解释网络关系，考古学家需要确保我们所描述的情境和人工制品，在多个维度和不同的分析尺度上，都具有代表性、精确性和可比性。

二、地层学的构建（或解构）

最近，运用网络隐喻的实践理论，也用到考古地层学中，以解释过去堆积行为中的时间和社会关系（Joyce 2008; McAnany and Hodder 2009; Mills and Walker 2008）。为了建立对过去生活经验更有说服力的理解，实践理论主张通过强调建造事件的社会性和物质性行动、建造环境的历史文化条件以及个人从事的施工过程这三方面，来指导对建筑堆积层的考古学解释。虽然这种方法可以从社会、物质和时间维度上观察过去的建筑实践，但是在考古学家对地层记录的解读方面仍存在着技术难题和一些因等效现象[2]而出现的问题。

---

[1] 例如，"关系"这个概念是社交网络分析师的一个基本概念，它有一个明确的定义。在这种情况下，关系指的是"一组成员之间的特定类型的关系的集合，其中……这些关系本身只存在于特定的两个行为者之间"（Wasserman and Faust 1994: 20）。
[2] 即最终结果相似，但原因却相异。

麦克纳尼和霍德（McAnany and Hodder 2009）基于这种"社会地层学"的方法构建了一个模型，其中包括一组概念性工具和隐喻，以此解释地层形成的各种行动和节奏。社会地层学旨在通过借用描述性术语来解释"地层形成"的不同阶段和技术，从而提高传统的分析考古背景的方法（McAnany and Hodder 2009: 7-8）。根据大多数基于实践分析的描述性方法（Joyce and Lopiparo 2005: 369），这类方法包含了一组动名词，以此联系了产生不同类型考古堆积物的一系列物理和社会行动（McAnany and Hodder 2009: 9）。三种常见技术（即增加[adding]、减少[substracting]和重新定位[relocating]）代表了文化堆积地层形成的基本方法，而诸如"避免"、"提高"、"擦除"、"记住"和"遗忘"等术语，被用来扩充地层学记录的社会维度。可以说，这种方法在建造的实际施工与社会行动者之间建立了联系，这些社会行动者往往从古代建筑中创造和衍生出意义，以描述"人际互动之网"，也就是社会地层学的目标（McAnany and Hodder 2009: 3）。

然而，这些隐喻的优势以及依赖它们所作的解释，很大程度上取决于地层堆积单位之间明确的实证联系。如上所述，这个问题的复杂性是无法估计的，尤其是在处理多变量考古现象时。通过考古学遗存确实可以观察到社会生活的时空领域，但这种时空交叉很难区分开，因此难以达到理解复杂状况的分析目的。尽管已有几个例子说明建筑建造和堆积历史的时间性（Blake 2011; Gillespie 2008; Joyce 2004; Pauketat and Alt 2003），但以实践为基础的考古地层学方法，尚未成功解释空间变量在地层形成过程中，是怎样与时间维度交叉作用。

如果我们把社会地层学的目标作为我们的努力方向，并且想要采用和充分发挥这种网络隐喻方法，我们必须考虑这些变量的轴如何在不同层次上相交。社会地层学的时间维度是至关重要，这样才能描绘建筑事件的顺序，估计建筑物的建造速度，并重建堆积活动的社会结果。遗址中发掘单位地层的空间分布差异，为揭示和研究建筑环境中发生的社会互动以及人们与周围环境之间不断变动的关系，提供了重要的背景。建筑活动的间断性和持续性，可能表达了传统地层学研究所较少涉及的人类意图（intentionality）及能动性（agency）的程度（McAnany and Hodder

2009: 5-7)。但是，将这些重复的实践置于更广泛的建筑和社会背景中也同样重要。已建成的景观在建设、改造乃至废弃的不同阶段中都是动态的环境（Stanton and Magnoni 2008）。捕捉这种空间变化和建设速度，对理解伴随过去建筑实践的社会过程来说同样重要。因此，社会地层学面临的挑战，是建立一个相关基础，用以从离散位置中推断出地层堆积之间的相似性。

虽然社会地层学提出的概念框架引起大家对受限制行动社会维度的关注，但这个工具包并不排斥现有的地层学研究技术。一些来自地球科学、生物学和地理学的"扩展技术"也被视为有潜力的（McAnany and Hodder 2009: 19-20）。上述这些皆为定量方法，尽管这些技术在如何加强以实践为基础的解释仍有待证明。在我看来，以实践为基础的地层学解释方法，需要明确提出适合估算地层形成率的方法，用以分析不相邻的地层堆积序列，以及对相近条件下已经形成的地层环境进行比较，以获得有关过去社会关系的确切阐述。虽然对于田野考古学家来说，这些听起来像是平平无奇的技术性问题，但过去堆积实践和形成过程的独特情况，意味着并非所有的考古案例都能以同样方法或统一地处理。在本文中，我认为，通过展示考古遗存的时间和空间维度如何与社会行动的维度彼此交织在一起，对建筑遗存地层的基于实践的解释便能有所提升。特别是在以原则性方法解释过去建造环境时空变化时，便能加强关于过去人与地方之间关系的考古学理解和理论术语，并朝着在实践与过程之间建立认识联系的方向发展。

三、（重建或）构建卡波尔时间层

这项研究综合了多种证据和分析技术，重建了玛雅低地南部 Pasión 地区的一个跨越近 1 600 年的小型中心的建造过程，包括平台建设、居住日常活动和仪式行为（图 1）。该遗址位于一个俯瞰帕西翁河（Río Pasión）的高丘上，塞巴尔考古项目团队调查区域小型仪式中心时，在 2006 年首次将其记录下来（Munson 2006;

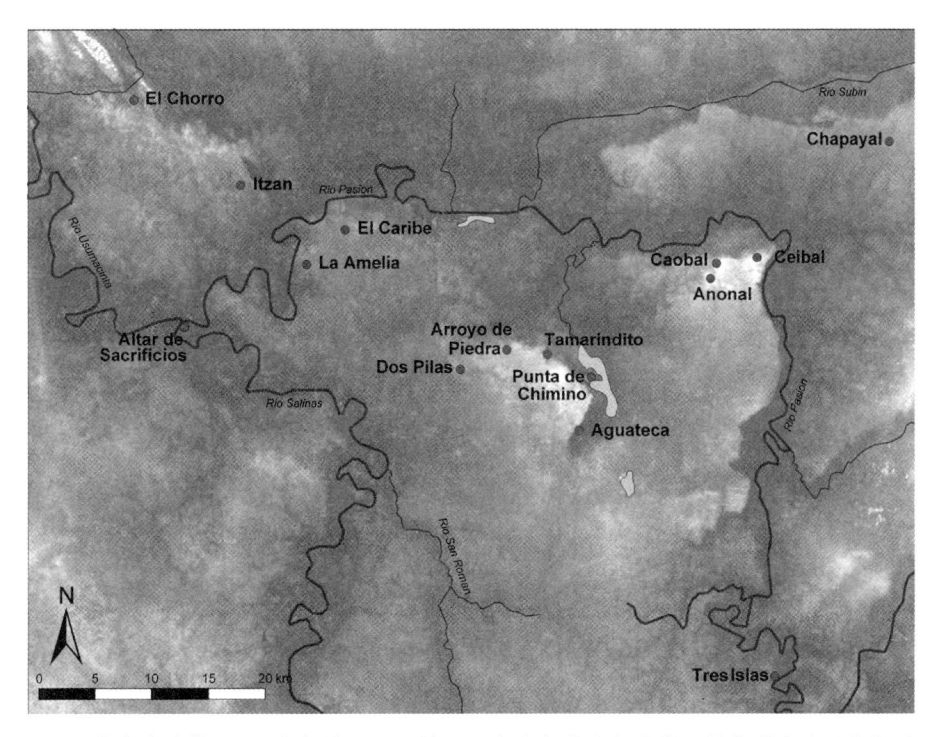

图 1 在危地马拉 Petén 南部的 Pasión 地区，卡波尔遗址与该地区其他考古遗址的相对位置图

Munson and Inomata 2011; Tourtellot 1988; Willey et al. 1975）。中心广场周边几个结构是在 2008 年和 2009 年开展发掘的，其目标在于重建这个小型中心是如何随着时间的推移而发生变化（图 2）。调查结果表明，在前古典时代（约公元前 850 年-公元 250 年），卡波尔是一个小型社群，但在建筑上投入巨资，并在古典时代的早期（公元 250-400 年）和晚期（公元 600-850 年）作为一个仪式性和建筑活动的地点被继续使用（Munson 2012）。

多次居住使用、重复建筑事件以及这些聚落模式的延续共同形成了复杂的地层现象，并为解释带来了重大挑战（图 3a-d）。表面上看，围绕着卡波尔寺庙区域的土丘群类似于 Ceibal 附近其他小型寺庙群的形式（Munson and Inomata 2011）。这些小型寺庙群可能是当地分散人群的仪式活动中心（Tourtellot 1988: 425-426）；然

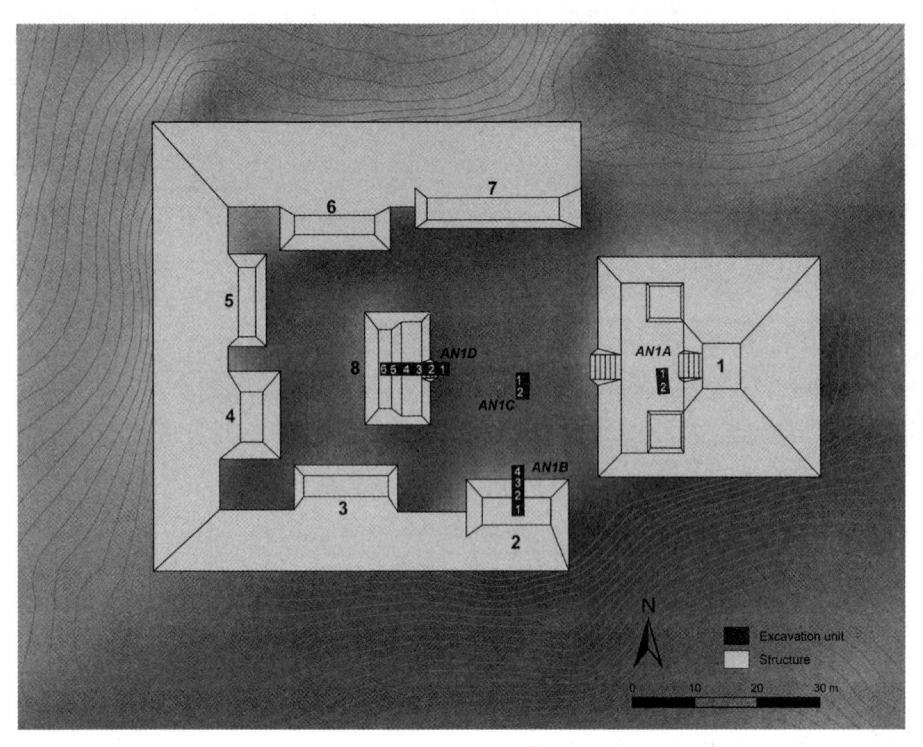

图2 卡波尔寺庙区的居址图显示了本研究中讨论的发掘单位（4个，14处）和建筑物（涉及其中的3个以及1处庭院地面）的位置

而，地表遗迹的空间布局，因后期建筑物所覆盖，很少告诉我们早期的建筑规划。为了解这些小中心何时以及如何变成了类似卡波尔这样在当地社区中具有重要社会、政治和宗教意义的节点（nodes），我们必须先建立建筑实践的精确顺序以及遗址内这些建筑事件之间的联系。虽然这一问题在一些考古背景中比较直观，但下面对陶器年代序列和放射性碳数据的探讨，将使这一问题进一步复杂化。

在戈登·威利（Gordon Willey）完成 Ceibal 工作之前，考古学家们就已充分认识到建立遗址年代序列所需要的三种数据：地层学、陶器和放射性碳测年数据（Willey 1968）。这些是考古学文化的中流砥柱，也是考古学的实证基础（O'Brien and Lyman 1999）；然而，如果陶器或放射性碳数据仍旧无法提供社会地层学所需的详细时间序列时，考古学家又可以做些什么？本研究的目的并不是要细化卡波尔

a

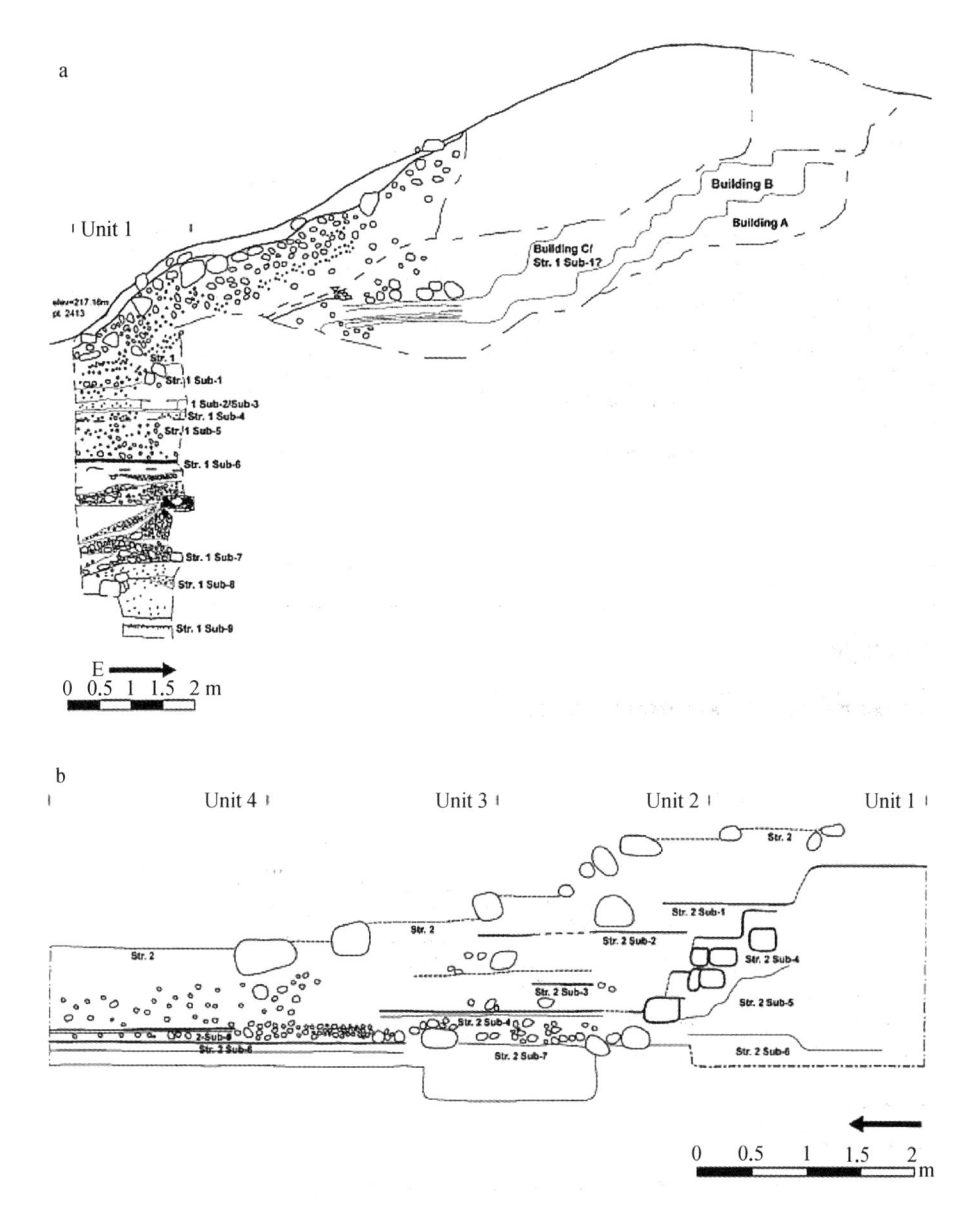

Unit 1

Str. 1 Sub-1
Str. 1 Sub-2/Sub-3
Str. 1 Sub-4
Str. 1 Sub-5
Str. 1 Sub-6
Str. 1 Sub-7
Str. 1 Sub-8
Str. 1 Sub-9

Building B
Building A
Building C/
Str. 1 Sub-1?

elev=217.16m
pt. 2413

E →
0 0.5 1 1.5 2 m

b

Unit 4   Unit 3   Unit 2   Unit 1

Str. 2
Str. 2 Sub-1
Str. 2 Sub-2
Str. 2 Sub-3
Str. 2 Sub-4
Str. 2 Sub-5
Str. 2 Sub-6
Str. 2 Sub-7

0 0.5 1 1.5 2 m

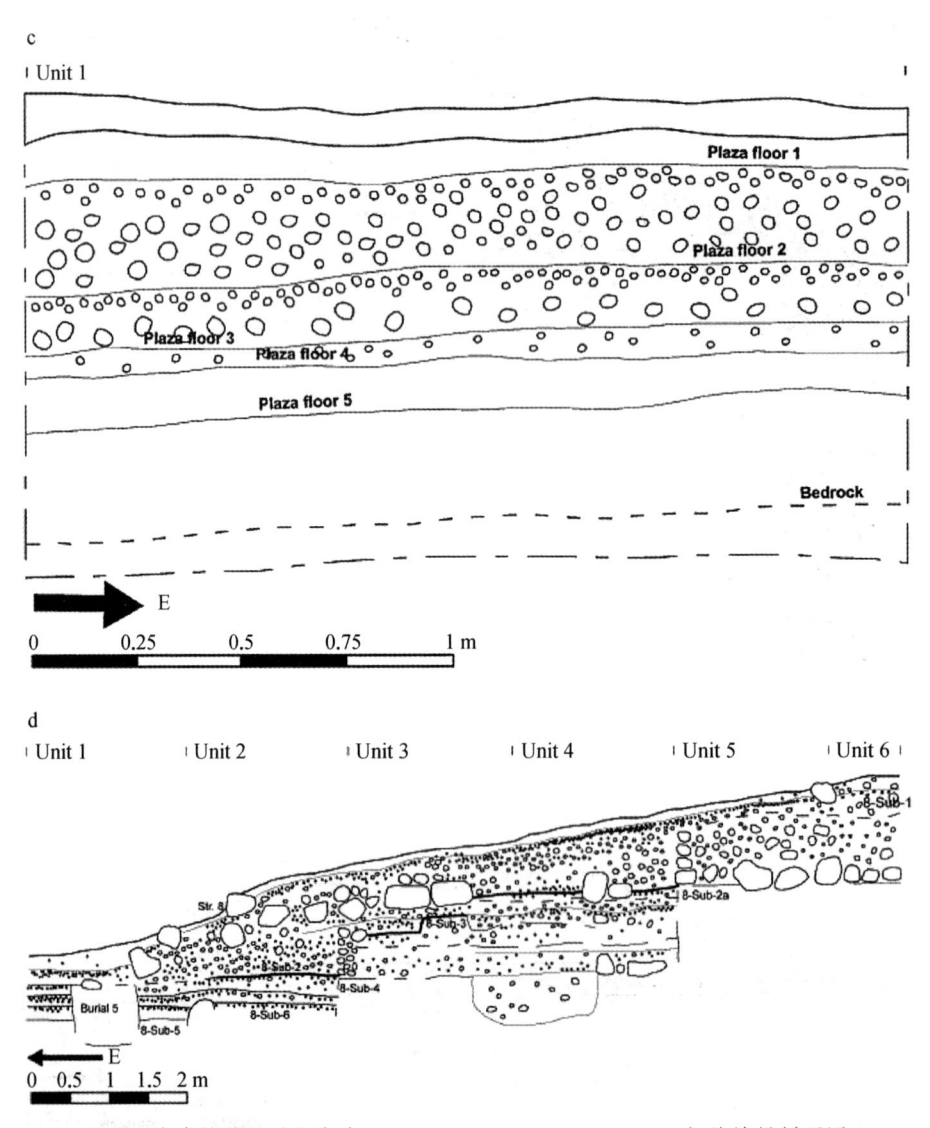

图 3 各发掘单元（顺序为 AN1A，AN1B，AN1C，AN1D）的地层剖面图

的陶器年代序列，因为这已经通过Pasión地区的主要遗址建立得十分完善（Adams 1971; Bachand 2007; Foias 1996; Inomata 2011; Inomata et al. 2013; Sabloff 1975）。相反，这里所讲的分析，旨在复原一个详细说明卡波尔建筑环境中的各种社会和物质变化的建筑实践序列。在此过程中，本研究演示了关系论的方法如何运用网络概念进行考古学分析，并在微观尺度上解决时空变化问题。

这项研究结合了考古学中常见的多元分析和形式网络分析，以此在我们观察到的实际行为和试图解释的社会过程之间建立联系。首先，我使用一般推荐的和已经完善建立的对应分析方法，来建立一个相对较粗的序列，并将年代序列用到没有放射性碳测年结果的堆积（contexts）中。然后，我再用聚类分析来分析相似度，用以细化这一序列并将分为多层的地层堆积关联起来。这个方法可让我们识别在同一地点内但非连在一起的发掘单位之间的同时建设事件。这些分析所得出的时间和空间的辨识度，便能让我们建立一个细致的建筑实践序列，以此显示出这个小型中心是如何随着时间的推移而发生改变。因此，在建筑环境中将这些可量化的变迁还原到原来背景，即将它们置于创造这些地层堆积的行动和社会实践中，便可加强考古学解释所使用的和关联性相关的隐喻。

四、考古隐喻的网络方法

隐喻，比如上面讨论的网络关系的概念，可以用严谨的方式表达复杂的原理，但只有当这些术语都跟着有一个专属这个领域的工具包，将这些术语翻译及评定成规范化的、描述观察的陈述时，才起到这样的作用[1]。为了给实践理论提供这样一个更强的工具包，社会学家认为，可以用原则性方法系统地研究物

---

[1] Knox等人（2006）回顾了人类学和社会学中网络概念的历史，并讨论了它们在这些领域的应用如何遵循不同的轨迹。这也可能有助于解释目前在社会网络分析中的考古应用和关系概念的隐喻性使用之间的分歧。

质实践和象征性结构之间的关系，以及这些元素（即能动性和结构）的相互构成，而不需要强化实践理论的结构主义模式（Breiger 2000）。这种关系论的方法通常涉及用社会网络分析或相关技术的应用，比如对应分析（CA），以量化和可视化这些关系。正如实践理论所论述，后一种技术通常满足关系论思维的要求（Bourdieu and Wacquant 1992）。然而，只要人们接受"一个领域内的实践至少就是这个领域结构的一部分"这一相互影响式的概念，就可以说社会网络分析和对应分析之间基本没有技术差别（de Nooy 2003: 322）。[1] 许多社会学家认识到这种兼容性，并使用社会网络分析和类似的基于矩阵的分析方法（例如对应分析），来模拟多维社会关系，以及解决关于过程、结构和行动之间的关系问题（Breiger 1979, 2000, 2004; Breiger and Mohr 2004; Edling 2002; Pattison and Breiger 2002; Sonnett and Breiger 2004; White et al. 1976）。那些记录了互动情况的强度、方向或频率的社会关系的数据，也通常被标在列联表中，而且往往更适合基于矩阵的分析，因此分析结果往往不是以传统的网络图表示（Wasserman and Faust 1994: 76–79）。

尽管社会网络分析开始得到考古学家的青睐，并成为一种探索过去区域互动和社会关系的解决方法（Brughmans 2012; Golitko et al. 2012; Knappett 2013; Mills et al. 2013; Mizoguchi 2009; Munson and Macri 2009），但只有很少的考古学例子采用了这种社会计量或代数符号（但参见 Scholnick 2010; Scholnick et al. 2013），更别提在微观尺度上研究实践与社会关系的交互程度。此外，从人工制品数据推断过去的社会过程时，我们需要根据实践理论以了解交互作用和交互主体关系之间的区别，并小心避免陷入不必要的还原论（reductionism）（de Nooy 2003: 319–324; Maasen 1995）。对于考古学而言，特别是像社会地层学这样的方法，意味着我们需要选择最适配数据且最能帮助我们理解潜在假设关系的关系论方法。

---

[1] 为了进一步说明这一点，许多为社会网络分析设计的软件程序还包括多元函数和相似性度量，如对应和聚类分析（Borgatti et al. 2002）。

（一）地层遗物组合（assemblages）的相似性分析

本研究采用一组多元分析来衡量在形成考古地层堆积的不同实践彼此间的相似程度。考古学家很早就认识到对应分析对于识别考古堆积中的时空分布模式的作用；然而，它在分析由多部分组成的遗址中复杂地层堆积层时的局限性，最近才被开始认识到（Peeples and Schachner 2012）。作为增强社会地层学意义的一种技术，对应分析是一种定量方法，并且得益于用在网络隐喻[1]和地层解释中一系列动名词（McAnany and Hodder 2009: 21）。但是，正如上面所讨论的，对应分析只是其中一种揭示相互构成要素和代表这些联系的结构关系论方法（Breiger and Mohr 2004）。这种技术虽然在欧洲考古学中有较长的历史（Bertelsen 1988; Djindjian 1985），它最近才引起北美考古学家的关注，用于绘制可靠的频率序列图（Duff 1996; Neiman and Alcock 1995; Peeples and Schachner 2012; Ramenofsky et al. 2009; Smith and Neiman 2007）。本文在上述对应分析研究的基础上，指出这项技术部分所面临的挑战，以此解决社会地层学的多尺度目标，并提出另一种研究方法，来解释由多元部分构成的遗址中不相邻堆积层之间的时空关系。

我认为，这些原则性方法的整合，并没有将地层学简化为一种"中立机制"（McAnany and Hodder 2009），我也并非呼吁使用"规范式方法"（Joyce and Lopiparo 2005）来分析地层堆积。这里所描述的原则性方法，只是主张与定量方法的结合，以便可以系统地解释地层环境中的时空变化，从而为网络隐喻在考古学中的应用奠定更稳固的基础。

（二）对应分析（Correspondence Analysis）

对应分析在双向列联表的操作方式，大体与基于矩阵的网络分析大体相同（Breiger 1974, 2000; Breiger and Mohr 2004）。如考古学经常使用的方法，行表示各

---

[1] 把这种交错的关系比喻成网络。

个组合，而列是类型的频率[1]。大多数频率序列方法，包括 CA 的基本假设是，属性或在列中测量的遗物，遵循标准战列舰形状频率曲线分布。这次研究中包含一系列陶器的属性，在每个地点中分别对应出不同的单峰曲线，说明总数据集内存在相似的离散程度（图 4）。对应分析试图通过识别数据集中所有组合的离散程度来解决这个问题。

行和列中的数据，可以沿着连续的离散程度[2]被分拆并给予具体数值，以最大程度估算与自变量模型的离散程度。正确缩放[3]后的数值可以测量多维空间中的组合和类型的聚集程度。一个常见且能被接受的结果，就是一个拱形线图，即抛物线。目前的考古学研究普遍认可这样的拱形曲线，并认为其表明了类型频率遵循一种单峰模式，该模式可通过足够长的梯度来刻画数据离散程度（Neiman and Alcock 1995; Ramenofsky et al. 2009; Smith and Neiman 2007）。在案例研究中，上面提到的"拱形效果"的出现，就代表成功地将序列的刻度规定为时间。现有的一些专门针对考古学研究而写的对应分析的介绍，更详细地概述了该方法的数学基础（Baxter 1994, 2003; Baxter and Cool 2010; Shennan 1997）。

这项研究所用分析组合的方法，就是靠对时间变化较敏感的陶器样品，而这些陶器种类主要从遗址中建筑的回填堆积中选取。本研究的样本包括 5276 件陶片，均根据 Sabloff 开发的塞巴尔（Ceibal）年代序列（1975 年）进行过类型学分析（Gifford 1960, 1976; Willey et al. 1967）。这些来源于卡波尔的样品（n=13547），包含了玛雅史前时期所有主要阶段的代表性陶器，其时间范围跨越前古典时代中期到古典时代晚期。这个数据库构成了一个全面的时间序列，用以更好地审视卡波尔这个小型聚落中心的建设和使用过程中的变化（Munson

---

[1] 在其他情况下，可以使用陶器以外其他遗物的计数。例如，Cool and Baxter 1999 为了对比不同组合，他们使用玻璃容器在组合中比例，以避免堆积过程（即玻璃回收，不同的废弃处置实践等）产生的混淆问题。本研究采用传统计数作为对应分析的分析单位。在聚类分析中选择的变量，尽量减少因包括对多个类别的遗物以堆积物总体规模归一化后产生的因不同的堆积过程而造成的潜在混淆（见表 4）。
[2] 即连续的正整数。统计学中离散程度以具体数值表示，如离散系数，方差等。
[3] 统计或数学中指的"数据特征缩放"是资料前处理过程中，将不同特征的量级标准化或正态化。

2012，表 A.1）。选择的陶器类型包含了有辨识特征的器形及依照下文描述的几项标准进行的分组（表1）。由于不具备敏感的时间指示性，没有辨识特征的器物不被纳入本次分析中，如大多数素面陶器类型，然而有两种未施陶衣的 Achiotes 产品是例外的（即 Baldizon Impressed 和 Palma Daub），因我们可以识别它们表面的处理方式，并明确其特定的流行时间（Inomata 2011）。Mamom 和 Chicanel 文化圈类别之间的模糊区别，需要特殊处理，以确保不违背单峰对应模式[1]。在此基础上按照陶器独特的表面处理方式（即陶色和装饰），我们对前古典时代施蜡陶器进行了重新分组，因为在许多情况下对器物形制的识别是受限于保存条件。同时，我们设定单一类别的最低值为20，以减少抽样误差。本次分析总共包括23个陶器类别，每类平均样本量为224件，其中白色刻划纹陶数量最少（n=20），红色蜡质陶最多（n=2014）。

---

[1] 根据单色陶衣、刻画及凹槽等表面处理方式，而强行从 Flores Waxy 和 Paso Caballo 类型的陶器区分出来的 Mamom 和 Chicanel 文化圈施蜡陶器，根据器形形成的序列图表与预期理想的舰形曲线相悖（Munson 2012: 226–230; Munson and Inomata 2012）。

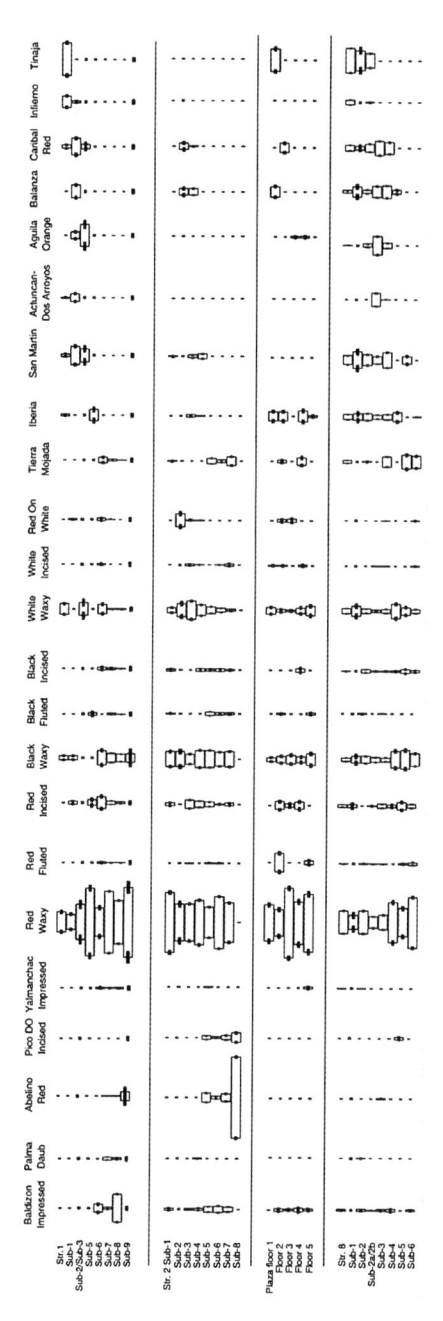

图 4　每个发掘地点陶瓷器频率的序列图。类型详见表1

表 1 包括在对应分析（CA）中的陶器类型（左栏包含原始类型名称；右栏包括根据所述陶器组命名重新分类的类型名称。陶器分类用大写字母表示）

	原始类型名称	重新分类的类型名称
Achiotes Unslipped（前古典时代）	Baldizon Impressed	Baldizon Impressed
	Palma Daub	Palma Daub
Rio Pasion Slipped	Abelino Red	Abelino Red
	Pico de Oro Incised	Pico de Oro Incised
	Yalmanchac Impressed	Yalmanchac Impressed
Preclassic Waxy	Joventud Red	Red waxy
	Sierra Red	
	Xexcay Fluted	Red fluted
	Alta Mira Fluted	
	Guitara Incised	Red incised
	Laguna Verde Incised	
	Chunhinta Black	Black waxy
	Polvero Black	
	Centenario Fluted	Black fluted
	Zelda Fluted	
	Deprecio Incised	Black incised
	Lechugal Incised	
	Pital Cream	White waxy
	Flor Cream	
	Nubia Fluted	White fluted
	Gordana Fluted	
	Paso Danto Incised	White incised
	Accordian Incised	
	Muxanal rojo y crema	Red-on-white
	Mateo red on cream	
Flores Waxy (Preclassic)	Tierra Mojada Resist	Tierra Mojada
	Timax Incised	
	SN Orange Resist Fluted	

（续表）

	原始类型名称	重新分类的类型名称
Paso Caballo Waxy (Preclassic)	Iberia Orange	Iberia
	SN Orange on Cream	
	SN Cream and Orange	
	SN Orange on Cream Incised	
	SN Orange Incised	
Playa Dull	San Martin Variegated	San Martin
Peten Gloss	Actuncan-Dos Arroyos	Actuncan-Dos Arroyos
	Dos Arroyos Orange Polychrome	
	Aguila Orange	Aguila Orange
	Balanza Black	Balanza
	Delirio Plano-relief	
	Lucha Incised	
	Caribal Red	Caribal Red
	Infierno Black	Infierno
	Carmelita Incised	
	Cameron Incised	Tinaja
	Chaquiste Impressed	
	Pantano Impressed	
	Subin Red	
	Subin/Chaquiste	
	Tinaja Red	
	Tinaja/Pantano	

  这些从卡波尔已发掘的29个器物组合中整理出来的陶器，代表了建造事件而形成不同的建筑堆积层。本次分析所包括相关的堆积（也就是行），主要是和建造事件相关，所以基岩、腐殖质、塌墙或扰乱层等将被排除[1]。除此之外，与同一建

---

[1] 由于干扰（建筑2和庭院地表1），分析中排除了两个建设填充层。且由于样本量小，排除了一个组合（建筑1的第4层）。

造事件相关的相邻堆积将被并入一组，以提高样品质量。同样，每一堆积至少取样10件，以减少抽样误差。每一堆积平均样本量为181件，其中建筑1的第9层最少（n=10），建筑8最多（n=701）。

（三）CA（对应分析）的结果

第一次对应分析尝试包含所有符合上述标准的组合和类型。分析结果显示轴1和轴2的比率累积占据总惯量[1]的50%以上，因此可以推论出这是一个二维的数据集（表2）。将这两个轴（维度）[2]相关的陶类型和组合在图中标出，反映了一个基于主要陶器体系发展序列而体现的时间梯度（图5）。这里值得进一步解释。与预期平滑的拱形曲线相反，此分析得到的曲线形状与史密斯和内曼（Smith and Neiman 2007: 58-59）对 Deep South 组合的分析结果基本一致，呈V形散布。通过另外一项分析步骤，移除具有大的卡方距离的组合，史密斯和内曼的结果也表明前两个维度代表了时间梯度。以图5为例，建筑2的第8层在前两个维度贡献值的数量级大于任何其他组合。换句话说，这个组合决定了整个曲线图的大部分结构。但当考虑到建筑2的第8层是目前唯一包含 Real-Xe 类型陶器的组合，这也是唯一经发掘且证实的前古典时代中期早段相关遗存（约公元前1000-前700），这样的分析结果就说得通了。相比之下其余的组合大体分为前古典和古典时代这两个时段，尽管在这些数据群内部更细致的年代区分可能不太一样。

为了测试第二轴是否代表了时间梯度，我们尝试删除异常值组合（建筑2的第8层），并遵照此类案例的常规建议进行第二次对应分析（Baxter and Cool 2010: 220-225; Smith and Neiman 2007: 59-60）。在这次分析中，通过消除 Real-Xe 类型组合与其余的组合之间过大的卡方距离值，我们期望看到新的轴1应与原分析中的

---

[1] 惯量：通过数值反映两个变量的联系程度，以及某种变量特征属性的接近程度。
[2] 对应分析中得出的结果表格中每一轴代表一维度，即一个分量。

表2 第一个对应分析（CA）的结果（前两个轴所占的惯性比例表示该数据集基本上是二维的）

轴	特征值	惯性比例%
1	0.5258	29.10
2	0.4220	23.36
3	0.2967	16.42
4	0.1459	8.07
5	0.0912	5.05
6	0.0755	4.18
7	0.0619	3.43
8	0.0510	2.82
9	0.0345	1.91
10	0.0238	1.32

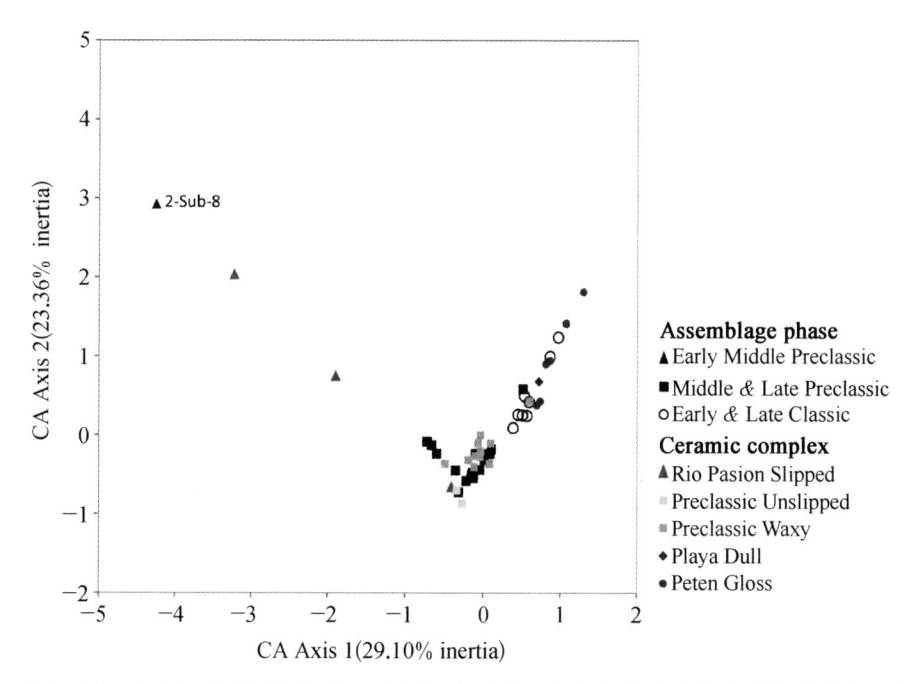

图5 第一次对应分析结果示意图，体现二维空间中组合体和陶器类型在前两轴的位置（可见曲线最左侧的建筑2第8层组合占据了该图的大部分结构，而其余的陶器类型由陶器组合按时间顺序排列）

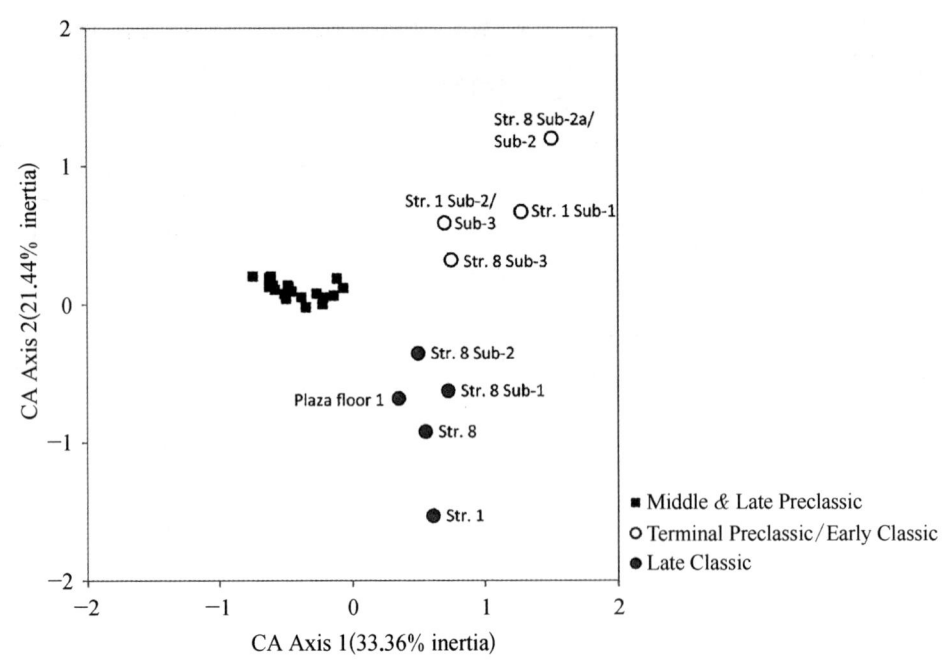

图 6　第二次对应分析中各组合在轴 1 和轴 2 上的对应位置（该图不符合预期成功序列的拱形特征；然而，这些组合依然按照玛雅史前阶段的三个主要时期分组）

轴 2 一致。事实上，这一结果也出现了；然而分析得到的曲线仍然不是预期所代表成功序列的拱形特征（图 6）。相反，图中的散点分布呈三个不同的集合，每个集合中有若干组合。这些集合则对应了依据绝对和相对测年方法判定的玛雅史前几个主要时期。

经校正的放射性碳测年数据可以用来独立测试对应分析。本次研究使用放射性测年法和贝叶斯校正技术对八个组合进行了年代测定（Munson 2012: 237-253；表 3）。图 7 绘制了各组合校正后的年代区间，并与第二次对应分析中的轴 1 相对应。对应效果与图 6 大体上相符，都依照隶属的主要时期分布；但是由于校正曲线在约公元前 800-前 500 年的区间内较为平缓，妨碍了对这一时段内的组合排序的分辨。为解决这个问题以获得更详细的年代排序，我们需要考虑另外的证据和替代方法，来衡量这些建筑遗存的相似性。

表 3 放射性测年的校正结果（包含项目：人骨、木炭、陶器内的有机物残留；年代数据：未校准年代、贝叶斯校正）

Sequence number	AAao	Sample ID	Contect	Material	UncalAge 14C BP	2-σ CalAge	Bayesian HPD	μ	A	C
1	AA80954	B17	Str.8	Bone (burial 5, right femur)	1292±5	651–862 cal AD	651–826 cal AD（92.8%） 841–863 cal AD（2.6%）	AD 730	99.6	99.3
2	AA80951	B14	Str.1 Sub–1	Bone (burial 2, right tibia)	1761±44	137–385 cal AD	132–353 cal AD（94.4%） 370–377 cal AD（1.0%）	AD 252	96.6	99.6
2	AA80952	B15	Str.1 Sub–1	Bone (burial 3, right humerus)	1825±47	77–326 cal AD	79–255 cal AD（95.4%）	AD 170	107.8	99.8
2	AA80950	B13	Str.1 Sub–2/Sub–3	Bone (burial 1, right femur)	1925±47	39 cal BC–214 cal AD	33–217 cal AD（95.4%）	AD 119	94.9	99.7
3	AA80947	B4	Str.1 Sub–6	Charcoal from pit	2394±49	752–389 cal BC	751–688 cal BC（12.5%） 668–637 cal BC（5.4%） 625–610 cal BC（1.6%） 600–392 cal BC（75.9%）	531 BC	95.9	99
3	AA80949	B12	Str.1 Sub–8	Organic residue from inside unslipped cenmic vessel	2542±41	803–539 cal BC	802–704 cal BC（35.3%） 696–536 cal BC（59.4%） 530–523 cal BC（0.7%）	665 BC	96	99.4
4	AA80953	B16	Str.2 Sub–5	Bone (burial 4, unidentified fragment)	2487±53	780–415 cal BC	723–410 cal BC（95.4%）	569 BC	96.3	99.3
4	AA80955	B3	Str.2 Sub–7	Charcoal from pit	2451±44	757–409 cal BC	769–453 cal BC（95.4%）	637 BC	98.8	99.6
n/a	AA80946	B3a	Str.1 Sub–6	Charcoal from pit	3675±40	2196–1943 cal BC	n/a	n/a		

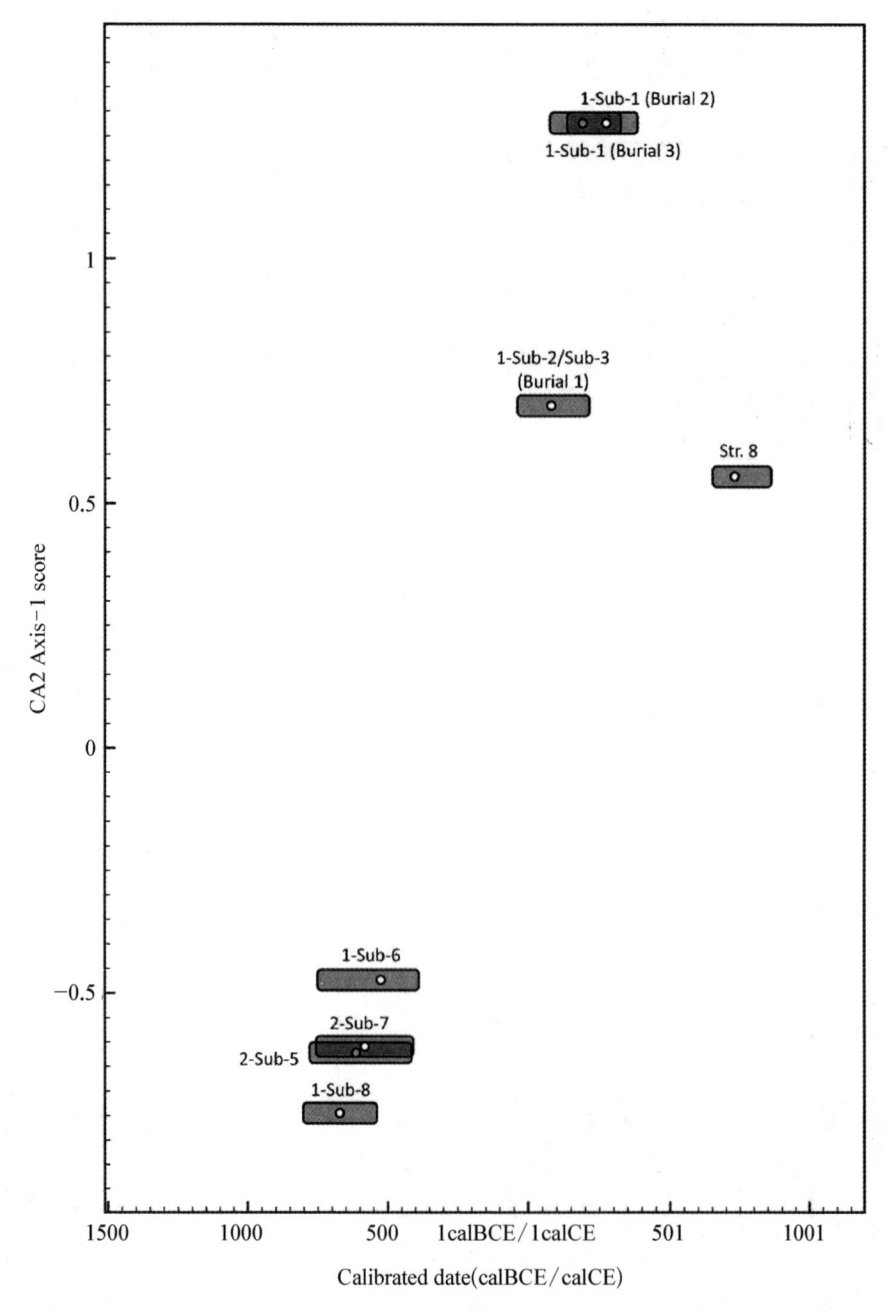

图 7 校正后年代区间与第二次对应分析中第一轴的相关联系（组合 2-Sub-8 除外；注意在公元前 800 至前 500 年区间内测年结果的重叠程度）

（四）聚类分析（Cluster Analysis）

尽管对应分析成功地生成了微观序列信息（Duff 1996），并成功解决了一些无地层背景的遗址历史（Ramenofsky et al. 2009），但存在的干扰因素仍然导致这种技术无法解决如卡波尔这类由多部分组成遗址内同一时期组合排序的问题。部分问题源于物质文化的形成过程，包括废弃物回收和再利用于建筑（Schiffer 1987）。对于这些情况，我们可以考虑用其他方法来衡量多个地层组合的相似性，以达到社会地层学要求的精细序列。

在如上述案例的情况中，即使结合了地层、陶器和放射性碳测年数据亦不能达到足以区分同一时期内不同建筑阶段的详细程度。因此，我们可以转向其他证据链，以获得更完整的对堆积内容的描述，并尽可能识别同时期的建筑顺序。考古学家深知堆积形成的不同方式是由特定的文化、环境和地质过程造成的（Schiffer 1987）。尤其是对于建筑地层复杂的遗址，堆积过程可能包括重新使用一个聚落、将先前被弃的建筑物或器物重新合并，以及搜寻旧建筑材料和废弃物以用于新建筑的建设等等（Schiffer 1987: 100–114）。如果我们的目标是重建这些建筑事件的时间顺序——这必然涉及这些过程的不同方面——那么我们在分析过去的建设实践时理应考虑更广泛的物品、遗物以及非人工的指示物。

这一分析认为，那些依据有时间指示性的陶器而被定义为"同时"的遗物组合，可以进一步根据它们的形态和成分相似性来分类。这种方法表明，通过增加包含这些堆积的地层和包含物构成的变量，我们可以对这些堆积实践有更深的认识。这里的假设是，具有包含这些堆积的地层和包含物构成的相似堆积（例如，人工制品的密度、器类的多样性、黏土或石膏的百分比），更可能在相似的社会和历史环境下形成，正如遗物的风格属性也会随后者而改变。这一假设用来分析前古典时代的玛雅建筑事件，并非是牵强附会。搜集废弃物用于新的建筑这一行为，与供应和需求因素密切相关，而这些因素本身也会受到聚落增长和衰退模式的影响（Schiffer 1987: 109）[1]。因此，当对建筑材料的需求量很高时，我们预计堆积中会含有各种各样废弃物和其他搜刮来的旧材料的组合。如果两个建筑物在聚落增长和扩张期间同时进行建造，我们可以进一步推测这两个堆积具有相似的包含堆积的地层和包含物构成。因此，这样的数据可以提供重要信息，用于分辨和识别由单次和二次废弃材料构成的堆积的时空结构。应该强调的是，这种方法不一定相当于识别活动范围，因为我们正在寻求识别可能含有高度多样性的堆积之间的相似性。要测量这些相似性模式，作为另一种在考古学中常用的多变量分类技术——聚类分析就可以派上用场。

虽然对应分析是比较考古学组合的首选方法（Baxter 2003: 136-146），其他多变量技术，诸如聚类分析，因具有可处理各种不同情况和变量的优势，从而具有囊括不同数据库和多项证据的更大灵活性。聚类分析同样在双向列联表上运行，但其对数据矩阵的分解是通过创建一个相似性或距离矩阵来实现的，进而能以多种方式来显示。这些邻近矩阵可以使用不同的度量来生成，而分析者通常需要证明所选度量的有效性或评估多种模式，因为选用不同的度量会产生不同的结果（Aldenderfer and Blashfield 1984: 14-19）。然而在某些情况下，由于分析包含的变量和数据类型的测量受限，此类问题将大幅减轻。考古学研究中几个关于聚类分析的优秀范例（Aldenderfer and Blashfield 1984; Baxter 1994, 2003; Shennan 1997）以及埃弗里特等人最近的文章（Everitt et al. 2011）都对这种方法进行了详尽的数学讨论，同时提出用于非参数检验的新算法，为本次研究提供了独立的显著性差异测试。

---

[1] 但请注意，这个假设可能并不适用于所有的考古学背景。正如 Schiffer 1987: 111 所指出的，这种清理行为对玛雅建筑实践可能是独特的。在其他情况下，考古学家可能会受益于更详细的人工制品磨损研究、陶片尺寸，或计算口沿、身陶片的比例，以确定堆积和再利用的模式，正如一位评论家所建议的。陶器分析中记录了陶器尺寸和表面保存的定性评估，尽管这些观察结果并没有转化为用于本分析目的的量化措施。相反，这里的目标是对获取实践（无论是同时期的还是使用相同的资源）反映在考古记录中的程度有更广泛的理解，使用更广泛的变量对这些建筑堆积物进行更完整的描述。

(五)采样和聚类结果(Sampling and Clustering Results)

本次分析中包含的组合,仅限于第二次对应分析中属于前古典时代的集合(见图6)。这个子样本不仅代表卡波尔最多建筑活动的时期,也是时间顺序最不明确的阶段。鉴于具有相似包含堆积的地层中构成物的堆积更有可能在相似的时空条件下形成的假设,我们需要尽量降低形成过程中及后期扰动产生的干扰影响。因此,较底层的堆积,例如前古典时代组中的那些,或很快形成的堆积,在这种分析中应该表现得更好。

表4罗列了几个作为堆积构成重要特征的变量。这些变量的选择是出于它们可以更好地代表与每个建筑事件相关的累积性行为,包括主要建筑材料的选择和准备、找出二次填充材料(即废弃堆积)来源、和直接或间接与这些建设事件相关的活动。在这些堆积中发现的主要人工制品类别(陶器、燧石、黑曜岩)均被列为连续变量,并根据每层堆积的建筑填充量进行归一化。这种标准化程序不是仅仅简单地计算人工制品,更要确保不管实际堆积大小有多不同,所有组合间仍具有可比性。在已辨认出的动物种类中,无脊椎的软体动物是卡波尔发现的遗存组合中的大宗(Munson 2012: 464-469),因此也被选为变量。这些标本大部分完好无损,这表明软体动物的使用和主要堆积都与建筑事件密切相关。最后两个变量反映成型石材和石灰基建筑材料的出现,这有助于区分来自同一时期的土基建筑技术与其他的建筑方法。

表 4 聚类分析中选取的变量体现了堆积组成的特征(连续变量根据每个组合的建筑填充量进行标准化,以使组合之间可以无偏差地进行比较)

变量(Variables)	单位(Unit)	数据类型(Data type)
陶器密度	千克/平方米	连续的
燧石密度	千克/平方米	连续的
黑曜石密度	千克/平方米	连续的
软体动物可鉴定标本数	相对频率	序数的
泥灰土、石膏(灰泥)	存在/不存在	二元的
石质建筑	存在/不存在	二元的

聚类分析可以通过多种方法衡量相似性或距离将数据分组。本次研究使用了数据分析软件包PAST，因为它可以适应具有多类数据的数据集，包括最多20个不同的索引来计算差异矩阵，并且因为它包含了非参数多元方差分析（NPMANOVA）测试来评估群集的显著性差异（Hammer et al. 2001）。NPMANOVA测试的一个输出，是类簇之间的成对比较，这为关于组合进行经验相关的类比陈述提供了必要的证明。同时，这项研究采用了被称为不加权配对组的合并式层次聚类法来构成群集。这种方法也被称为组间平均连结合并算法，是根据两组集合中所有数据点之间距离的平均值来加入类簇（Everitt et al. 2011: 76）。这是一种相对稳妥的方法，因为同一个类簇具有较小方差（Everitt et al. 2011: 79）。在混合数据类型的情况下，该算法则对每种数据类型使用特定的相似度和距离度数的加权组合进行计算（Hammer 2012: 44）。这次分析，我们将使用各种适用于混合数据的标准度量方法去比较两个模型（表5）。高尔（Gower）是用于连续和有序数据的标准距离度量，其对每个变量按照极差进行归一化，并对所有变量之间的差异进行平均化（Everitt et al. 2011: 54–56）。布雷柯蒂斯（Bray-Curtis）则是另一个相似度指数，常用于生态学测量物种丰度（Hammer 2012: 42）。杰卡德（Jaccard）系数为二元（即存在或缺失）变量提供了一个标准度量，证明共同存在的变量是有意义的（Everitt et al. 2011: 46–47）。此外，约束法也用来保留发掘单元间的空间关系，而这一般是用于层位关系是首位重要的情况下（Everitt et al. 2011: 237–242; Kovach 1993）。最后进行的，是一个类簇之间显著差异的非参数测试，通过校正过的 p 值对所有组合配对再进行成对比较（Anderson 2001）。

表5　模型参数和每个聚类分析的对比结果

模型	相似性度量	同相（Coph）校正	非参数多变量方差分析结果
1	高尔（连续的，顺序的）	0.6918	10.79（p=0.0001）
2	布雷柯蒂斯（连续的） 高尔（顺序的） 杰卡德系数（二元的）	0.674	7.377（p=0.0001）

图 8 和图 9 的树状图，显示了使用上述参数进行聚类分析以及第二次对应分析中识别出的前古典时代堆积组合，两者有较一致的结果（见图 6）。两个模型生成了相同数量的类簇，相似度均高于 0.4，且两个模型中各类簇内的样本组成完全一致。每个组中包含来自卡波尔多个发掘背景的堆积，因此解释了这些组合构成的空间变化以及整个遗址中共时的建筑事件。NPMANOVA 的结果表明有三组彼此之间展现出显著差异，可描述为不同的类簇（表 6）。这些不同的组将会在下文中进行详细的讨论。尽管其余的组根据堆积构成内容显示的区分不够显

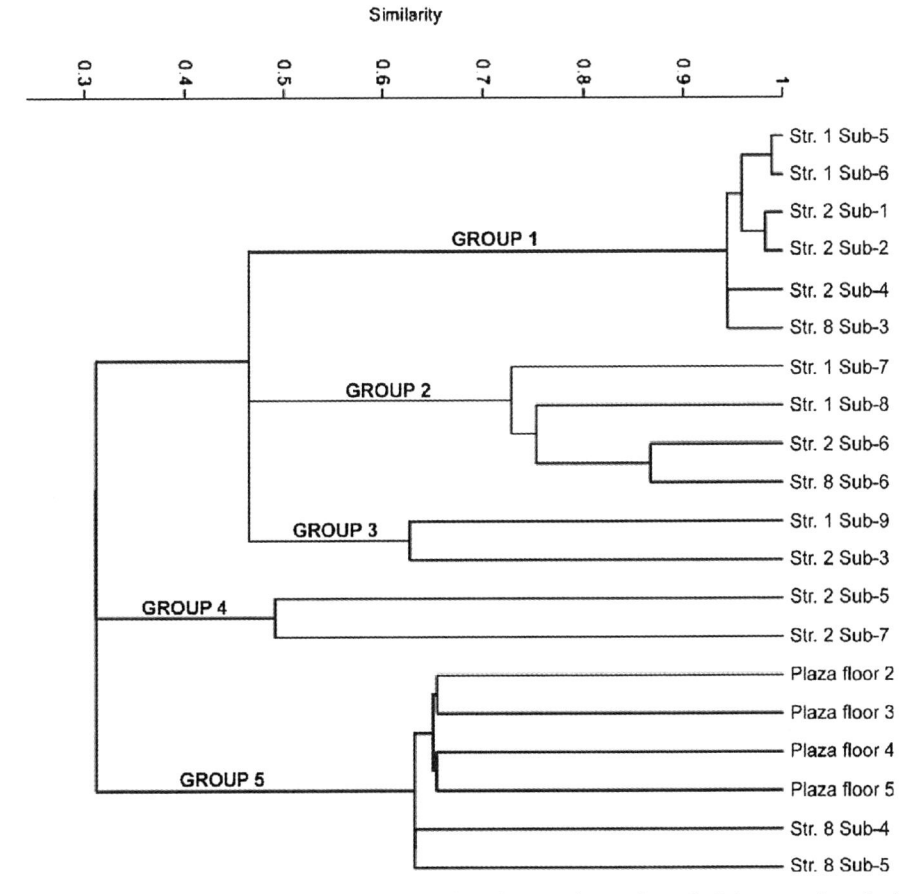

图 8 模型 1 的聚类分析生成的树形图（对聚类两两进行比较可发现组 1, 2 和 5 彼此显著不同；参见表 6）

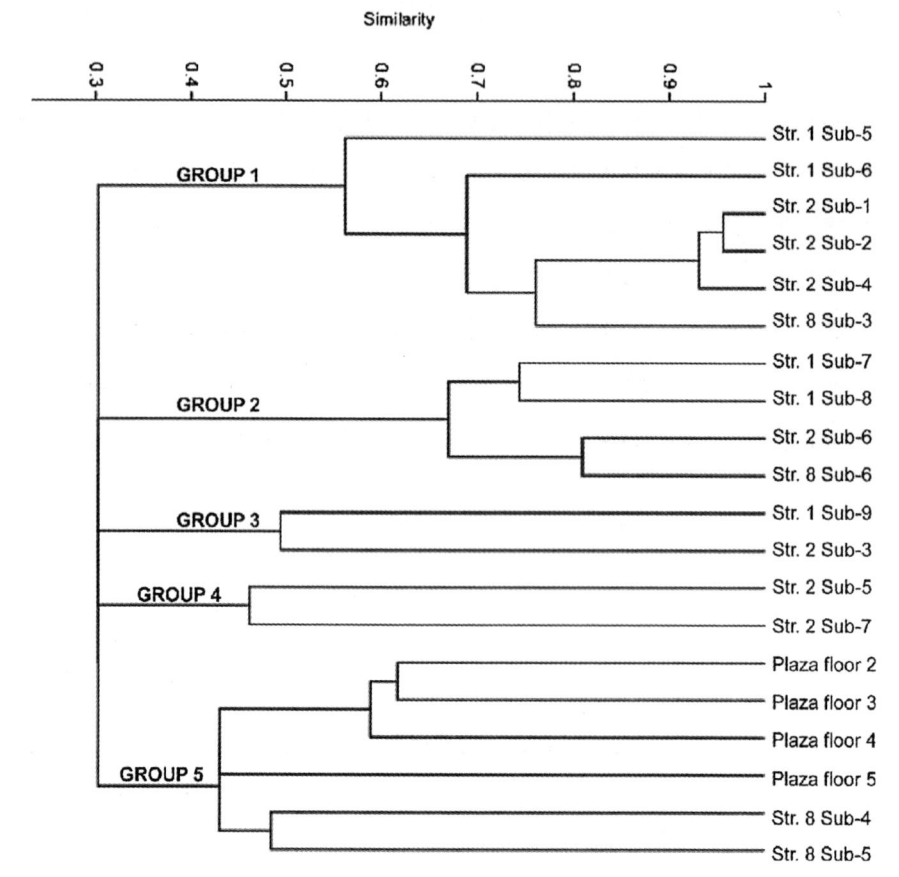

图9 来自模型2的聚类分析的树状图（基于对聚类两两作比较，组1，2和5彼此显著不同；参见表6）

表6 通过F（非参数多元方差分析）统计量的比率对每一类簇两两进行比较（F的值越大，原命题［虚无假设］认为组间平均值无差异就越可能被推翻。用Bonferroni校正的 p 值计算显著水平并用斜体显示［p<0.05］。斜体数值表示有显著性差异）

		组1	组2	组3	组4
模型1	组2	*43.65*			
	组3	5.48	6.87		
	组4	24.03	7.01	4.21	
	组5	9.09	*13.55*	1.92	10.31
模型2	组2	24.71			
	组3	4.438	8.195		
	组4	9.682	3.515	3.013	
	组5	*7.514*	*10.45*	1.518	5.584

著，依然可以依据其与显著组的地层关系，推断出这些堆积在整体建筑序列中的位置。

五、建筑实践的交叉维度
（Intersecting Dimensions of Architectural Practice）

聚类分析的结果确定了三组有显著差异的堆积，有助于完善卡波尔遗址高台和纪念建筑物的年代序列。这些由堆积构成内容定义出来的组，为我们认识建筑堆积的分层和叠压以及贯穿建筑过程的人类社会网络之间的关联提供了实证证据。虽然仅基于陶器组合和放射性测年的结果，对应分析无法区分同一时段内的施工顺序，聚类分析所使用的增加变量使问题得到改善，让我们能更细致地区分了前古典时代的建筑序列，并且认识到整个遗址建筑实践的空间连贯性。由于三个显著组各自包含的所有组合，都使用类似的建造技术和材料，每个组的堆积很可能也形成于有可比性的社会和历史环境中。接下来将详细讨论，这些组与地层层位的一致性，进一步支持了这些组合内部具有同步性的解释。这一结论也可与对应分析初步结果和放射性测年结合起来，改进对跨空间和时间领域建筑实践的构序，以及估算这些建筑事件的发生时间和速率（图10）。

组1包括来自卡波尔的三个不同发掘点的堆积组合（地点：AN1A，AN1B，AN1D）。这些组合（1-Sub-6，1-Sub-5，2-Sub-4，2-Sub-2，2-Sub-1和8-Sub-3）因为使用石膏且建筑填充中包含相对较少的废弃物而被分为一组。尽管这些堆积中陶器密度低，碳十四测年和陶器对照年代的数据表明，这些建筑层建于公元前530年到公元250年之间。来自该组建筑1和2的两个最早的组合，可能对应前古典时代中期到后期的过渡段，这时期通常被认为是玛雅低地南部人口增长和聚落扩张阶段的开始（Ringle 1999; Sharer 2006: 231-250）。这两个组合也表明了当时对建造纪念建筑物的投入之重大，以及从土制到石膏基建技术的过渡。这些技术

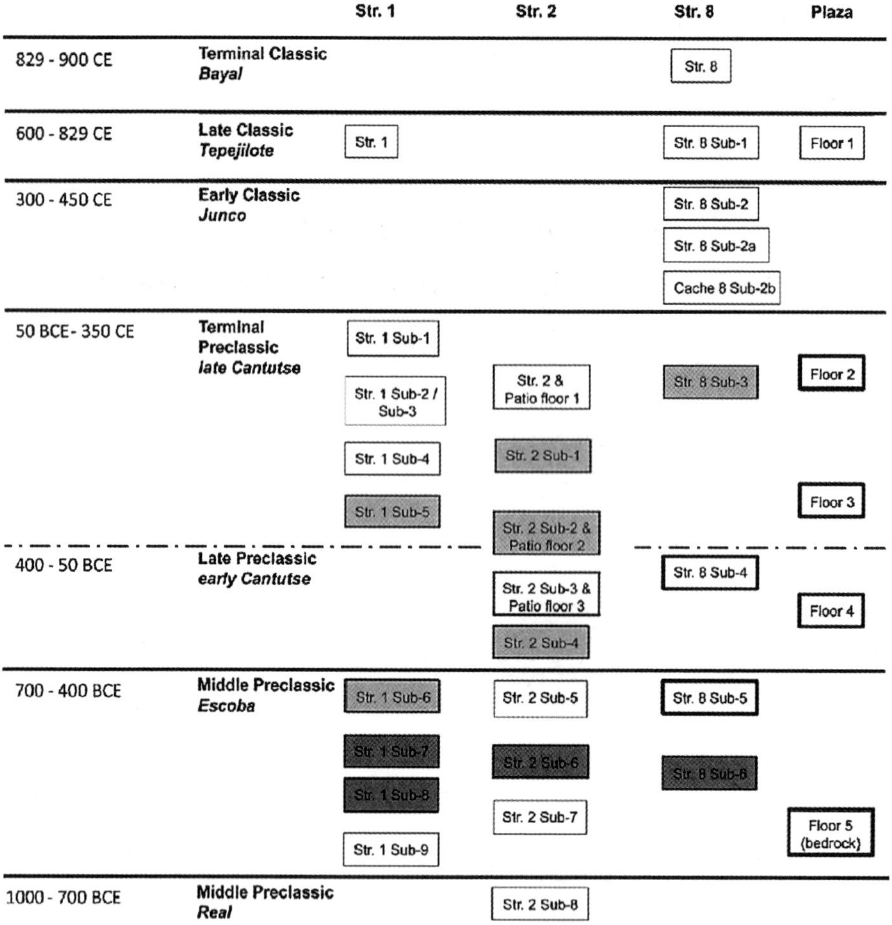

时间	阶段	Str. 1	Str. 2	Str. 8	Plaza
829 - 900 CE	Terminal Classic *Bayal*			Str. 8	
600 - 829 CE	Late Classic *Tepejilote*	Str. 1		Str. 8 Sub-1	Floor 1
300 - 450 CE	Early Classic *Junco*			Str. 8 Sub-2 / Str. 8 Sub-2a / Cache 8 Sub-2b	
50 BCE - 350 CE	Terminal Preclassic *late Cantutse*	Str. 1 Sub-1 / Str. 1 Sub-2 / Sub-3 / Str. 1 Sub-4 / Str. 1 Sub-5	Str. 2 & Patio floor 1 / Str. 2 Sub-1	Str. 8 Sub-3	Floor 2 / Floor 3
400 - 50 BCE	Late Preclassic *early Cantutse*		Str. 2 Sub-2 & Patio floor 2 / Str. 2 Sub-3 & Patio floor 3 / Str. 2 Sub-4	Str. 8 Sub-4	Floor 4
700 - 400 BCE	Middle Preclassic *Escoba*	Str. 1 Sub-6 / Str. 1 Sub-7 / Str. 1 Sub-8 / Str. 1 Sub-9	Str. 2 Sub-5 / Str. 2 Sub-6 / Str. 2 Sub-7	Str. 8 Sub-5 / Str. 8 Sub-6	Floor 5 (bedrock)
1000 - 700 BCE	Middle Preclassic *Real*		Str. 2 Sub-8		

图 10 卡波尔寺庙地区的发掘单位的建造顺序（浅灰色单位是根据聚类分析结果划到组 1 的内容。暗灰色单位被划分到第 2 组。并且根据聚类分析的结果，来自建筑 8 的黑色粗体单位和庭院地表组合被划到组 3。其他组合则根据地层位置并基于陶器分析和测年结果确定的指定阶段进行排序）

模式的变化，也是遵循玛雅其他前古典时代遗址的建筑技术改变的趋势（Munson 2012: 82–87）。这一组的界定，靠的是离散堆积之间的构成内容的相似程度。尽管这些资料可用以推测这些遗存的堆积成因是与相似的实践活动相关，但这并不意味着它们都是同一事件的产物。确切地说，我们使用这些资料来有效地将属于这一组的建筑事件从其他组中区分出来，然后使用地层和放射性测年数据来确定这些组的年代序列。

上述的组合，则与前古典期其他划到组2的组合不同，而组2划分出来的原因，在于使用了黏土和大量有机废弃物。这些建筑堆积包含卡波尔居址一些最早地层中的建筑填充物，包括1-Sub-8，1-Sub-7，2-Sub-6和8-Sub-6。它们的建筑结构风格也是一致的，以一系列低矮石墙垒砌低土石平台为代表，并以致密的一次和二次废弃物填积，如碎陶器、碎石、动物遗骸以及大量的软体动物壳。同样，这些建造方法也与其他前古典时代中期村庄的聚落模式一致，如附近的塞巴尔遗址。从地层上讲，这系列组合先于第1组，也因为如此明显体现了从黏土基到石膏基的技术过渡。虽然这种转变在每个建筑剖面上有明显差异，这些结果也让我们了解到这种建筑转型是如何在整个遗址上开展的。

第三的组合由建筑平面构成，如广场和庭院地表，其形成过程可能与上述建筑物平台不同。这些平面组成了第5组，对应广场第2，3和4层以及8-Sub-5和8-Sub-4，因为它们较所有结构8之下凸起建筑更早，疑似是广场的延伸区域。与塞巴尔广场地面的巨大建造投入不同（Inomata et al. 2013），卡波尔的广场区域可能只有定期清理而无正式建造的地面。确切地说，其表面可能只是由废弃物碎片和定期清洁间接堆积而成。虽然这一组没有明显的时间特征，这一组中的组合，仍可将非刻意行为导致的地层，与卡波尔寺庙区内更直接的建筑实践区分开来。

结合从对应分析中获得的大致年代学框架，这些有相似的建筑堆积的组，为更详尽地解释卡波尔长时段地层记录中具体的社会和物质实践提供更坚实基础。特别是组1和2的划分，则完善了前古典时期寺庙区建筑的序列。虽然陶器材料没有提供足够精细的时间分辨率来区分这些建造阶段，堆积内容的系统性特征，依然能让我们根据特定建造技术和建筑材料选择确定相似的实践和不同时空的变化。这个证据现在可以整合到详细而有据的叙事中，为卡波尔延续长久且作出重要贡献的社会和建筑实践，提供更丰富的描述（Munson 2012）。最后，我回到本文旨在讨论的更广泛目标，即这种研究方法的运用如何加强对基于实践的考古地层学的解释。

六、总　　结

上文分析的结果为重构 Caobal 遗址反复实践的历史提供了必要的证据，有助于认清寺庙区域内多个建筑物的建造和物质转化过程。如该序列所示，这个规模不算大的仪式中心不是建成后就永久地延续下来，这些静态的建筑也未构成景观的重要特征。古代人造环境就如同社会关系一样是动态的（Stanton and Magnoni 2008），正是这些动态关系将人们与居址相联结并且在社区之间建立纽带。我们已经了解前古典时代的卡波尔社区是如何将纪念性建筑反复融入社会景观中。虽然我们对卡波尔最早的定居者知之甚少，但可以肯定的是，他们建立了一个固定的社区，该社区却并非从早期的阶段即致力于建造纪念性建筑。而不同的生活垃圾混在宗教性质的建筑回填中，则指向了建筑集体参与和共同拥有的特征，以及这些早期堆土可能是以极快速方式建成这一事实。通过扩建土制建筑并在其上涂抹灰泥，这个普通地方中心转变成为一个更封闭和正式的仪式空间。叠加或重建于早期结构之上的建筑显示出不同的施工速率和技术，进而反映了一系列行动、实践和关系。考古学家将此解读为创造出建筑环境的"人际交往网络"。但是，为了拓展对过去人们如何积极地构建、维护、修饰和改造他们的社会和物质世界，我们必须从空间和时间维度上分析这些建筑实践的交叉领域。

本文认为，要解释堆积行为所造成的相互关联的社会后果，需要分析分层建筑堆积更广泛的时空背景和模式。本文概述的分析，强调这些领域在缜密的经验框架中的交集。通过分析遗物存在的模式以及它们所在堆积地层的组成，这项研究阐明了建筑堆积的物质性是如何呈现为遗存的复杂排列，且在空间和时间维度中存在多变的方式。特别是这项研究的结果指出了过去人们建造他们的居住环境采用的方式中存在相似之处，并证实了我们对维系卡波尔等前古典时代社区的社会实践的理解。本文概述的基本方法在中美洲纪念性建筑传统的研究方面尤具有发展空间，因为这些建筑的持续时间长且包含重复的建造序列。遵循皮尔斯的符号学方法，只要找到这些指代属性之间的连接和重叠区域，我们便能建立堆积形成和关系网建立过程之间的有力联系（Knappett 2011: 165-168）。然而，支撑这些联结的实证联系和方法论，只是关系隐喻在考古学中运用的众多方式之一。

基于这些实证关系的解释，证明了考古学家如何可以一开始便以一个更科学的框架应用诸如网络、网、捆束、关系、纠缠这些隐喻概念。虽然本文方法论提及了社会网络分析及其他相关方法在转化隐喻方面的潜在优势，但我们仍需更多的考古研究，以评估排序或聚类分析在具体案例中的有效性，特别是那些基于列联表的分析（Munson and Pinzón n.d.）。应该明确的是，这种技术的引入并不会取代考古学实践理论方法的阐释目标。相反，这些理论性分析是与现有的网络隐喻以及定义这些隐喻的社会和物质实践互补。不在这些隐喻期望上进一步发展出具体方法，考古学推断就可能缺乏阐释价值。把这些启发式概念与正式的实证分析相结合，便有助于考古学如何理解过去相连的世界，并使自然科学和人文学科间对关系网和关系性概念的不同理解得以交流。

参考文献

Adams, R. E. W.
 1971 "Ceramics of Altar de Sacrificios, Guatemala" (*Papers of the Peabody Museum of Archaeology and Ethnology*, vol. 63, no. 1), Cambridge: Harvard University.

Aldenderfer, M. S., & Blashfield, R. K.
 1984 *Cluster analysis (Quantitative applications in the social sciences)*, London: Sage University Papers.

Anderson, M. J.
 2001 "A new method for non-parametric multivariate analysis of variance", *Austral Ecology* (26): 32–46.

Bachand, B. R.
 2007 "The Pre-Classic ceramic sequence of Punta de Chimino, Petén, Guatemala", Mayab (19): 5–26.

Bamforth, D. B.
 2002 "Evidence and metaphor in evolutionary archaeology", *American Antiquity* 67(3): 435–452.

Baxter, M. J.
- 1994 *Exploratory multivariate analysis in archaeology*, Edinburgh: Edinburgh University Press.
- 2003 *Statistics in archaeology*, New York: Oxford University Press.

Baxter, M. J., & Cool, H. E. M.
- 2010 "Correspondence analysyis in R for archaeologists: an educational account", *Archeologia e Calcolatori* (21): 211–228.

Bertelsen, R.
- 1988 "Find pattern of multistratified sites: Correspondence analysis as an explorative tool", in T. Madsen (Ed.), *Multivariate archaeology: Numerical approaches in Scandinavian archaeology*, Justland Archaeological Society Publications XXI, Moesgard: Aarhus University Press, pp. 85–90.

Blake, M.
- 2011 "Building history in domestic and public space at Paso de la Amada: An examination of mounds 6 and 7", in R. G. Lesure (Ed.), *Early Mesoamerican social transformations: Archaic and formative lifeways in the Soconusco Region*, Berkeley: University of California Press, pp. 97–118.

Borgatti, S., Everett, M., & Freeman, L.
- 2002 *UCINET for Windows: Software for social network analysis*, Harvard: Analytic Technologies.

Bourdieu, P., & Wacquant, L. J. D.
- 1992 "The purpose of reflexive sociology (The Chicago Workshop)", in P. Bourdieu & L. J. D.Wacquant (Eds.), *An invitation to reflexive sociology*, Cambridge: Polity Press, pp. 94–114.

Breiger, R.
- 1974 "The duality of persons and groups", *Social Forces* 53(2): 181–190.
- 1979 "Toward an operational theory of community elite structures", *Quality and Quantity* 13(1): 21–57.
- 2000 "A tool kit for practice theory", *Poetics* (27): 91–115.
- 2004 "The analysis of social networks", in *The handbook of data analysis*, London: Sage, pp. 505–526.

Breiger, R., & Mohr, J.
- 2004 "Institutional logics from the aggregation of organizational networks: operational procedures for the analysis of counted data", *Computational & Mathematical Organization Theory* (10): 17–43.

Brughmans, T.

    2012   "Thinking through networks: A review of formal network methods in archaeology", *Journal of Archaeological Method and Theory*. doi: 10.1007/s10816-012-9133-8.

Cool, H. E. M., & Baxter, M. J.

    1999   "Peeling the onion: An approach to comparing vessel glass assemblages", *Journal of Roman Archaeology* (12): 72–100.

de Nooy, W.

    2003   "Fields and networks: Correspondence analysis and social network analysis in the framework of field theory", *Poetics* 31(5–6): 305–327.

Djindjian, F.

    1985   "Seriation and toposeriation by correspondence analysis", in A. Voorrips & S. H. Loving (Eds.), *To pattern the past*, Strasbourg: Pact 11, Council of Europe, pp. 119–135.

Duff, A.

    1996   "Ceramic micro-seriation: Types or attributes?" *American Antiquity* (61): 89–101.

Edling, C. R.

    2002   "Mathematics in sociology", *Annual Review of Sociology* (28): 197–220.

Everitt, B. S., Landau, S., Leese, M., & Stahl, D.

    2011   *Cluster analysis, 5th edn. Wiley series in probability and statistics*, West Sussex: Wiley.

Foias, A. E.

    1996   "Changing ceramic production and exchange systems and the Classic Maya collapse in the Petexbatun Region", PhD dissertation, Department of Anthropology, Vanderbilt University.

Gifford, J. C.

    1960   "The type-variety method of ceramic classification as an indicator of cultural phenomena", *American Antiquity* 25(3): 341–347.

    1976   *Prehistoric pottery analysis and the ceramics of Barton Ramie in the Belize Valley*, Vol. 18, *Memoirs of the Peabody Museum of Archaeology and Ethnology*, Cambridge: Harvard University.

Gillespie, S.

    2008   "History in practice: Ritual deposition at La Venta Complex A", in B. J. Mills & W. H. Walker (Eds.), *Memory work: Archaeologies of material practices*, Santa Fe: School of American Research Press, pp. 109–136.

Golitko, M., Meierhoff, J., Feinman, G., & Williams, P. R.

    2012   "Complexities of collapse: The evidence of Maya obsidian as revealed by social network graphical analysis", *Antiquity* (86): 507–523.

Hammer, Ø.
 2012 *PAST reference manual, version 2.16*, University of Oslo, Natural History Museum.

Hammer, Ø., Harper, D. A. T., & Ryan, P. D.
 2001 "PAST: Paleontological statistics software package for education and data analysis", *Paleontologia Electronica* 4(1): 9.

Hodder, I.
 2012 *Entangled: An archaeology of the relationships between humans and things*, Malden: Wiley-Blackwell.

Inomata, T.
 2011 "La Secuencia Cerámica de Ceibal", in V. Castillo Aguilar & T. Inomata (Eds.), *Informe del Proyecto Arqueológico Ceibal-Petexbatun, La Temporada 2011*, Guatemala City: Instituto de Antropología e Historia, pp. 157–167.

Inomata, T., Triadan, D., Aoyama, K., Castillo Aguilar, V., & Yonenobu, H.
 2013 "Early ceremonial constructions at Ceibal, Guatemala, and the origins of lowland Maya civilization", *Science* (340): 467–471.

Joyce, R. A.
 2004 "Unintended consequences? Monumentality as a novel experience in Formative Mesoamerica", *Journal of Archaeological Method and Theory* 11(1): 5–29. doi: 10.1023/B: JARM. 0000014346.87569.4a.
 2008 "Practice in and as deposition", in B. J. Mills & W. H. Walker (Eds.), *Memory work: Archaeologies of material practice*, Santa Fe: School for Advanced Research Press, pp. 25–40.

Joyce, R. A., & Lopiparo, J.
 2005 "Postscript: Doing agency in archaeology", *Journal of Archaeological Method and Theory* 12(4): 365–374. doi: 10.1007/s10816-005-846i.

Keane, W.
 2005 "Signs are not the garb of meaning: On the social analysis of material things", in D. Miller(Ed.), *Materiality*, Durham: Duke University Press, pp. 182–205.

Knappett, C.
 2006 "Beyond skin: Layering and networking in art and archaeology", *Cambridge Archaeological Journal* 16(2): 239–251.
 2011 *An archaeology of interaction: Network perspectives on material culture and society*, Oxford: Oxford University Press.
 2013 *Network analysis in archaeology: New approaches to regional interaction*, Oxford:

Oxford University Press.

Knox, H., Savage, M., & Harvey, P.
2006 "Social networks and the study of relations: networks as method, metaphor and form", *Economy and Society* 35(1): 113–140.

Kovach, W. L.
1993 "Multivariate techniques for biostratigraphical correlation", *Journal of the Geological Society* (150): 697–705.

Küchler, S.
2002 *Malanggan: Art memory and sacrifice*, Oxford: Berg.

Kuhn, S. L.
2013 "Questions of complexity and scale in explanations for cultural transitions in the pleistocene: A case study from the Early Upper Paleolithic", *Journal of Archaeological Method and Theory* 20(2): 194–211. doi: 10.1007/s10816-012-9146-3.

Lakoff, G., & Johnson, M.
1999 *Philsophy in the flesh: The embodied mind and its challenge to Western thought*, New York: Basic Books.

Latour, B.
2005 *Reassembling the social: An introduction to actor-network-theory*, Oxford: Oxford University Press.

Leonard, R. D., & Jones, G. T. (Eds.).
1989 *Quantifying diversity in archaeology (New directions in archaeology)*, Cambridge: University of Cambridge.

Levine, S. A.
1992 "The problem of pattern and scale in ecology: The Robert H. MacArthur Award Lecture", *Ecology* (73): 1943–1967.

Maasen, S.
1995 "Who is afraid of metaphors?" in S. Maasen, E. Mendelsohn, & P. Weingart (Eds.), *Biology as society, society as biology: Metaphors. Sociology of the Sciences*, Vol. 18, Boston: Kluwer Academic, pp. 11–36.

Maasen, S., Mendelsohn, E., & Weingart, P.
1995 "Metaphors: Is there a bridge over troubled waters?" in S. Maasen, E. Mendelsohn, & P. Weingart (Eds.), *Biology as society, society as biology: Metaphors. Sociology of the sciences*, Vol. 18, Boston: Kluwer Academic, pp. 1–10.

McAnany, P. A., & Hodder, I.
2009 "Thinking about stratigraphic sequence in social terms", *Archaeological Dialogues*

   16(1): 1–22.

Mills, B. J., & Walker, W. H.

 2008 "Introduction: Memory, materiality, and depositional practice", in B. J. Mills & W. H. Walker (Eds.), *Memory work: Archaeologies of material practices*, Santa Fe: School for Advanced Research Press, pp. 3–24.

Mills, B. J., Clark, J. J., Peeples, M. A., Haas, W. R., Jr., Roberts, J. M., Jr., Hill, J. B., et al.

 2013 "Transformation of social networks in the late pre-Hispanic US Southwest", *Proceedings of the National Academy of Sciences of the United States of America*. doi: 10.1073/pnas.1219966110.

Mizoguchi, K.

 2009 "Nodes and edges: A network approach to hierarchisation and state formation in Japan", *Journal of Anthropological Archaeology* 28(1): 14–26.

Munson, J.

 2006 "Informe sobre los grupos de templo menor en Ceibal", in E. M. Ponciano, D. Triadan, & T. Inomata (Eds.), *Infrome del Proyecto Arqueológico Ceibal-Petexbatun: la Temporada de Campo 2006*, Guatemala City: Informe entregado al Instituto de Antropología e Historia de Guatemala.

 2012 "Temple histories and communities of practice in early Maya society: Archaeological investigations at Caobal, Petén, Guatemala". PhD dissertation, University of Arizona, UMI Proquest.

Munson, J., & Inomata, T.

 2011 "Temples in the forest: the discovery of an early Maya Community at Caobal, Petén, Guatemala", *Antiquity* 85(328).

 2012 "Building chronologies and constructing temples: Correlating Preclassic Maya architectural sequences with multivariate techniques", Poster presented at the Society for American Archaeology Meetings, Memphis.

Munson, J., & Macri, M. J.

 2009 "Sociopolitical network interactions: A case study of the Classic Maya", *Journal of Anthropological Archaeology* (28): 424–438.

Munson, J., & Pinzón N. D.

 n.d. "Building an early Maya community: Archaeological investigations at Caobal, Guatemala". PhD dissertation, University of Arizona, UMI Proquest.

Neiman, F. D., & Alcock, N. W.

 1995 "Archaeological seriation by correspondence analysis: an application to historical documents", *History & Computing* (7): 1–21.

O'Brien, M. J., & Lyman, R. L.
- 1999 *Seriation, stratigraphy, and index fossils: The backbone of archaeological dating*, New York: Kluwer Academic/Plenum.
- 2004 "History and explanation in archaeology", *Anthropological Theory* 4(2): 173–197.

Pattison, P. E., & Breiger, R. L.
- 2002 "Lattices and dimensional representations: Matrix decompositions and ordering structures", *Social Networks* 24(4): 423–444.

Pauketat, T. R.
- 2001 "Practice and history in archaeology: An emerging paradigm", *Anthropological Theory* 1(1): 73–98.
- 2004 "Archaeology without alternatives", *Anthropological Theory* 4(2): 199–203. doi: 10.1177/1463499604042814.
- 2011 "Getting religion: Lessons from ancestral Pueblo history", in D. M. Glowacki & S. Van Keuren (Eds.), *Religious transformation in the Late Pre-Hispanic Pueblo World*, Tucson: The University of Arizona Press, pp. 221–238.
- 2012 *An archaeology of the Cosmos: Rethinking agency and religion in Ancient America*, London: Routledge.

Pauketat, T. R., & Alt, S. M.
- 2003 "Mounds, memory, and contested Mississippian history", in R. M. Van Dyke & S. E. Alcock (Eds.), *Archaeologies of memory* (Vol. 151–179), Malden: Blackwell.

Peeples, M. A., & Schachner, G.
- 2012 "Refining correspondence analysis-based ceramic seriation of regional data sets", *Journal of Archaeological Science* 39(8): 2818–2827. doi: 10.1016/j.jas.2012.04.040.

Ramenofsky, A. F., Neiman, F. D., & Pierce, C. D.
- 2009 "Measuring time, population, and residential mobility from the surface at San Marcos Pueblo, North Central New Mexico", *American Antiquity* 74(3): 1–26.

Ringle, W. M.
- 1999 "Pre-Classic cityscapes: Ritual politics among the Early Lowland Maya", in D. C. Grove & R. A. Joyce (Eds.), *Social patterns in Pre-Classic Mesoamerica*, Washington: Dumbarton Oaks Resrach Library and Collection, pp. 183–223.

Robb, J., & Pauketat, T. R.
- 2013 "From moments to millennia: Theorizing scale and change in human history", in J. Robb & T. R. Pauketat (Eds.), *Big histories, human lives*, Santa Fe: School of Advanced Research, pp. 3–33.

Sabloff, J. A.
    1975   *Ceramics. Excavations at Seibal, Department of Peten, Guatemala*, Vol. 13, no. 2, *Memoirs of the Peabody Museum of Archaeology and Ethnology*, Cambridge: Harvard University.

Schiffer, M.
    1987   *Formation processes of the archaeological record*, Albuquerque: University of New Mexico Press.

Scholnick, J.
    2010   "Apprenticeship, cultural transmission and the evolution of cultural traditions in historic New England gravestones". PhD dissertation, University of Arizona, Tucson.

Scholnick, J., Munson, J., & Macri, M. J.
    2013   "Positioning power in a multi-relational framework: A social network analysis of Classic Maya political rhetoric", in C. Knappett (Ed.), *Network analysis in archaeology: New approaches to regional interaction*, Oxford: Oxford University Press, pp. 95–124.

Sharer, R. J.
    2006   *The Ancient Maya*, Stanford: Stanford University Press.

Shennan, S.
    1997   *Quantifying archaeology (2nd ed.)*, New York: Academic.

Smith, K. Y., & Neiman, F. D.
    2007   "Frequency seriation, correspondence analysis, and Woodland period ceramic assemblage variation in the Deep South", *Southeastern Archaeology* 26(1): 47–72.

Sonnett, J., & Breiger, R. L.
    2004   "How relational methods matter", *Culture* 19(1): 8–10.

Stanton, T. W., & Magnoni, A.
    2008   "Places of remembrance: The use and perception of abandoned structures in the Maya Lowlands", in T. W. Stanton & A. Magnoni (Eds.), *Ruins of the past: The use and perception of abandoned structures in the Maya Lowlands*, Boulder: University Press of Colorado, pp. 1–25.

Tilley, C.
    1999   *Metaphor and material culture*, Oxford: Blackwell.

Tourtellot, G., III
    1988   *Excavations at Seibal, Department of Peten, Guatemala: Peripheral survey and excavation settlement and community patterns*, Vol. 16, no. 2, *Memoirs of the*

Peabody Museum of Archaeology and Ethnology, Cambridge: Harvard University Press.

Wasserman, S., & Faust, K.

1994 "Social network analysis: Methods and applications", *Structural analysis in the social sciences*, no. 8. Cambridge: Cambridge University Press.

White, H. C., Boorman, S. A., & Breiger, R. L.

1976 "Social structure from multiple networks. I. Blockmodels of roles and positions", *The American Journal of Sociology* 81(4): 730–780.

Willey, G. R.

1968 "One hundred years of American archaeology", in J. O. Brew (Ed.), *One hundred years of anthropology*, Cambridge: Harvard University Press, pp. 26–53.

Willey, G. R., Culbert, T. P., & Adams, R. E. W.

1967 "Maya lowland ceramics: A report from the 1965 Guatemala City Conference", *American Antiquity* 32(3): 289–315.

Willey, G. R., Smith, A. L., Tourtellot, G., III, & Graham, I.

1975 *Introduction: The site and its setting*, Vol. 13, no. 1, *Memoirs of the Peabody Museum of Archaeology and Ethnology*, Cambridge: Harvard University Press.

Wylie, A.

2002 "The reaction against analogy", in *Thinking from things: Essays in the philosophy of archaeology*, Berkeley: University of California Press, pp. 136–153.

后 记

本书缘起于 2015 年。彼时我得到国家留学基金委资助公派赴哈佛大学人类学系从事博士后研究，永昌教授正在该系攻读博士学位。当时我们讨论其他考古学问题时无意间提到理论问题，同时感觉到国内对于欧美考古学理论的关注还主要是 20 世纪 90 年代以前的，其中一些概念和理论欧美同行已经很少提及。此后的秋季学期，罗文教授开设"考古学方法与理论"一课，我也参与其中。但限于已有工作的压力，很难像学生阶段专注于某个课程，所以除了最后一节自己主持的讨论，其他每周阅读篇目我大概只挑 2 篇最有兴趣的来读，对于该课程论文的理解自然也很有限。但回国后我并没有放弃对于罗文教授选定的考古学方法与理论篇目的理解，经常利用课堂和感兴趣的同学一起讨论。2018 年春秋学期，我的《夏商周考古学研究》选课研究生达到 17 人，如果按照原定的课堂作业计划就无法完成自己半学期的讲授规划，正好这个我担任班主任的研究生班是人大考古招收研究生以来生源最好的班级之一，选课学生中的一部分也对欧美考古学方法与理论的文章非常感兴趣，于是在自愿基础上王笑寒、王艺霖、李泽浩、李馥瑀、杜鹏飞、周怡昕、周睿麟、董耘、廖盈棋 9 位同学改为阅读考古学理论方面的文章。当初选择文章时，我也曾考虑阅读近年欧美正"流行"的网络理论，但一是觉得"实践与能动性理论"可以作为一般认为的后过程考古的一个起点，另一方面考虑国内考古学方法与理论的译介主要集中在 20 世纪 90 年代之前的代表学者，近年从美国名校毕业回来博士的研究又主要集中在网络理论方面，实践与能动性理论介于之间似乎被国内忽略而过，而罗文教授在哈佛大学课堂上使用的论文国内还没有一篇被译介。综合以上，我们选定了实践与能动性理论的文章，由几位学生课下阅读，课堂分别展示，然后再集中讨论给出修改建议。在学期结束几位学生完成作业后，已有结集出版的想法，于是找来自己的同门、当时已在香港中文大学任教的永昌教授审校这批论文。当时他一口答应，但也觉得不能简单马虎，于是组织江庚朴、李伟豪、吴宜宣、肖毓琦、张钊、邹钰淇6位同学在一门研究生研讨课上集中审校讨论了这批论文，最后才由自己统一审校定稿。这也是这本编译小书历时三年完成的过程。

本书以哈佛大学傅罗文教授"考古学方法与理论"课堂中"实践和能动性理论"篇目为基础，先由曹斌与王笑寒、王艺霖、李泽浩、李馥瑀、杜鹏飞、周怡昕、周睿麟、董耘、廖盈棋9位同学在课堂讨论翻译成稿，林永昌与江庚朴、李伟豪、吴宜宣、肖毓琦、张钊、邹钰淇6位同学讨论审校，由林永昌统一审校全稿（最后审校时谢雅妍同学协助了核对和部分润色工作），最后曹斌统稿定稿。胡欢欢同学承担了编辑工作，并补译了文章的一些注释和翻译校对了傅罗文教授的序言。傅罗文教授帮助联系美国原作者并拿到授权信。需要说明的是，本应作为本书第一篇的布迪厄《柏柏尔人的住宅或颠倒的世界》一文已经完成翻译审校，但由于无法联系到布迪厄先生的后人取得授权，最后不得已舍弃（目前布迪厄的这篇论文国内也有翻译出版，有兴趣的可以参考阅读）。另外本书的文章选自2015年秋季的课程，近年罗文教授的课堂又增添了一些阅读论文，本书作为延伸阅读篇目列在了序言之后。虽然本书由9篇论文结集成书，但其实际是罗文教授课堂一周的阅读篇目，每位上课的学生在课堂讨论前要写出短文谈自己的理解，并提交自己的问题，然后才是课堂激烈而平等的讨论。国内立志学习考古学的学生当自勉，学术之路没有捷径。

最后，诚如罗文教授在序言中所讲，"不同的学者往往对这个概念（能动性）的重要性有不同的侧重点"，当然他们的理解和实践也不完全相同。而我们编译出版，想说的也是欧美的考古学体量虽然不及国内，但从事考古学研究并做出贡献的也绝不仅仅是几位代表性学者，美国考古学取得的成就是众多学者共同努力的结果,而我们也想介绍更多的优秀考古学家以及他们的成果到国内来。有位翻译的著名学者受访时讲:"在阅读某些外国经典学术名著时,书里的每个汉字都认识,但串起来的句子却让人无法理解。很多读者还会觉得我看不懂一定是因为自己笨。于是,'啃'那些佶屈聱牙的学术名著,就成了许多文科学子的噩梦。"如果我们的小书在阅读时出现上述问题,当是翻译的问题,我们诚恳的接受建议并在日后的修订中纠正。

曹 斌

2021年5月11日凌晨于之江

图书在版编目(CIP)数据

考古学：实践和能动性理论 / 曹斌编译. —上海：上海古籍出版社，2021.10
ISBN 978-7-5732-0204-8

Ⅰ.①考⋯ Ⅱ.①曹⋯ Ⅲ.①考古学-文集 Ⅳ.①K851-53

中国版本图书馆CIP数据核字(2021)第267391号

考古学：实践和能动性理论
曹　斌　编译
林永昌　审校
上海古籍出版社出版发行
（上海市闵行区号景路159弄1-5号A座5F　邮政编码201101）
（1）网址：www.guji.com.cn
（2）E-mail：guji1＠guji.com.cn
（3）易文网网址：www.ewen.co
上海惠敦印务科技有限公司印刷
开本700×1000　1/16　印张21.25　插页4　字数319,000
2021年10月第1版　2021年10月第1次印刷
ISBN 978-7-5732-0204-8
K·3116　定价：98.00元
如有质量问题，请与承印公司联系